U0892721

郑州大学嵩阳法学文库

土地征收增值收益分配比例研究：理论、现实与规范

沈开举　方涧　司野 等　著

法律出版社
LAW PRESS·CHINA
北京

图书在版编目（CIP）数据

土地征收增值收益分配比例研究：理论、现实与规范／沈开举等著. -- 北京：法律出版社，2021
（郑州大学嵩阳法学文库）
ISBN 978-7-5197-5853-0

Ⅰ. ①土… Ⅱ. ①沈… Ⅲ. ①土地征用-利益分配-研究-中国 Ⅳ. ①F321.1

中国版本图书馆 CIP 数据核字（2021）第 169226 号

郑州大学嵩阳法学文库

土地征收增值收益分配比例研究：理论、现实与规范
TUDI ZHENGSHOU ZENGZHI SHOUYI FENPEI BILI YANJIU: LILUN、XIANSHI YU GUIFAN

沈开举 方 涧 司 野 等著

责任编辑 黄倩倩 张 康
装帧设计 李 瞻

出版发行 法律出版社
编辑统筹 学术·对外出版分社
责任校对 晁明慧 王 皓
责任印制 陶 松
经　　销 新华书店

开本 A5
印张 12.25 **字数** 286千
版本 2021年11月第1版
印次 2021年11月第1次印刷
印刷 三河市龙大印装有限公司

地址：北京市丰台区莲花池西里7号（100073）
网址：www.lawpress.com.cn
投稿邮箱：info@lawpress.com.cn
举报盗版邮箱：jbwq@lawpress.com.cn
销售电话：010-83938349
客服电话：010-83938350
咨询电话：010-63939796
版权所有·侵权必究

书号：ISBN 978-7-5197-5853-0 **定价**：62.00元
凡购买本社图书，如有印装错误，我社负责退换。电话：010-83938349

嵩阳法学文库编委会

编委会主任：沈开举

编委会执行副主任：张嘉军

编委会副主任：马松建　王玉辉

委员：王建国　王立志　田土城　刘德法　吕明瑜
　　　宋雅芳　吴喜梅　张德芬　张　阳　苗连营
　　　杨红军　郭德香　高留志

行政秘书：张　翔

撰稿人及其写作分工

（以姓氏笔画为序）

方　润　（浙江工商大学法学院讲师，法学博士）导论，第一章第二节，第三章第二节，第六章第二节

司　野　（河南财经政法大学法学院讲师，法学博士）导论，第一章第一节，第二章，第四章，第五章第二、三节，第六章第三、四节

邢　昕　（郑州大学法学院，在读法学博士生）第七章第一节

沈开举　（郑州大学法学院教授，博士生导师）导论，第三章第二节，第五章第一节，第六章第二节，第七章第一节

沈思达　（郑州大学法学院师资博士后，法学博士）导论，第一章第三节，第五章第一节

张　莉　（中国政法大学法治政府研究院教授，博士生导师）第三章第一节

陈铭聪　（中山大学南方学院副教授，法学博士）第一章第四节

曾荣鑫　（上海政法学院法律学院讲师，法学博士）第三章第一节

程雪阳　（苏州大学王健法学院教授，博士生导师）第六章第一节，第七章第二节

前　言

这是我们课题组就中国土地问题撰写的第三本专著了。党的十八大以来,我们就持续关注着集体土地征收增值收益分配的现实状况和规范需求,党的十九大又提出了乡村振兴战略。之所以关注这个命题,是因为集体土地征收增值收益分配是土地征收补偿体系内的重要一环,也是当下中国土地制度改革的核心之一。其本身所包含的不仅是分配这一环节,也不仅是法学意义上“公共利益”“土地发展权”“公平市场价值”“开发利益公共还原”等核心概念的机械叠加,而是在法学、政治学和经济学等视阈下所形成的征收、补偿与分配的有机整体。对这一问题的深入解读还关系到“征地制度”“集体经营性建设用地入市”等重大土地制度的改革。

我们注意到,党的十八大以后,党中央和政府明显加快了农村土地制度改革的步伐,并对此作出了一系列重要部署。“两个分开”“两个三权分置”“两个增值收益分配”同步推进。在农村集体土地上,推进“基层自治组织与集体经济组织职能分开”,集体土地产权改革和集体经济组织完善同步展开；在国有土地上，推进“自然资源所有者和管理者分开”，保证国有自然资源资产所有权人和国家自然资源管理者相互独立。与此同时，还要推进承包地“三权分置”和宅基地“三权分置”改革、征地中的增值收益分配和流转中的增值收益分配改革。党的十九大提出实施乡村振兴战略，深化农村土地制度改革，保障农民财产权益。

另外一个关键的事件是《土地管理法》的修改。2019 年 8 月 26 日，第十三届全国人民代表大会常务委员会第十二次会议通过了修改《土地管理法》的决议，在修改过程中，我们课题组应司法部、中国法学会等的要求，提供了大量的修改意见，其中自然也包括集体土地征收增值收益分配的内容。这一轮《土地管理法》的修改已经尘埃落定，有些许进步之处，但更多的是遗憾。我们始终坚信，社会主义市场经济是土地管理法律制度修改变革的根本前提。因此，在集体土地征收增值收益分配问题上，我们的导向性十分明确，就是要呼吁“建立兼顾国家、集体、个人的土地增值收益分配机制，合理提高个人收益；改革征地制度，建立城乡统一的建设用地市场，保障农民公平分享土地增值收益”。

从 2013 年国家社科基金重点项目的立项到本书稿的交付，经历了 6 年之久。6 年的时间，除了上述提到的改革政策相继出台，实践中也探索出了“大兴模式”“重庆地票模式”“河南长垣模式”等具有典型意义的增值收益分配方案。这一方面给我们课题组的研究提供了丰富的实践素材，另一方面由于政策的变动性和变革效果的滞后性无形中也给我们的总结和提炼带来了一定的困惑。

本书在撰写过程中，基本遵循了“理论—实践—规范”的路径，我们重新厘定了土地征收增值收益分配中的相关核心法学术语，对法国、美国的征收补偿制度进行了介绍，总结了“政府定价模式”“农民参与模式”“农民主导模式”三种实践方案，并在此基础上建构了土地征收增值收益分配的总体方案："初次分配基于产权、二次分配基于税制。"这样的安排不仅是出于时间顺序的考量，也符合我们认识事物、推动改革的一般规律。另外，郑州大学法学院的硕士研究生李玉婉在本书的出版过程中做了大量工作，在此表示感谢。

我们也深知，这些单薄的文字在中国土地制度改革的宏大命题中不值一提，但是对这一命题的关注不仅是个人的研究旨趣，更是我们土地法学者共同的时代使命。课题组有幸申请到了国家社科基金重大项目"新时代中国特色土地管理法律制度完善研究"，这不仅是对我们前期工作的肯定，更是对我们接下来继续关注和推动中国土地制度改革的鞭策。

我们深以为意，并将继续前行！

沈开举

2019 年 12 月 7 日

于郑州大学祥园

目　录

导　论

一、研究背景与研究目的

（一）研究背景

在人类社会发展的历史进程中，土地收益分配一直是备受世界各国和社会各界广泛关注的问题。尽管不同时期的经济学家、政治学家、法学家及其他社会学家，从不同角度对这一问题进行了广泛而深入的研究，形成了丰富的、经典的研究成果。受政治制度、价值取向、经济发展等多种因素影响，关于土地收益该如何分配问题一直没有达成统一的认识，更没有可以完全套用的国际经验。时至今日，对土地收益分配问题的理论研究和实践探索也一直不曾停止。从我国历史来看，作为按"要素分配"内容的土地收益分配在形式上曾一度被取缔，土地收益问题也一度被共产主义理想所掩盖。直至20世纪90年代，随着土地"一元所有制"的建立、"按要素分配"制度的实施以及国有土地有偿使用制度的开启，土地收益分配问题才最终得以显化。

随着我国市场经济建设的快速发展和城市规模

的不断扩大,建设项目对土地的需求不断增加。在我国现有法律制度框架内,任何单位和个人要进行建设必须申请使用国有土地,随之也就产生了国家通过土地原用途“低价”征收集体土地,再将使用权“高价”出让给使用者这一特有现象。在这之中就出现了土地由农用地转换成建设用地的巨大经济利益,也就是通常所说的土地征用过程中的增值收益。一段时期以来,由于土地征用过程中的增值收益分配存在严重不公,产生了一些严重的社会问题,引起了学界和政府的高度重视,引发了对土地增值收益应如何分配的广泛讨论。其中包括土地征收应如何进行、土地所有权该如何确定等土地制度改革的争论,并取得了丰硕的成果,为国家土地制度的顶层设计提供了丰富的理论支撑。党的十八大通过总结改革过程中的实践经验,为我国土地制度的改革提出了四点任务:其一,要重视市场在资源配置当中的决定性作用,政府以宏观调控的方式对市场进行调节;其二,要兼顾公平、效率,逐步建立起城乡统一的建设用地市场;其三,要在明晰集体土地产权的基础上,建立兼顾国家、集体、个人的土地增值收益分配制度,保障农民能够公平地分享土地增值收益;其四,要建立健全相关的法律机制,实现多元土地的同权同价,探索农村集体经营性建设用地入市制度。这不能不说是解决我国土地制度、土地征收制度以及土地收益分配制度问题最有针对性和远见性的策略。遗憾的是,三中全会只是为制度的改革指明了前进方向,并没有提出具体的实施办法。随着我国乡村振兴战略和城镇化战略的逐步推进,土地征收依然会是国家获得公共事业建设用地的重要方式,被征收土地农民的利益也会越来越多地受到全社会的关注。因此,土地征收过程中增值收益如何公平、合理地进行分配,必将是今后一段时期理论研究和实践探索的一项重要课题。

（二）研究目的

随着我国城镇化步伐的不断加快,土地征收制度中存在的问题也暴露得越来越明显。特别是由征收引起的土地收益分配问题表现得尤为突出。如何及时地、适当地加以解决,成了当前我国政治经济和社会生活中一个亟待解决的问题。本书立足于前人研究成果之上,以产权理论、地租理论、征收理论为理论支撑,对土地增值收益产生的原因及其影响因素进行分析。以适应社会主义市场经济为出发点,通过对我国土地制度的剖析,澄清市场经济与上层建筑的问题本质。以理清土地增值收益本质为前提,以保障失地农民合法权利为原则,最终提出了将土地征收与增值收益完全隔离的制度理念,并提出了建立土地增值收益分配新机制的制度设想。力图为科学立法、完善相关法律法规、完成中央关于土地制度改革的总体要求提供有益参考。

二、研究范围之界定

在我国,土地增值收益依据农村土地和城市土地的不同而存在不同的来源。农村土地的增值依据所有权性质是否发生改变可以分为内部性增值和外部性增值两种;而城市土地不存在所有权变更的问题,其增值主要是由于投资增加、用途转化、供求关系变化、政策法规引导、技术进步等因素引起的。

（一）农村土地内部性增值收益

农村土地的内部性增值是指在农村土地集体所有权未发生转移的前提下,土地价值的增加。主要情形包括:集体农业用地的开发与流转;集体建设用地开发与流转;集体农业用地转化为集体建设用地。

(1)集体农业用地开发与流转增值。这种增值产生的情形主要有开发和流转两种情况。第一,集体农业用地的开发增值。在集体农业用地的承包权和使用权没有分离的前提下,由于资金、劳动等要素的投入而提高了土地的耕作条件和产出率，由此带来土地的增值。第二，集体农业用地的流转增值。这是指集体农业用地由于土地使用权的流转而带来的增值。通常而言，农业资本化率较低，生产效率和收益也不高，但在进行土地规模化和种植结构调整之后，其收益率会大大提高，如农地的集约化经营，甚至在流转之后对其开展与农业相关的非种植业生产经营活动都会使土地产生增值收益。

（2）集体建设用地开发与流转增值。这部分的增值同样也来自开发和流转两个方面。第一，集体建设用地的开发增值。在集体建设用地的使用权没有流转时，由于对土地持续不断地投入资金、劳动力，使土地符合特殊的建设需要，因此会带来土地的增值。第二，集体建设用地流转增值。这是指将集体建设用地的使用权进行流转之后所产生的增值。[1] 这部分增值主要表现在土地集约利用及用途转换后带来的增值收益。

（3）集体农业用地转化为集体建设用地增值。集体农业用地的资本有机构成较低，生产效率相对低下，而集体建设用地从事的是非农生产，资本有机构成高于农业。因此，在由集体农业用地转化为集体建设用地之后，往往可以带来土地的增值。

（二）农村土地外部性增值收益

农村土地外部性增值是指在土地所有权由集体转变为国家的前提下，由于土地的用途、区位、使用方式等变化而带来的土地收益的增加，其最鲜明的特点就是土地所有权的变化。而我国现阶段土地由集体所有转化为国家所有主要是通过征收的方式进行的，因而在此讨论的农村土地外部性增值所指代的也即政府以招、拍、挂方式出让土地而获得

---

〔1〕 需要说明的是，因为宅基地的流转程度相对较低，且基本上采取置换的方式，对村民进行集中安置居住，再将原有的宅基地转换成建设用地进行流转或者开发，因此，在本书中将其置于集体建设用地的流转增值中予以讨论。

的收益与征收之前农村土地收益的差值。具体而言,又可分为集体农业用地转为国有建设用地的增值和集体建设用地转为国有建设用地的增值。

(1)集体农业用地转为国有建设用地增值。这是指土地所有权性质由集体所有变更为国家所有后,由于用途的转变、区位的变化、供求的影响以及政策的引导,带来的土地收益的增加。

(2)集体建设用地转为国有建设用地增值。这种增值和上述增值方式类似,也是将土地的所有权属性由农民集体所有变更为国家所有,由集体建设用地转为国有建设用地。在此过程中,由于土地区位的变化、直接和间接的投资以及政府的管理等均可能引起土地的增值。

(三)城市土地增值收益

"城市的土地属于国家所有",这部分国有建设用地在进行深度开发之后也会引起土地的增值。首先,对国有建设用地及其周边设施进行不断的投资、改造和优化后,会引起土地的直接投资性增值和外部投资辐射性增值;其次,即使在投资总水平和市场投放的土地总量恒定不变的前提下,同一块国有建设用地也会因为其用途从低收益转为高收益而实现土地的增值,并呈现出商业用地、居住用地、工业用地的高低排布;最后,政策法规的引导、产业的集聚以及技术水平的进步等均会引起国有建设用地的增值。

本书研究的对象是集体土地"征地过程"中的增值收益,因而研究的重点领域是农村土地的外部性增值,也即"集体农业用地转为国有建设用地"和"集体建设用地转为国有建设用地"过程中的增值(见图0-1)。

首先,报告排除了农村土地增值中的内部性增值,原因在于,取消农业税之后,这部分收益完全归农民所有,而且不存在政府的强制介入,其所有权主体也未发生变化,分配利益的矛盾并不突出。

其次,报告不对城市土地的增值进行研究,但对土地的征收、国有

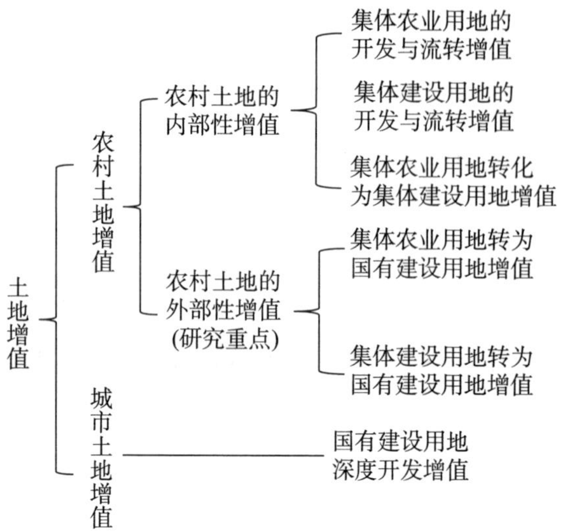

图0-1 研究范畴示意

土地使用权出让和房地产开发这一连续的过程中带来的土地增值表示关注,原因在于,虽然对城市国有土地的征用并不涉及农民的利益,而本课题所关注的重点乃是农民,而非城市市民,但是从农地征用到最后的房地产开发所形成的增值具有密切的关联性。

三、研究现状

(一)土地增值收益的国外理论研究

在土地私有制国家,土地作为一项重要的私有财产,对其价值及相关问题的研究由来已久。尤其是在资本主义市场经济高速发展的时期,土地的价值因素尤为引起人们的关注。

1. 关于土地价格的研究

约翰·冯·杜能在其编写的《孤立国同农业和国民经济的关系》一书中采用"孤立国"的假设,分析得出农业用地的土地价格与土地所处的地域之间的关系，即距离市场较近的土地将会表现出较高的土地价格。赫德将杜能的农业级差地租的理论运用到城市土地地租的分析当中，认为城市土地的地租也同样取决于土地的区位因素。[1] 伊利从城市土地价值的影响因素出发，分析得出了城市发展、人口增长及配套设施等因素，都能对土地价值的变化产生影响。[2] 温戈则是利用数学模型，推导得出，城市住宅用地的价格主要受制于交通运行成本。[3] 戴维·皮尔斯将土地价值的外延从经济领域扩展到了生态领域。他认为，土地的价格体现的不仅是土地作为特殊商品的经济价值，同时还应当包含有土地的生态价值。[4] 威廉·阿朗索将杜能的理论进行了细化，运用公式模型推导出了关于市场供求关系与土地价格的均衡状态。[5] Lery J. Hushak 则是将土地价格的实现归结为市场交易。他认为，土地的价格是在市场环境中形成的，其最终的数额决定于以购买者的购买欲望来决定的最高出价额。

2. 征收与价值分配的研究

一般情况下，西方的学者在征收引起的土地增值收益问题方面的探讨主要是围绕被征收者土地权利的保护而展开的。1964 年 Sax 就曾对基于公共权力而产生的征收行为，对征收私人土地财产的侵害进行了探索。他认为，征收权是各国政府普遍拥有的一项公权力，但征收必须要对被征收者给予足额的经济补偿，其实质体现的是国家对私人财产的购买。[6] Fischel 提出征收补偿既是对公平私人财产权的保护，同

---

〔1〕 See Hirst, Review By Francis W. "Principles of City Land Values", *The Economic Journal*, 14.55, 1904, p. 443 – 445.

〔2〕 参见［美］伊利：《土地经济学原理》，滕维藻译，商务印书馆 1982 年版，第 228 页。

〔3〕 See Woodruff, A. M., "Transportation and Urban Land", *Transportation Journal*, 2.2, 1962, p. 40 – 41.

〔4〕 参见［英］戴维·皮尔斯、［英］杰瑞米·沃福德：《世界无末日——经济学、环境与可持续发展》，张世秋等译，中国财政经济出版社 1996 年版，第 119 ~ 123 页。

〔5〕 参见［美］威廉·阿朗索：《区位和土地利用——地租的一般理论》，梁进社、李平、王大伟译，商务印书馆 2007 年版，第 24 页。

〔6〕 See Sax, J. L., "Takings and police power", *The Yale Law Journa*, 174(1), 1964, p. 36 – 76.

时也是对国家公权力的约束。[1] Kooten 的研究表明，土地的用途在很大程度上决定着土地的价格。土地用途管制和土地利用规划能够通过影响农业用地的用途转用从而对农业土地价格产生影响。由于规划的变更可能会使一些土地所有者获得额外的土地财产性收益，而这种收益的产生与土地所有者自身的劳动并无多大关联，因此，他主张国家利用税收等手段，对这种额外财富收归国有，以实现社会公平。[2]

虽然很多国家都出现过与我国的土地征收增值收益分配相似的问题。但是，在现代的土地私有制国家中，征收的土地增值收益已经并非他们关注的焦点，其原因是作为私有财产的土地受到“神圣不可侵犯”的保护。国家为了公共利益的需要，不得不征收私有土地时，必须给予被征收者以正当补偿。而正当补偿的评价标准往往以市场价格为基础，以合理满足被征收者意愿为前提。同时，被征收后的土地往往不能出卖给私人用于商业开发。如此一来，政府与被征收者之间的利益冲突就显得不那么尖锐了。

（二）国内研究现状

与有着成熟土地市场、土地征收制度的国家相比，我国的土地征收过程中政府与被征收者之间存在现有制度无法调和的矛盾。我国城市土地市场的建立与发展已经走过了 30 年左右的历程，经历了从无偿划拨到有偿使用再到趋近市场的发展脉络，确立了土地所有权和土地使用权相分离的基本制度格局，建立了土地市场规范运行的制度和政策体系。随着我国城市土地有偿使用制度的不断深入，也暴露出很多问题。其中，土地增值收益分配问题引起了比较广泛的关注。越来越多

---

〔1〕 See Fischel, Perry Shapiro, "Takings, Insurance, and Michel Man: Compensation on Economic Intrepretation of Just Compenastion Law", *Journal of Legal Studies*, 17, 1988, p. 269 – 293.

〔2〕 See G. C. Van Kooten, *Land Resources Economics and Sustainable Development*, UBC Press, 1993.

的学者、管理人员开始关注土地增值收益分配问题,从各个角度对土地增值收益分配问题展开研究,主要包括土地增值收益分配理论研究、问题研究、政策研究等方面。

1. 关于土地价值的研究

目前,国内学术界在土地是否具有价值这一问题上一直存在争议。大致分为两种:土地无价值论及土地全价值论。前者主要认为,在土地上投入的资金并不代表土地本身的价值。土地属自然物,人类劳动是形成价值的本源,土地的形成并非基于人劳动,因而土地不存在价值。[1] 土地全价值论则认为,整个土地都是有价值的,该种理论又分为两种不同的观点:一种是"土地价值替换论",认为土地的自然生产力是等量劳动的替换,土地的生产价值与劳动创造的价值并无区别,土地的自然价值是土地上人类劳动的体现。即使是从未进行过劳动生产的土地,只要存在相同的使用价值,其社会价值也应当相同;另一种是"全覆盖论",该种观点从人类产生的源头出发,认为人类从生产演进发展至今,全部的土地都已经凝结了人类长期的劳动,其中包括直接作用于土地的劳动和从相邻土地上所产生的辐射劳动,因而,就土地整体而言,应具有价值。

2. 关于土地价格的研究

周诚以土地构成的二元性来研究土地价值构成。土地价值包括土地物质价格和土地资本价格,而土地资本价格包括土地自身资本价格和外部辐射资本价格,外部辐射土地资本价格的实质是辐射源所产生的外部效应使受辐射土地受益或受损,相当于级差地租的增减。他认为,土地增值的含义与土地的价值构成有关,土地增值包括在现实经济生活中土地价格的增加和作为土地价格基础的土地劳动价值的增加。

---

[1] 参见李秉濬:《土地经济理论的核心是地租理论》,载《中国土地科学》1995 年第 6 期。

一般情况下，土地增值是指正向增值，但其中也包含负向增值即减值。[1] 毕宝德从土地所有权角度研究土地价值构成，农地基础地价是以县域为单位对现有利用条件下不同级别的土地，按照土地所有权、土地使用权分别评估的某一时点的平均价格。[2] 曲福田等从资源环境经济学角度分析土地价值，认为土地价值包括使用价值和非使用价值，土地使用价值包括直接使用价值、间接使用价值和选择价值；土地非使用价值包括存在价值和遗赠价值，是土地资源的内在东西，与土地的利用与否无关。[3] 臧俊梅将农地综合权利价格界定为：农业生产资料的价值、农民生存保障权价值、国家农地发展权价值、国家农地食品安全价值和国家农地生态安全价值。农地有两个权益主体：一个是国家拥有农地的间接产权，即土地的最终所有权；另一个是农民集体拥有土地的直接产权，包括农地的承包经营权价格、农地租赁权价格、农地使用权价格、农民生存权价格和农地收益权价格。[4]

3. 土地增值原因的研究

周诚、[5]陈志刚[6]等将土地的增值原因区分为：供求关系、投资和用途转化三种类型。姜开勤则认为，土地增值应当包括土地投资增值、用途转化的发展权增值、不完全补偿增值以及自然增值四种类型。[7] 邓宏乾将土地增值的原因概括为两个方面，即生产因素引起的增值和非生产因素引起的增值。肖爱清[8]等将土地增值类型分为投资性增值、辐射性增值、供求性增值、不完全补偿增值、发展权增值以及

---

〔1〕 参见周诚：《土地价值简论》，载《土地科学》1996 年第 10 期。

〔2〕 参见毕宝德主编：《土地经济学》，中国人民大学出版社 2011 年版，第 434 ~ 437 页。

〔3〕 参见诸培新、曲福田：《从资源环境经济学角度考察土地征用补偿价格构成》，载《中国土地科学》2003 年第 3 期。

〔4〕 参见臧俊梅等：《农地发展权的价格涵义与价值分析》，载《经济体制改革》2009 年第 5 期。

〔5〕 参见周诚：《论土地增值及其政策取向》，载《经济研究》1994 年第 11 期。

〔6〕 参见陈志刚：《试论土地增值与土地用途管制》，载《国土经济》2002 年第 4 期。

〔7〕 参见姜开勤：《征用土地增值收益分配分析》，载《农业经济》2004 年第 10 期。

〔8〕 参见肖爱清：《农地征用的增值收益分配》，载《重庆工学院学报》2009 年第 12 期。

政策性增值等。

4. 征地收益分配不合理的成因研究

钟怀宇以集体土地产权为视角，认为目前我国土地征收增值收益分配不合理的原因在于集体土地产权主体不明确。[1] 李红波等学者同样将增值收益分配问题的症结指向社会制度的不合理。他们认为，土地收益分配制度实际上是保护了制度供给者的利益。[2] 邹卫中解释道，农民集体无论经济力量还是政治力量都无法与政府抗衡，两者在土地征收过程中处于不对等的地位，致使农民无法表达自身的利益诉求。[3] 陈晨、陆铭等认为，我国目前对被征收集体的补偿标准仅仅体现了对土地资源的补偿，并没有体现出农业用地转为非农业用地的权利价值。[4] 刘爱军从征地补偿的角度出发对土地增值收益分配进行了研究，认为目前征地补偿标准不合理、公共利益边界不清，是造成土地征收增值收益分配不均的主要原因。[5] 马贤磊、曲福田认为，我国土地征收前后巨大的价格差距，其实质是由政府垄断行为而造成的土地价格扭曲。[6]

5. 增值收益分配制度改革

针对现有的征地补偿制度中存在的诸多问题，理论界和各地政府纷纷探索着不同的改革方式，其目的是让农民获得更多的经济补偿，更好地维护农民的合法利益。就现有研究和试点改革情况来看，主要是关于征地制度改革方向的争论，也就是农民获取增值收益的方式应当

---

〔1〕 参见钟怀宇：《非私有化条件下农村征地中的权益均衡》，载《江西财经大学学报》2007 年第 1 期。

〔2〕 参见李红波等：《当代中国土地冲突问题及其根源探究》，载《天府新论》2006 年第 6 期。

〔3〕 参见邹卫中：《农地征用中利益分配零和博弈探析》，载《贵州社会科学》2005 年第 1 期。

〔4〕 参见陈晨、陆铭等：《关注城市化进程中的弱势群体——对被征地农民经济补偿、社会保障与就业情况的考察》，载《经济体制改革》2004 年第 1 期。

〔5〕 参见刘爱军：《农地征收制度困境与路径选择》，载《毛泽东邓小平理论研究》2009 年第 1 期。

〔6〕 参见马贤磊、曲福田：《经济转型期土地征收增值收益形成机理及其分配》，载《中国土地科学》2006 年第 10 期。

是补偿还是分享？徐伟以深圳市集体土地发展为蓝本，以土地发展权为视角，认为发展权应在国家与集体直接均等分配，以此作为增值收益的分配基础。[1] 李元珍从大英村的改革实践入手，提出应当坚持将增值收益分给集体，肯定了当地以宅基地入股组建土地合作社的做法，将虚拟的集体实体化，这样既能够由合作社为社员提供生活保障，在群众的监督下也能够更好地实现增值收益的用之于民，同时也能够减少国家的征地成本。[2] 贺雪峰认为，当前的土地财政制度在以往的经济发展建设中，起到了积极的作用，为城市基础设施建设的资金来源提供了有效保障。让农民独立地享有土地发展权、允许农民土地入市，最有可能带来一个庞大的土地食利集团。一方面，农民获得大量的补偿款，可能会造成一夜暴富的心理失衡，迅速膨胀的消费欲望可能会导致农民无节制的铺张浪费。另一方面，农民现有的补偿确实过低。他认为，应当在现有的征地制度框架下，坚持地利共享要让远郊区农民一同获得土地增值收益，改变现有的补偿数额和补偿方式才是改革的关键。

郑振源认为，现行征地制度之弊病，关键在土地补偿费过低，侵占了集体土地的开发权益。征收集体土地应遵循等价交换原则，无论是为公益性建设或非公益性建设，都要按当时当地预期的最高最佳用途的区位地价给予足额的土地补偿。区位地价要在市场中形成，不能由政府定价。任何政府都不可能定出能真实反映土地稀缺程度的市场价格。现在各地制定的区片价并不能反映真实的市场价格，仍然在某种程度上剥夺了集体土地的开发权益。在市场地价高涨时，可以征收与

〔1〕 参见徐伟：《城市农转非土地增值收益分配的探讨——以深圳市原集体土地"实际占有"为分析样本》，载《人民论坛》2013年第23期。

〔2〕 参见李元珍：《新集体主义：土地增值收益分配的新机制——以成都市大英村调查为基础》，载《贵州社会科学》2013年第4期。

国有土地同等的土地增值税,但不能取消其开发收益。征地按市场价格进行土地补偿,也就是把集体土地的开发收益还给农民。这样做还可以遏制地方政府和开发商乱占土地的冲动,同时为形成能真正反映土地稀缺程度的土地价格、建立城乡统一开放竞争有序的土地市场创造条件。

周其仁认为,当前的土地财政是把未来几十年的收益贴现到当下来收取,随着城镇化的不断发展,后备土地数量将急剧减少,这将严重影响卖地财政的基础。同时,如此只会导致政府为获取资金而大量进行土地交易,驱使城市大幅平面扩张,妨碍土地的集约利用。他从成都改革的实践出发,认为对土地进行“还权赋能”有利于土地的集约利用。通过土地整治,既能够获得更多的城市建设用地指标,又能够为农民提供更多的农业用地。结合“增减挂钩”就能够在当前土地管制制度框架内实现对耕地的保护,给予农民更多的土地权利,让农民能够自己进行开发。换句话说,集体土地入市是实现农民和农民集体分享土地增值收益的有效方式。[1]

四、研究方法与基本观点

(一)研究方法

1. 理论分析法

土地征收过程中产生的土地增值收益应如何分配,是中国社会转型期的一个亟待解决的现实问题。它不仅关系到被征收农民权利的保护,甚至关系到整个国家的城镇化发展和农村社会政治秩序的稳定。因此,学术界对于这一重要问题,从理论上展开了广泛的研究。通过对

---

〔1〕 参见周其仁:《还权赋能——成都土地制度改革探索的调查研究》,载《国际经济评论》2010年第2期。

以往的研究成果进行梳理,本书将地租理论、地价理论、产权理论、土地征收理论、收入分配理论视为构成土地增值收益分配的理论体系。

2. 历史分析法

中华人民共和国的土地制度历经数十年的实践,为我们提供了丰富的研究素材和充分的思考空间。对土地制度历史沿革的考察,能够为我们今天正在进行的土地征收立法提供宝贵的经验与启示。

3. 比较分析法

尽管照搬其他国家的制度和做法并不可取,然而,我们在制定土地征收制度时,应认真研究不同国家土地征收运行的制度背景及与之相对应的社会形态,世界文明的成果与智慧无疑对我们具有参考和借鉴意义。

4. 实证分析法

脱离当代的改革实践来研究土地增值收益分配问题必将是空洞的。因此,实证分析的方法对于本书的研究就显得极为重要。报告以现实数据分析和各试点实践方式为蓝本,以具体数据证明我国目前征收过程中会产生巨大的垄断价格,而这种垄断价格的产生及分配,都存在诸多不合理之处。

(二)基本观点

报告围绕土地征收过程中的增值收益分配不公这一问题,从概念、理论、历史、改革实践等方面展开分析。行文逻辑在于:明确土地增值的产生与收益来源;在此基础上通过对我国土地制度中存在的问题进行分析,找寻产生我国所谓土地征收增值收益分配问题的制度根源;明确土地增值收益产生的应然状态;重树土地增值收益的范畴,比较域外*的土地征收补偿模式和国内试点地区展开试验的具体成果,最终

* 本书所称“域外”,特指法域之外。

提出集体土地增值收益合理分配的制度构想。具体而言:

第一,本书首先从概念入手,明确了土地增值、增值收益、土地征收过程中的增值收益三个核心概念。从现有研究成果来看,学术界对于土地增值收益的概念并没有作出明显的区分。本课题认为,土地增值与增值收益是两个不同的概念,在真正意义上为了"公共利益"而进行的土地征收过程中,可能会产生土地价值的增加,但并不会产生增值收益。

第二,对以往相关文献的收集和总结是进行研究的基础。经过对土地、土地收益、收益分配、土地征收等相关文献的深入学习,通过对我国相关土地制度、土地征收制度和土地收益分配法律规范的深刻了解,选定了研究重点;结合土地征收理论、地租(地价)理论、分配理论、产权理论等相关理论,本书认为,我国集体土地征收增值收益分配存在以下几个方面的问题:其一,土地征收过程中增值收益的概念并不十分清晰。本报告提出"土地征收过程中的增值收益"是学者们便于对实际现象进行分析的过程性概念,并非以土地价值为基础的经济收益。其二,土地征收过程中的增值收益分配问题的根源存在于征收制度本身,征收行为本身并不产生增值收益。但我国却将用于经济发展的土地流转同样列入了征收的范围,由此便产生了一种畸形的经济利益。其三,现今的制度改革多以提高补偿标准为手段,这种改革方式并不触及对制度本身合理性、合法性缺失的纠正。

第三,本书通过对现阶段我国现行土地征收增值收益分配法律制度及历史成因进行分析,最终认为,征收过程中土地增值收益分配问题并非简单的经济学问题,更是一项顶层设计问题。我国的土地征收增值收益分配是土地产权制度、土地征收制度、土地用途管制制度以及分配制度共同作用的结果。这些制度所反映出的意识形态与价值理念,是无法简单地套用公式而得出结论的。问题产生的根源是我国的土地制度并没有完全与传统观念决裂,在传统与现实之间形成了一道不可逾越的鸿沟。

第四,要改变土地增值收益分配不公的现状,让农民参与到增值收益的分配当中,单纯依靠提高征地补偿标准是无法实现的。必须改革现有的土地征收制度,将征收严格限定在"公益"范围之内,让经济发展的土地增值形成于市场,还集体土地所有者完整的土地权利。一个总方案是在分配增值收益之时,初次分配尊重产权人的土地开发权,二次分配则通过税收和土地发展权的移转予以实现。

第五,现阶段引入土地发展权制度不失为一种可行的方案。我国土地发展性利益的矛盾日益激化,土地征收补偿中农民的财产性收入过低,耕地保护形势依旧严峻,同时依托于现实的土地用途管制和中央的政策文件,加之域外的经验教训,应当说,在理论上已经完全具备引入土地发展权制度的可行性。具体而言,应将土地发展权纳入我国物权体系,并设立具有中国特色的集体土地上土地发展权的购买与移转制度。

第六,对《宪法》第 10 条"城市的土地属于国家所有"中的"城市"重新进行规范化阐释。本书通过对"城市"概念的比较分析和历史考察,结合《宪法》第 10 条本身的要求,认为宪法意义上的城市应当同时符合建制城市与该地区实现城市化的双重标准,即从城市物理形态上讲"宪法上的城市 = 建制城市 - 乡镇地区"。但是,由于城市这一概念的易变性,不应要求对城市本身的各种条件和标准进行固化、呆板的界定,应当允许在城市化未来发展的新变化之下,运用个案判定的方式对争议地区进行界定。

第七,系统全面地修改和完善《土地管理法》。虽然《土地管理法》中的内容并非全部与征地过程中的增值收益分配有关,但本着结合十八届三中全会精神,全面服务土地制度改革的理念,本书也将《土地管理法》修改的其他内容囊括其中，具体内容概括如下：

（1）征地制度和集体建设用地入市改革。删除“在土地利用总体规划确定的城市建设用地范围内，由政府为实施城市规划而进行开发建设的需要”这一规定；要将现行《土地管理法》第9条关于“城市市区的土地属于国家所有”的规定修改为“城市的土地属于国家所有，但已经登记为集体所有的除外”。规定“符合土地利用总体规划的集体非公益性建设用地，集体土地所有权人可以采取出让、租赁、作价出资或者入股等方式由单位或者个人使用，并签订书面合同。按照前款规定取得的集体建设用地使用权可以转让、出租或者抵押”。

（2）征收补偿制度的改革。应当通过“市场价格公平补偿＋合理征收土地税”这一双层分配机制来合理建构土地增值收益分配机制，即在土地增值收益的初次分配（确定补偿标准）时，应当承认和保护集体土地的土地开发权，按照市场价格公平补偿被征收人；土地增值收益的二次分配时，则要靠完善我国相关税制（通过征收和完善土地增值税、不动产税等方式）来动态调节和平衡国家、集体与个人在土地增值收益分配中的比例。

（3）宅基地制度改革。首先，要真正尊重和保护农民个体所拥有的作为用益物权的“宅基地使用权”。其次，集体经济组织可以回购存量宅基地的使用权，但这种回购权应当作为一种优先购买权存在，不宜作为宅基地使用权有偿转让的唯一通道。换句话说，要允许城市居民和其他集体的成员也可以购买符合土地利用规划的宅基地。最后，集体回购得来的宅基地应主要用于复垦，而不宜进行有偿转让，否则就会刺激各集体经济组织将自身定位为“宅基地的批发商和零售商”。

（4）土地用途管制制度改革。采取替代性方案进行用途管制，新方案的核心就在于，要建立真正的“依靠规划进行用途管制”来代替“依靠计划指标进行用途管制”的制度。

（三）创新与不足

本书在学习借鉴已有的研究成果的基础上，力求有所突破。可能的创新点主要体现在以下几个方面：(1)本书通过对地租地价理论的学习，将其与现阶段我国土地征收过程相结合，较为明确地提出，在现有制度框架之下，通过征收的方式形成的土地经济收益的本质并非土地价值的现实表现，而是在国家行政权力之下形成的一种垄断利益。(2)以征收理论和征收行为正当性分析为依据，本书认为：在理想的“公益”征收过程中，土地可能会产生价值的增加，但并不会因价值增加而形成增值收益。(3)我国之所以会产生土地征收的增值收益分配问题，其根源在于征收制度本身脱离了原本的“公共利益”基础，政府职能发生了错位。要从根本上改变土地增值利益分配不均的现状，首先，要明确的是增值收益只有在市场之中才有可能真正实现；其次，要实现利益的公平分配，就需要重构政府与市场的关系，使政府理性地站在市场之外；最后，关于真正意义上的土地增值收益，应当以兼顾国家、集体、个人的原则进行分配。

本书对于集体土地征收中增值收益分配问题的研究，无论是从研究范围的深度、广度还是资料收集的广泛性与完整性等方面都有很多的不足：(1)从本书研究结果来看，土地征收过程中的增值收益分配问题产生的根本原因在于土地征收制度。本书的最终目标是解决收益分配问题，在内容上包含了土地征收制度与土地增值两个部分。这就不得不涉及经济和法律两个主要领域。本书试图用法经济学来论证其中的一些观点，由于作者经济学基础的浅薄，加上对法经济学掌握不够充分，以至于报告中可能存在论证不到位之处。(2)由于各个试点地区具体改革都采用封闭式运行，具体改革内容一般情况下并不对外公开，一手的数据很难获得。所以，在改革实践论证部分，多采用二手资料。

(3)课题虽然提出了集体土地市场交易机制架构,但是对于集体内部土地增值收益主体范围的确定并没有展开讨论。在土地增值收益分配的过程中,确定集体内部的分配主体以及国家、集体、个人之间的分配比例,是需要今后继续加以研究的内容。

CHAPTER 01 >>

第一章

土地增值收益和增值收益分配的基本理论

第一节 概念区辨及研究范围之界定

一、土地增值

按照所有权归属的不同将中国范围内的土地作一个大致的划分，可分为农村土地和城市土地两种。相应地，土地的增值也发生在这两种不同性质和区位的土地之上。目前学界对土地增值的定义主要基于价值和价格两个方面。周诚教授通过深入观察中国土地制度，认为土地增值是“在现实经济生活中土地价格的增加，而不是指作为土地价格重要基础的土地劳动价值的增加”。[1] 杜新波等认为，土地价格是一种契约价格，土地增值即为地租的增值与土地资本的增加。[2] 陈顺清则认为，土地增值是指“土地价值的增长，增值有正有负……自然、经济、人口因素，公共

〔1〕 周诚：《论土地增值及其政策取向》，载《经济研究》1994年第11期。

〔2〕 参见杜新波、孙习稳：《城市土地增值原理及收益分配分析》，载《中国房地产》2003年第8期。

设施投入,土地利用的外部效果(溢出价值)及制度变迁都有可能产生土地增值”。[1]

通过观察上述对“土地增值”概念的界定,如果我们不拘泥于文字的编码次序以及研究角度的不同,就能够很容易地发现,在形式多变的表述背后,土地的增值就是指代土地价格的增加。实质上,土地增值可以分为自然增值和人工增值两个方面:自然增值是指在没有对土地投入资本、劳动的前提下,土地物质价值或者价格的增加;人工增值则是指由于对土地持续追加投资而引起的土地价格的上涨,是人类劳动创造的结果。

二、土地增值收益

学者孙陶生撰文指出:土地的增值是土地在开发以及利用的过程中,由于土地价格上涨而导致的土地效益的提高,因此人们可以从开发土地的过程中获得土地增值收益。[2] 苑韶峰、刘欣玫等认为,农地转用过程中的土地增值收益是指在农地转用过程中土地经过开发利用后(非农用地)的价值与原农用地的价值差。[3] 廖洪乐从宏观的层面为土地增值收益拟定了一个综合性概念,他认为土地增值收益是指“土地用于各类生产经营活动所带来的收益,包括土地所有者或土地经营者收取的租金收入(现有用途或现有利用强度下的绝对地租、级差地租和垄断地租)、政府与土地所有者针对土地所收取的各类税费,以及改变土地现有用途或现有利用强度所带来的涨价收益”。[4]

择其要而言,本书认为,土地增值收益是土地利用强度的变化或土

〔1〕 陈顺清:《城市增长和土地增值的综合理论研究》,载《地球信息科学》1999年第1期。

〔2〕 参见孙陶生:《论企业土地资产的收益管理》,载《经济经纬》1997年第6期。

〔3〕 参见苑韶峰、刘欣玫等:《农地转用过程中土地增值收益分配研究综述》,载《上海国土资源》2012年第1期。

〔4〕 廖洪乐:《中国农村土地制度六十年——回顾与展望》,中国财政经济出版社2008年版,第15页。

地用途转变所形成的涨价收益。这种定义方式包含了两个层面:

其一,土地增值的成因有很多,对此将会在下文进一步分析。但饱受诟病的"土地增值收益分配"往往是以用途转化为动因形成的增值类型,因此本书将主要研究集体土地转为国有建设用地的增值形态。

其二,概念最终要落脚到"收益"之上。现有一些研究成果经常将"土地增值"与"土地增值收益"等同,甚至相互替代。这其实是忽略了增值收益产生的形式要件——权利交易。一方面,在市场经济条件下,土地要素价值逐渐外化,但如果一个国家并不存在土地权利的交易,那么这种价值的增长则无处体现;另一方面,只有权利交易,才会涉及交易过程中双方或多方利益的交织,才能够产生增值收益的分配问题。由此可以看出,土地增值产生的形式要件才是增值收益分配问题的根本,即权利交易的形式决定了分配问题的产生,这是本课题研究的前提和出发点,也是研究的核心问题。

三、集体土地征收增值收益

(一)什么是土地征收

土地征收权源于国家主权,是目前任何国家进行土地管理都不可或缺的一项重要权力。美国叫作"最高土地权的行使"(eminent domain),英国称为"强制购买"(compulsory purchase),法国、德国称为"土地征收"(land expropriation)等。虽然各国有关土地征收的称谓有所不同,但内涵基本一致,即国家为了公共利益之需,严格依照法律规定的程序,强制取得其他主体的土地权利并予以补偿的行为。

套用以上土地征收的概念,具体到我国的集体土地征收,即国家基于公益目的,强制取得集体土地所有权,并对失地农民进行补偿的行为。作为一种法定强制行为,土地征收过程中产生的法律关系是纵向服从关系。也就是说,只要国家在法律规定的范围内,为了公共利益的需要必须进行征收,并给予被征收者合理的补偿,土地所有者或使用者就必须服从。土地产权人没有权利与国家讨价还价,更没有权利对国家的土地征收进行抵抗和阻挠。

(二)征收过程的界定

在我国,土地的征收是土地所有权转移的唯一法律形式。在这一过程中,通常存在征收补偿价格与出让价格之间的巨大差异。

法定的“集体土地征收过程”以出让金的获取并给予农民足额补偿为完结。《土地管理法》规定的集体土地征收程序为:第一,由需求方就拟开展征收土地现状调查和社会稳定风险评估提出申请,根据具体情况由省、自治区、直辖市人民政府批准。第二,获得批准后,由县级以上地方人民政府予以公告并组织实施。第三,征地补偿安置方案确定后,有关地方人民政府完成公告、听取被征地的农村集体经济组织和农民的意见。第四,以最终确定的补偿数额,依法足额地给予农民补偿。第五,在征地补偿完成后,进行土地所有权的变更,征地程序即为完结。但根据财政部《关于印发〈国有土地使用权出让收支管理办法〉的通知》中关于土地出让金支出项目的规定,土地出让金的支出中包括四项:第一,安置补助费;第二,土地补偿费;第三,地上附着物和青苗补偿费;第四,拆迁补偿费。这样的规定就将原本清晰的土地征收过程与土地出让过程纠结在了一起。虽然在理论上,土地征收应当结束于土地所有权从集体转移到国家;然而所有权的转移又必须以征地补偿款的足额发放为必要条件;而征地补偿款却被纳入了土地出让金的支出项目当中。这样的程序设置也是产生征收过程中土地增值收益假象的症结之一。因此,结合本课题的研究内容,将征收过程界定到国有土地出让阶段。

(三)集体土地征收增值收益

集体土地征收增值收益严格地说不是一个法律概念,没有任何一个国家存在一部这样的法律，囊括所有土地征收增值收益的法律定义。于是就产生了各式各样不同的表述形式，诸如“城镇化过程中的土地增值收益”“农转非过程中的增值收益”“外部增值收益”此类，本书称为“征地过程中土地增值收益”。一般认为，征地过程中土地的增值收益主要表现为“土地供应价格—征地补偿费—政府税费—土地开发成本”。土地供应纯收益因土地区位、基础设施配套程度、土地平整程度、土地供应用途、土地供应方式以及市场需求等的不同而不同。[1] 本书认为，土地征收增值收益，是专家学者为了便于对我国“政府通过征收农民集体土地，获取巨大经济收益”社会现象进行研究，而采取的简化称谓，即对我国现阶段，政府以土地征收的形式从农民手中获得土地所有权，同时支付相应的土地补偿费，并且在经过一定的土地整理与开发之后，以招、拍、挂等方式出让土地使用权而获得巨额收益这一现象的统称。科学界定集体土地征收增值收益分配的概念，厘清集体土地征收补偿与土地增值收益分配两者之间的关系，是本书研究的主线。为了便于之后的研究，报告先期仍然沿用目前通用的表述，以层层揭示我国集体土地增值收益的本质以及出现增值收益分配问题的原因，并最终还原集体土地征收与土地增值收益的本来面貌。

第二节　土地增值收益分配的一般理论

土地(land)自古以来都是安身立命的重要自然资源，也是现代城市化的重要载体。面对土地问题，学者们从政治、经济、法律、社会等各

---

〔1〕 参见陈志刚、张国林、彭志宏：《关于农地非农化中土地收益分配制度改革的思考》，载《国土资源情报》2013 年第 6 期。

个方面提出了理论构想。其中，地租理论、地价理论对于理解中国城市化进程中的土地增值收益分配更是具有基础性的意义。

地租理论的形成由来已久，并且早已成为世界各国研究土地增值收益问题的重要理论之一。地租是土地所有权的实现形式，一切形式的地租，都是土地所有权在经济上实现自己、增值自己的形式。而土地价格的实质是地租的资本化，是对土地市场供求关系和城市化进展状况的直观反映。从某种意义上讲，是地租理论在土地增值收益中的实际应用。同时，现代地租理论为土地估价和土地增值收益也提供了重要的理论来源。因此，对地租理论和地价理论进行研究和梳理有助于我们真正理解征地过程中土地的增值收益。

同时，产权理论揭示了土地增值收益分配的权利秩序；征收正当性理论展示了土地增值收益分配的权力制约基础；收入分配理论则是对土地增值收益分享提供了理论基础。

一、地租理论：土地增值收益产生的价值基础

（一）古典政治经济学家的地租理论

1. 威廉·配第的地租理论

威廉·配第（William Petty，1623－1678）是古典政治经济学的创始人，他在自己的劳动价值理论的基础上，考察了工资、利息和货币，同时也考察了地租。他认为，劳动和土地是价值的尺度和源泉，地租是全部农业剩余价值的表现，并且是劳动创造的、超过劳动者维持生活所必需的东西的余额。换言之，市场价格减去生产成本后的余额就是地租，其实质是剩余劳动的产物，而土地价格即预买一定年限的地租的总额。同时，配第初步论证了级差地租Ⅰ和级差地租Ⅱ的形态，提出同等面积的土地因其丰度不同和同等丰度的土地因离市场的远近不同而产生的级差地租。

2. 亚当·斯密的地租理论

亚当·斯密(Adam Smith,1723－1790)是古典政治经济学的杰出代表,同时也是第一位对地租开展系统研究的政治经济学家。他明确指出,“作为使用土地的代价的地租,自然是租地人按照土地实际情况所支给的最高价格”。[1] 同时,这种价格是一种垄断价格,是一种土地私有的垄断的结果。事实上,斯密并未意识到,自己当时虽然没有明确提出“绝对地租”,但其已经阐释了绝对地租的核心观点。

同时我们也应当认识到,斯密在地租的来源问题上提出了近乎矛盾的观点。首先,从劳动价值论出发,他认为地租是劳动产品价值在工资、利润以外的一种扣除;其次,斯密又以生产费用论出发,得出地租是使用土地所有者土地的“自然报酬”的结论,并主张地租是商品价值的“基本源泉”;最后,斯密又受到重农主义的影响,认为地租是“自然力的产物”。[2]

3. 詹姆斯·安德森的地租理论

詹姆斯·安德森(J. Ansell,1739－1808)对级差地租理论作出了巨大贡献,他的《谷物法本质的研究:关于苏格兰提出的新谷物法案》一书对中级差地租做了系统的研究。

詹姆斯·安德森通过观察得出,地租的形成需要一个重要的假设前提,即在不同生产条件下生产出来的农产品具有相同的市场价格。但即便是等量的投资,由于各种土地的肥力程度不同,其产量也会存在差异。在市场价格相同的假设前提之下,在肥沃的土地进行耕种所获得的利润自然会高于在贫瘠的土地劳作所获得的利润。因此,这种超过一般利润的超额利润便形成了交付地租的租金。简言之,詹姆斯·

---

〔1〕［英］亚当·斯密:《国民财富的性质和原因的研究》,郭大力、王亚南译,商务印书馆1972年版,第136～137页。

〔2〕［英］亚当·斯密:《国民财富的性质和原因的研究》,郭大力、王亚南译,商务印书馆1972年版,第333页。

安德森最伟大的发现之一就是认识到了由于不同的肥沃程度，土地会形成不同的级差地租。

4. 大卫·李嘉图的地租理论

大卫·李嘉图（David Ricardo，1772 – 1823）对资本主义级差地租理论最大的贡献在于用劳动价值原理研究地租问题。他认为从某种意义上讲，地租和利润是相同的，也是劳动创造的价值的一部分，是工资和利润以上的余额，是农业经营者从利润中分给土地所有者剩余所得的一部分。

可以说，相比于以往的政治经济学家，李嘉图更加系统地分析和论证了级差地租。他认为地租产生要满足两个前提：首先是土地的有限性；其次是土地的肥沃程度和位置上的差异性。他认为，“在社会发展过程中，当次等肥力的土地投入耕种时，头等土地马上就开始有了地租，而地租额取决于这两份土地在质量的差别”。[1] 具体而言，当次等肥力的土地投入耕种时，头等肥力的土地便开始产生地租，相同地，当一个地区的人口不断增长，为增加粮食供给不得不开发肥力较差的土地，因此当三等土地投入耕种时，次等肥力的土地产生地租，头等肥力的土地地租也会因之提高，其差额等于各土地的定量资本和劳动所产生的产品的差额。

显然，李嘉图认识到了所有权在地租中的作用，他认为地租应当归于一种社会生产关系，即土地所有权瓜分剩余价值的结果，但他却否认了土地所有权产生的绝对地租。他认为，“在对经过改良的农场所支付的货币中，只有一部分是给付给土地的原有和不可摧毁的生产力的，另一部分分别是由于原先用于改良土壤以及修建为获取和存储产品所必需的建筑物的资本而支付的”。[2] 对绝对地租的否认是李嘉图地租理

〔1〕［英］李嘉图：《政治经济学及赋税原理》，郭大力、王亚南译，商务印书馆 1962 年版，第 57 ~ 58 页。
〔2〕［英］李嘉图：《政治经济学及赋税原理》，郭大力、王亚南译，商务印书馆 1962 年版，第 55 页。

论的严重缺陷,也与其所论证的土地所有权的作用相矛盾。

5. 杜能的地租理论

杜能(Johann Heinrich von Thünen,1783 - 1850)在论证其地租理论时预设了一个“孤立国”的前提,他假设一个巨大的城市坐落于土地肥力均等、各处都适宜耕作,且没有可以通航的自然水流和人工运河的平原中央,城市周围是未经开发的荒野。该平原与外界完全隔绝,这个城市必须供应境域内一切人工产品。[1] 根据前述假设,给定运费和距离、重量之间成比例,运费率因作物种类的不同而不同,且农产品的生产活动是为了追求地租收入最大的合理活动(见图1 - 1)。杜能在上述前提下给出了一般地租的收入公式:

$$R = PQ - CQ - KtQ = (P - C - Kt)Q$$

其中,R 代表地租收入;P 代表农产品的市场价格;C 代表农产品的生产费;Q 代表农产品的生产量;K 代表与城市的距离;t 代表农产品的运费率。

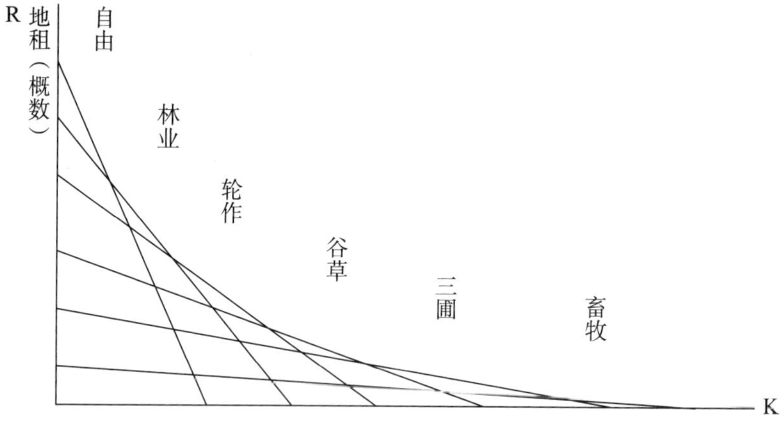

图 1 - 1　杜能地租理论示意

〔1〕 参见[德]杜能:《孤立国同农业和国民经济的关系》,吴衡康译,商务印书馆 1986 年版,第 19 页。

如图1－1所示，每一种作物都有自己的地租曲线，反映了其地租收入(R)与距离城市中心远近(K)之间的关系，而其斜率大小则由其运费率(t)决定。通常而言，距离市场越近，相应的运费就越低，地租则越高。当位于市场中心时，其地租水平达到最高值，而每一种作物都有其地租收入为零时的临界点，称为该作物的耕作极限。

威廉·阿朗索(William Alonso)发展了杜能的区位地租理论，并将其运用于城市。阿朗索假设城市活动在地形和交通方面都是各向同性的平原上进行，越接近城市中心支付的交通成本越少。而土地具有与其他资源相同的特性，要遵循"需求—供给"的规律，但其又具有固定性和有限性，因此在具体的位置，土地的供给量在数学模型中呈现出垂直线状态，因此区位决定了租价，而租价决定了其经济活动(见图1－2)。[1]

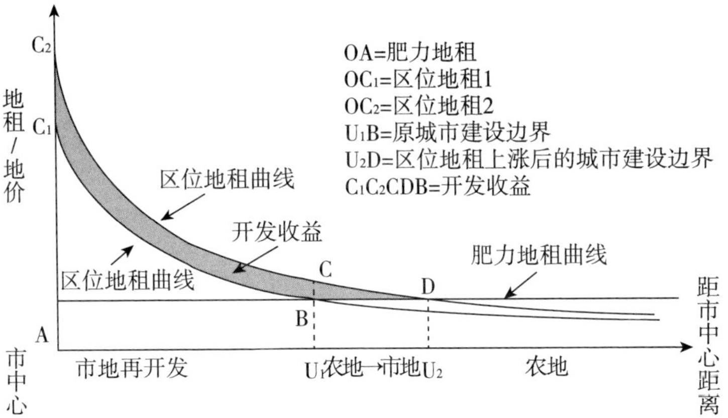

图1－2　区位地租与土地利用关系

可见，O点为城市中心，横轴代表与市中心的距离，纵轴代表地价，

〔1〕 参见[美]威廉·阿朗索：《区位和土地利用——地租的一般理论》，梁进社、李平、王大伟译，商务印书馆2007年版，第2页。

A 点代表肥力地租价格,假设肥力地租均质,那么在该片区域,AD 代表的便是距离市中心不同距离的土地的肥力地租。C_1点代表市中心土地的价格,曲线 R_1是区位地租曲线,反映了土地随着区位(距离市中心)的变化而呈现出的区位地租的变化;C_2则代表了市中心土地经过再次开发后的地价,R_2则是再开发之后的区位地租曲线。在距离 O 点(市中心)U_1处,R_1(区位地租)与 AD(肥力地租)相交,在原城市土地中,U_1右侧的区位地租低于肥力地租,该区位不适宜开发建设而通常会用于农业,因此可以将 U_1B 视为原城市的边界;随着经济的发展和基础设施的完善,城市开始扩张,市中心的地价从 C_1变成了 C_2,城市的边界线也从 U_1扩展到 U_2。而在 R_1、R_2两条区位地租曲线之间的 C_1C_2DB 区域便是地价的增值部分,CBD 便是被征收农用地的增值部分,因此,根据阿朗索的地租理论,该区域地租的增值并非由于土地由农用转为非农使用而引起的,而是农地因区位改善和开发预期导致的增值。

(二)庸俗政治经济学家的地租理论

萨伊(Jean Baptiste Say,1767 – 1832)考察地租问题时与其他政治经济学家有所不同,他将商品的价值和使用价值相结合,从效用价值的视角对地租问题进行研究。在他的理论中,“劳动除借助于资本即劳动从前所创造的产品以创造别的产品外,同时还利用各种各样的其他因素的力量。这些因素不是劳动自己创造的东西,而是自然赐给人类的东西。通过这些自然力的合作,劳动把一部分效用给予各种东西”。〔1〕 简言之,劳动所创造的是效用而非物质,物质与效用相结合便产生了商品的价值属性。与此同时,萨伊还提出了生产三要素理论:劳动、资本与土地。与之相对应,工资是劳动的补偿,利息是资本的补偿,地租是使用土地的补偿。

托马斯·马尔萨斯(Thomas Robert Malthus,1776 – 1834)认为,地

〔1〕 [法]萨伊:《政治经济学概论》,陈福生、陈振骅译,商务印书馆 1997 年版,第 72 页。

租=市场价格-生产成本-所使用的资本×一般农业资本利用率。具体而言,地租是总产品价格中的剩余部分,产生这个剩余部分的原因主要有三点:首先,土地凭借其自然属性即肥力能生产出比维持耕种者的需要更多的生活必需品;其次,由于土地所生产的生活必需品具有特殊的性质,在对生活必需品进行适当分配之后,能够产生出它自身的需求;最后,肥沃的土地具有相对的稀缺性。另外,马尔萨斯认为地租和垄断没有关系,在地租的形成中不存在剥削和阶级的因素,而是"自然对人类的恩赐"。

(三)现代西方经济学家的地租理论

阿尔弗雷德·马歇尔(Alfred Marshall,1842-1924)将地租的构成解读为"原始价值"、"私有价值"和"公有价值"的组合。但其中只有"原始价值"才是经济学意义上真正的地租,是一种大自然赋予的收益,是土地供给和需求相互作用的结果。土地的"私有价值"是指土地所有者为改土地及建造建筑物等投入的资本和劳动所带来的收入。而土地的"公有价值"则是指国家建设各种基础设施,提高了土地使用效率而带来的增值收益。同时,马歇尔认为,土地资源具有稀缺性,土地供给则具有衡定性,而地租是改良土地的总收入减去所投资本和劳动成本之后的余额,其决定因素为土地的边际生产力。具体而言,在资本和劳动的连续投资中,当土地耕作充分之时,所获得的收益便会逐渐减少,因此,耕种者继续追加资本与劳动于土地之上,直至达到报酬仅仅够偿付开支和补偿劳作的边际点。

保罗·萨缪尔森(Paul A. Samuelson,1915-2009)是当代凯恩斯主义的集大成者,他发展了数理和动态经济理论,将经济科学提高到新的水平。他认为,地租是使用任何一种供给固定的生产要素所需支付的报酬,由于土地供给的数量基本是固定的,所以地租量完全取决于土地需求者之间的竞争,也因此可以用地租和生产要素的价格来分配稀缺的资源。

雷利·巴洛维(Raleigh Barlowe)提出了"剩余原则理论",他认为地租是一种经济剩余,即总产值或总收益减去总要素成本或总成本之后剩下的部分,各类土地的地租取决于产品价格水平和成本之间的关系(见图1-3)。[1] POQA代表总产值,COQB代表投入总成本,PCBA部分即巴洛维认为的地租,而MC代表边际成本,AC代表平均成本。

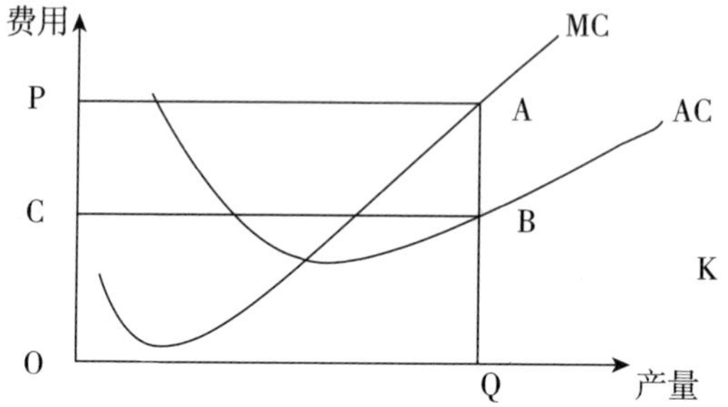

图1-3 巴洛维的地租剩余原则理论

(四)马克思的地租理论

马克思的地租理论是马克思经济学基本原理的重要组成部分,也是对古典经济学地租理论的继承和发展。长久以来,有学者认为马克思的地租理论所针对的是资本主义,而我国实行的是社会主义经济制度,因此,对我国的作用和影响都是有限的。这种认识带有很强的机械性和片面性,是一种没有窥视全貌的表现。事实上,马克思的地租理论虽然主要针对的是资本主义地租,但其所包含的关于商品经济、市场经济条件下地租的一般原理,同样适用于我国的社会主义市场经济。

马克思地租理论以劳动价值论、剩余价值论为基础,在继承和发展

[1] 参见[美]雷利·巴洛维:《土地资源经济学——不动产经济学》,谷树忠等译,北京农业大学出版社1989年版,第101页。

古典经济学地租理论中明确指出资本主义地租的本质是剩余价值的分配形式之一,并形成了较完善的科学体系。他将地租形式分为绝对地租、垄断地租和级差地租三种。社会上劣等肥沃的土地生产产品的价格为社会生产价格,绝对地租是该种类的土地必须缴纳的租金,这种租金不随劳动生产率的变化而发生改变,其数值为产品价值与市场价格的差。垄断地租则是垄断价格高于市场价格所带来的超额利润。而随着社会的发展,土地上劳动生产率的提高,优等肥沃程度的土地上的单位产品的生产价格就会下降,形成与劣等地决定的社会生产价格的差额增大,级差地租就此增加(见图1－4)。

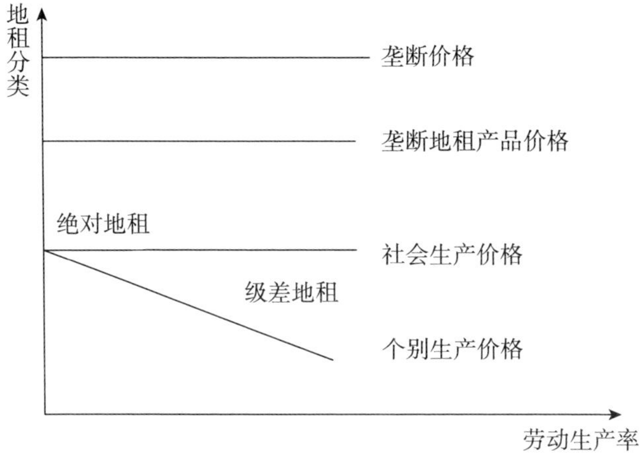

图1－4　地租分类及关系

1. 绝对地租

马克思基于对19世纪农业生产的分析,在《资本论》第3卷中对绝对地租理论进行了专门解读。他认为,“土地所有权本身已经产生地租”。[1] 这

〔1〕［德］马克思:《资本论》(第3卷),中共中央马克思恩格斯列宁斯大林著作编译局,人民出版社1975年版,第851页。

种由于土地所有权垄断而带来的，所有土地都需要缴纳的地租便是绝对地租。绝对地租既不是农业产品的社会生产价格与其个别生产价格之间的差价，也不是各级土地与劣等土地之间的社会生产价格之差，而是个别农业部门产品价值与生产价格之差。

马克思认为，土地私有权的存在将阻碍资本的自由流动，从而阻碍了农业部门和工业部门之间利润的平均化，这造成了农业产品按照价值出售，工业产品按照生产价格出售的状况。从社会资本有机构成角度进行分析，一般而言，如果一个生产部门的资本有机构成低于社会平均资本有机构成，即该资本投在工资上的可变资本与投在物质劳动条件上的不变资本比率，大于社会平均资本中可变资本和不变资本的比率，那么，它的产品价值必然高于它的社会生产价格。具体而言，从生产技术上讲农业落后于工业，因此其资本有机构成低于工业。相对应地，等量的资本在农业中可以推动更多的人类劳动，在农业和工业的剩余价值率相同的情况下，农业部门所创造的剩余价值便多于工业部门，从而农产品的价值便会高于其生产价格。在进行市场销售时，如果农产品的价格高于其生产价格的价值，便会在平均利润之上产生一个超额利润，而这个超额利润就会转化为绝对地租本土地所有者占有。

而在我国存在土地所有权与使用权的分离，农业资本有机构成远低于工业，农产品价值必然大于其社会生产价格，因此绝对地租的存在在我国具有客观必然性。

2. 垄断地租

垄断地租是一种比较特殊的地租形式，它只存在于某些具有特殊自然条件的土地之上，也是资本主义生产关系中的一种特殊现象。通常情况下，这类土地具有有限性和特殊性，能生产出高价值的产品，如茶叶等。因商品具有独特的价值属性，且数量有限，供不应求，因此其价格受竞争规律和购买者的喜好程度及支付能力影响较大。这种价格本质上与产品价值无关，并且通常大大高于生产价格。由此而产生的垄断价格所带来的超额利润，不属于租地的资本家所占有，而是土地所有者所占有。

3. 级差地租

级差地租是经营较优土地的农业资本家获得并最终归土地所有者占有的超额利润，其来源是产品个别生产价格与社会生产价格的差额。因为这种地租与土地等级相联系，故称级差地租。[1] 资本主义级差地租产生的条件是自然力，产生的原因是基于土地有限而产生的资本主义垄断经营。根据级差地租产生的来源，可以将其分为级差地租Ⅰ和级差地租Ⅱ。前者主要由土地肥沃程度和区位所产生的超额利润转化而来，后者主要由不断追加的投资产生的超额利润转化而成。级差地租Ⅰ和级差地租Ⅱ虽然具有不同的表现形式，但二者在实质上是一致的，它们都是由个别生产价格与社会生产价格之间的差额所产生的超额利润转化而成。无论从历史上来说，还是就特殊时期而言，级差地租Ⅰ都是级差地租Ⅱ的基础和出发点。[2]

级差地租是决定土地价格高低的主要原因之一。而在我国，级差地租是客观存在的，因为无论是在资本主义制度之下还是在社会主义制度之下，级差地租所赖以存在的客观物质条件始终是成就的，如土地的肥沃程度，空间区位的优劣等；同时，当土地这种稀缺资源分属于独立的单位和个人时，当经营上的垄断和土地的自然禀赋、位置地段的差异相互结合之时，基于这一系列的作用所形成的收益必然转化为级差地租。

---

〔1〕 参见毕宝德：《土地经济学》（第4版），中国人民大学出版社2001年版，第77～78页。

〔2〕 参见中共中央马克思恩格斯列宁斯大林著作编译局编：《马克思恩格斯全集》，人民出版社1972年版，第761、863页。

当然，虽然社会主义级差地租所形成的条件与资本主义存在共性，但这种级差地租背后所反映的经济关系并非资本主义剥削与被剥削的阶级对抗，而是社会主义公有制条件下国家、集体、个人之间，土地的所有者与使用者之间对超额利润的分配关系。

（五）地租理论发展脉络小结[1]

表1-1　地租理论发展脉络

时期	代表人物	主要观点和贡献
17世纪中叶到19世纪初	配第	提出级差地租的最初概念； 土地价格＝年租×21
	魁奈	提出“纯产品”学说； 农业中因自然界的帮助而生产的剩余产品（纯产品）以地租的形式归土地所有者所有
	杜尔阁	“纯产品”是由农业劳动者生产出来，由于土地私有权的存在使这部分“纯产品”归土地所有者所有
	斯密	系统地研究地租理论的古典经济学家； 研究了绝对地租、级差地租、建筑地租、第一性地租、派生性地租等
	安德森	提出了土地相对肥沃的概念； 地租来源于生产土地产品的劳动； 土地产品的价格决定地租，而不是相反
	威斯特	级差地租以土地耕种的下降序列为前提； 土地产品的边际收益是递减的
	李嘉图	在劳动价值论的基础上阐明地租理论； 只承认级差地租，否认绝对地租的存在

〔1〕资料来源：曹振良等编著：《房地产经济学通论》，北京大学出版社2003年版，第244～245页。

续表

时期	代表人物	主要观点和贡献
19 世纪上半叶	萨伊	提出“三位一体”的分配论：工资是劳动的补偿；利息是资本的补偿；地租是使用土地的补偿
	马尔萨斯	地租是自然对人类的赐予
	杜能	创建农业区位论； 主要研究级差地租Ⅰ中由于位置的优劣不同而产生的地租
19 世纪下半叶	马克思 恩格斯	把劳动价值论贯彻到地租理论的始终； 资本主义地租是剩余价值的转化形式之一； 地租分为三种形式：绝对地租、级差地租、垄断地租； 土地价格是地租的资本化
20 世纪初到 20 世纪下半叶	马歇尔	创立均衡价格论； 地租只受土地需求的影响而决定于土地的边际生产力
	克拉克	地租是土地这个生产要素对产品的生产所作的一种贡献； 地租是一种“经济盈余”
	胡佛	建立了竞价曲线理论，这种理论同时处理不同类型土地使用的竞标
	阿朗索	解决了城市土地地租、地价的计算问题
	丁伯根	土地的影子价格
	康托洛维奇	土地的影子价格
	萨缪尔森	地租是否成为决定价格的成本，取决于观察问题的角度
	哥德伯戈钦洛依	用制度经济学的方法对城市地价进行分析

二、地价理论：土地增值收益价值的价格反映

地价是土地价值或土地价格的简称。地价理论实际上是地租理论在土地增值收益中的应用。与地租理论相同，地价问题的研究也是征地过程中土地增值收益分配研究的基础理论。由于土地具有的特殊属性，现代西方经济学的“价值理论”无法从本质上说明什么是经济学意义上的土地价值，也不能说明土地的内在价值，只能通过效用价值、均衡价值和收益转变价值等理论说明土地价格如何被决定。但研究土地价值的内在本质，还需要凭借马克思的地价理论。

马克思的劳动价值理论认为，价值是无差别的人类劳动在商品中的凝结，而劳动则是价值的唯一源泉。由于土地自然存在的基本属性，所以在自然的土地之上并未凝结人类的一般劳动，由此，土地是不具有价值的，更不存在货币以价格的形式对其价值予以表现。在一定的劳动条件下，土地能为人类永续提供产品和服务，即产生地租。正是因为有了地租，才产生了土地价格。

同时，马克思将“土地物质与土地资本”进行了区分，由此提出了地价问题。马克思将物化了的，固定在土地中的劳动称为土地资本，而将纯粹的自然土地，即抛开了土地资本或土地改良物价值的土地称为土地物质。他认为：“资本能够固定在土地上……成为土地资本，它属于固定资本的范畴。”[1]“人们只要对变成生产资料的土地进行新的投资，也就是在不增加土地的物质即土地面积的情况下增加土地资本。”[2]可见，土地经过开发后，其价值主要由两部分构成，即土地本身

〔1〕 中共中央马克思恩格斯列宁斯大林著作编译局编：《马克思恩格斯选集》（第25卷），人民出版社1972年版，第698页。

〔2〕 中共中央马克思恩格斯列宁斯大林著作编译局编：《马克思恩格斯选集》（第1卷），人民出版社1972年版，第152页。

的物质价值和由投资带来的土地资本价值。把土地的自然资源价格和土地的固定资产价格结合起来,就会得到一个完整的土地价格,而这种价格带有很明显的二元性。

三、产权理论:土地增值收益分配的权利秩序

产权经济学认为,没有权利就没有收益。土地产权理论是有关土地增值收益分配问题最重要的基础理论之一,也是目前学界研究我国土地制度改革问题最常引用的理论。土地是经济和社会发展的基础,而土地产权又是土地问题的核心,其中土地所有权是土地使用权、土地其他权利的基础。土地产权理论不仅在地租理论中有所涉及,在报告后续内容的分析中也将始终贯彻这一基础理论。

(一)产权的界定

关于"产权"的理论研究最初是法学研究领域的一项重要内容,随后又扩展到了经济学界。《牛津法律大辞典》的定义是,产权即为财产权,是存在于任何客体之中或之上的权利的集合体。我国学者江平、巫昌祯认为,产权与人身权相对应,是直接和经济利益相联系的一项权利。[1] 底亚玲、郝晋珉、朱道林同样解释道,产权是附着于客体之上的一切权利。[2] 在经济学界,德姆赛茨被认为是早期进行相关研究并获得较为完备研究成果的代表性学者。他提出:"所谓产权,意指使自己或他人受益或受损的权利。"[3]诺斯也同样指出,产权是人们行使一定行为的权利。[4] 通过

〔1〕 参见江平、巫昌祯主编:《现代实用民法词典》,北京出版社1988年版,第31页。

〔2〕 参见底亚玲、郝晋珉、朱道林:《基于产权的土地征收增值收益分配探讨》,载《农村经济》2006年第12期。

〔3〕 [美]科斯、[美]阿尔钦、[美]诺斯等:《财产权利与制度变迁——产权学派与新制度学派译文集》,刘守英等译,上海人民出版社1991年版,第97页。

〔4〕 富鲁普顿、佩杰威齐以及我国的一些学者将产权定义为一种社会关系。参见[美]诺斯:《经济史中的结构与变迁》,陈郁等译,上海三联书店1991年版,第21页;吴九兴、王秀兰:《土地产权与失地农民土地权益保护》,载《经济体制改革》2008年第6期;吴渭、刘永功:《产权视角下的农村土地征迁与利益博弈》,载《兰州学刊》2015年第2期。

对上述定义进行归纳，可以看出这些学者均将产权定义为一种权利的集合，无论定语为何，其实质体现的是基于这样的权利产生的人与人之间的相互关系。

（二）土地产权及体系

土地产权是存在于土地这种特殊财产之上或之中的一切权利的总和。它包括土地所有权、地上权、永佃权、地役权等多项权利。从法学视角来看，土地产权是一项法权，是土地财产在法律上的肯定或土地财产的法律存在形式。

由于社会经济与政治制度的差异，每个国家都拥有各自不同的土地产权权利体系及构成。关于本书的研究内容，关于土地增值收益分配主要涉及土地的所有权、使用权、永佃权、租赁权以及开发权。

1. 所有权

土地所有权是土地所有者在法律允许的范围内自由利用和处理土地的权利。马克思指出，一个人拥有土地所有权，就意味着对该土地的垄断，是土地所有者能够对抗其他的一切人，只服从于自己的个人意志的重要保障。[1]

土地所有权具有以下特性：（1）完全性。土地所有权是土地产权"权利束"中最完整的一项支配权利，由土地的占有权、使用权、处分权以及收益权等权能组成，是其他物权的源泉。（2）排他性。土地所有权是土地所有者对自己土地的一种垄断权利。在法律定的范围内，土地所有者行使权利的行为不需要经过任何人的同意，当然在外界对此行为产生干扰时，土地所有者也有权利要求排除妨碍。（3）权能可分解性。土地所有者可以将土地出租他人、抵押或交付他人使用，但土地所

〔1〕 参见中共中央马克思恩格斯列宁斯大林著作编译局编：《马克思恩格斯全集》（第25卷），人民出版社1974年版，第695页。

有者仍拥有最终的统一支配权。一旦这些派生权利消失,土地所有者又能拥有完整的土地权利。(4)社会性。土地所有权虽然是一种完整的排他性权利,但该项权利的行使必须受到社会的限制。任何土地所有制形态下皆是如此。这种限制主要源于土地的固定性和不可再生性。土地是人类存在和发展的物质基础,国家必须从宏观的角度对土地所有者的权利加以适当的限制,才能保障公共利益以及国民经济对土地的基本需求。

2. 使用权

土地使用权是对土地利用并获得相应收益的权利,是土地所有权的派生权利。土地使用权必须依法设定,任何人取得土地使用权其方式都应被法律所认可。广义的土地使用权是包含土地占有权、狭义土地使用权、部分收益权等独立于所有权权能之外的权利的集合;狭义的土地使用权则是指依法对土地的实际使用,包含于土地所有权之内。

3. 永佃权

永佃权指的是为耕作或放牧长期或永久使用土地,由永佃权人向土地所有者支付租金并获取收益的权利。具体而言,永佃权人在向土地所有者按时足额缴纳地租的情况下,可以无限期地使用土地,并世代传承。即使土地所有权有所变更,永佃权一般也不受影响。对此,罗马法上曾作出过这样的解释:永佃权既非买卖也非租赁,而是一个独立的概念。在一个合同中,双方以书面形式达成的协议被看作永久不变的。[1]

4. 租赁权

在一般情况下,土地租赁权不包括对土地的部分处分权,承租人对土地的使用方式及内容是依土地出租人的意志而确定的。土地租赁权

---

〔1〕 参见汪洋:《罗马法上的土地制度》,中国法制出版社2012年版,第322页。

人不能将自己承租的土地再以任何方式转移出去。土地租赁权人为取得土地租赁权就必须向出租方缴纳地租,无论出租方是土地所有者还是土地使用者。土地租赁依租赁契约而成立,出租方和承租方之间必须签订租赁合同。租赁合同不得违背国家的法律、法规。如若出租方是土地使用权人,则租赁合同还不能违背土地使用权出让合同的规定。在出租方是土地使用权人的情况下,土地承租方向土地使用权人缴纳地租,而土地使用权人则继续履行土地使用权出让合同。

5. 开发权

土地开发权,也被国内译作土地发展权,英美法系称为"开发权"(Land Development Right),大陆法系称为"地上权"(Superficies),在德国直接称为"建筑权"(Erbbaurecht),[1]指的是通过改变土地用途、提高土地利用集约程度以及增加对土地的投入等行为,获得发展利益的权利。土地发展权设定之后,其他一切土地的财产权是以已经编订的正常使用价值为限,在此之后变更土地利用方式和利用强度的决定权,则属于土地开发权。土地开发权是一项独立的权利,并不是国家权力的派生,国家的权力仅仅是对开发权的限制,并非开发权的来源,也无法决定发展权的分配。[2]

(三)土地产权在资源配置中的作用

(1)明确土地产权是市场交易、建立市场秩序的基础要件。任何商品要在市场上进行流通,在现实的物的交易背后,都无法脱离权利的交换。土地作为一种特殊的"商品",基于其不可移动的特性,在交易过程中的权利交换则体现得更加明显。因此,只有存在健全清晰的土地产权制度,才有可能实现土地的市场化交易。

---

〔1〕 参见郑振源:《土地利用文集》,中国大地出版社 2007 年版,第 240 页。
〔2〕 参见程雪阳:《土地发展权与土地增值收益的分配》,载《法学研究》2014 年第 5 期。

(2)清晰的产权能够实现市场的高效资源配置。经济学家普遍认为,市场机制是有效的资源配置方式之一,而产权制度则会对这种资源配置效率产生重大的影响。在土地交易过程中,(不考虑市场"失灵"的情况)交易成本会在市场作用下趋向"帕累托最优",可一旦土地产权界定不清,就需要对土地产权进行重新界定,这样便无形当中增加了交易成本,在市场上的反应则是交易费用的大幅度增加,从而降低了市场效率。

(3)清晰的产权能够有效避免经济外部性。经济的外部性是指在经济生活中,某个人或某些人(单位)的经济活动对其他经济主体造成的正或负的影响,却没有得到相应的补偿或赔偿。这种外部性既可以通过政府行政行为来解决,也能够通过道德约束来化解,通过完善土地产权制度来完善土地交易市场,却能够达到事半功倍的功效。

从以上简述可以看出,完整的产权应包括权能和权益两个核心要素。权能是主体能做什么和不能做什么的权利,权益是主体行使权能的收益。[1] 同时,如果假设土地拥有权利的交易,为更好地实现效率,就应当建立完善的市场。清晰的产权又是完善市场的必要前提条件,是实现合理资源配置、减小交易成本、排除经济外部性的有效手段。可以认为,土地产权是土地增值收益分配实现公平效率的权利秩序。

四、征收正当性理论:土地增值收益分配的权力制约

在社会秩序的演进中,土地从一种资源逐渐过渡成为一种财富,交织着社会利益与个人利益。国家作为社会资源的所有者,一直以来都肩负着社会资源的管理职能。土地征收是国家对公共资源合理配置的

〔1〕 参见杨萍:《论农民公平分享农村土地增值收益的产权基础》,载《开发研究》2015 年第 3 期。

基础性权力。随着行政权力的不断扩大,国家的管理与私人权利之间的冲突越来越明显,但没有一个国家否认过征收行为的正当性。

(一)保留权利理论

“土地征收权”(eminent domain)这一概念是胡果·格劳秀斯 1625 年在其著作《战争与和平法》一书中提出的。在该书中,格劳秀斯断言,“臣民的财产受制于国家的土地征收权,进而国家或为国家行事者……为了公用事业……可以使用甚至剥夺和毁灭该财产”。国王可以通过两种方式剥夺其臣民的权利:惩罚或至上权(eminent power)。但若使用后一种方式,则必须是出于公共利益(public advantage)的限定,并且臣民应当就其所遭受的损失从国库中获得公正的补偿。

格劳秀斯认为,国家之所以享有这种权力,是基于国家对其个体成员所拥有的全部财产享有本源的、绝对的(original and absolute)所有权,这种所有权先于个体成员对财产的占有。因此,个体成员对财产的占有和享用源于主权者的授权,它受制于暗含的约定或内在的保留,即国家通过合理行使这种终极所有权(ultimate ownership),可以重新收回并消灭个体所享有的财产权利。换言之,国家之所以享有土地征收权是由于国家对于个人财产享有终极的、本源的所有权,国家的土地征收权实质上乃是一种财产权。

格劳秀斯的这一理论曾在西欧风靡一时,美国一些州的早期判例正是采纳了这种解释。不过,格劳秀斯的理论并未被所有政治理论家们所接受。反对者认为,格劳秀斯的理论使社会制度的原理倒退到霍布斯的奴隶制理论;虽然在土地曾被主权者绝对所有且直接被主权者授予个人的背景下,格劳秀斯的理论似乎是有说服力的;但它却不符合这一事实,即人们结成政府的一个重要动因和目标保障乃是保障对其财产的先在权利。而且,格劳秀斯的理论根本不能适用于动产。在许多情形下,动产完全是其个体所有者自己创造出来的;而且将私人财产收作公用的原理不仅适用于不动产,也完全适用于动产。更为重要的是,即使某些由私人所占有的财产是由主权者授予的——此时主权者具有双重身份,即国家最高权力的享有者和财产所有权人——但仅仅靠所有权人的身份,主权者是不能单方面强制收回其出让的财产的。这其实混淆了主权者作为国家最高权力的享有者和财产所有权人这两种不同的身份。

(二)固有权力(inherent power)理论

由于格劳秀斯理论的内在缺陷,其有关征收权的理论已经不能被西方学界所普遍认同。现在通行的观点是,土地征收权并不是一种财产权或国家对土地终极所有权的行使;土地征收权的理论根据是国家主权。土地征收权被认为是国家主权当中不证自明的权力。这种权力无须任何明确的授权,它是主权内在的特性(attribute),根植于任何一个独立的主权国家,是政府存在的必需品。进而,宪法的土地征收条款并非授予政府一项新的权力,而是对这项既有权力的制约。土地征收权的理论根据是超越实在法律(real laws)的"必要之法"(law of necessity)。在司法实践中,美国的法院通常采取一种实用主义的观点来论证土地征收权的产生。通常的逻辑是:主权包括制定和实施任何在物理上并非不可能的和不为宪法条款所禁止的法律的权利;而在国家的管辖权之内,在正当补偿的前提下将私人收作公用,既非不可能也不为宪法所禁止。因此,授权实施土地征收的立法无需进一步的理由。

五、收入分配理论:土地增值收益分享

所谓分配理论,是指以社会总收入作为基础指标,或是将生产出的商品综合作为总量,依照一定的规则在不同的经济主体和集团组织等之间进行合理的分配。对大多数的西方经济学家来说,他们认为,分配

应是按照贡献量的多少进行衡量的，无论是对于哪种主体，提供的生产要素越多，贡献值越大，则获得的收入也就越多。作为西方经济学的主流思想，此种方式具有很大的研究价值。特别是在报告对土地增值而带来的收益问题上，我们融合这一思想进行情况的分析和论述。

（一）古典学派的收入分配理论

古典学派的收入分配，是以农业部门的分配为基础的。着重考虑的是土地、劳动和资本三种生产要素之间的关系。亚当·斯密在《国富论》中曾经提到，收入分配的概念可以浓缩到以一个谷物为例，也就是说，将一个谷物的价格划分为三部分：其一，用来支付土地所有者的地租；其二，给予劳动者的工资等产生的费用；其三，农场主的利润。在斯密看来，地租、工资和利润，这三者缺一不可，共同构成了商品价格，而不是单纯的由生产商品耗费的劳动而决定的，马克思称斯密的这一观点为“斯密教条”。

李嘉图对斯密的这一理论表示赞同，并将这一理论进行了继承。在李嘉图看来，地租、工资和利润是组成国民财富的三个部分，在进行社会产品的分配时，应遵循剩余分配原则，无论是生产中消耗的劳动力还是工具和设备的使用，都应是进行价值衡量时需要考虑的因素。古典收入分配始终将“斯密教条”作为信奉的基础理论，作为正统思想的代表，他的应用范围十分广泛，发展也日益健全，在后世的不断演变中，成为古典学派的收入分配理论。萨伊以这一理论为基础，进一步研究确定了自己的“三位一体”分配理论：通过劳动多少获得不等数量的工资，根据不同资本获得相应利润，不同数量的土地获得不等的地租。

（二）新古典学派的收入分配理论

新古典学派的代表人物是马歇尔，他善于将生产要素的供需关系转化为价格。根据生产力情况和生产要素分别计算需求价格和供给价格，最终通过对价格的均衡分析，来确定工资、利息、地租和利润的比例。克拉克曾发表过这样一段看法：生产要素的最终价格是根据生产要素的拥有者所贡献的比重来确定的，也可以说，分配问题就是生产要素的价格大小问题，正确地处理这一问题就是解决分配问题的关键。

（三）福利经济学的收入分配理论

福利经济学的代表人物，英国剑桥学派的庇古认为：国民收入是决定分配的重要因素，国民收入越高，社会成员的分配数额就会越高。在市场经济不变的前提下，按照生产要素进行分配的方式是会导致贫富差距不断扩大的，社会分配不均也由此产生，甚至会导致社会矛盾的加剧，影响社会的整体繁荣。因此，想要实现公平分配，就要实施社会福利制度，减少社会差距，使分配差距逐渐缩小。这种通过福利来实现分配的行为，也可以称为二次分配。在此之基础上，还有三次分配，就是通过道德力量促进公平分配的一种方式，不采取强制性的因素，而是取决于个人意志的一种行为，如捐赠和扶贫等。三次分配可以通过健全的法律法规和规章制度来鼓励富裕的人进行公益捐赠。

（四）我国的收入分配方式原则

通过对上述西方分配理论的分析，我们可以得到以下结论：想要实现公平分配，要使“按要素分配”和“按劳分配”两种方式相互配合，在社会发展的不同阶段，根据经济、政治、文化等多种因素的不同，适时地将其融合才能更好地适应社会的发展。党的十四届三中全会通过了《关于建立社会主义市场经济体制若干问题的决定》，其中首次提到了按生产要素分配这一概念。在党的十五大报告中，按生产要素分配的原则开始在个人收入的分配上得到实践中的运用。在党的十六大报告中，明确提出了“我国的分配制度要坚持以按劳分配为主体，多种分配方式并存。要根据劳动、资本、技术和管理等多种生产要素的贡献值进行分配,要促进分配制度的不断完善和发展”。党的十六大报告以强调“资本”作为生产要素进行收益分配的重点,同时还要注重“技术”要素在生产中作出的贡献,因此在收益分配时也要将其考虑在内。这对分配来说是一项突破性的进步,极大地促进了各种生产要素在生产环境的发挥,实现了生产力的最大化。党的十八大报告进一步将分配制度完善化。报告强调:“社会主义基本经济制度是坚定不动摇的,在此基础上实施的分配制度也是实现社会主义社会的重要因素。因此要不断为缩小贫富差距而努力,实现国民收入分配格局的创新和发展。”党的十九大报告指出,“坚持按劳分配原则,完善按要素分配的体制机制,促进收入分配更合理,更有序”,同时强调“履行好政府再分配调节职能,加快推进基本公共服务均等化,缩小收入分配差距。”国务院于 2013 年 2 月 5 日发布了《关于深化收入分配制度改革的若干意见》,为我国收入分配的改革问题作出了详细的指导,其中指出:“分配制度要坚持以按劳分配为主体,多种分配方式并存。要根据劳动、资本、技术和管理等多种生产要素的贡献值进行分配,要促进分配制度的不断完善和发展。”“要根据市场来确定生产要素的价格机制,通过对法律的完善和市场的管理,保证各种所有制经济能够平等的使用生产要素,参与市场竞争。”

党中央对收益分配问题十分重视,所发布的原则性规定为当前土地增值收益分配问题的解决奠定了基础。目前,国家对集体土地征收的土地补偿费,虽然从形式上承认了土地存在价值。但是,依旧是以农产品价格来决定土地价格,这实质上是忽略了土地作为生产要素的实际价格。土地的实际价格的形成应当主要由市场来决定,同时应受到法律的保护。

第三节　土地增值收益的来源

从理论上看,土地增值与土地增值收益分属不同概念。土地价值的增长受制于社会经济发展而引发的市场供求关系的变化以及政府土地政策的制定实施;而价值的上涨并不必然能够实现收益,土地增值收益形成于土地交易。土地增值是市场机制下形成的土地本身价值的上涨,只有通过市场交易才能将这部分价值外化为经济收益。政府能够通过制定相关政策、限制交易等方式,对土地市场进行强制性干预,从而实现对土地增值收益的限制。因此可以说,市场与政府干预是影响土地增值收益的两大主要因素。在我国现有的法律制度框架内,土地市场被严格控制,政府的行政垄断基本取代了农民土地交易市场。但是,政府与土地市场的这种关系,已经不能够适应市场经济发展的需要,新时代对政府行为提出了新的要求,关系转变势在必行。

随着人口的增长和经济的发展,土地的稀缺性日益凸显,对土地投资的增加也呈现出一种必然趋势。城市的外延不断向农村扩展,集体土地经营不断受到农业以外资本的"冲击"。一方面是基于市场需求驱动的民间资本"禁止"流入,另一方面是用途管制下的政府"强制"开发。在两种因素的合力下,农地非农化加速,用途的转变引发价值的变化,实现土地价格的上涨,在征收与出让的过程中形成增值收益。本书中的土地增值是指农村集体农业用地和集体建设用地的所有权价格、使用权价格转变为国有建设用地使用权价格的土地价格增值。其动力机制如图1-5所示。[1]

〔1〕 参见李燕茹、胡兆量:《城市土地增值的动力机制与调控》,载《城市问题》2000年第3期。

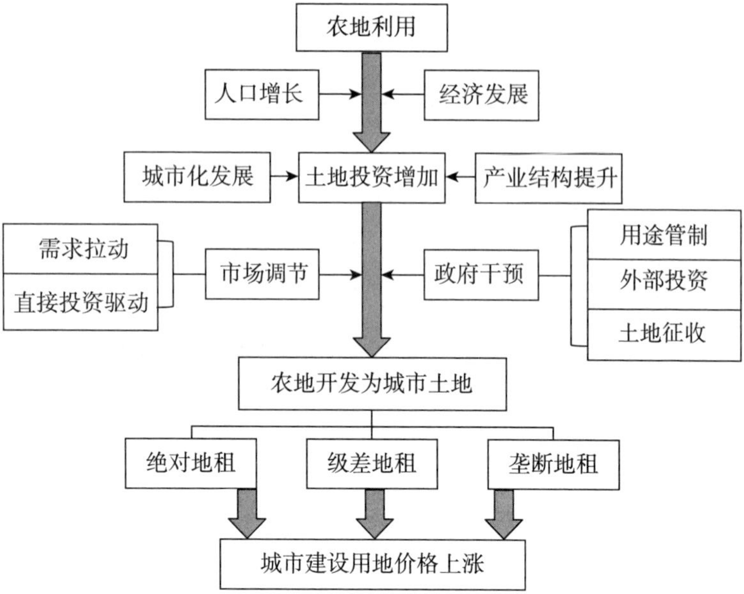

图 1-5　土地增值动力机制

一、土地增值的形成

周诚先生是较早研究土地增值问题的学者之一。他在 1994 年发表的研究成果中提出，土地增值产生的因素通常包括投资、供求关系变动和用途转化等方面。其中，投资性增值是通过对土地进行投资（包括直接投资和间接投资）所形成的劳动价值量附着于土地之上，形成的土地价值的增加；供求性增值，是由经济发展所带来的对土地需求与有限性之间的矛盾，所引发的土地供不应求的结果；用途性增值则是指在投资水平以及供求状况维持不变的情况下，同一宗地由低收益用途转为高收益用途时，由于土地收益的提高，从而地价也相应提高。[1] 尹玉

〔1〕 参见周诚：《论土地增值及其政策取向》，载《经济研究》1994 年第 11 期。

梅、郝寿义的研究认为,土地投资可使其价值得到增加,并且这种增值可区分为对土地直接投资产生的增值和对土地周围设施投资引起的土地间接增值(辐射增值)两种类型。〔1〕钟良的研究指出,所谓土地增值收益是由于土地的要素投入而导致的增值。〔2〕

结合研究目的和现有的研究成果,本书将土地增值的成因,按照土地增值的本质区分为“一般性”增值与“衍生性”增值。

(一)“一般性”增值

马克思曾经指出,一块土地如果加入了人类的具体劳动,那么这样的土地就同自然性质的土地区别开来,具有了价值。〔3〕市场价格是依据商品的总额来计算的,“在这个范围内,商品的市场价格是和他的价值相符的”。但现实当中经常会出现市场价格高于或低于价值的现象,这种变动是以供求关系变动为转移的。〔4〕据此可以得出,劳动的价值量和供求关系,是形成土地价格的决定性要素,也是影响土地价格变动的基本的一般性因素。

1. 资本投入增值

这里说的资本投入既包括生产资料投入改善生产基础条件(如施加肥料增强土地肥沃程度、修建厂房灌溉设施等),同时也包括生产技术投入,并且通过提高单位时间内的生产率,使其低于社会必要劳动时间,增加土地产出价值量。资本投入并不能使土地自身价值有所改变,其结果仅仅是土地之外的基本生产要素附着于土地之上的土地整体价值的增加。由于连续的资本投入改变了土地能够带来的经济收益,通

---

〔1〕参见尹玉梅、郝寿义:《土地增值收益的制度租金分析》,载《中国房地产》2008年第8期。

〔2〕参见钟良:《土地增值收益分配变革》,载《农产品市场周刊》2010年第5期。

〔3〕参见中共中央马克思恩格斯列宁斯大林著作编译局编:《马克思恩格斯全集》(第23卷),人民出版社1974年版,第78页。

〔4〕参见中共中央马克思恩格斯列宁斯大林著作编译局编:《马克思恩格斯全集》(第2卷),人民出版社1974年版,第13页。

过市场机制所反映出的直接体现就是土地价格的增长。由资本投资带来的价格浮动分为两种情况:其一,是资本直接作用于土地之上所产生的直接对价格的影响;其二,则是资本作用于周边的土地从而引起土地价格的变化,即辐射性增长。[1]

马克思主义级差地租理论能够很好地解释这两种价格增长产生的原因。理论上讲,在同一块土地上连续追加投资,每次投资的劳动生产率必然会有差异,只要高于劣等土地的生产率水平,就会产生超额利润。这种由于在同一块土地上,各个连续投资劳动生产率的差异而产生的超额利润化为地租。比如,通过购买农用设施,提高播种、收割效率或者通过喷洒农药防治病虫威胁又或者通过修建大棚改善生长环境等措施来提高农产品的产量,由此转化为超额利润,即级差地租Ⅱ。

对于资本作用于土地相关部分,主要是指土地资源周边的基础设施投资。这部分投资多是由政府部门所承担,目的是提高该区域的基础设施条件,可以被称为社会基础资本。对于某一地块而言,如果增加对周边地块的投资,那么由于该项建设所产生的功能会扩散到该地块,从而有利于提高该地块的利用能力和经济效益,进而提高其级差地租的水平。同样以农地为例,原本处于偏远位置的农地产出要进入市场实现商品交换,必然会在运输环境产生交换成本的增加。可一旦社会资本进入周边的土地,使交通条件改善或者是居住环境改善带来人口的聚集,产生了新的市场。对于从事农业生产的人们来说,虽然土地的地理位置不曾改变,但土地区位因素产生了变化,就会减少交易成本,相当于土地产出价值的增加,从而实现了级差地租Ⅰ的增加。

---

〔1〕 辐射性增值,是投资增值的一种特殊形式,指的是由相邻土地上的投资开发而引起的周边土地价值的增加。这种土地增值是宗地之外的土地投资所产生的经济效益的外溢而形成的,宗地之外土地的投资可能会改变该宗地周遭的环境状况、区位条件、社会人口等因素,从而产生对土地价格的影响。

2. 供求性增值

供求性增值是由土地的供需特性决定的。土地具有稀缺性,从自然供给来看,其供给数量是相对固定的,供给无弹性,不受其他因素的影响;而从经济供给来看,虽然是可变的、有弹性的,但是受限于自然供给。因此,土地的供给是有限的。然而从土地需求来看,社会的发展使土地的需求体现为一种刚性需求。特别是随着人口不断增长,社会经济不断发展,人们对土地的需求日益增长,从而导致供需矛盾日益加剧。在此情况下,人们一方面会通过提高自己利用土地的集约度,从而提高土地收益;另一方面,为满足日益扩大的土地需求,人们会不自觉地开发土地、拓宽疆域,使其能够满足对固定用途的土地的刚性需求,从而使原来无收益的土地也产生了收益。这种由于土地供不应求所引起的土地价格的增加值,通过绝对地租的增加得到反映,是绝对地租的资本化。

(二)"衍生性"增值

"衍生性"增值是与"一般性"增值相较而言的,是随着国家、社会、经济等发展所产生的土地增值因素,但增值本质依旧符合"一般性"增值要件。

1. 用途转用增值

用途性增值是指在其他相关因素保持不变的情况下,土地由低收益的用途转换为高收益用途的过程带来的土地收益水平的提高。农用地转变为建设用地所产生的增值主要是农业地租转变为建筑地段地租所增加的资本化地租。

一般来说,土地按照用途的不同可分为农业用地、工业用地、住宅用地、商业用地四种类型。城市土地和农业用地表现出了不同的价格特点。从农用地转变为建设用地之所以会引起地价的变化主要是由于:其一,农业部门资本的有机构成要远低于其他部门的有机构成,农产品的价值小于平均利润率形成的社会生产价格,那么农业部门的超额利润要低于其他部门,因此地租也就较低;其二,从土地利用集约度来看,建筑设施比农业利用能更大限度地将资金集中利用于一定面积的土地上,使其超额利润远高于农业利用,因此地租量也就较高。建设用地中由工业用地转换为住宅用地或者商业用地,也会导致地租量的上涨,进而带来土地增值,其原因也不外乎上述提到的两点内容。从本质来看,土地利用类型改变所引起的增值是通过土地绝对地租的增加来反映的,因此该项增值是资本化的绝对地租的增加。

2.政策性增值

政策性增值主要是指,地方政府制定相关政策所引发的某一地区土地价格上升。整体来看,对土地增值收益影响较大的政策包括土地利用规划、行政隶属变更、土地相关制度、地价政策等。就土地相关制度而言,土地无偿使用制度到有偿使用制度的转变,促进土地使用权在土地市场中的流转,从而显化了土地价值。

二、土地增值收益的形成

土地增值与土地增值收益存在实质上的差别,两者属于不同的概念。虽然存在一定的联系,但不能相互替代更不能等同。土地增值是土地作为特定商品的本身价值增长,而增值收益则表现为这种价值增长的实现。这种利益的实现必须以市场为基础,以交换为手段。根据土地增值收益实现方式的不同,可将土地增值收益区分为:权利保有增值收益与权利移转增值收益两种类型。

(一)权利保有增值收益

权利保有增值,指的是不改变权利主体的情形下,土地所有者通过对生产要素的投入以致实现土地价值的增加。例如,农业生产者通过改良土壤、平整土地、修建沟渠等手段提高了生产效率,增加了农业产出。在农产品价格不变的情况下,将农产品出售以后所获得的高于原产收益的部分,相当于此时的土地增值收益。同样地,一家工厂的经营者,通过整理土地、扩建厂房、增加生产设备、改进生产技术,提高了单位时间的产品价值总量。这些产品在市场上出售所获得的经济收入与原始收入的差值,就是体现为土地的增值收益。概言之,权利保有增值收益是通过生产要素投入而提升土地利用效益,最终以土地利用产出的价值量的市场交易来实现的,在地租理论上表现为级差地租Ⅱ。

(二)权利移转增值收益

与权利保有增值收益对应的,是权利移转增值收益,是指土地由于权利的移转所实现的高于原始土地价格的那部分经济效益。与权利保有增值收益不同,权利移转增值收益产生的基础是土地的所有权,与土地所有者本身的劳动并无关联,表现为绝对地租。根据转移权利的不同又可分为使用权转移引起的土地增值以及所有权转移的土地增值两种实现方式。

使用权转移的实现方式,是将实际发生价值增益的土地交付于他人使用,通过收取租金的方式获得土地的增值收益。例如,一栋房产,相邻土地上修建了一个公园,土地的价格因此得到提升,房屋所有者以升值后的房屋价格出租,就能获得与原租金相比较高的收益。所有权转移的增值收益,是将实际发生价值增益的土地出卖给他人,以获得高于原价格的经济利益。本书主要研究的是土地所有权转移的增值收益。

三、政府与市场对土地增值收益的双重影响

土地增值收益产生于交易过程,是土地价格增加的货币实现。土地价格决定因素在于市场自由竞争当中的供求关系。现实情况是市场配置往往难以实现资源配置的帕累托最优状态,其原因主要包括:自然垄断、公共物品、外部效应等问题。为弥补市场不足的现状,政府通过

行政职能进行土地市场调节、提高资源配置效率。从这里可以看出,市场与政府是影响土地增值收益的两大因素。

(一)市场需求推动

社会因素所带来的土地增值,主要是社会经济发展、人口不断增长、产业结构转变等因素所带来的土地供求关系转变而产生的价值增长。其增值收益的形成是在完全不考虑政府干预的情况下,由市场交易主体自发形成的土地价值的货币实现。具体可分为:

(1)社会经济的发展影响。社会经济的发展意味着社会生产和投资的良好运行、就业机会的增加,以及以此带来的居民收入水平和消费水平的提升。一方面,在繁荣的经济状况下,人们对于生活品质的追求从解决温饱问题到住房等方面的高层次追求,如住宅位置、房屋面积、周边设施等;另一方面,第二、第三产业的持续升温会产生对厂房、办公地点、文化娱乐场所等不动产需求的增加,即行业设施建设用地的需求的加大。概括而言,社会经济的繁荣发展,直接促使居民或社会不同行业对建设用地需求量不断攀升,从而推动土地价格的上涨。

(2)人口因素引起的供求关系变动。人口对土地价格的影响主要体现在人口密度和城乡人口变动等方面。人口数量的增加,同样会引起对土地需求量的增加。无论是农村还是城市,基于土地自然供给的有限性,依据供求理论,土地价格会有所上涨,是土地价值上涨的一般规律。如果单纯从城市的角度出发,在城镇化步伐不断加快的今天,人们对高层次生活的环境的向往,不断促使农村人口向城市转移。外来人口的聚集使城市人口密度增加,城市土地需求量的加大就会导致城市土地价格的上涨。在城市土地无法满足人口需要的情况下,就会产生城市的扩张,如此一来,也会带来城市周边土地价格的增加。

(3)产业结构变化带来的供求关系变动。生产技术的不断更新,使劳动力在第一、第二、第三产业之间的流动越来越明显。在以农业为主的第一产业领域，生产技术的发展促使农业由劳动密集型向技术密集型转变。机械化生产的普及使农民从单一的人工劳动中解放出来，农业生产不需要再仅仅依靠简单的人力劳动，从而可以向其他行业转移。工业和服务业规模的不断扩大，就对经营场所、员工住宿等基础设施提出了更高的要求。对经营规模扩建的土地需求，带来了土地价格的上涨。

（二）政府的供应制约

不可再生性和自然供给的有限性是土地资源的重要特征。也正是基于土地这样的特性，世界各国都以不同的方式对土地资源的利用加以限制，形成了一系列的土地保护制度。政府对土地的管理在一定程度上制约着土地资源的市场供给。土地管理对土地供求关系的影响，主要表现在产权制度管理、土地用途管理、土地规划等方面。

土地产权管理主要是国家通过对土地产权交易的限制来影响土地价格的，我国尤为典型。我国的土地分为国有土地和集体土地，且均施行所有权与使用权分离的管理方式。凡涉及土地权利交易的，均为广义土地使用权的流转，土地所有权不允许进行交易，即土地不允许买卖。建设用地的供给只能由国家进行，集体用地要进入一级市场流通，必须先通过征收，将土地所有权转移至国家。国家通过相关法律对国有土地和集体土地交易进行限制，实际上是对土地市场供给的控制，从而也就形成了对土地交易价格的影响。

用途管理制度是诸多土地管理较为完善国家普遍采用的一种土地利用管理手段。是一项通过土地利用规划，以土地用途为标准对土地进行区分，并严格控制土地用途转变的管理制度。[1] 例如，美国各州通过划定城市增长线，确定城市发展规模，控制农地向城市的转用。法国

〔1〕 参见赵金龙等编：《农村土地流转与征收》，金盾出版社2012年版，第11页。

通过《农业指导法》将农业区域确定为环境保护的范畴，以确定土地未来的利用方式。[1]

土地利用规划同样也是很多土地制度发达的国家采用的一项重要管理手段，是国家为了实现土地资源的合理配置以确保经济、环境的协调、统一、可持续发展，在一定区域或一段时间内对土地利用所作出的总体安排。土地利用规划会对土地价格产生重要的影响。国家通过采用不同的土地管理方式来限定土地用途的转用，控制土地供给量，形成国家对土地供给市场的影响。

第四节　土地征收补偿及价格之确定

目前各国宪法皆强调人民财产权保障的重要，但基于公共利益的需要，行政机关有依法征收人民财产的权力，征收补偿则为调和公共利益与私益发生矛盾时的手段。行政机关责任可依行政行为之合法与否，分为损失补偿与损害赔偿两种。前者是合法行为所生的补偿，行政机关基于公共利益目的行使公权力而使人民遭受损害，所以，行政机关必须给予补偿；后者是因侵权行为而为赔偿。征收补偿属于损失补偿，不包括所失利益与间接损害，不过，受到征收干预的营业利润损失，应该是基于宪法保障人民享有现有财产标的利用可能性的观点，例外地给予补偿。[2]

〔1〕 参见李珍贵：《土地资源管理应注意借鉴国外土地用途管制经验》，载原国土资源部网，http://www.mlr.gov.cn/zt/2004tudiyantao/8.htm，最后访问日期：2016 年 5 月 6 日。

〔2〕 参见陈敏：《行政法总论》，2003 年自版，第 1156 页。

一、征收补偿原则的概念

(一)合法要件

所谓财产权的制度性保障,是指行政机关对财产权内容应当依照法律规定,并加以保护,此为行政机关的义务,而非如生命权、自由权等其他权利,行政机关原则上不予干涉,该基本权即可获得保障,因为制度性保障的权利,如果没有法律制度,根本就无法形成的具体内涵。进而与其他权利相比,立法机关对于财产权,有较大的形成空间。换言之,行政机关对财产权的范围,不但可以以法律加以界定,甚至可以法律加以限制,如征收制度。

征收制度,是指行政机关为了公共利益的需要,依公权力强制剥夺或者限制私人财产权的行为,这是建立在行政机关为促进较高层次利益而牺牲较低层次的利益的基本原则上,而对原来较低利益加以补偿,所以补偿的目标,就是在利益重新分配的基础上两种利益的失衡。因此,征收的合法要件,是指行政机关基于公共利益之需要,依法律规定,合法施行公权力,因此导致人民的财产损失,必须给予补偿的制度。若进一步将损失补偿的思想与征收制度两者概念相结合,即可以发展出征收补偿制度。

(二)基本原则

征收制度,是对人民财产权直接且严重的侵害,从 19 世纪开始,欧洲立宪主义者莫不关注,因而世界各国均在宪法层面上对征收制度作出了规定,以体现对行政机关征收权力的限制和对私有财产的保障。例如,德国《基本法》第 14 条规定:财产权及继承权应予保障。美国《宪法》修正案第 5 条规定:不经正当法律程序,不得被剥夺生命、自由或财产、不给予公平赔偿,私有财产不得充作公用(without due process of law; nor shall private property be taken for public use, without just compensation）。日本《宪法》第29条第3款规定：私有财产在正当之补偿下可以用于公共目的。法国《人权宣言》第17条规定：私有财产神圣不可侵犯。除非由于合法认定之公共需要的明显要求，并且在事先公平补偿的条件下，任何人的财产不得被剥夺。从世界各国的实践规定来看，征收制度必须同时符合以下四个基本原则：（1）必须依法律规定，即法律保留原则；（2）必须符合大多数的利益，即公共利益原则；（3）必须给予补偿，即补偿原则；（4）必须符合法定程序原则，即正当法律程序原则。

《民法典》第243条规定也充分体现出了上述四个原则。《民法典》第243条规定：为了公共利益的需要，依照法律规定的权限和程序可以征收集体所有的土地和组织、个人的房屋及其他不动产。征收集体所有的土地，应当依法及时足额支付土地补偿费、安置补助费以及农村村民住宅、其他地上附物和青苗的补偿费等费用，并安排被征地农民的社会保障费用，保障被征地农民的生活，维护被征地农民的合法权益。征收组织、个人的房屋及其他不动产，应当依法给予征收补偿，维护被征收人的合法权益；征收个人住宅的，还应当保障被征收人的居住条件。任何组织和个人不得贪污、挪用、私分、截留、拖欠征收补偿费等费用。另外，有学者认为，依原《物权法》第42条规定，征收的权限和程序应当依照法律规定，法律应当是由全国人大或全国人大常委会制定，对于征收国有土地上单位和个人的住房及其补偿的具体办法，全国人大常委会则授权由国务院制定具体办法。[1]

（三）理论基础

有关征收补偿的理论基础，参照德国学者和联邦最高法院和联邦行政法院的判决，可以归纳出以下理论基础：[2]

---

〔1〕 参见江平主编：《中国物权法教程》，知识产权出版社2008年版，第191页。
〔2〕 参见潘善斌：《农地征收法律制度研究》，民族出版社2008年版，第23页。

1. 个别行为理论(Einzelaktstheorie)

个别行为理论是最早期的理论,由 G. Anschutz 首先提倡,[1]他认为征收是对特定个人或群体,确定及潜在的财产权之侵害;也就是只有因为公共利益需要时,才会对某些个人或一群人的财产予以侵犯。因此,遭受征收侵犯的必定是个案的、特别的情况。换言之,征收系公权力主体对特定人权利之侵害行为,特定人既属因公众而受的牺牲,自应获得补偿。此理论符合大部分的征收实务,将征收视为个案发生的公权力的侵害。所以,在魏玛共和时代,是通说理论,迭为德国帝国法院所采纳。[2]

2. 特别牺牲理论(Sonderopfertheorie)

特别牺牲理论又称为修正个别行为理论,此说是 19 世纪末德国学者 Otto Mayer 最早提出的,他认为:任何财产权的行使都要受到一定内在的社会限制,这种内在的社会限制是所有公民都应当平等地承受一定之负担,不需要补偿。德国《基本法》公布后,联邦最高法院对征收所作的重要阐释,基本上肯定个别行为理论,但是将该理论加以修正而形成,置于宪法所保障的平等权上,也就是征收乃对少数人财产的侵害,违反宪法保障的平等权,其形态无论剥夺或限制,也不问对个别人或一群人,若与他人相比较显失公平,且系被迫为公共利益而超过可忍受的牺牲,即为特别牺牲。[3]

3. 可期待性理论(Zumutbarkeitstheorie)

可期待性理论又称为严重程度理论(Schweretheorie),乃公法学家 Hans Stodter 所创的理论。自联邦最高法院采纳特别牺牲理论以来,联邦行政法院另外采取可期待性理论来分庭抗礼。所谓可期待性理论,

---

〔1〕 G. Anschutz, Die Verfassungdes Deutschen Reichs, Anm. 16zu Art. 153.

〔2〕 RGZ124Anh. S. 33;127,281;128,28,171ff;135,311;150,13.

〔3〕 BGHZ6,280.

是基于财产权的社会义务性,是对财产权极轻微的侵犯,可以期待任何人民忍受之,也就是征收应予补偿,乃因为利害关系人遭受之侵害严重且逾越其所能忍受之程度;反之,则属财产权人所能忍受之社会责任范围。[1]

尽管德国最高法院和行政法院所持的理论不同,如特别牺牲理论强调受害人与其他社会成员相比较,所处之不公平状况,而可期待性理论则优先考虑财产权人或利害关系人受害程度之重大或轻微。但是,两者间并非截然对立,实际上,也可有互相截长补短的机会。[2] 况且,两者在实际运用时差异不大,只有若干程度上之区别,且法院有时兼采各种理论。[3]

二、征收补偿的原则

征收补偿范围的演进,以德国为例,从 19 世纪古典征收的完全补偿,到《魏玛宪法》时期的扩张征收的相当补偿,再到《基本法》公平补偿的变迁,推究其过程,可以发现与近代资本主义的演变一脉相承。目前国内探讨补偿的范围主要是受到美国、德国、日本等行政机关学说和实务的影响,有采完全补偿原则,也有采相当补偿原则,也有主张应该区分征收标的的性质或目的,而分别采完全补偿或相当补偿的公平补偿原则。

(一)完全补偿原则

完全补偿,又称全额补偿,是指对于损失应予完全填补之意,源于古典征收(Dieklassische Enteignung),[4] 其理论基础是所有权神圣不可

〔1〕 BVerwGE5,143.
〔2〕 参见陈新民:《宪法基本权利的基本理论》,台北,元照出版有限公司 1999 年版,第 332 页。
〔3〕 参见吴庚:《行政法的理论与实用》,台北,三民书局 2010 年版,第 743 页。
〔4〕 参见李建良:《行政法上损失补偿制度的基本体系》,载《东吴法律学报》1999 年第 11 卷第 2 期。

侵犯和平等原则，认为损失补偿的目的在于实现平等，而土地征收是对法律面前人人平等原则的破坏，为矫正这一对平等的财产权的侵害，自然应当给予完全的补偿，才符合公平正义的要求。此时，征收的标的只局限于所有权和其他的物权。该观点认为，对于被征收人因公共利益受到的特别损失，行政机关都应予以全额补偿，以使当事人的合法权益恢复到受损前的状况。全额补偿的范围，不仅仅包括被征物的损失，也包括其他因征收而引起的损失。〔1〕也就是征收补偿与被征收人的损失，予以完全填补，始能谓补偿与损失相当，此也符合《宪法》保障私人财产权的要求。〔2〕采取全额补偿的理由有以下三点：

第一，从平等原则来看，征收的受益者是包括该相对人在内的全体公民，既然众人都受有利益，那么对于因征收行为而受特别牺牲的相对人，理应由众受益人负担完全补偿其损失的责任，才属公平。

第二，从财产权保障来看，宪法保障公民的财产权，无论性质是合法征收行为还是违法的侵权行为。〔3〕当财产权因侵权行为受到损害，被侵害人应该得到完全的赔偿；因公共利益被征收时，财产权人固然应当忍受其侵害，但对其也应给予完全补偿，使其能以该补偿重新取得与被征收标的物同等价值之物以恢复被征收前同等的财产状况，这样才符合宪法保障财产权的宗旨。

第三，从生存权的保障来看，宪法保障公民的生存权，征收的标的是土地，土地多是公民生活的依靠，其一旦被征收，势必影响到被征收人的生存权，按照德国法上的理论，有给予完全补偿，才能有效保障公民的生存权或生活权。

〔1〕参见陈新民：《宪法基本权利的基本理论》，台北，元照出版有限公司1999年版，第319页。

〔2〕参见陈立夫：《土地征收与损失补偿》，载《损失补偿行政程序法》，台北，元照出版有限公司2005年版，第37～39页。

〔3〕参见潘善斌：《农地征收法律制度研究》，民族出版社2008年版，第117页。

综上所述，完全补偿的观点认为，补偿应包括一切附带损失，即补偿不仅限于征收的客体，还包括与客体有直接或间接关联以及因此延伸的一切经济上和非经济上之利益。例如，土地征收补偿标的，除了土地所有权本身的交易价值外，还应包括房屋及其附属设备、土地上的数目及必须转业的损失等因征收所造成的损失。[1]

（二）相当补偿原则[2]

相当补偿，又称适当补偿、相应补偿，[3]源自扩张征收的概念（Dererweiterte Enteignungsbegriff），[4]强调所有权的社会义务性，认为财产权因负有社会义务而不具有绝对性，可以基于公共利益之需要，而依法加以限制。此时征收的标的，不再仅仅以所有权和其他物权为限，只要是任何具有财产价值的标的，包括债权在内，都可以列入征收的标的范围。[5] 该观点认为，征收补偿只须相当（angemessen），而不须全额（vollstandig）。

德国采取相当补偿的理由为：征收行为使公民遭受特别牺牲，依理应该给予超过一般自由成交价格的补偿。但是在所有权社会化的今天，个人应受社会的制约，有忍受相当牺牲的义务。因此，为了调和权利剥夺和社会义务，该观点主张，补偿应限于被征收财产的价值，至于难以量化的精神上的损失、生活权的损失等个人主观价值的损失，应当视为社会制约所造成的一般牺牲，个人有忍受的义务，不应予以补偿；至于可以量化的财产上的损失、迁移损失以及各种必要费用等具有客

〔1〕 参见李惠宗：《财产权保护与土地征收补偿》，载《信息法制、土地规划与损失补偿新趋势》，台北，元照出版有限公司2010年版，第53页。

〔2〕 国内学者有采用“不完全补偿原则”用语者，不过其意思和内容和本文所采用的相当补偿原则相同。参见李集合：《土地征收征用法律制度研究》，中国政法大学出版社2008年版，第127~129页。

〔3〕 有学者主张四分法，即完全补偿、相当补偿、公平补偿和合理补偿。此将相当补偿和合理补偿区分为两种不同的补偿原则。参见潘善斌：《农地征收法律制度研究》，民族出版社2008年版，第117页。

〔4〕 参见董保城、湛中乐：《国家责任法》，台北，元照出版有限公司2008年版，第9页。

〔5〕 RGZ103，200ff. 其余的判决，参见W. Weber，Eigentnmund Enteignung，S. 339。

观价值而又能举证的具体损失，则应给予适当之补偿。

在国内相关的法律规定中，征收补偿一直遵循的是适当补偿原则，[1]而《民法典》物权编第327、338条采用相应补偿原则。有学者主张，相当补偿具有很强的自由裁量性，适当补偿强调补偿的主观判断性，补偿是否达到一定之程度，完全由执法者主观判断。适当补偿原则的要害在于将征收补偿仅作为征收的附属性行为，前提是行政机关征收必须服从，然后再谈补偿，不管补偿合不合理，征收行为一定执行。这样的一个理念，是对于所有权的严重漠视，其结果导致对于所有权的非法侵犯；因为没有合理的补偿，任何征收行为均为非法行为。[2] 本报告不赞同此见解，其实无论是相当、适当或相应，均是一个不确定之法律概念，问题不在于词语本身，而在于执法者的主观判断。因此，规范的重点应强调是否有一个正当的法律程序去规范执法者的主观判断，才能给予被征收者保障。

相当补偿原则若与民法侵权行为中的相关因果关系学说进行比较，两者具有异曲同工之妙。所谓相当补偿，事实上是指就社会、经济状况，并着重强调土地资产的社会义务，而依社会通念，以客观、公平和妥当之方法予以考虑，填补被征收人所受的经济损失。[3] 确实，渴望在相当补偿认定上构建一个一致标准的努力已经被证明是徒劳的，因此，在相当补偿问题的研究上一个正确的态度似乎应该是在一个相对合理的一般性标准的基础上，通过对案例的比较而建立起类型，探讨其适用之具体方法，从而维护该一般标准适用之妥当性，并进而在个案中达到符合正义。

另外，相当因果关系说困扰各国法院及学说，产生永无穷尽、难以

[1] 例如，《民法典》总则编第53条说的就是适当补偿。

[2] 参见潘嘉玲：《土地征收法律问题研究》，人民出版社2009年版，第157～158页。

[3] 参见李鸿毅：《土地法论》，2001年自版，第924～925页。

解决的问题。原审的见解被终审法院推翻的很多，而法院的认定不为学说所赞同，也属难免。因其所涉及的不是事实认定，而是法的价值判断上的归责问题。在若干案件中，见解歧异原本不足为奇，所愿期待的是，各级法院应尽量公开其判断因素及推论过程，而法学者应就个案从事较深刻的分析，建立较客观、可资检验的论证准则基础，避免流于主观法律情感的恣意，以空乏的说辞掩饰未经深思熟虑的观点。

(三)公平补偿原则

公平补偿，又称公正补偿、合理补偿。“二战”后，联邦德国于1949年颁布了《基本法》。《基本法》第14条第3项规定，财产的征收，有因公共福祉所需时方得为之。对财产的征收必须依法律进行，且该法律必须规定补偿的形式和额度。确定财产补偿时，应当公平地衡量公共利益和相关人的利益。对于补偿额有争议的，可以向普通法院提起诉讼。

有关公平补偿原则，具体内容因为国情不同也有不同，日本学界称为折中补偿，是指原则上采完全补偿原则，例外情形采相当补偿原则，主张应就完全补偿的场合和应相当补偿的场合分别予以考虑。另有观点认为，由于特别牺牲的标准是相对的、活动的，因此在对征收行为确定补偿时要对公共利益和行政相对人利益进行公正的权衡，分别情况采用完全补偿或不完全补偿原则。在多数场合下，就特别牺牲的侵害，应给予完全补偿，但在特殊情况下，可以准予给予不完全补偿。还有观点认为，对于公共利益事业用地，其征地补偿采用不完全补偿原则，其余公共利益事业用地，则采用完全补偿原则，以公平市场价格作为征地补偿标准。[1] 目前国内有少数学者主张此见解。[2]

[1] 参见李集合：《土地征收征用法律制度研究》，中国政法大学出版社2008年版，第16~17页。
[2] 参见潘嘉玲：《土地征收法律问题研究》，人民出版社2009年版，第159、210页。

(四)综合比较

无论是完全或全额,相当、适当或相应,公平、公正或合理,这些措辞的选用一是各国对被征用财产补偿程度不同的表现,二是修辞和翻译的偏差。在这几种表述中,除完全和充分意义较为清楚明确外,其他都是比较空泛的表达方法,都是依赖其对应的标准和规则而存在。从现实情况来看,认定之权力显然属于行政机关,被征收者则无权要价。

所有权客体满足的社会重要功能越多,就可以对所有权进行越大的限制。〔1〕从征收补偿的变化历程可以得知,征收补偿的原则并非一成不变的而是随时代的发展而发展,随行政机关和社会意志的转变而转变。但唯一不变的原则是利益平衡问题:一是受到损害的个人利益与所增加的公共利益的平衡;二是对受损害个人利益的补偿。前者是土地征收的目的与代价的衡量,即所需要的公共利益是否已达到需要采取征收的手段,这里的代价包括行政机关为征收付出的对价和利益牺牲者所受到的损害;后者是对牺牲利益的补偿是否已经达到平衡的考虑。〔2〕

三、征收补偿范围

征收补偿范围应依所采取的征收补偿学说判定,将征收中可能发生的损失依经济损失、非经济损失分类,其下再分为积极损失与消极损失。经济损失指可以用经济价值明确估算的损失;非经济损失则相反。积极性损失指现有财产因征收而减少;消极性损失指现有财产因征收而无法增加。基于财产权保障的观点,在于保障权利主体,而非仅单纯保障财产价值,所以,除财产上的损失以外,精神上损失、事实上损失、

〔1〕参见[德]曼佛雷德·沃尔夫:《物权法》,吴越、李大雪译,法律出版社2002年版,第40页。

〔2〕参见潘嘉玲:《土地征收法律问题研究》,人民出版社2009年版,第155页。

生活上损失等重建生活秩序所必需者，都必须给予补偿。[1]

更进一步阐述各损失的含义。既存财产利益的损失指因征收造成被征收人现有土地价值或权利的减损，该价值的认定在实务上有困难，近来学者多主张应用正常交易价格为补偿基准。新费用支出的损失指因征收而使改良物、人口、机械及动植物等，保持既有使用而迁移他处所需费用。期待利益的损失凡指在一定期限后必然发生的利益损失，现却因土地征收而丧失该利益，所以给予补偿。期待利益的判断标准指未来必然发生的利益，若利益必须因特殊条件才可成就，即不在此范围内。残余的损失指土地因征收而造成土地利用价值减损或不能为相当使用，应以征收前后估算的土地价值落差作为补偿基准。非经济损失是否必须纳入补偿范围内，仍有争议，目前倾向超出社会一般人所能容忍的程度，就必须给予补偿。[2]

四、征收补偿的观点

征收权并非宪法所赋予的权力，而是基于统治者（联邦行政机关与州行政机关）对于其领域内所有土地原有的支配权，因此早期统治者无须补偿即可行使征收权。Calabresi 和 Melamed 在 1972 年提出保障财产权三大法则，财产权法则（property rules）、责任法则（liability rules）与禁制法则（inalienablity）。财产权法则指除非获得财产所有人的同意，不得侵犯其权利；责任法则指他人可侵犯所有权人的财产权，但必须给予适当之补偿；禁制法则是财产权经授与后，无论是否得到所有权人的事先同意或侵犯后有适当补偿，都不得侵犯私人财产权。1789 年美国《宪法》第五修正案指明，任何因公共使用而剥夺私人财产者，都必须获

---

〔1〕 参见杨松龄：《财产权保障与公用征收补偿的研究》，载《经社法制论丛》1992 年第 9 期。
〔2〕 参见陈松造：《公共建设土地取得与补偿机制的研究》，台湾大学 1997 年硕士学位论文，第 22 页。

得合理补偿。[1] 此规定指出征收权的行使必须符合两种限制:一是公用;二是合理补偿。2005年在Kelo v. City of New London(545US. 469)案中,征收土地由原所有权人转至另一私人手中,但其创造利益为社会大众所共享,法院认为仍属公用。公用之界线由原本的公共使用放宽至公共利益,此公用限制突破后合理补偿的重要性逐渐显现。[2]

征收确定到征收补偿期间内,涉及征收补偿的对象除了被征收人与行政机关外,还涉及其他非被征收人的利益(见图1-6)。行政机关创造社会利益,非被征收人向行政机关缴纳税赋,作为行政经费的来源。行政机关为了社会利益对被征收人行使征收权,被征收人移转财产权给行政机关,将征收利益交由社会大众所共享,征收补偿资金来源由社会大众所负担。在征收补偿关系中,各方面都必须遵守公平、效率原则。

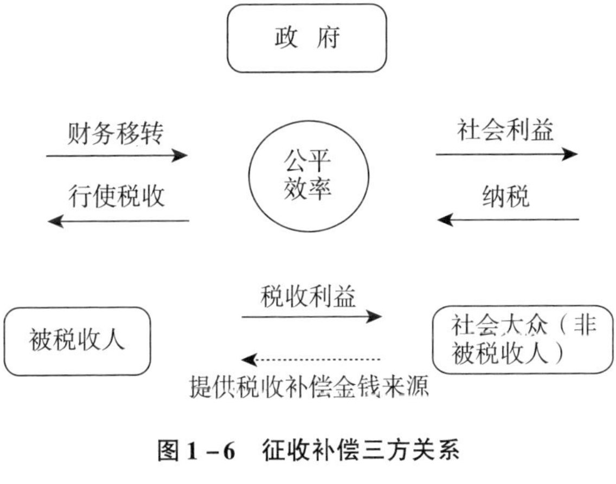

图1-6 征收补偿三方关系

[1] See Eaton, J., *Real Estate Valuation in Litigation* (Second Edition), Chicago, Appraisal Institute, 1995, p. 14-16.

[2] Wyman, K., "The Measure of Just Compensation", *UC Davis Law Review* 41, 2007, p. 239.

(一)公平观点

1. 征收补偿必须是完全补偿

Bell同意以公平的概念探讨合理补偿。Michelman认为,合理补偿的架构应建立在John Rawls"无知之幕"之下。Rawls的无知之幕理论,指任何人在选择正义原则时,不会被自身的条件(如所得、教育程度或社经条件等)所影响,所有人之处境相似,原则的决定仅取决于公平协议及讨价还价的结果。[1] 在无知之幕下的公民仅知道行政机关有行使征收的权利,不知道社会大众将负担多少成本。换句话说,在不知道未来的情况下,每个人财产被征收的概率相同,所以,处在无知之幕下的公民将会遗忘私利,选择合理的补偿方式及标准。以无知之幕作为理论依据,制定社会制度时将会产生两项原则:一是自由平等原则,每个人在最大限度内享有与他人平等的权利;二是差别原则,允许社会及经济制度上的不平等存在(第一个原则的例外适用),必须使所有人都可获得利益,且此制度所带来的地位及职务都必须开放给所有人。[2] Michelman将无知之幕理论延伸至征收议题,且认为在征收补偿议题中必须将两种成本提出讨论,分别是解决成本(settlement costs)与败德成本(demoralization costs)。解决成本指为了弥补被征收人财产因征收所受的侵害,行政机关支付的对价。败德成本指行政机关仅支付部分征收成本,而将剩余成本交由被征收人负担,造成败德现象的发生。在严格的补偿制度下,行政机关必须对被征收人损失负起完全责任,因此,行政机关付出高额的征收补偿成本,此种高解决成本的支出将使社会整体福利减损。反之,在较宽松的补偿制度下,行政机关无须对被征收

〔1〕 参见[美]约翰·罗尔斯:《正义论》,李少军、杜丽燕、张虹译,中国社会科学出版社2004年版,第11页。

〔2〕 参见[美]约翰·罗尔斯:《正义论》,李少军、杜丽燕、张虹译,中国社会科学出版社2004年版,第13页。

人的损失负严格责任，仅补偿部分被征收人的损失，将一部分的成本加诸在特定人身上，产生高败德成本。Michelman依差别原则，认为并非所有征收（广义征收）都必须补偿，仅在解决成本低、行政机关利益模糊且特定人遭受严重的损失的情况下才必须补偿被征收人的损失。换句话说，当被征收人也从征收过程中获利且征收损失由众人负担时，行政机关不需要补偿，但Michelman认为如要补偿就必须给予完全补偿。

另外，Radin依Friedrich Hegel理论为依据的文献，认为私有财产将会帮助所有人满足自我。[1] Radin将财产分为两类：不可取代的（nonfungible）与可取代的（fungible）。Radin认为不可取代的财产就必须给予财产权法则的保护，而不是适用义务法则。然而，Radin也承认此分类法尚未获得立法机关的支持。所有人对不可取代的财产有特殊评价，认为它的价值会超过市价，可取代的财产缺少独特性，也无法帮助所有人满足自我需求。当财产具有个别性且价值无法用金钱衡量时，以市价作为补偿是不公平的。不动产属于不可取代的财产，给予超过市价的补偿方属合理。Bell以Rawls的无知之幕与Radin的理论分析征收补偿在公平方面的含义，并认为征收补偿应采取完全补偿的方式，才可以达到征收补偿的公平性。

2. 征收补偿必须平等

以侵权行为之概念类推征收补偿的目的，征收行为补偿与侵权行为赔偿一样，都必须符合遏制（detcrrcnce）与正义两要件。征收补偿与过失责任一样都必须使决策者内部化所有成本。如此一来，也刺激了行政机关作出有效的决策。但有许多因素显示行政机关不因征收成本内部化而促进效率，例如，行政机关较重视政治成本，而且金钱成本是

〔1〕 See Bell, A., Parchomovsky, G., "Taking Compensation Private", *Stanford Law Review* 59(4), 2007, p. 880 – 881.

由纳税者负担而非由行政机关决策者支付,所以,征收补偿内部化无法使行政机关采取效率征收的方式。此外,对于风险的态度也会扭曲行政机关的决策过程,对于风险偏向保守的地方行政机关会夸大征收成本,无法采取有效率的征收活动。总体来说,事前征收成本无法预估且还有众多因素的影响,以效率的观点无法充分论述征收补偿的目的。[1]

从公平层面论述,Wyman 认为征收补偿与侵权赔偿都必须达到公平正义,特别是匡正正义(corrective justice)。对于匡正正义的目的有多种说法,有认为匡正正义平衡了受害者与加害者之间的损害关系,有认为补偿修复了加害者造成的损失。匡正正义最主要的目的是使受害者回到原本完整的情况。征收补偿可被视为广义的匡正正义,征收对人民权利产生干扰,征收补偿必须使被征收人回到征收前的完整情况。使被征收人回到最初完整情况的最佳方法为,令其感到主观上的无差别。[2]

认同主观无差别支持者的观点:首先,主观补偿是否表示对个人自主权(individual autonomy)的重视。私有财产权给予个人自由使用之权利,所以,被视为自主权的展现。但 Wyman 认为,个人偏好并非自由选择下的产物,通常为可得信息、现存消费形态、社会压力及法律规范所限制。其次,以执行方面来说,主观补偿是否较容易为人所接受。主观补偿是减少执行成本的方法之一,它不仅满足了被征收人的个人偏好,还替行政机关避免认定个人偏好的困难。然而,Wyman 认为主观无差别还是会产生两个问题:第一,若以近年来侵权赔偿责任学说发展来看,侵权赔偿逐渐舍弃以主观无差别作为征收补偿标准;第二,使用主

〔1〕 See Wyman, K., "The Measure of Just Compensation", *UC Davis Law Review*, 41(1), 2007, p. 245 - 247.

〔2〕 See Wyman, K., "The Measure of Just Compensation", *UC Davis Law Review*, 41(1), 2007, p. 249.

观无差别作为补偿标准,即以个人偏好衡量公共政策。[1]

Wyman 从平等观点出发,分析征收补偿应如何衡量。在平等原则下依需求、价值或其他社会准则分配基本财产、资源或其他物品,个人偏好也是分配考虑因素之一。分配正义与征收补偿两者皆以个人偏好为理论核心,Wyman 引申分配正义的相关评论到征收补偿方面。

Wyman 认为,如不先平等个人满足偏好的能力,将影响主观无差别的补偿。首先,某些个人偏好在社会上是有争议的,如种族歧视者较偏好同种族的小区,补偿这些易引起争议的个人偏好,无形中认可这些个人偏好。其次,某些个人偏好较高价,行政机关也无须满足这些较昂贵的偏好,特别是在有选择余地时。

此外,补偿较昂贵的偏好也会引起道德风险(moral hazard),如果有足够的个人愿意针对特定偏好支付较高的代价,则该项偏好价值将反映在市价上,所以,以市价作为补偿标准,也会在无形中补助了昂贵偏好。最后,个人偏好非与生俱来,可受到后天环境的影响,因而补偿主观价值将会加深不公平的情况。举例来说,高所得者可获得较充分的信息,对主观价值的判断与低所得者相较下,自然较高。解决以上三个问题的最佳方法为补偿不属被征收人个人偏好的所有损失。[2]

Wyman 认为征收补偿目的在于补偿被征收人,但目前的补偿制度有诸多缺失,且以主观无差别作为补偿目的也有规范上的缺失,所以,提出两种客观补偿标准作为替代方案。第一种客观补偿标准,以客观福利名单理论(objective list the ories of well-being)及生活质量享受的

〔1〕 See Wyman, K., "The Measure of Just Compensation", *UC Davis Law Review*, 41(1), 2007, p. 250 - 251.

〔2〕 See Wyman, K., "The Measure of Just Compensation", *UC Davis Law Review*, 41(1), 2007, p. 267 - 271.

能力作为根基。客观福利名单中通常是可满足自主权、满足感、社会关系与享乐的物品，被征收人应依征收前相同水平的客观福利名单给予补偿。第二种补偿标准是能力取向理论（capability theory），生活质量应与享受能力相符，Sen 以自行车的例子来说明享受能力为何。自行车为一项商品，价值可由以下成分组成：自行车的特征（运输）、自行车的功能（移动能力）、效用（移动所带来的满足），而所有人可自由选择的是移动的能力。将能力理论套用在征收补偿方面，为确保被征收人享有与征收前相同的能力，必须回复到社会所认可的享受能力。这种能力包括享受合适的遮蔽所、参与小区建设等，以使被征收人在征收前后保有相同水平的此类能力。〔1〕

（二）以效率（efficiency）观点探讨征收补偿

1. 征收补偿影响土地资源配置效率

有学者认为，土地具有异质性与不可移动性，当行政机关公共建设需要某特定土地时，土地所有者享有独占优势，可抬高土地价格使建设活动无法进行，因此需要征收权力的行使。然而，公平的征收补偿除了可以填补被征收人损失外，还可防止行政机关因取得成本过低而无效率使用土地。〔2〕 以法律经济观点分析征收私人财产不予补偿或补偿费偏低的情形，认为在此情形下间接利益会大于行政机关征收直接利益。不补偿或偏低补偿被征收人的征收财产，若被征收人损失与行政机关征收利益相等，就行政机关整体来说并无损失；若行政机关使用效用较被征收人高，将会提升行政机关整体效用。然而，无补偿或补偿偏低却会造成以下之间接不利影响。第一，行政机关以偏低的代价取得该项财产，造成不珍惜的心态。第二，人们会以消极态度

〔1〕 See Wyman, K., "The Measure of Just Compensation", *UC Davis Law Review*, 41 (1), 2007, p. 273 - 280.

〔2〕 参见谢哲胜：《法律经济学》，台北，五南图书出版股份有限公司 2007 年版，第 302 ~ 303 页。

抗拒征收，为避免征收补偿与该财产价值的不相当，会尽量降低对该财产的投资。第三，人们试图以投资政治的方式降低财产被征收的机会，然而政治的金钱投资并无法产生更多的产品或服务以供消费。基于以上三点间接不利影响，认为行政机关征收私人财产必须有正当补偿。[1]

一个人知道所有事物的价格，却对价值一无所知（The price of everything，and the value of nothing）。人们纵使已对估价条件加以限制，还是无法完全估算财产价值。[2] 就征收议题来说，以征收不动产的市价作为合理补偿的基准，并无法完全补偿所有权人因征收所受的损失。因为有消费者剩余（consumer surplus）的存在，补偿通常是偏低的。所有权人总价值是期望售价与剩余的总和。换句话说，不动产总市场售价加上消费者剩余，即可获得不动产之需求曲线。对于不动产来说，消费者剩余无法通过长期的市场运作而消灭，原因在于消费者剩余与不动产区位有紧密的关系。所有权人对于不动产的特殊需求与情感的附加，会对消费者剩余产生影响。这些消费者剩余无法通过买卖而移转至买受人手中，因此征收补偿往往会忽略消费者剩余的存在，而以市价补偿被征收人。殖民时期的美国《工厂法》（The Mills Acts）是征收史上一个重要的时刻，该法令以损失市价的150%补偿被征收人，似乎考虑了消费者剩余的概念。高于市价的补偿不仅加强征收权行使的限制，还促使所有权人从事高价值土地使用。土地愿售价格与生产价值相关，如以市价补偿，无疑地将土地所有权由使用价值高者交由使用价值低者，造成土地利用无效率。然而，Colwell 和 Trefzger 却忽略了过高的补偿，可能诱使被征收人过度投资。

---

〔1〕 参见谢哲胜：《财产法专题研究》，台北，三民书局 1995 年版，第 14 页。

〔2〕 See Cowell，P.，Trefzger，J.，"Property Valuation in the Twenty-First Century"，in Gary C. Cornia and Jim Riddell，eds.，*Toward a Vision of Land in* 2015，Cambridge，Lincoln Institute of Land Policy，2005，p. 147 – 150.

有学者认为，人们对于失去土地的代价会远超过取得时的代价，也就是对于失去土地愿付价格高于取得等量相同土地的价格。[1] 此种情形可称为禀赋效果（endowment effect）、现况偏见（status quobias）或厌恶失去（loss aversion）。发生主要原因为购买土地时所有权人会受到预算线的限制，补偿时则无此限制，导致愿付价格与补偿价格间产生差距。因此，土地征收时必须给予高于市价的补偿。

Posner法官在Conoston Corp. v. Village of Hoffman Estates（844 F2d. 461，464 7th Cir. 1988）案中提及：市价并非每一个土地所有者对于所有土地的价值。市价仅能代表边际土地所有者对于财产的价值，边际内（intramarginal）的土地所有者基于财产的区位、附加情感与特殊需求等因素，认为其价值应超过市价。[2] 如图1－7所示，需求线（D）代表每位需求者对于该项财货的愿付价格，供给线（S）代表每位供给者的愿售价格。当需求线与供给线交会，即为市场上可接受价格（P^*）。事实上某些需求者的价格处在P^*以上，也就是边际内需求者，因此给予这些需求者市价补偿是偏低的。

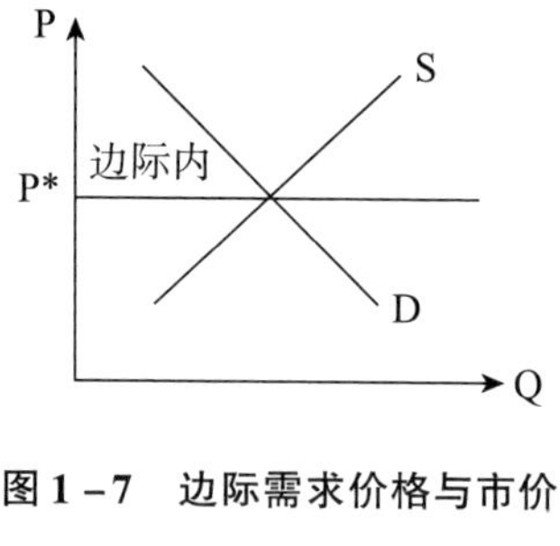

图1－7　边际需求价格与市价

〔1〕 参见林森田：《土地经济理论与分析》，1996年自版，第271～277页。

〔2〕 See Bell，A.，Parchomovsky，G.，“Taking Compensation Private”，*Stanford Law Review*，59（4），2007，p. 873.

2. 行政机关的财政幻觉与被征收人的道德风险

Bell 和 Parchomovsky 指出在行政机关方面,[1]最常被拿来解释效率问题的就是财政幻觉(fiscalillusions),财政幻觉是指行政机关因忽略部分成本而认为该政策的施行并不会影响行政机关财务收支。在征收方面,行政机关会误认不完全补偿方式,就因此最少成本换取较多利益,然而忽略了大部分的征收成本将由私人负担,且以不完全补偿方式将使行政机关低估成本而征收过多财产。解决此财政幻觉的方法是将社会成本及利益包含在行政机关决策预算里,私人对财产的特殊主观价值也必须包含在内,如此一来,将不会使行政机关忽视私人成本而过度征收。

Bell 和 Parchomovsky 指出在私人方面,[2]完全补偿却可能会引起被征收人的道德风险,诱使被征收人在土地上投入过多的投资成本,所以,补偿数额不应随着被征收土地的开发程度(资本投入量)而改变。完全补偿下,土地所有权人不必负担投资风险,在无风险的环境中,将会出现过多的资本投入。Bell 和 Parchomovsky 认为,为了同时解决行政机关与私人在效率方面的问题,征收补偿应是除了过度开发的部分外,给予被征收人的完全补偿。

图 1-8 表示的是决定征收补偿价格时在效率层面将遭遇的问题。在行政机关方面,若补偿偏低会产生财政幻觉,使行政机关忽略部分征收成本,将部分成本交由特定人负担,进而过度征收土地造成征收无效率的情形,为解决此种无效率,应给予完全补偿。在被征收人方面,补偿偏高可能会产生道德风险,诱使被征收人过度投资,为避免此种过度投资造成的资源浪费,应给予不完全补偿。严格来说,就是使征收补偿

---

〔1〕 See Bell, A., Parchomovsky, G., "Taking Compensation Private", *Stanford Law Review*, 59(4), 2007, p. 881-884.

〔2〕 See Bell, A., Parchomovsky, G., "Taking Compensation Private", *Stanford Law Review*, 59(4), 2007, p. 881-884.

与被征收人投资数额不存在关联。

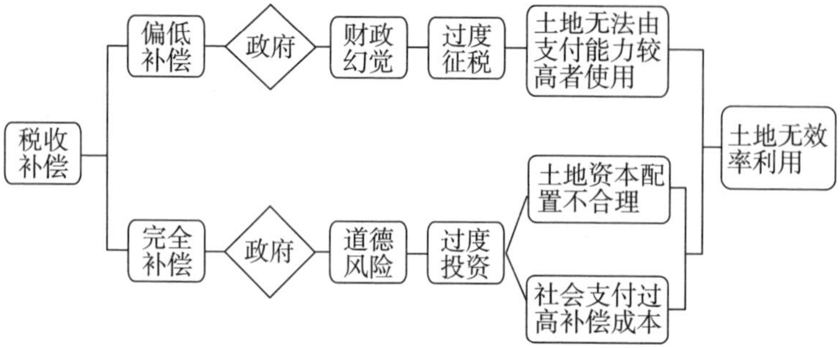

图 1－8　征收补偿价格的确定在效率层面的问题

(三)征收补偿的政治观点

1. 公共选择观点——被征收人之抗争影响社会大众利益

Farber 以公共选择观点探讨征收补偿,他先假设有效的征收都必须征得被征收人同意。

相对于社会大众,被征收人是少数且积极的利益团体,当行政机关不给予补偿时,被征收人会为避免个人损失而抵制行政机关的征收活动,如此一来,社会大众的利益将被阻挠。纵使 Farber 没有论及补偿范围,也可清楚得知给予不完全补偿,被征收人将有诱因抵抗行政机关行动以减少损失,因此必须给予完全补偿。林子钦、张正指出,大多数研究偏重土地市场需求面之分析,认为基于土地价值极大化的理论,所有土地所有者都会采取相同决策,却忽略土地所有者行为之研究。土地所有者行为研究认为,土地所有者间会因为背景因素、土地所有者特性与房地特性,有金融或开发决策、经营决策及管理决策之不同。另外,产权形态也会影响权利关系人的反应。个人土地所有者较积极响应土地征收,通常以集体陈情表达反应土地征收,甚至因此以购买邻地的方式增加土地利用效率;大多数的房屋承租人并未对土地征收进行反应,其余房屋承租人则以较为消极的搬迁方式反应土地征收;法人土地所有者均未对土地征收作出反应。该研究提供一个真实案例指出在征收过程中,权利关系人不仅消极地等待征收,也会积极地采取市场形式(如购买邻地、提早搬迁)或政治过程(如集体陈情)以求降低财产损失,此抵抗行为延宕了征收活动的进行。

2. 行政机关决策必须考虑其他非征收人之利益与公共建设成本

Fischel 加入被征收人以外之社会大众观点论述。[1] Fischel 认为,被征收人会受到报价—索价的差距(offer/askdisparity)(也就是禀赋效果)之影响,以市价补偿无法满足被征收人征收前的效用水平。然而,Fischel 认为征收补偿不仅影响被征收人,还影响了其他纳税义务人与公共建设之兴建。报价—索价的差距是指持有物品的价值远大于取得价值,通常被用以解释为何被征收人应给予超过市价之补偿,然而,忽略了征收预算的另一方——其他纳税义务人,如以超过市价来补偿,无疑增加纳税义务人之负担。Fischel 指出,美国制宪者清楚了解以市价作为补偿标准,无法达到被征收人之索价,但如以超过市价来补偿,不仅增加了纳税义务者之负担,也增加了行政机关公共建设兴建成本,故在多方权衡下,实行以市价作为补偿。Fischel 先指出报价—索价的差距是受到心理因素之影响,[2] 人们往往厌恶失去已经持有之财货,故市价无法满足持有人心目中对该财货之价值。接着 Fischel 认为金钱的机会成本常被低估。相较之下,现金似乎较不受报价—索价差距之影响,事实上则不然,金钱与其他财货同样会受到报价—索价差距之影响。在征收补偿过程中,被征收人与纳税义务人同时受到财产上之剥夺,双方皆被要求放弃部分财产权以成就该项建设。土地所有者以金钱补偿

---

〔1〕 See Fischel, W. , "The Offer/Ask Disparity and Just Compensation for Takings: A Constitutional Choice Perspective", *International Review of Law and Economics*15, 1995, p. 187 – 188.

〔2〕 See Fischel, W. , "The Offer/Ask Disparity and Just Compensation for Takings: A Constitutional Choice Perspective", *International Review of Law and Economics* 15, 1995, p. 189 – 193.

换取征收损失；纳税义务人则以税赋换取公共建设所带来之利益。纳税义务人之利益如与损失不相符，也可谓违法征收。Fischel 认为，美国联邦与州制宪者清楚了解必须平衡位于预算下之双方损失，也清楚以市价作为补偿标准之意涵。早期的州制宪者认为所有人不愿接受低于自由买卖之价格，故以超过市价作为补偿标准。

不完全补偿通常出现在以下两种状况中：一是不动产虽未被征收，但实际上却受到征收之影响；二是施行利益抵销原则（benefit-offset principle），此原则将被征收人因征收工程所带来之利益与损失相抵消。不完全补偿可能使需用土地人在征收过程中获得不正当利益，即市价与补偿价额间之差距，但美国各州制宪者也并非同意以过度补偿方式补偿征收损失。过度补偿将增加土地使用人之成本，而削弱利用土地之意愿。检视制宪过程后，发现制宪者虽未明确指出为何以市价作为补偿基准，但可看出制宪者试图平衡各方利益。制宪者考虑到报价—索价差异之效果不仅出现在被征收人一方，其余纳税义务人同样受到该差距之影响。因此，Fischel 主张以市价作为征收补偿基准。

五、征收补偿价格的决定

为了使征收补偿价格贴近被征收人对于失去土地的评价，发展出三种方法衡量被征收人的损失，分别是主观无差别说、客观无差别说与市价。Bell 和 Parchomovsky 认为，征收补偿应使征收后被征收人感到与征收前主观上无差别，所以，提出一套自我评价模型（self-assessment model）代替市价征收补偿基准。Wyman 则持相反看法，认为合理的补偿方式应使被征收人感到客观无差别。Wyman 认为，目前对于征收补偿的讨论过于狭隘，特别是对于征收补偿应该采取主观无差别的相关论述。他除了批评征收补偿应该使被征收人主观无差别的立论，还建立了一套客观征收补偿标准，下文将分别论述。

（一）主观无差别说

Bell 和 Parchomovsky 认为，在现行补偿体系下，以市价作为补偿标准的实务做法饱受争议。因为主观价值难由客观第三人判定，也无法单独借由权利受侵害者之意见推论，所以，Bell 和 Parchomovsky 提出一套不动产所有人自我评价模型，以补偿被征收人主观价值的损失，步骤如下：(1)行政机关宣布征收；(2)征收利害关系人自行申报不动产价值；(3)行政机关依该报价决定征收与否。

如果行政机关决定不征收该不动产，则所有人会受到两种限制，即不可移转限制（inalienability restraint）与纳税限制（tax restraint）。不可移转限制是所有人在日后出售该不动产时，售价不能低于该报价，如低于该报价，所有人必须向行政机关缴纳差额；纳税限制是不动产所有人必须以报价作为纳税税基。自我评价模型不仅兼顾公平与效率，还减少现行制度的交易成本，除此之外并非毫无缺陷。在不可移转限制方面，如果土地所有者刻意提高报价、提高交易门槛，将降低日后该不动产流通性，如此可以减少土地所有者夸大主观价值的机会。

然而，并非所有土地所有者都想要在日后出售不动产，他们可能通过自用或长期出租的方式避免征收而继续享有利益。纳税限制并不直接影响土地所有者心中保留价格（reserve price），保留价格会受到行政机关价格与征收概率的影响。当土地所有者报价大于保留价格时，他会考虑征收概率后所评估征收补偿（报价大于保留价格的利得），及未采取征收所必须受到的纳税限制（报价大于市价的税额）。当土地所有者报价小于保留价格时，他会考虑征收概率后评估的征收补偿是否可以填补主观价值的损失，与未采取征收所必须受到的纳税限制。由上述两种情况可知，纳税限制无法使土地所有者将保留价格诚实地报出，土地所有者会在考虑行政机关价格与征收概率后决定其报价。

Bell 和 Parchomovsky 的模型里有三个重要的价格，分别是土地所有者自行评估的报价、土地所有者心中保留价值与行政机关对该不动产的价格。不可移转限制与课税限制目的在于迫使土地所有者报价贴近保留价，接着以行政机关价格作为征收与否的判断标准。如果报价低于行政机关价格，行政机关愿意以报价征收补偿不动产；如果报价高于行政机关价格，则行政机关不愿征收，该不动产仍留在对其评价较高的土地所有者手中。无论是何种情况，土地都留在对其评价最高人手中，无形中使土地利用效率达到最高。在该模型中隐含行政机关清楚得知该不动产的价值，然而实际上行政机关不可能比土地所有者更了解该不动产的价值，此为该模型的最大缺失。

Bell 和 Parchomovsky 承认其评价主观价值的模型有缺陷，[1]仍可有效地遏制征收无效率的发生。表 1－2 为不同补偿制度下征收无效率发生的情况：类型一为不完全补偿所造成的行政机关无效率过度征收；类型二为过度补偿造成行政机关执行成本过大，无法执行征收的无效率。在现行以市价作为补偿标准的制度下，两种类型都有机会发生。不补偿被征收人附于不动产的主观价值，极易发生类型一的情况；错估市场价值也可能发生高估补偿费用，而使行政机关征收成本过高。采用土地所有者自我评价机制，但不附随惩罚配套措施时，土地所有者有诱因高报价格，所以，不可能出现不完全补偿的情况，相对地，行政机关征收成本普遍上涨，最后导致公共建设无法兴建。采用土地所有者自我报价机制，并附随惩罚措施时，报价为未征收前的税基最低门槛，所以，不完全补偿机会稀少；不可移转限制也抑制了土地所有者高报价的概率，所以，采用报价惩罚机制将有效遏制低度与过度补偿的机会。由上述可知，自我评价模型可使两种征收情况减少发生的概率（见表 1－2）。

---

〔1〕 See Bell, A., Parchomovsky, G., "Taking Compensation Private", *Stanford Law Review*, 59 (4), 2007, p. 898－899.

表1-2　补偿制度与征收效率

	现行制度	报价但无惩罚	报价且有惩罚
类型一:低估补偿成本致无效率征收	可能	不可能	可能但稀少
类型二:补偿成本过高致征收无法施行	可能但稀少	普遍	可能但稀少

资料来源:Bell and Parchomovsky(2007:899)。

在长期不动产市场中,土地资源会依最高最佳使用原则而配置其资源,以求获得最大利益。换句话说,土地利用效率最大化即将该土地流通至评价最高者手中。表1-2会发生两种土地利用无效率的情形:类型一为低度补偿而造成行政机关征收过多土地;类型二为过度补偿造成行政机关征收成本过高。例如,将行政机关征收价格视为行政机关对于该土地的评价,低度补偿时,土地所有者评价高于行政机关评价,土地本应留由土地所有者所持有,却移转至行政机关手中。过度补偿时,行政机关价格高于土地所有者价格,土地应由行政机关持有,却因无法负担征收成本而留在土地所有者手中。两种情况都造成了土地利用无效率。因此,理想的征收补偿方式应是行政机关价格与土地所有者价格一致。然而土地所有者价格难以得知,才有种种评估主观价值机制应运而生,Bell 和 Parchomovsky 自我评价模型即为其中之一。

(二)客观无差别说

Wyman 认为应实行客观标准补偿被征收人的损失,由市价基准转为客观补偿,意指补偿对象由不动产转为被征收人,因为客观标准重视使被征收人在征收后仍享有美好生活(good life)。判断美好生活必须依赖经验的累积,或许可以采用 Sen 的能力理论作为评量依据,使被征收人在征收前后享有提供合适的遮蔽所、建立目标承诺价值、参与小区的相同能力。在客观补偿下,征收补偿仅受被征收人个人特质所影响。

例如，富有者的征收损失可能因为其具备能力采取多样化投资组合分散风险，美好生活不受征收前后的影响，所以，富有者获得些微补偿甚至不补偿。

Wyman界定客观征收补偿范围后，[1]用以下三种方法计算补偿金额，分别是统一补偿标准、制订补偿目录或以个案检视。使用统一补偿标准指建立被征收人平均征收补偿标准，虽可节省行政机关行政费用，却忽略被征收人间的差异。以立法或管制方式制订客观补偿目录，并依程度类别化损害，计算在各类别中被征收人可得的补偿金额。将损害分类并不是件容易的事，影响分类的潜在因素如下：重置成本、被征收人多样化的投资会降低损失程度及被征收人个人特征等。无过失补偿标准在征收中并无先例可循，无过失责任通常出现在侵权行为法与其他相似损害，必须考虑相似补偿概念以建立征收补偿标准。征收补偿目录与统一补偿标准相同，皆缺少个别征收补偿弹性。最佳的方法是个案检视法，当整笔土地被征收时，以市价补偿被征收人；部分土地被征收时，补偿被征收人征收前后的市价差距。个案检视必须以个案评估征收前后，客观上对被征收人有价值的事物，且必须让被征收人恢复征收前的水平。衡量同时在征收前后，被征收人在客观上认为必须保有的价值，并不比其他征收补偿的争论容易。

（三）市价的讨论

美国征收补偿理论注重使被征收人恢复征收前的水平，如何恢复水平一向有争议，学者们也纷纷提出具体补偿方法，希望以公平、效率或两者兼具的方式，使被征收人感到征收无差别，但实务上却以市价作为补偿依据。以市价作为补偿标准广受学者批评，认为以此标准忽略

---

〔1〕 See Wyman, K., "The Measure of Just Compensation", *UC Davis Law Review*, 41(1), 2007, p. 278 – 280.

了部分被征收人的利益。

Bell 和 Parchomovsky 讨论了实务上征收补偿运作的缺点，且强调被排除在补偿范围外的主观附加价值（surplus subjective value）、商誉、小区溢酬（community premiums），此外，还讨论对交易成本的负面影响，特别是诉讼成本部分。可取代性财产的市价与所有人的主观价值并不会有明显的差距，然而某些财产却是不可取代的，如仅以市价作为补偿，将剥夺所有人对于这项财产的额外价值。商誉是企业价值与企业资产总价值间的差距，它代表了企业继续经营的独特价值，许多州并不补偿商誉损失，甚至法院在解释合理补偿概念时，也不认为必须补偿商誉。大范围的建设会产生一种特殊的主观损失，大范围征收中，居民损失的不只是被征收的不动产价值，还丧失了不动产附随之小区溢酬。然而，这些小区溢酬不在补偿范围内。不完全补偿的问题将因行政机关优越的议价能力而恶化，行政机关通常会在征收前与不动产所有人进行协议，协议价格常会低于市价，也低于拒绝协议而采取诉讼途径决定之价格。行政机关之诉讼成本与私人不同，私人之诉讼成本决定于诉讼标的的价格，诉讼标的价格高者，所有人愿支付高诉讼成本；行政机关之诉讼成本往往是固定之，不因诉讼标的而改变。因此，在低不动产价值的诉讼，行政机关较易胜出；反之，所有人胜出。因此，高价值不动产的所有人较容易通过诉讼获得较高补偿，低价值不动产的所有人相对是诉讼制度下的受害者。[1] 同样地，Wyman 也提出对现行制度的看法与改进建议。[2]

美国最高法院认为，《联邦宪法》第五修正案中所称之合理补偿，指

〔1〕 See Bell, A., Parchomovsky, G., "Taking Compensation Private", *Stanford Law Review*, 59(4), 2007, p. 871 – 885.

〔2〕 See Wyman, K., "The Measure of Just Compensation", *UC Davis Law Review*, 41(1), 2007, p. 256 – 262.

使被征收人回到最初完整的情况。最佳的补偿方法是使被征收人回到征收前的财务情况（Put the owner of condemned property in as good a position pecuniarily as if his property had not been taken），次佳方法则是使被征收人主观上感到无差别。然而，主观无差别第三人无法得知，且被征收人有夸大的诱因，所以在实务上窒碍难行。鉴于此，相对客观标准市价应运而生。相对客观指市价不仅反映大多数人的价值标准，甚至也包含了被征收人的价值。最近一些征收补偿制度改进建议，显示出主观无差别的概念逐渐被大众所理解。以市价为征收补偿标准的改进的项目可分为以下四种：

第一，补偿被征收人目前忍受的损失，使征收补偿接近主观无差别。有学者提出行政机关应该以超过市价作为补偿，或以额外津贴的方式补偿无形资产损失。

第二，补偿高于市价的财产重置成本。以市价作为补偿标准，被征收人对于不动产的特殊需求无法在征收后重新获得。

第三，被征收人可享有征收利益。支持此项改革者认为，由行政机关与被征收人共同享有征收利益，行政机关会采取有效率的决策模式以抵销征收成本。但 Wyman 认为，行政机关决策不仅受到效率、成本影响，还有许多干扰变量，行政机关可能采取不效率征收，消极抵抗与被征收人共享征收利益。基于私人土地的区位的独特性，私人开发建设时，土地所有权人通常以拿翘（hold-out）的方式与开发者共享开发利得。因而，行政机关执行征收时，应补偿被征收人无法要求的征收利得，同时也符合主观无差别的概念。

第四，补偿被征收人对于财产的主观价值，而不是市场价值。主观价值指被征收人主观上的损失或无形资产的损失，这些损失虽然难以量化，被征收人心中却自有衡量标准。可运用 Bell 和 Parchomovsky 被征收人自我评价模型，清楚得知征收标的主观价值。

（四）分析

征收补偿相关文献多以法律层面探讨征收补偿法理，并试图阐述在各学说下隐含的法律含义。完全补偿说基于生活秩序重建的理念，认为应恢复被征收人征收前的财务水平。相当补偿说则认为，人们基于社会义务，应忍受行政机关给予低于市价的补偿。折中说则主张，征收补偿学说不可一概而定，必须依征收目的及财产性质而以个案方式评定征收补偿额度。法理的界定仅为建构行政机关征收补偿的上位概念，然而补偿价格却直接影响人们权益，有仔细探究的必要。

在公平方面，以 John Rawls 的无知之幕为基础，在最初的原始状态下，人会因抛弃自身条件设身处地决定公平的作为。决定征收补偿之际，人们不知道自己未来之处境，被征收概率高时，会要求高额的征收补偿，以满足损失的效用；被征收概率低时，人们会选择较低的征收补偿，以避免加重税赋负担。因此，无论因此何种观点（如正义论或类推侵权行为）检视征收补偿，都必须给予适度的补偿，不可以过高，也不可以过低。

在效率方面，征收补偿过程中，征收不动产会产生两种价格：一是土地所有者价格；二是行政机关价格。土地所有者价格与行政机关价格左右了征收补偿价格的含义。无论是低度补偿或过度补偿，都会导致土地利用无效率，最好的方法是使行政机关价格符合土地所有者价格。如此一来，上地由愿意支付较高价格者所持有，土地都处在利用效率最高的状态。此外，在行政机关方面，征收补偿偏低会造成财政幻觉，必须以完全补偿解决；在被征收人方面，完全补偿会产生道德风险，必须以不完全补偿解决，也就是使征收补偿与被征收人投资数额不相关。

美国仅在宪法中概念性规定征收必须给予合理补偿，补偿的最终目的在于使被征收人回到被征收前的财务地位，学理上对于合理补偿的讨论至今仍未停歇。征收不仅是公平问题，也是效率问题。征收补偿不仅是被征收人与行政机关间的问题，甚至还可扩大至其他纳税义务人。如何使被征收人感到征收前后财务无差别，发展出两种学说，分别为主观无差别说与客观无差别说，美国学者较赞成采取主观无差别说，但被征收人主观价值难由第三人评估，也不能依赖被征收人自我报价，所以，在执行上存在一定难度。客观无差别说在认定上也会出现困难，客观标准的建立必须依赖经验的累积，同时也必须随着社会观念而变动，客观无差别说属于规范层面的理论，以客观标准讨论何种损失应该受到补偿，在某种层面上无法与主观无差别说相提并论。无论是主观还是客观无差别，目的皆在使行政机关补偿价格贴近被征收人对于征收土地的价格，然而此两种方法尚有无法解决的困难，所以，美国实务上采用市价作为征收补偿标准，不仅避免行政机关错估主观价值之后果，也降低了交易成本。Fischel 认为，不完全补偿可能使需用土地人享受不正当之利益，且也使被征收人牺牲部分财产价值；过度补偿虽可满足被征收人，却使建设成本增加，也损害了其他纳税义务人的利益，因此他主张以市价作为补偿标准。

CHAPTER 02 >>

第二章

土地增值收益分配制度的历史演进

土地增值收益分配的理想是追求社会财富分享的公平正义。一个社会对于分配公平的理解与形成共识,都“需要一定的历史关系,而这种历史关系本身又以长期的以往的历史为前提”。[1] “公正”本身是一种历史的产物,并不存在永恒的评定标准。土地增值收益分配的评价体系与方式取决于不同社会时期现实的经济结构、生产方式和生产条件。政府需要根据这些现实的情况,“建立一种法律和政治的上层建筑”——法律制度。[2]

根据《宪法》《土地管理法》《民法典》以及相关法律规范的基本内容,并结合本课题的研究目的,可以将我国土地制度大致分为:土地管理制度、土地产权制度以及土地征收制度三个组成部分。土地管理制度是国家为保证土地资源合理利用及有效配置,在土

〔1〕 中共中央马克思恩格斯列宁斯大林著作编译局编译:《马克思恩格斯选集》(第3卷),人民出版社1974年版,第145页。

〔2〕 参见贾中海:《社会价值的分配正义——罗尔斯自由主义政治哲学批判》,中国社会科学出版社2011年版,第197页。

地利用、用途转用等方面制定的一系列的安排，主要包括土地规划制度和土地用途管制制度。土地产权制度则是以土地产权人权利、义务为主要内容的行为规范；而征收制度是国家完成土地资源配置的重要手段。与我国目前的土地增值收益分配相关联：土地管理制度是土地增值收益形成的制约因素；产权制度决定了增值收益的分配主体；征收制度则是现行的土地农转非增值收益形成的唯一手段。

第一节　增值收益的产生根基：土地管理制度的理性观察

土地管理制度规范可以按照适用范围分为，包括党政文件、国家法律法规在内的全国性规范和地方法律性规范。全国性规范主要包括：《土地管理法》、《农村土地承包法》、《城市房地产管理法》、《中共中央、国务院关于加强土地管理、制止乱占耕地的通知》、《中共中央关于建立社会主义市场经济体制若干问题的决定》、《国务院关于深化改革严格土地管理的决定》、《城镇国有土地使用权出让和转让暂行条例》、《确定土地所有权和使用权的若干规定》、《土地管理法实施条例》和原国土资源部制定的《闲置土地处理办法》等。地方性规范主要包括各省、自治区、直辖市等的地方立法机构根据《土地管理法》和《土地管理法实施条例》制定的《土地管理法实施办法》、国务院批准的较大的市根据上位法制定的《实施细则》以及省（自治区、直辖市和较大市）政府根据上位法，结合本地实际制定的政府规章或其他规范性文件。

一、土地利用的“线形”管理

土地利用规划是国家为实现土地的资源优化配置和可持续利用，

在一定时间或一定区域内对土地利用作出的统筹性安排,是土地利用管理的重要手段。土地利用规划的对象是具有地域空间性的土地,其内容不仅包含土地利用,同时还涉及各种社会经济问题在空间上的影响和各种土地利用政策在空间上的协调。之所以称"线形"管理,是因为规划内容的审批与计划指标的安排,皆是以自上而下的形式进行的。

根据《土地管理法》,我国土地利用规划包括土地利用总体规划和土地利用年度计划两个层次,分为国家、省(自治区、直辖市)、市(州)、县、乡(镇)五个级别。主要内容包括:土地利用总体规划的编制管理制度、审批修改制度、土地利用年度计划编审制度。土地利用总体规划是年度计划的依据,两者均实行分级审批制,严格遵守自上而下的编制与审批原则。根据《土地管理法》的规定,土地利用总体规划的审批机关包括三级,即国务院、省级、市级,乡级土地利用总规划由省级政府授权的市级人民政府审批。土地利用年度计划是农用地转用审批、建设项目立项审查、用地审批、土地开发和土地整理的直接依据。

我国对建设用地的计划管理主要是通过实施严格的"行政审批+土地利用总体规划+年度土地利用计划"来实现的。《土地管理法》规定:国家编制土地利用总体规划,规定土地用途,将土地分为农用地、建设用地和未利用地。土地规划一般规定了较长时段内一个地区可以新增的建设用地总量。

(一)土地利用总体规划

上地利用总体规划是指各级政府根据七地资源的特点和社会经济发展要求,对所在行政区域内未来一段时期土地利用的总体计划。规划的制定从全局利益和长远利益出发,以区域内全部土地为对象,对土地从"利用→开发→整治→保护"等全阶段、各方面进行统筹安排。土地利用总体规划依据落实土地用途管制的核心要求，是指导城乡建设、土地管理的纲领性文件，是落实土地用途管制的依据，是实行土地管理制度的一项基本手段。我国的行政区划分为全国、省（自治区、直辖市）、市（地）、县（市）以及乡（镇）五个层级。各级规划之间紧密相连，环环相扣，上级规划指导下级规划的制定，下级规划是对上级规划的落实。具体而言，一般情况下省级规划的内容基本上和国家规划一致，根据国家总体规划结合本省实际情况，指导、协调省内土地利用关系；县级规划是土地利用总体规划的基层规划。换句话说，它是国家整体规划的分解、细化、具体化，是根据省级规划确定的土地利用方式、产业区域布局以及基础设施建设布局来确定的土地利用方式和用地范围。

根据2019年修订的《中华人民共和国城乡规划法》（以下简称《城乡规划法》）土地利用总体规划施行的是逐级审批制度（见表2－1）。

表2－1　我国各级政府土地规划权力范围一览

组织制定单位	制定规划	批准方式
国务院	全国城镇体系规划	审批
省级人民政府	省域城镇体系规划	审批
市级人民政府	城市总体规划	审批
县级人民政府	县总体规划	审批
乡、镇人民政府	镇、乡、村庄总体规划	审批

（二）年度土地利用计划

年度土地利用计划以年度为单位，在土地总体规划的周期内，对土地利用实际情况进行总结分析。年度土地利用计划是要根据上一年度的土地利用情况，综合区域经济发展状况预测下一年土地利用结构的总体趋势，并制定相应应对措施，力求在分段总结的基础上最终完成整体规划的一种方式。分为三大组成部分:其一,由县级以上国土资源管理部门,按照本级土地利用总体规划,综合考虑本地区规划管控、人口转移等因素,在测算未来三年内新增建设用地指标规模的基础上,以年度平衡为原则,对未来一年土地利用方式可能产生的变化提前作出判断、制定出相应的土地利用政策目标;其二,通过总结上一年的发展状况,预测未来一年土地利用结构可能会产生的变化,制定出土地利用转换的计划指标;其三,制定土地开发整理的目标和方向。主要包括:耕地保有计划、年度建设用地计划、土地开发整理计划等。

(三)土地利用计划指标

总体规划和年度土地利用计划主要是通过对计划指标的严格控制来实现的。土地利用计划指标是控制土地的用途转用的量化方式,是进行农地转用审批、土地开发和管理的主要依据,也是评价土地规划实施情况的重要依据。土地利用年度计划指标包括:耕地保有量计划指标、新增建设用地计划指标和土地开发整理计划指标。《土地利用年度计划管理办法》第12条规定:"省级以下国土资源主管部门应当将上级下达的土地利用年度计划指标予以分解,经同级人民政府同意后下达。省、自治区、直辖市国土资源主管部门应当将分解下达的土地利用年度计划报国土资源部。"

新增建设用地计划指标主要是依据土地利用总体规划,并结合国民经济和发展计划,参考国家宏观调控的总体要求,联系国家实际土地利用情况等因素所确定的土地供应计划,主要包括新增建设用地总量和新增建设占用农用地、耕地和未利用土地指标。依照法律规定,新增建设用地计划属于指令性计划,这就意味着这种计划安排具有绝对的强制性、权威性,任何土地利用必须在计划内进行,不得突破。禁止一切没有新增建设用地计划指标或没有新增建设占用农用地计划指标擅自批准用地的行为。[1]

土地开发整理计划是对耕地开发整理的利用管制，主要是依据土地利用总体规划和土地开发整理规划而制定的。其主要目的是限制占用耕地的建设开发行为，更好地实现耕地保有总量的有效控制。

耕地保有量计划指标则主要是依据国家人口总数、粮食需求变动情况而设定的耕地保护责任计划，是由国务院制定的，在各省、自治区、直辖市逐级分配的责任考核目标。

（四）行政审批

行政审批是在各项规划、指标之外的第三种管制方式。《土地管理法》规定，建设占用土地，涉及农用地转用的，必须办理农地转用审批手续，未经预审或者预审未通过的，不得批准农地转用、土地征收，不得办理供地手续。这些严格的指标与行政审批共同构成了我国土地用途管制的主要形式。

二、土地用途的“块状”管理

土地是一种特殊的资源，“是一切生产和一切存在的源泉”。土地权属和利用制度的设置和运行，关系着社会安宁与稳定的维系。随着社会生产技术的不断改进，人们在通过不同方式不断对土地进行开发利用并获取较高收益的同时，也对土地资源本身产生了严重的破坏，土地资源的多样性也因土地权利（权力）的扩张和利用方式的不当，而失去平衡。

土地用途管制或土地利用规制（在西方称为“Land Use Regulation”），是国家为了保证土地资源的可持续性，对土地使用者进行的限制、干预或管理。目前，大多数国家都以不同方式设定了土地管制制度，用

---

〔1〕 参见原国土资源部《土地利用年度计划管理办法》（2004 年修订）第 13 条。

以修正市场失灵，引导土地合理利用，达到经济、社会、协调发展的管控目的。

在我国工业化、城市化的快速发展过程中，土地利用的矛盾冲突是耕地面积的减少和浪费。[1] 1999 年实施的《土地管理法》首次把用途管制确定为我国土地管理的基本制度，以遏制耕地连年减少的趋势。其主要内容包括两个方面：一是土地的基本分类制度。在《土地管理法》中，土地分为农用地、建设用地和未利用的土地三类。同时，2009 年原国土资源部 51 号文件将全国的土地分为了三级，并逐级进行了分类。笼统的农用地、建设用地、未利用的土地为第一级，农业用地具体细化为第二级 5 类、第三级 8 类；建设用地又分为第二级 3 类、三级 15 类；未利用的土地分为第二级 3 类、第三级 10 类（见图 2－1）。二是用地审批制度。用地审批是用途管制制度的关键环节，土地利用的规划、耕地保护、用途管制等各项管理目标的实现，都取决于这一环节的依法运行。用地审批权的规定主要存在于《土地管理法》第五章的"建设用地"之中，其中对各类土地的审批机关都作出了明确而具体的规定。

三、城市与农村土地产权"双轨"运行

根据现行法律法规规定，我国的土地产权由国家所有权和集体土地所有权及其衍生出来的各种权利共同组成。我国的土地产权制度是指现行《宪法》《民法典》《土地管理法》《城市房地产法》《城镇国有土地使用权出让和转让暂行条例》等各项法律法规关于土地所有权和使用权的总称。依据现有的法律，全国范围内的土地依照所有权的不同，被分为国家所有土地和集体所有土地。两种土地，无论是产权结构或是

---

［1］ 1991 年至 1996 年，全国建设用地增加了 3031 万亩，其中由 174.8 万亩的土地闲置，占 5.8%。而在闲置的土地中有 94.2 万亩为耕地。参见郑振源：《土地利用文集》，中国大地出版社 2007 年版，第 155 页。

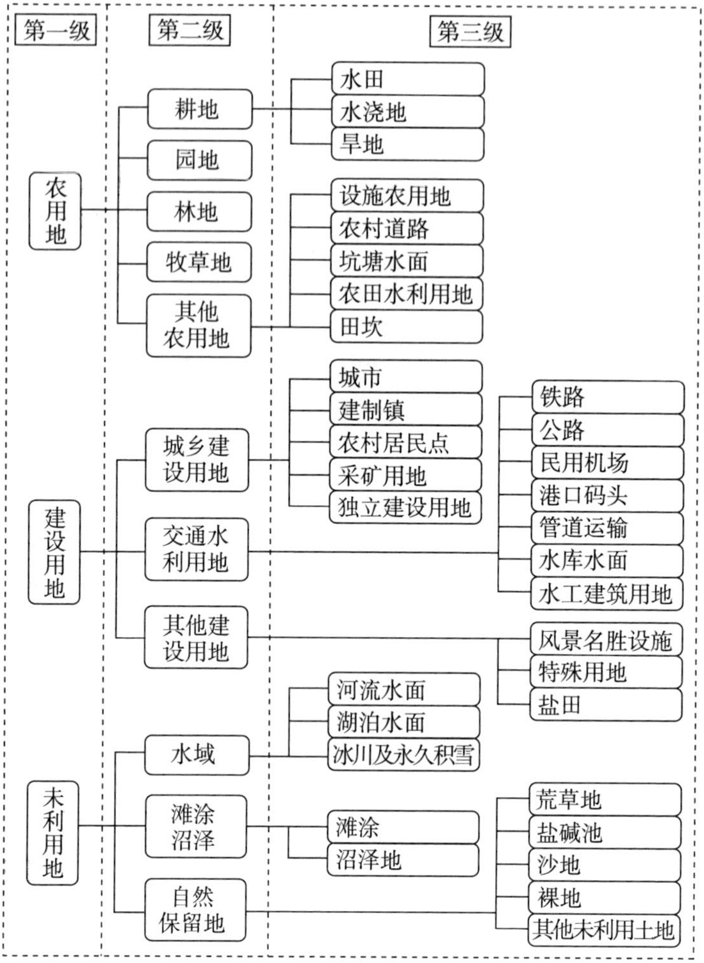

图 2－1　我国土地分类总览

社会价值，都存在较大的差异，以下主要从所有权和使用权方面对二者进行简要分析。

(一) 国有土地产权制度

1. 国有土地所有权

根据《土地管理法》《民法典》《土地管理法实施条例》规定，“国家所有”包括：城市市区的土地；农村和城市郊区中已经依法没收、征收、征购为国有的土地；国家依法征用的土地；依法不属于集体所有的林地、草荒地、滩涂及其他土地；农村集体经济组织全部成员转为城镇居民的，原属于其成员集体所有的土地；因国家组织移民、自然灾害等原因，农民向城市迁移后不再使用的原属于迁移农民集体所有的土地。国家土地所有权主体是国家，由国务院代表国家行使。

2. 国有土地的使用权

《土地管理法》规定：“国有土地和农民集体所有的土地，可以依法确定给单位和个人使用。”根据国有土地的占用、供应方式和使用目的，可分为国家直接占有、使用的土地和社会经济组织或个人占有、使用的国有土地。前者通常指国家机关或事业单位的工作场所占地，通过无偿划拨的方式取得土地使用权，其主要目的是实现社会整体利益最大化和满足公共事业的需要；后者是指在土地所有权和使用权分离的前提下，通过土地使用权的市场流转有偿获得的土地，获取使用权的主要目的是追求土地经济利益的最大化。

（二）集体土地产权制度

1. 集体土地所有权

我国有关集体土地所有权的规定散见于不同的法律法规和政策性文件中。现行《宪法》规定：“农村和城市郊区的土地，除由法律规定属于国家所有的以外，属于集体所有；宅基地和自留地，也属于集体所有。”根据现行法律和对我国土地立法的历史考察，农村和城市郊区中属于集体的土地包括：农民的宅基地、自留地、自留山，也包括依照《土地改革法》分配给农民个人所有的土地，在以后实行农业生产合作社过程中转变为集体所有的土地；另据 1962 年《农村人民公社工作条例修正草案》第 21 条规定，凡当时位于生产队范围内的土地都应属于集体所有（国家已经划拨和征用的除外）。国家土地管理局 1995 年发布的

《确定土地所有权和使用权的若干规定》也对确定集体土地所有权作了较为完备的规定。

随着我国经济体制改革的深入和农村土地经营方式的变化,集体土地所有权主体的确定也历经了一个不断发展的过程。1986 年 4 月通过的《中华人民共和国民法通则》(以下简称《民法通则》)规定:“集体所有的土地依照法律属于村农民集体所有,由村农业生产合作社等村农业集体经济组织或者村民委员会经营、管理。已经属于乡(镇)农民集体经济组织所有的,可以属于乡(镇)农民集体所有。”针对农村经营主体的新变化,1999 年实施的《土地管理法》第 10 条进一步规定,农民集体所有的土地依法属于村农民集体所有的,由村集体经济组织委员会经营、管理;已经分别属于村内两个以上农村集体经济组织的农民集体所有的,由村内各该农村集体经济组织或者村民小组经营、管理;乡(镇)农民集体所有的,由乡(镇)农村集体经济组织经营、管理。我国集体土地所有权的主体大致分为三类:乡(镇)集体、村集体、村内集体经济组织。

从我国现行法律规定和农村家庭联产承包经营责任制的现实来看,我国集体土地所有权的主体并不具体、明确。“集体”与国家一样只是抽象的概念,仅仅规定“集体所有”而无现实运转的载体,往往会造成主体的“虚位”。尽管《民法典》在第 96 条、第 99 条将集体经济组织认定为特别法人,并在第 262 条与《土地管理法》进行了衔接,但无论是《民法典》抑或 2020 年实施的《土地管理法》,均未从本质上明确主体的问题。改革开放后,随着家庭联产承包责任制和农村经济社会的发展,村基层组织呈现出急剧弱化的趋势,村或村内集体组织几乎无力承担集体的各项管理职能。尽管 1995 年国务院《加强农村集体资产管的通知》、2003 年实施的《农村土地承包经营法》均规定了集体经济组织土地的管理权和发包权,司法实践中也确定了集体经济组织在土地权属纠纷中的诉讼主体地位,但这些在现实操作过程中显得非常困难,特别是在各级行政权力干扰和各种土地权益博弈的过程中,司法和行政往往回避土地所有权的实质性问题。法律和司法实践当中的消极态度,是造成土地所有权主体缺位的重要原因。

2. 集体土地使用权

集体土地使用权指的是土地使用者依法利用土地并获得收益的权利。依照土地用途可分为农业用地使用权、宅基地使用权和其他建设用地使用权三种类型。依照前述土地产权结构划分,其派生权利可分为地役权、租赁权、抵押权等。

一直以来,我国集体建设用地使用权的流转受到严格限制。根据原《土地管理法》的规定,农民集体所有的土地使用权一般不能出让、转让、抵押或者出租用于非农业建设。集体土地被禁止直接进入土地市场参与交易,只有符合土地利用总体规划并依法取得建设用地的企业因破产、兼并等情形并经依法批准后,才可流转。市场经济的发展为集体土地市场供给提出了新形势下的新要求。2014 年的中央一号文件首次赋予了农民流转土地的权利:"在坚持和完善最严格的耕地保护制度前提下,赋予农民对承包地占有、使用、收益、流转及承包经营权抵押、担保权能。"时隔两年,2016 年中央再次以一号文件的形式强调,要依法推进土地经营权有序流转,鼓励和引导农民自愿互换承包地块,实现连片耕种。现行《土地管理法》则明确了集体经营性建设用地入市流转的基本规划。

(三)征收:土地从农村到城市

土地征收是指国家为了公共利益需要,依照法律规定的程序和权限将农民集体所有的土地转化为国有土地,并依法给予被征地的农村集体经济组织和被征地农民合理补偿和妥善安置的法律行为。1998 年《土地管理法》对土地的使用作出了进一步规定,"任何单位和个人进行建设,需要使用土地的,必须依法申请使用国有土地”。土地征收制度是《宪法》赋予政府的一项重要权力,也是《土地管理法》的重要内容。我国的土地征收不仅涉及土地所有权的转变,同时还涉及土地从农用地到非农建设用地的转化。虽然在理论上,国家土地所有权与集体土地所有权是两种并行的平等权利,二者之间不存在派生关系或隶属关系,也不存在等级差别。但是,我国的法律却在城乡之间建立了两种不同的土地规则。从我国现有的法律规范来看,土地的所有权是与土地用途结合在一起的,即城市土地属于国家所有,农民集体所有的土地归集体所有。城市的土地可以进行工商业开发,而集体的土地(除乡镇企业)只能用于农业发展。这就意味着任何单位或个人,要进行非农业建设,就必须在国有土地上进行。城市土地是相对有限的,法律就规定了一种,也是唯一一种土地性质(所有权)转化方式——土地征收。能够实现这种转化的唯一是主体是国家。转化方式是单向的,即土地所有权的转化只能从集体土地转化为国有土地。至于我国征收制度的形成原因、制度缺陷以及对增值收益分配的影响将在后文分别进行更为详细的分析。

第二节　“公”与“私”的历史博弈:集体土地产权制度的实现

清晰的产权是增值收益合理分配的基础。我国土地制度的重要特征是土地所有权的二元化与所有权、使用权的分离。这样的土地制度是在生产力发展水平和政治因素的共同作用下形成的,不仅决定了土地权利的分配,同时也在资源配置的过程中影响利益的分配。如今我们所面临的土地增值收益分配问题,是在我国市场经济飞速发展的形势下产生的,问题的本质体现的是不同历史时期土地制度当中的国家意志。

一、土地所有"多元化":农民土地收益的强化

中华人民共和国成立后的一段时期内,土地所有制的基本格局是以农民土地私有制为主体的多种所有制并存。究其原因,该项制度的建立目的是适应当时的政治环境与经济发展状况,带有浓厚的革命色彩。农民阶级是夺取政权、巩固政权的关键力量,农民的土地权利是中华人民共和国成立后激励农民发展生产,恢复国家经济的重要保障。农民的土地私有,决定了农民能够自由地处置土地并获得土地利益。

(一)农民土地私有权形成的社会背景

虽然说孙中山先生很早地将"耕者有其田"的革命思想带到了中国,但由于国民党始终代表部分资产阶级的利益,"三民主义"的思想注定无法得到真正实现。即便是在执政时期颁布了诸如《土地法》《战时土地政策大纲》《土地政策战时实施纲要》《农地改革法草案》等政策法令,但是在阶级利益和消极意识的共同作用下,国民政府所标榜的"平均地权"却始终流于空谈。

(二)以农民土地私有为主的法律规范

1949 年 9 月颁布的《共同纲领》拉开了中华人民共和国第一次土地改革的序幕。以消灭封建土地所有制、实现"耕者有其田"为目标的政治斗争运动由此展开。"中华人民共和国必须取消帝国主义在中国的一切特权,没收官僚资本归人民的国家所有,有步骤地将封建、半封建的土地所有制改变为农民土地所有制。"1950 年 6 月《土地改革法》颁布,土地改革运动在全国范围内迅速蔓延。"废除土地所有者阶级封建剥削的土地所有制,实行农民土地所有制,借以解放农村生产力,发展

农业生产，为新中国的工业化开辟道路。”农民获得土地的过程，其实质是国家对土地资源的再分配——国家以革命领导者的姿态将原本的封建土地所有权统一收回，再由以贫雇农为核心的农民协会，作为土改执行机关把没收和征收得来的土地绝大部分分配给无地和少地农民，留下自然不可再生资源与能够规模化经营的土地为国家所有。一方面，这样的分配能够满足农民对土地的需求；另一方面，国有土地可以确保自然资源不被开发及破坏，同时也能为国家工业化的发展储备条件。

在农村的土地改革，确定了以农民土地私有为主的土地所有制，即“土地改革完成后，由人民政府发给土地所有证，并承认一切土地所有者自由经营、买卖及出租其土地的权利”。同时也规定了一部分属于国家所有的情况：“分配土地时，县以上人民政府得根据当地土地情况，酌量划出一部分土地收归国有，作为一县或数县范围内的农事试验场或国营示范农场之用”；“大森林、大水利工程、大荒地、大荒山、大盐田和矿山及湖、沼、河、港等，均归国家所有”；“沙田、湖田之属土地所有者所有或为公共团体所有者，均收归国家所有”；“使用机器耕种或有其他进步设备的农田、苗圃、农事试验场及有技术性的大竹园、大果园、大茶山、大桐山、大桑田、大牧场等，由原经营者继续经营，不得分散。但土地所有权原属土地所有者，经省以上政府批准，得收归国有”。但总体来说，其实质仍是农民的土地私有制。

在城市及其郊区的土地改革，依照《共同纲领》《关于没收战犯、汉奸、官僚资本家及反革命分子财产的指示》等特别规定，建立了城市土地国家所有制。《政务院关于处理老解放区市郊农业土地问题的指示》规定：“没收土地所有者土地、征收旧式富农出租的土地，为了城市建设与工业发展之需要，一律归国家所有，由市人民政府管理，并分配给无地和少地农民使用。”1950 年 11 月，政务院第五十八次政务会议通过的《城市郊区土地改革条例》规定：“城市郊区所有没收和征收得来的农业土地，一律归国家所有，由市人民政府管理，连同国家在郊区所有的其他可分的农业土地……给无地少地的农民耕种使用。”

(三)农民土地私有下的土地利益

中华人民共和国成立初期所确定的改革路线可概括为：逐步建立农民土地所有制；同等保护国家公共财产以及工人、农民、小资产阶级和民族资产阶级私有财产；多种经济共同发展，稳步完成农业国向工业国的转变。在这样的改革路线指导下，农民个体获得了土地的所有权，并且能够独立地拥有处置土地的权利。这种对“一切权利的承认”说明了当时农民土地所有权集占有、处分、使用、收益四项权能于一身，是完整意义上的土地所有权。收益权的独立行使不仅表明了农民能够以收取农作物产出获得收益，并且可以通过对土地的买卖来获取收益。[1]但是落后的生产技术决定了农民仅能够依靠土地维持最基本的生存需要，或连基本的再生产也无法进行。在这样的情况下，即使农民拥有了完整的土地权利，也无法真正享有土地权利所带来的经济效益。

二、农民土地“合作化”：土地收益的凸显与个人利益的弱化

(一)农民土地“合作化”的社会动因

在中华人民共和国成立之后的几年中，农民个体所有、家庭自主经营的土地政策不出意料地在中国的恢复与重建中起到了积极的效果。但随着国内经济的复苏，个体的农业生产被带入了独木难支的境地。生产关系的裂变不可能立即带来生产力的突破。生产资料匮乏加之生产效率低下无法实现扩大再生产和更大规模的财富积累，这使农业自身发展受到了严重的限制；[2]不但如此，国家工业化的实施，使国家需

〔1〕 参见唐欣瑜、梁亚荣：《我国农民集体土地收益权权利演进之回顾与展望》，载《农业经济问题》2014年第5期。

〔2〕 据23个省15,432户农户的调查，平均每户农民只占有耕畜0.47头、犁0.41部、水车0.07部。

要越来越多的商品粮食以及其他工业原料。落后的农业生产方式和低下的生产效率对国家工业的发展形成了现实的壁垒；同时，由于生产力基础脆弱，有些地方出现了大量买卖土地的现象。一部分农民因为种种原因被迫出卖土地重新陷入贫困，[1]有的地方甚至出现了新的"雇工"剥削现象，这是与社会主义的最终目标以及过渡时期总路线相背离的。由此来看，随着社会主义工商业改造的急剧发展，土地的私有制（无论是农村还是城市）在我国土地制度结构中消灭似乎就成为不可避免的事情。

（二）"合作化"演进的法律规范

1951年，中共中央发布了《关于农业生产互助合作的决议（草案）》，通过开展互助合作、建立互助组，来克服农民在分散经营中所发生的困难。这在很大程度上克服了生产资料匮乏的缺陷，极大地提高了劳动生产效率，缓解了因连年战争劳动人口不足的紧张局面。农民从集体劳动中获得了更多的回报，也在一定程度上改变了个体经营的小农经济传统观念。土地改革后，各地发展出了农业生产互助合作实践试点，经过试点实践，中共中央对农业生产互助合作的发展阶段、形式及管理等有了相对清晰的发展思路。在互助组运动的基础上催生了更高一级的制度——生产合作社。1953年，中共中央发布了《关于发展农业生产合作社的决议》，制定了农业合作从互助组到高级合作社的明确规划，即一条对农业逐步实现社会主义改造的发展之路。

初级社时期采用的是土地农有的土地政策。农民以自己的土地入股的方式加入合作社，农业经济得以迅速发展。1954年，中华人民共和

〔1〕 据49个村民出卖的10,784亩土地调查，1949年出卖的占3.95%；1950年占30.99%；1951年占51.15%；1952年占13.09%。参见中共山西省忻县地委：《西关于农村阶级分化情况的调查报告》，中国社会科学出版社1984年版，第251页。

国以根本法的形式对多种所有制经济进行了确认。[1] 1956年年底,中国农村基本实现了从半社会主义合作化到完全社会主义合作化的转变。

人民公社,这种过快的发展速度与急切拔高的农村经济组织形式大大超越了生产力发展水平的实际要求,过于高级的生产关系并没有带来臆想中的成功。1957年,中共中央发出了《关于做好农业合作社生产管理工作的指示》,指出了发展当中所存在的冒进问题,提出了农业社的建立应当与经济发展要求、生产技术水平和管理水平相适应,明确了提高合作社生产水平、完善管理机制的工作重点,否定了一味扩大规模的工作方式。然而遗憾的是,这项计划对客观实际的分析并没有引起领导人的共识,从而没有得到很好的落实。

在“鼓足干劲,力争上游,多快好省地建设社会主义”的总路线下,并社活动的改革浪潮迅速席卷了各地农村。1958年9月4日,《嵖岈山卫星人民公社实行简章(草案)》确定了改“合”为“公”的总路线,以“大合作”为生产发展的基本精神,规定了包括土地在内的一切共有生产资料为公社所有的公有制。从此,“以公社为基础的农地政策在人民公社创建初期得以普遍施行”。

面对人民公社化对农业生产带来的严重后果,中央开始对平均主义政策及大公社管理体制进行反思。1962年9月27日,中共八届十中全会通过了《农村人民公社工作条例(修正草案)》,明确了生产队的“集体”土地所有制,禁止一切土地出租和买卖,允许个体(包括公社、生产队、社员)间的差别存在,将公社创建之初的“社为基础”政策转变为“队为基础”,最终确定了以生产队为基本单位的“三级所有,队为基础”的农地政策。1975年和1978年两部《宪法》也都对集体所有制的形式

[1] 1954年《宪法》第5条规定,中华人民共和国的生产资料所有制现在主要有下列各种:国家所有制,即全民所有制;合作社所有制,即劳动群众集体所有制;个体劳动者所有制;资本家所有制。

作了明确规定。1975年《宪法》第7条规定："现阶段农村人民公社的集体所有制经济，一般实行三级所有，队为基础，即生产队为基本核算单位的公社、生产大队和生产队三级所有。"1978年《宪法》第7条规定："农村人民公社经济是社会主义劳动群众集体所有制经济，现在公社、生产大队和生产队三级所有，而以生产队为基本核算单位，生产队在条件成熟的时候，可以向以大队为基本核算单位过渡。"

（三）个人土地利益弱化

互助组和初级社时期，土地所有权均为农民所有。不同之处在于，初级社时期农民采用土地入股的形式获得土地报酬。初级社向高级社转变时，为适应小农的私有观念，避免农民的抵触情绪，《农业生产合作社示范章程（草案）》提出，入社的农民私有的土地归合作集体所有而不是国家所有。对于那些住在城市又在农村拥有土地的人们来说是将土地交给合作社使用，保留了土地所有权。当这些人愿意回归乡村从事农业生产时，合作社应该将土地交还给他们。这样既有利于农业的生产，又为这些人提供了相应的生活保障。高级社发展到后期（《高级农业生产合作社示范章程》）虽然取消了土地报酬，规定社员的全部土地归合作社公有，社员实行统一经营、统一分配，但此时的农民依然有退社自由。当社员退社之时，他所缴纳的股份基金和投资按照规定可以抽回，他入社时的土地或折合成同等数量、质量的土地可以按照规定带走。然而在人民公社时期，农民则完全失去了对土地的所有权。在平均主义思想下，他们从土地上获取利益的方式也并非自己付出劳动的多少，而是集体利益的平均化。

由此可以看出，经历了互助组、初级社、高级社再到人民公社的发展过程，农民的土地所有权从清晰到模糊。土地的利益权利来自土地的产权，所有权的模糊所产生的必然后果即为农民从土地上获取利益权利弱化。农民不再单独占有和使用土地，更不能处分土地。他们的土地收益权并不是依据所有权而享有的其他权能自行享有，而只能以集体获得土地收益统一分配的方式得以实现。

三、所有权与使用权“二元化”：个人土地的利益回归

（一）所有权与使用权“二元化”的发轫

人民公社的本质是向社会主义的过渡，是以社会主义教育为推动力，采取“一平二调”[1]的措施得以完成的。在当时的社会生产力发展水平下，人们并不能理解和接受这种“共产”。在全国出现粮食紧张的情况下，受传统观念的影响，一些社、队局限于自身利益，隐瞒财产消极统购的实际情况，造成了粮食来源严重不足的紧张局面。正如詹姆斯·C.斯科特所评价的那样，“在第三世界，农民很少会在税收、耕作模式、发展政策或繁琐的新法律等问题上去冒险与当局直接对抗；他们更可能通过不合作、偷懒和欺骗去蚕食这些政策”。[2] 尽管从中华人民共和国成立到人民公社化运动，中国的土地制度在形式上不断向着共产主义方向迈进，但集体经营模式并没有带来农业经济的发展。低效的集体化经济和不完善的农业运营机制成为农民思变的主要原因，最终引发了农民为了生计而自发地进行包干到户（农地所有权和使用权相分离）的制度变革。

（二）“二元化”的法律进程

解放思想、实事求是的思想路线提出，为党和广大人民群众探索新的农村土地政策创造了良好的政治环境。根据十一届三中全会的指示，农业生产是不许包产到户的，但是解放思想的思想路线激励着农民群众不断地创造和尝试。1980 年，邓小平大胆地肯定了包产到户所取

---

〔1〕“一平”指的是指将财产拉平，“二调”是指无偿调拨农业社或社员的财产，是人民公社时期，在公社所有制的框架下，实现人人生产资料平等的一种措施。

〔2〕［美］詹姆斯·C.斯科特：《弱者的武器》，郑广怀等译，译林出版社 2007 年版，第 3 页。

得的成绩,指出只要生产发展了,集体化水平也将得以提高,集体经济也会得到巩固。邓小平明确的态度打破了改革者的顾虑,推动了包产到户在各地的迅速开展。1981年《全国农村工作会议纪要》将包产到户的农业经济形式确定为社会主义农业经济的组成部分。中央于1982年1月1日将该纪要以一号文件的形式下发全国,标志着中国的土地政策的全面转变。制度设立的焦点脱离了私有和公有的抉择,而转向所有权与使用权相分离的实践探索。1986年《土地法管理法》中规定"集体或者个人承包经营,从事农、林、牧、渔业生产","任何单位和个人不得侵占、买卖、出租或者以其他形式非法转让土地"。1993年4月,全国人大对《宪法》进行了修正,第一次将"家庭联产承包责任制"写入《宪法》,以根本法的形式确认了"家庭联产承包责任制"的社会主义地位,最终实现了集体土地所有权与使用权分离的产权形式。

(三)农民个人土地利益的回归

集体土地所有权和使用权的分离,使农民土地的产权关系发生了重大变化。以产权关系所引发的利益关系,展现出了一种前所未有的形态。包产到户是建立在土地公有制基础上的,农民和集体保持承包关系的经济制度。在这样的形式之下,农民分户经营、自负盈亏;集体统一管理,留有一定量的提留,维持进行农业基本建设,农民的土地利益与集体利益就形成了相对的统一,用当时的话来讲,就是"交够国家的,留足集体的,剩下都是自己的"。国家作为社会主义道路的总规划者,通过获取一定的土地收益来完成工业现代化的资本储备,是对社会整体利益的权衡与调节;集体依法享有土地的所有权,对集体土地享有分配的权力,也能够获得相应的土地收益;农民是土地的实际占有者和使用者,拥有土地的承包经营权。能够在国家法律制度允许的情况下,自由地从事农业生产经营,相应地获得劳动收入(土地收益)的绝大部分。

中华人民共和国农村集体土地所有制的演变主要表现为私有和国有之间的博弈。集体土地所有权的发展与演变，反映了政治目标与农民诉求之间的关系。从土改运动，到农村集体化建立合作社，再到包干到户、承包经营，农民获得土地利益的权利经历了从肯定到消亡再到回归的历史演变。土地产权制度的调整，直接影响土地收益的分配，脱离土地产权制度的收益问题的分析便是无本之木、无源之水。总体而言，我国土地所有权的法制进程可以概括为表2－2。

表2－2　我国土地所有权法制进程

发布时间	法律名称	土地所有权	获取土地所有权方式
1949年9月	共同纲领	农民所有	没收官僚资本，分配给农民
1950年1月	关于处理老解放区市郊农业土地问题的指示	农民所有	没收土地所有者土地、征收旧式富农出租的土地
1950年6月	土地改革法	农民所有	没收土地所有者土地、征收公地
1950年11月	城市郊区土地改革条例	国家所有、农民所有并存	征收个人土地、没收土地所有者土地
1954年9月	宪法	国家所有、农民所有并存	征购、征用或者收归国有
1956年3月	农业生产合作社示范章程草案	仍然承认社员的土地私有权	自愿让渡土地使用权，获取相应报酬
1956年6月	高级农业生产合作社示范章程	合作社集体所有	私人生产资料无条件转化为合作社集体所有
1958年8月	关于在农村建立人民公社问题的决议	集体所有	生产资料的集体所有制

续表

发布时间	法律名称	土地所有权	获取土地所有权方式
1962年3月	农村人民公社工作条例(草案)又称“人民公社六十条”	以生产大队为基础的三级所有	人民公社分为公社、生产大队和生产队,以生产大队为所有制基础;土地归生产大队所有、分配给生产队使用
1962年9月	农村人民公社工作条例	以生产队为基础的三级所有	人民公社最基本的核算单位为生产队,生产队获得了土地所有权
1975年1月	宪法	全民所有和集体所有;以生产队为基础的三级所有	国家可以依照法律规定的条件,对城乡土地和其他生产资料实行征购、征用或者收归国有
1978年3月	宪法	全民所有和集体所有;以生产队为基础向大队过渡	国家可以依照法律规定的条件,对土地实行征购、征用或者收归国有
1982年	宪法	国家、集体二元所有	国家为了公共利益的需要,可以依照法律规定对土地实行征用;任何单位和个人不得侵占、买卖或者以其他形式非法转让土地
1988年4月	宪法修正案	国家、集体二元所有	国家为了公共利益的需要,可依法对土地实行征用;任何单位和个人不得侵占、买卖或者以其他形式非法转让土地,但土地使用权可以依法转让
1988年12月	土地管理法		
1995年6月	城镇国有土地使用权出让和转让暂行条例		

第三节　征收中的国家利益

征收权被誉为任何国家制度都不会予以否认的基本权力。土地征收是一项合法剥夺私有财产的法律制度，也是现代国家协调私人利益与公共利益的必要手段。其最终的结果是产权主体的更易，以及利益分配的重构。

一、土地征收初态

“消灭剥削”是中华人民共和国成立初期的首要任务，反映在土地政策上则是消灭土地所有者，将土地所有者的土地分配给农民所有，具体做法为对土地所有者土地的“征收”。“征收”一词最早出现在1950年1月政务院发布的《关于处理老解放区市郊农业土地问题的指示》，其中第1条规定：“没收土地所有者土地、征收旧式富农出租的土地，为了城市建设与工业发展之需要，一律收归国有，由市人民政府管理，并分配给无地与少地农民使用。”1950年《中华人民共和国土地改革法》，首次将“土地征收”行为以法律的形式予以确认，系统地规定了土地的集中与分配。以征收范围为标准，最初的征收对象可分为：(1)土地所有者的土地；(2)祠堂、庙宇、寺院、教堂、学校和团体等在农村的土地，以及工商业家在农村中的土地；(3)富农、革命军人、烈士家属等超过当地人均面积200%的土地；(4)工商业家的土地；(5)半土地所有者式富农用于出租的土地。与今时不同的是，中华人民共和国成立之初的“征收”更多地反映了消灭剥削阶级，调整旧中国土地利益格局的革命诉求。“征收”的结果则侧重确保国家能够保有一定量的土地，满足依靠农业为生的农民均能够获得土地的政治目的，是“革命”的一种方式。

其实质是一种没收,不存在对被征收土地财产利益的考虑,当然地就不以补偿为必要条件。

二、利益分配上的“公利绑架”

(一)“崇公抑私”宪法上的价值取向

实现幸福繁荣的社会主义社会是中华人民共和国的根本目标。在向社会主义社会的过渡时期内,国家的总任务是逐步实现国家的社会主义工业化,逐步完成对农业、手工业和资本主义工商业的社会主义改造。作为私有制对立运动的产物,“社会主义—共产主义”的意识形态是以消灭私有制为己任的,强调生产资料归整个社会所有,就成了理所应当的事情。马克思和恩格斯在1847年创设《共产党宣言》时就曾提出,共产党人的理论用一句话表示即消灭私有。这一纲领式的宣言为此后世界各国的共产党人指明了革命前进的方向。与此呼应,1920年《中国共产党宣言》指出,共产主义者主张将机器工厂、原料、土地等生产工具收归社会共有。

随着生产工具的共有共用,私有财产也就自然地被消灭了,所要达到的最终目的,是彻底地消灭人剥削人的现象。一切生产工具为社会共有,从根本上消灭了造成剥削的根源——剩余价值。中国第一部《宪法》就具体体现了过渡时期的这种价值取向:各种非国家所有的所有权行使,以维护国家经济秩序、不破坏公共利益为根本要求。国家为了公共利益的需要,可以依照法律规定的条件,对城乡土地和其他生产资料实行征购、征用或者收归国有。

对《宪法》的观察转移到1982年,从第一部宪法产生至此,中华人民共和国历史上已经拥有了1954年、1975年、1978年和1982年四部《宪法》。无论《宪法》制定时期对国家发展情况认识如何,“公利至上”的价值取向始终不曾改变。1975年和1978年两部《宪法》均规定,“社会主义的公共财产不可侵犯”,“禁止任何人利用任何手段,破坏社会主义经济和公共利益”。对于土地这种最基本的生活生产资料而言,已经不可能再延续私有制这种存续方式。为了尽快完成社会主义初级阶段的基本任务,1975 年《宪法》取消了对土地征收的“公共利益”的限制性规定,取而代之的是“国家可以依照法律规定的条件,对城乡土地和其他生产资料实行征购、征用或者收归国有”。这就使迅速实现全国范围内土地“社会主义全面所有和劳动群众集体所有”成为可能。1978 年《宪法》依然延续了这项规定,直至 1982 年《宪法》的产生。1982 年《宪法》虽然在法律文本中罗列了要兼顾国家、集体和个人利益;保护个体经济的合法权益。但此时的土地私有已经成为历史,个体经济已然是社会主义经济的补充。以公共利益需要为目的实行的土地征收,不再是消灭土地私有制的手段。而是为了更好地恢复社会主义经济,是社会主义公有制内部的事了。然而,即使是在公有制内部,个体经济利益受到保护,为了区别“公益”与“私利”的法律地位,《宪法》特意明确指出了公共财产是神圣不可侵犯的。

(二)“崇公抑私”在土地制度中的实现

土地改革建立了以农民土地所有制为主体的土地制度,使占中国 90% 以上的农民获得了土地。中华人民共和国的首要任务是在连年硝烟的废墟之上尽快恢复和发展经济。分散而众多的小农经济是与当时建立现代工业化国家的趋势极不相符的:一是小农私有存在土地兼并与贫富分化的风险;二是国家为满足工业化发展的需要,想获得更多的土地或其他各种社会资源时,必然会遭遇小农土地所有制的巨大阻力。因此,在国民经济恢复的任务完成之后,自 1953 年起,为从农业国向工业国进行转变采取了三项措施:一是国家建立土地征用制度,为大规模的经济建设获得土地等资源提供法律依据;二是实行社会主义改造,建立了以集体土地所有制和国家土地所有制为主体的土地公有制度,从客观上削弱了小农土地私有制对工业和城市建设用地需求的阻力;三是确立了社会主义计划经济体制,全国开始了有计划的大规模的经济建设。至此,征收已由一种革命手段演变成了一种确保经济发展的重要方式。

计划经济时期土地征收(用)主要遵循1953年《关于国家建设征用土地办法》(以下简称《办法》)。这是中华人民共和国第一部比较完整的土地征用法规,对国家征用土地的基本原则、审判权限、法定程序、补偿标准和安置办法等均作出了具体的规定。主要概括为以下几个方面:(1)规定了征地范围。《办法》规定了两种可申请征收(用)的情况:其一,兴建国防工程、矿产等经济、文化建设需要使用土地的,获得政府批准后由当地人民政府代为征用;其二,私营经济企业和私营文教事业用地,需获得省(市)以上人民政府批准后,由当地人民政府代为征用。(2)模糊了征收及征用的界限。凡征用之土地,产权属于国家。用地单位不需要再使用土地时,应交还国家,不得转让。(3)提出了补偿的征收要件。征收要给予被征地农民补偿费。(4)确定了征收补偿费的确定补偿具体数额由当地人民政府、用地单位、农民协会及土地原所有人(或原使用人)或由原所有人(或原使用人)推出之代表评议商定。(5)制定了一般补偿标准。一般按照近3~5年产量总值为标准,如公地可调剂,亦须发给被调剂土地的农民以迁移补助费。(6)规定了安置补偿。农民耕种的土地被征用后,当地人民政府必须负责协助解决其继续生产所需之土地或协助其转业,不得使其流离失所。用地单位亦应协同政府劳动部门和工会在条件许可的范围内,尽可能吸收其参加工作。

在《办法》颁布实施之后，产生了很多负面影响，如土地资源严重浪费、[1]耕地急剧减少、[2]失地农民就业安置不当等问题。因此，在1957年国务院全体会议第五十八次会议上对《办法》进行了修改，并于1958年人大会议审议通过正式实施。对内容的修改在农民利益方面主要集中在以下几个方面：

其一，补偿对象由农民个体转变为合作社。1953年，我国农业用地采用土地私有制的所有制，[3]在1956年农业合作化以后，土地所有权多数已经转变为合作社所有。[4] 因此，补偿费的发放对象也相应地由农民个体变为了农业合作社。

其二，降低了补偿标准，依然延续产值补偿法。农业合作化以后农民的生产、生活都有所提高，这一点是不能否认的。如果依然延续原来的3～5年的产值补偿标准，就显得有些过高。同时原办法规定的产量在计算上也不明确，遵循兼顾群众利益和节省国家开支的补偿原则，补偿标准调整为2～4年的定产量总值。

其三，强调了农业安置。原办法对于就地在农业上安置强调不够，被征用土地的农民过多地要求转业，这同国家动员“上山下乡”的

---

〔1〕 当时的国务院副秘书长陶希晋在《关于国家建设征用土地办法修正草案的说明》中提到：根据河北、成都、武汉、长沙、北京、杭州等省市1956年的检查，几年征用土地中浪费的土地约占40%。太原市22个建设单位征用土地1万多亩，荒芜5千多亩，达到50%。

〔2〕 据资料显示，1958～1960年耕地专用和损毁2.18亿亩。但从郑振源先生的分析来看，当时的所调查的耕地情况与实际情况是有出入的。具体原因主要有以下几点：其一，由于当时的农业税收取，致使农民普遍为了少交税而少报、瞒报实际土地面积；其二，对于新开垦的荒地，“三五年不交农业税”，也未算入实际面积之列；其三，丈量技术的落后，导致误差太大等。基于以上种种原因，才造成1957年以后，耕地面积每年净减少700～1000万亩的假象。参见郑振源：《土地利用文集》，中国大地出版社2007年版，第148页。

〔3〕 虽然1953年中共发布了《关于发展农业生产合作社的决议》，制定了农业合作从互助组到高级合作社的明确规划，确定了一条对农业逐步实现社会主义改造的发展之路。但在初级社时期采用的是土地农有的土地政策，农民以自己的土地入股的方式加入合作社。

〔4〕 1956年，第一届全国人民代表大会第三次会议通过的《高级农业生产合作社示范章程》掀起了社会主义运动的新的高潮。1956年年底，中国农村基本实现了从半社会主义合作化到完全社会主义合作化的转变。互助组和初级社时期，土地所有权均为农民所有，不同之处在于初级社时期农民采用土地入股参与、获得土地报酬的形式。而高级社则取消了土地报酬，社员的全部土地归合作社公有，社员实行统一经营、统一分配。高级社农地政策的实施实现了农村土地的集体所有，使中国农地制度发生了根本性的变化。

方针不相符合。原办法对于组织移民也规定得不够明确具体，有的地方曾因草率移民造成了劳民伤财的不良影响。[1] 因此，《办法》强调对失地农民首先要采取农业安置的办法，非不得已不能采取其他安置方式。

十一届三中全会以后，党的工作重心逐步转向社会主义现代化建设。为满足现代化建设的用地需求，在征地时要求适当考虑征地农民的合法权益。1982 年 5 月，经全国人大常委会批准，国务院颁布了《国家建设征用土地条例》（以下简称《条例》）。并于 1983 年，由国家计委、农牧渔业部、城乡建设环境保护部联合印发了《〈国家建设征用土地条例〉若干问题的说明》（以下简称《说明》），对《条例》执行过程中的一系列问题进行了进一步限定和解释。《说明》强化了国家的土地征用权，完善了土地征用程序和审批主体，提高了对被征地农民的补偿，确立了征地管理的法制原则。其中规定，"国家建设征用土地，凡符合本条例规定的，被征地社队和群众应当服从国家需要，不得妨碍和阻挠"，将保证国家建设依法用地确定为了被征地社队和群众的一项基本义务；"禁止任何单位直接向农村社队购地、租地或变相购地、租地。并存社队不得以土地入股的形式参与任何企业、事业的经营"，从制度上确定了国家土地征用权的独断性和农地转为国家建设用地的单向性。

1986 年颁布的《土地管理法》吸收了《条例》的征收、补偿等内容，将其上升为法律。在《国家建设征用土地条例》的主要规定中，被征地对象为农村集体所有的土地，对被征地农民的补偿也较为完善。对被

---

〔1〕 在中华人民共和国成立之前，连年的战争使中国广大农村陷入了极度的贫困。对当时的农民来说，能在城市拥有一席之地是新时期对新生活的一种追求。一部分在"解放了"的狂热心情刺激下的不安于现状的农民，一部分被专政和革命了的失地的对象，都迅速地涌向城市，但是，在一穷二白的基础上建立起来的新政权根本无力满足大量涌入城市的人流带来的粮食、住房和就业等方面的需求。1952 年至 1957 年，农村人口占全国人口总数的百分比下降了 2.9%。资料参见农业部政策法规司、国家统计局农村司：《中国农村 40 年》，中原农民出版社 1989 年版，第 410 页。

征土地的土地补偿费为该土地征收前3年平均年产值的3～5倍;对青苗及地上附着物施行作价补偿;在安置补助费中,对需安置人口每人按每亩地产值的2～3倍计算,最高不超过10倍;若为城市郊区菜地,则另加新菜地开发建设基金;而对于住宅基地,则不付安置补助费;并规定土地补偿费与安置补助费之和不超过该地年产值的20倍。

从以上分析可以看出,在计划经济时期,虽然土地征收已经不再是阶级斗争的一种方式,但仍是以国家经济建设生产资料储备为目标的一种国家权力。为保障国家建设的顺利进行,将被征收人服从征收决定视为一项义务,被征收人应当无条件履行。借此可以看出,在农民获得土地后的相当长的一段历史时期内,农民的个人权利一直没有得到重视。

三、农民利益的理性呼唤

在《宪法》层面,农民土地权利的回归出现于1988年《宪法》修正案。土地使用权可依法转让的规定,重新给予了农民可以通过土地流转获取利益的权利。2004年《宪法》修正案,更加强调了对农民土地权利、财产利益的保护。其中规定,公民合法的财产不受侵犯,国家依法保护公民的私有财产权。国家基于公共利益的需要可以依法对土地进行征收,但必须以补偿为必要条件。

在土地法层面,1998年全国人大常委会通过了新的《土地管理法》,同年12月国务院颁布了《土地管理法实施条例》,于1999年1月1日共同实施。新的《土地管理法》在土地征收补偿方面较之前有了很大程度的提高。其中规定,对被征地农民的土地补偿费为该地近3年平均年产值的6～10倍;对青苗及地上附着物实行作价补偿;对安置人口采取每人按3年平均年产值的4～6倍计算,最高不超过每公顷土地年产值的15倍;土地补偿费、安置补助费综合不超过每公顷土地产值的30倍。

并规定在特殊情况下，可由国务院根据社会经济发展水平，提高征用耕地的土地补偿标准。新法明确规定了土地征收补偿按照土地原用途进行补偿的原则，提高了补偿标准。

在之后的一段时间里，国土资源部印发了大量规范性文件，作为征地补偿安置制度的补充。1999 年 9 月，国土资源部办公厅印发了《关于贯彻执行〈中华人民共和国土地管理法〉和〈中华人民共和国土地管理法实施条例〉若干问题的意见》的通知，对确定征用土地的安置补助费标准问题作出了详细解释。同年 12 月，印发了《关于加强征地管理工作的通知》，允许省级土地行政主管部门依据法律规定，结合本地实际，组织市、县土地行政主管部门拟定不同地类的具体征地补偿标准，由省级人民政府批准后公布实施；要求各地积极探索货币安置、社会保险安置、留地安置、土地补偿费入股安置等以市场为导向的多种安置途径，以填补被征地农民土地利益的损失。2001 年，国土资源部印发的《关于切实做好征地补偿安置工作的通知》提出，有条件的地方可以统一公布本地区不同地类的具体的征地补偿倍数，并根据当地经济发展水平、土地区位、农民人均收入、人均耕地面积和城镇居民最低生活保障线等因素确定不同地类的补偿倍数，或合理确定本地区不同区位、地类、用途的征地综合补偿标准。2004 年 10 月，国务院颁布的《关于深化改革严格土地管理的决定》进一步明确规定了保证被征地农民原有生活水平不降低，被征地农民长远生计有保障的征地补偿安置原则。通过改革对农民的补偿方式，规定“同地同价”“综合区片地价”的补偿标准，明确提出了根据不同情况妥善安置被征地农民的具体措施。虽然国家一直致力于以各种方式提高对被征地农民的补偿标准，但传统的以农用地经济效益为基准的补偿方式仍不足以满足被征地农民的现实需要。由此出现了各种各样的社会矛盾，引起了社会的广泛关注。如何让被征地农民获得更多的土地利益，仍是我国改革时期亟待解决的重要问题。

概括而言,我国土地征收补偿标准可概括为表2－3。

表2－3 我国征地补偿标准一览

<table>
<tr><th>发布时间</th><th>法律名称</th><th>发布机关</th><th>补偿内容</th></tr>
<tr><td>1950年6月</td><td>土地改革法</td><td>中央人民政府</td><td>一般情况下,征收不予补偿;但农民如因买地、典地而蒙受较大损失时,给予适当补偿</td></tr>
<tr><td>1950年11月</td><td>城市郊区土地改革条例</td><td>中央人民政府政务院[1]</td><td>提供适当安置,给予农民公平合理补偿</td></tr>
<tr><td>1953年12月</td><td>国家建设征用土地办法</td><td>中央人民政府政务院</td><td rowspan="2">对被征用土地者的生产、生活有影响的,应按照公平合理的原则给予补偿费或补助费;征用合作社的土地,补偿费发给合作社,但社员大会或者社员代表大会认为对社员生活没有影响,不需要补偿,并经当地县级人民委员会同意,可以不发给补偿费</td></tr>
<tr><td>1958年1月</td><td>国家建设征用土地办法</td><td>国务院</td></tr>
<tr><td>1982年5月</td><td>国家建设征用土地条例</td><td>国务院</td><td rowspan="2">土地补偿标准(前3年平均产值的3～6倍)、安置补助标准(前3年平均产值的2～3倍、最高不得超过10倍)、两项总和不得超过被征土地年产值的20倍</td></tr>
<tr><td>1986年6月</td><td>土地管理法</td><td>全国人大常委会</td></tr>
</table>

〔1〕 政务院是1949年10月21日至1954年9月27日中华人民共和国“国家政务的最高执行机关”,是中央人民政府的一个机构。政务院的规模要远远小于1954年之后的中华人民共和国国务院,其职权也远远小于国务院。政务院并非国家最高行政机关,而是国家政务的最高执行机关。而国务院,也称中央人民政府,是最高国家行政机关。1949年9月,中国人民政治协商会议代行人民代表大会职权,制定了《中华人民共和国中央人民政府组织法》。在全国政治协商会议闭会期间,中央人民政府委员会暂行国家最高权力,统辖中华人民共和国最高立法、行政、司法、军事权。1954年9月,第一届全国人民代表大会召开,制定了《中华人民共和国宪法》以及《国务院组织法》。按照宪法规定,政务院改称国务院。

续表

发布时间	法律名称	发布机关	补偿内容
1998年8月	土地管理法	全国人大常委会	按照被征用土地的原用途给予补偿；土地补偿费，为前3年平均年产值的6~10倍、安置补助费为前3年平均年产值的4~6倍，最高不得超过15倍；总和不得超过30倍
2004年10月	深化改革严格土地管理的决定	国务院	以统一年产值标准或区片综合地价标准补偿，以同地同价为目标
2019年8月	土地管理法	全国人大常委会	区片综合地价标准

CHAPTER 03 >>

第三章

土地增值收益的域外经验和教训

第一节　法国土地征收补偿制度研究

在法国，公用征收（expropriation pour cause d'utilité publique）是指国家为了公共利益，按照法定形式和事先公平补偿原则，以强制方式取得私人不动产所有权或其他物权的制度。[1]

一、法国公用征收制度的历史发展及法律渊源

法国是世界上最早形成公用征收制度的国家。随着私有财产神圣不可侵犯原则的提出，法国在1789年大革命和第一帝国时期就制定了专门法律，以建立公用征收制度。随着资本主义经济、社会在19世纪初叶的迅猛发展，法国通过1833年和1941年两部法律对1810年法律作出修改，决定设立"财产所有者评价委员会"以确定补偿金额。1935年的两部法令取

〔1〕 Van Lang Agathe, Gondouin Geneviève et Inserguet-Brisset Véronique, *Dictionnaire de droit administratif*(2ᵉ éd.), Armand Collin, 1999, p. 135.

消了财产所有者评价委员会,设立评价仲裁委员会。1958 年法令适当简化了 1935 年制度,设立专职的公用征收法官。第五共和国成立后,1958 年 10 月 23 日法令对以前的公用征收立法作出了重大调整。该法令连同后续制定的法规、规章奠定了法国现行公用征收制度的基础。

1977 年,法国以授权立法的形式、通过两部政令实现公用征收的法典化。此次法典化实为法规汇编,在汇总法律和法规两类有关公用征收的规范过程中,除个别文字上的调整外,并未作出实质性修改。值得注意的是,有关公用征收的法律规范并未完全集中在《公用征收法典》(以下简称《法典》)中。在《法典》之外,还存在若干单行规定。不仅如此,还存在若干法院判例原则与规则。这些规则分别由宪法委员会、行政法院和普通法院形成,成为法国公用征收制度不可或缺的组成部分。

2014 年 11 月 6 日通过的《关于〈公用征收法典〉立法部分的 2014～1345 号法令》[1] 自 2015 年 1 月 1 日开始实施后,法国原《法典》立法部分第一编"一般规定"第三章"征收补偿的确定与支付"的有关规定被重新整合到 2015 年 1 月 1 日版《法典》第 3 卷《征收补偿》。

二、法国公用征收制度概况

(一)相关主体

公用征收是一个复杂的法律过程,涉及多方利益。这其中不仅有公用征收的决定权主体,也有公用征收程序的启动主体,还有征收的受益人,更有被征收财产的所有权人及物权人。法国公用征收制度的特点是,只有国家可以决定实施征收,但征收程序可以由多个主体启动(征收人)。

---

〔1〕 Ordonnancen° 2014 – 1345 du 6 novembre 2014 relative à la partie législative du code de l'expropriation pour cause d'utilité publique.

首先,公用征收的决定权主体只有一个,即国家。公用征收是强制取得私人不动产的制度,而不动产是受宪法、民法等部门法保护的私人财产中最重要的部分。因此,法国将公用征收决定权主体限定在国家。只有国家享有征收批准权,这突出表现在征收程序行政阶段的所有行为都以国家名义作出,而非所有的公法人,包括享有地方自主管理权、以地方领土单位形式存在的大区、省和市镇和以公务分权形式存在的公务法人。

其次,有权发动并具体实施公用征收的主体范围有限。虽然只有国家享有公用征收决定权,但其可以应公法人、私人的请求批准征收。在公用征收程序的启动环节上,原则上只有国家、地方团体和公务法人等公法人作为项目人可以申请公用征收。私人只有在其所从事的活动具有公益性质且法律赋予其公用征收启动权时才可以启动公用征收程序,如有些公用事业和公共工程的受特许人(通常为私营企业)基于法律规定,为特许业务的需要,享有启动公用征收的权利。因此,不承担公务使命的纯粹私法人原则上不能成为征收人。他们虽然无权请求国家为其商业项目批准公用征收,但可以客观上从其他征收项目中受益。

(二)公用征收的对象

公用征收的对象原则上限于不动产,[1]具体包括不动产所有权和其他不动产物权两大类。其他不动产物权通常包括收益权、使用权、居住权和民事役权。在被征收财产的所有权性质上,公用征收首先指向的是私人所有的不动产,但也不限于此。公法人公产不可让予原则使公产原则上免受征收,但公产并非与公用征收制度毫无联系。如果征收地域范围触及某一公产的附属物但不变更所有权人,那么该征收可

〔1〕 在例外情况下,知识产权也可以成为公用征收的对象。如国家有权征收对国防有价值的发明专利权。

以被视同为改变公产用途。另外,除非法律特别规定,动产原则上不能成为征收的对象。最后,公用征收可以部分进行,如只征收不动产的地下部分或者是楼房的一部分。

(三)公用征收的实质要件——公用目的

公用征收是一项不同寻常的公法特权,其影响重大。因此,只有在为实现必要的公用目的时才能进行征收。何为"公用目的",其内容随着时代演进而不断扩大。在19世纪,公用的观念与公产的形成不可分离。当时,公用征收只是被作为构成公产的一种手段,被有限地应用于兴建公路、铁路、桥梁、运河等基础设施建设。进入20世纪,随着政府对经济生活干预的加强,公用征收成为行政机关发展经济、提供社会服务的手段之一。除了建设机场、高速公路、核电站等大型基础设施以外,政府为了提高民众的文化、社会生活,还将公用征收程序广泛应用于文化、体育、医疗等公共服务设施的建造。公用目的不再受公产、公共工程和公务观念的限制,几乎成为"公共利益"的同义语。如今法律和判例认为,只要能够满足公共利益,就是达到公用目的。

关于公用目的具体情形,法国的《法典》并未明确列举。从散见的特别法规定来看,征收的公用目的可以是维护大众健康、解决就业、促进社会融合、发展教育文化体育事业、保护环境与历史文化遗产、推进城乡规划与建设等。

与多数西方国家在公用征收法律中开列公用项目类型菜单的做法不同,法国倾向于具体情况具体分析。在法国人看来,随着公共利益与私人利益之间、不同的公共利益之间关系的日益复杂化,在判断土地征收公用目的时,无论是行政决策者还是未来对其决定开展合法性审查的法官,都不能再仅基于项目类型作出判断,而必须进行个案深入分析,比较项目的优点与不足,综合考察项目的投入与回报。简言之,要像经济学家那样进行成本效益分析。法国做法的优势在于"以不变应万变”，没有僵化地理解公用征收的公用属性，同时增强行政决策者的责任心，迫使其在遵守行政法治的前提下积极地思考和论证。

（四）公用征收程序

法国公用征收程序分为行政与司法两个阶段。就理论上而言，行政阶段必须先于司法阶段。但是，为了提高征收效率，《法典》设计了加速程序，规定在某些公用征收中，补偿金的确定可以与行政阶段同时进行，以便征收人在费用太高时可以放弃征收。

行政阶段主要解决公用目的宣告和确定被征收不动产这两个问题，具体分为事前公共调查、批准公用目的、具体位置调查和作出可以转让决定四个步骤。[1]

土地公用征收涉及私有财产权，而普通法院传统上被认为是私有财产的守护者，故公用征收司法阶段的程序由普通法院管辖，主要包括所有权的移转和确定补偿金两个环节。

行政阶段的程序包括：（1）事前调查，其主要步骤有：①递交申请调查书；②决定进行调查；③调查结束，调查专员或调查委员会写成报告，提出结论，连同调查记录送交省长。（2）批准公用目的。批准公用目的的行为最迟在事前调查结束后1年内决定。需要咨询最高行政法院意见后才能批准的公用目的，可以延长6个月。有权批准公用目的的机关有三个：①最高行政法院；②部长；③省长。批准公用目的的决定所产生的法律效果是使公用征收能够合法进行，然而征收单位并不因此负担必须进行征收的义务，被征收的不动产的法律地位也不因此而改变。批准公用目的是一个行政决定，受行政法院的管辖。公用征收的申请单位，被征收不动产的所有者及利害关系人，以及对公用征收有直接利益的人，不服批准公用目的的决定，可在决定公布后2个月内向行

[1] 参见王名扬：《法国行政法》，中国政法大学出版社1988年版，第376～377页。

政法院提起越权之诉，请求撤销违法的决定。(3)具体位置的调查。(4)可以转让决定，即省长根据具体位置调查的结论，决定可以征收的不动产的界限。但是可以转让决定只指明可以转让的不动产的具体位置，不发生实际转让的效果。所有权的移转由普通法院根据行政机关的上述决定作出裁判。可以转让决定是一个行政行为，受行政法院的管辖。当事人对于决定不服，可在收到决定的通知后2个月内向有管辖权的行政法院提起越权之诉，请求撤销违法的决定。

公用征收在司法阶段的程序主要是所有权的移转和补偿金的确定，由普通法院内部设立的专门的公用征收法庭管辖。

在公用征收程序行政阶段的四个步骤中，批准公用目的居于核心地位。只有国家可以作出土地征收的公用目的宣告、作出征地决定，地方领土单位和其他公法人均无此权力。根据征地项目的性质和重要性，有权批准公用目的的机关分别是总理、部长和省专员。对于需要大规模征地的全国性重点工程项目，公用目的宣告甚至需要以咨询国家参事院的政府命令形式作出。[1] 批准公用目的的行为原则上最迟应当在事前调查程序结束后的1年内作出。在规定时间内没有批准公用目的时，必须重新组织事前调查。只有经过公用目的宣告的土地征收项目才能够合法进行。但征收单位不因此负有必须征收的义务。换言之，土地征收项目人可以审时度势、改弦更张。在普通法院作出所有权转移判决之前，征收的不动产的法律地位不发生改变。

三、法国公用征收的司法管辖权和程序

法国现行的司法制度是在18世纪末法国大革命后逐步建立起来

---

〔1〕《法典》第L. 11－2条第2款之规定。项目类型则由《法典》第R. 11－2条加以规定。具体包新建高速公路、运河、铁路和电站等大型基础设施项目。

的,其法院体系分为互不隶属的普通法院体系和行政法院体系。两套法院体系各自独立行使司法权。普通法院体系由初审法院、上诉法院和最高法院组成,其中初审法院分为民事初审法院(包括小审法院、大审法院和商事法院等专门法院)和刑事初审法院(包括违警罪法院、轻罪法院和重罪法院)。行政法院体系包括地方行政法院、上诉行政法院和最高行政法院,以及专设的行政法庭,如审计法庭等。

由于在司法实践中,普通法院和行政法院经常发生管辖权冲突,法国于 1872 年设立了争议法院,由最高法院和最高行政法院各自选出的 3 名法官、上届争议法院选出的 2 名法官以及司法部长共 9 人组成,对两套法院体系在管辖权上的消极争议、积极争议作出裁决,而且有权对不同体系的法院所作的相互冲突的判决案件进行重审。

根据《法典》第 L311 – 5 条的规定,在征收人和被征收人双方不能达成友好协议的情况下,公用征收补偿金由公用征收法官确定。公用征收法官是各省省会所在地普通法院体系的大审法院的法官,由具有管辖权的上诉法院院长任命和罢免,每届任期 3 年,可以连任(该规定始于 1958 年 10 月 23 日法令第 12 条)。当某一大审法院有 3 名公用征收法官时,其中一名是该大审法院的副院长,负责协调各征收法官之间的工作。

(一)公用征收的司法管辖权

1. 公用征收法官受理纠纷的权限范围。公用征收法官的权限范围主要是确定公用征收补偿以及与公用征收补偿确定有关的问题。例如,(1)由于公用征收导致不动产的承租人提前离开而给所有权人造成的损害,以及由于征收行动迟延给所有权人的不动产权利造成的损害等,均属于征收补偿的基本要素的问题,只能由普通法院的法官受理。[1]

---

[1] CE 13 nov. 1959, *Dame veuve Obadia*: *Lebon* 596.

(2)所有权人认为,市镇有义务在公用征收其部分不动产之后继续向其生活所用的水池提供必要的水源。征收法庭在判决征收补偿时将前述义务作为公用征收补偿的一部分,并判决市镇负有该义务。因此,确定这一义务的范围也属于作出该判决的法庭的管辖权。[1] (3)根据权限争议法院1988年6月27日的一份判决,因征收而导致被征收土地遭受的地役权等损失的补偿纠纷,亦属于普通法院的受理范围。[2]

2. 确定公用征收补偿以外的其他事宜,如利害关系人是否是所有权人,不动产上是否存在地役权等,由民事法庭、家事法庭等其他法庭管辖,不属于公用征收法官的管辖范围。此外,下列事宜也不属于公用征收法官的管辖范围:(1)征收人怠于执行征收行为导致被征收人损害的,被征收人可以提起行政诉讼,追究公权机关的法律责任,因此,该损害请求不属于征收法官的权限范围;[3] (2)非常规的土地占用导致的损害补偿请求,也不属于征收法官的职权范围;[4] (3)公权机关修改城市规划的行为导致的后果,不属于公用征收法官的权限范围,而属于行政法院的管辖范围;[5] (4)关于暴力行为(voie de fait)的争议不属于公用征收法官的权限范围。[6]

(二)征收补偿的确定程序

在确定征收补偿时,征收人应根据地籍册、房产登记簿的记载,或者通过其他方式查明征收不动产的所有权人和有利害关系的用益权人,并将启动公用征收调查的通知、公用目的宣告决定、可转让决定(省长签发)或者(由法院作出的)公用征收判决通知该不动产的所有权人

---

〔1〕 CE 22 mai 1974, *Cts Barral*: *Lebon T.* 1013.

〔2〕 T. confl., 27 juin 1988, *Sté des tuileries de Marseille*: *Lebon* 490; *D.* 1989. *Somm.* 102, *obs. Carrias.*

〔3〕 Civ. 3e, 20 juin 1978: *Bull. civ. III*, *n°* 255.

〔4〕 Civ. 3e, 13 mars 1973: *Bull. civ. III*, *n°* 198.

〔5〕 CE 9 déc. 1977, *Delle Aubaud*: *Lebon* 495.

〔6〕 Civ. 3e, 2 févr. 1983: *Bull. civ. III*, *n°* 33. “暴力行为(voie de fait)”是法国行政法中的一个特有的概念,是指对相对人的基本自由和财产权带来重大的、明显违法的损害的非法行政行为。

和有利害关系的用益权人。

所有权人和用益物权人有义务将公用征收的事实告知被征收土地的农业经营者、承租人以及对不动产享有长期租赁物权、居住权、使用权的人,或有可能主张地役权的人,并将上述权利人向征收人报备,使其知悉。所有权人和用益权人未向征收人报备上述权利人而致使其遭受损失时,应对其遭受的损失负责赔偿。上述权利人因此而遭受损害时,可以向怠于履行报备义务的不动产所有权人或用益权人直接提起诉讼。[1]

被征收土地的所有权人和有利害关系的用益权人对上述权利人之外的其他权利人不负有通知和报备的义务。其他一切对该不动产享有权利的人或自认为享有权利的人应该在征收人在当地报纸或公共场所进行正式的公用征收公告后,自行向征收人主张自己的权利,否则将失去获得补偿的权利,而且不得因此而向被征收土地的所有权人和有利害关系的用益权人提出任何权利主张。例如,对被征收土地享有放牧权的权利人,由于放牧权不被视为地役权的一种,因此,当该权利人在其享有放牧权的土地被征收,自己又怠于向征收人主张权利而未能获得补偿时,其不能向被征收土地的所有权人主张损害补偿。[2]

履行完上述通知和报备程序后,征收人应向其已知悉的利害关系人提出征收补偿金额的通知,并要求后者在通知之日起1个月内答复是否同意或提出其自己要求的金额(《法典》第L311-4条)。若征收人未依本条的规定履行其通知义务,则该征收的所有利害关系人均可在可转

[1] 参见里昂上诉法院在2012年1月5日在卡恩·德·圣-瓦烈儿诉戴维德案中作出的判决,载于req. n°10 LY02740;*RDI* 2012. 217。在该案中,里昂上诉法院认为,在所有权人未按照《法典》第13-2条的规定履行其报备义务、致使征收人未能对承租人进行补偿时,由于征收人已对所有权人支付征收补偿,所以,由于该征收而遭受损失的承租人应直接向法院起诉被征收不动产的所有权人。

[2] Civ. 3^{e},3 janv. 1978;*Bull. civ. III*,*n*°3.

让决定作出之日起，催告征收人履行该义务（《法典》第 R311－7 条）。

但是，在征收人已经将征收补偿金额通知了利害关系人的情况下，只要公用征收法官尚未收到转移被征收不动产所有权的请求，且征收人和被征收人之间尚未达成任何协议的，征收人仍然可以放弃实施该公用征收计划。[1]

在征收人发出征收补偿金的通知之后的 1 个月内，或利害关系人根据《法典》第 R311－7 条的规定进行催告后，征收人和被征收人仍未能就补偿的问题通过协商方式达成一致意见时：

（1）征收人有权在《法典》第 L110－1 条规定的公用征收调查启动之后的任何时候起诉请求公用征收法官裁判补偿金额。确定征收补偿的程序独立于转移不动产所有权的程序。在司法实践中，法院认为，市长在未经市议会授权的情况下，没有资格在公用征收补偿的确定和支付程序中作出行动。[2]

（2）被征收人有权在公用征收裁定作出之后的任何时间起诉，请求公用征收法官裁判征收补偿。根据 1968 年 12 月 31 日第 68－1250 号法律的规定，该请求权的除斥期间为 4 年。

值得注意的是，当某一土地经过土地集中整治变为地方性乡村安置与土地开发公司（SAFER：Les Sociétés d'aménagement foncier et d'établissement rural）所有的土地后，只有乡村安置与土地开发公司才有权请求公用征收法官确定征收补偿，原所有权人无权提出该请求。[3]

如果征收人根据《法典》第 L322－12 条的规定提供同等条件的替换性场所，法官应当暂缓作出补偿金额的裁判，直到征收人提供的替换性场所满足"同等条件"的要求。在此期间，被征收人在被征收不动产

---

〔1〕 Civ. 3e，3 mars 1999：*Bull. civ. III*，*n°* 59.

〔2〕 Civ. 3ᵉ，12 mai 1993：*Bull. civ. III*，*n°* 67；*AJPI* 1993. 791，*obs. C. M.*

〔3〕 Civ. 3ᵉ，27 avr. 2000：*Bull. civ. III*，n° 91；*AJDI* 2000. 1042，*obs. Morel.*

上享有的权利暂时不受影响。但无论如何,暂缓的期限不得超过所涉公用目的宣告确定的有效期(《法典》第 L311 - 7 条)。

无论是征收人还是被征收人向征收法官提起的确定征收补偿金数额的诉讼,从审级上看,均为一审诉讼,由此产生的所有费用均由征收人承担(《法典》第 L312 - 1 条)。

四、法国公用征收补偿的形式及其支付

(一)公用征收补偿的形式

根据《法典》第 L322 - 12 条的规定,原则上,被征收人获得的征收补偿是以欧元计量的货币形式的公用征收补偿金。

在征收人在能够向被迫离开的商人、手工业者在同一居民区提供同等条件的另一处场所时,可以通过提供同等条件的商业场所的实物补偿形式对被征收人进行补偿。但征收法官不能强制征收人向被征收人提供实物补偿。[1]

在这种情况下,作为被征收人的承租方仍可获得搬迁补偿金和丧失收益权的补偿金。

关于征收人提供的商业场所是否具备同等条件的争议,是关于公用征收补偿形式之一的实物补偿形式的具体事宜,是公用征收的直接后果,因此应由征收法官审理决定。[2]

(二)征收补偿金的构成

公用征收法官应当对以不同理由请求补偿的各个权利人确定不同的补偿金数额。但是在被征收不动产存在用益权的情况下,征收法官

---

〔1〕 *Bull. civ. III*, n° 59; *D.* 1998. *Somm.* 92, *obs. Carrias*; *AJPI* 1996. 800, *obs. C. M.*; *AJPI* 1996. 902, *obs. Lévy*. Civ. 3ᵉ, 19 févr. 1980: *Bull. civ. III*, n° 42. Civ. 3ᵉ, 15 mai 1991: *Bull. civ. III*, n° 142; *AJPI* 1991. 680, *obs. C. M.* Civ. 3ᵉ, 26 mars 1997: *D.* 1998. 90, *obs. Catalano*.

〔2〕 T. confl., 9 juin 1986, *de Durand-Chamayou*: *Lebon T.* 570; *D.* 1987. *Somm.* 240, *obs. Carrias*.

只确定一笔补偿金，虚有权人（le nu-propriétaire）和用益权人对该补偿金而不是被征收财产行使各自的权利。除对被征收财产享有法定用益权的被征收人的父亲或母亲之外的其他用益物权人均应提供担保。在被征收财产的所有权人无法确定的情况下，征收法官仍应为其确定征收补偿金的数额(《法典》第 L321 -2 条)。

在此，公用征收法官的管辖权仅限于确定征收补偿金，对于决定征收补偿金以外的法律问题无权管辖。例如，利害关系人是否是所有权人，不动产上是否存在地役权等，由民事法庭、家事法庭等其他法庭管辖。

1. 主要补偿金和附加补偿金

法官的判决必须在确定给每个利害关系人的补偿金数额中明确区分主要补偿金和必要情况下的附加补偿金，并说明每项补偿金的计算标准和根据。上述规定同样适用于公用目的宣告之后签订的友好转让协议和双方在接受法院征收裁定基础上达成的协议。认可公用目的宣告之前的转让协议效力的法院裁定也应作上述区分，如果双方在转让协议或共同声明中作出了区分(《法典》第 L321 -3 条)。[1]

首先，主要补偿金是由公用征收法官根据被征收财产的市场价值作出的最终裁定所确定的数额，是对不动产所有权或其他权利本身价值的补偿。

法官应在综合考虑被征收不动产的位置、土地条件和特点以及最合适的可比因素的基础上，自主地确定公用征收补偿金的数额。[2]

征收法官可以使用销售法或扣除法而不是比较法来确定征收补偿金，即以土地开发之后的最终销售价扣除财务报表预测的销售成本、工

〔1〕 Civ. 3ᵉ,14 déc. 1983：*Bull. civ. III*,n° 262.

〔2〕 Civ. 3ᵉ,13 avr. 1988：*D.* 1989. *Somm.* 102,*obs. Carrias.* Civ. 3ᵉ,28 avr. 1993：*JCP* 1994. *II.* 22187,*note Bernard.*

程成本和其他有关成本后的价格来确定土地的价值，进而确定补偿金的数额。[1]

最高法院在2011年10月5日的一起案件中作出如下判决：征收法官有权自主选择其认为最适合评估被征收土地价值的评估方法。因此，其可选择使用《关于农业经营者补偿的区域性协议》规定的评估方法来确定公用征收补偿金的数额，但评估基准日是一审判决的日期，而不是该区域性协议在本案发生前7年所确定的固定价格表。[2]

主要补偿金应该包括被征收财产的从物或从属权利被剥夺的补偿。例如，公用征收池塘时，其主要补偿金必须包括捕鱼权被剥夺而遭受的损害，因为捕鱼权是池塘所有权的完整而不可分割的组成部分。[3]

被征收财产的主要补偿金包括其自然孳息，但该孳息与作为原物的被征收财产分离之后的，不在补偿范围之内。

对于商业资产征收的主要补偿金，通常被统一称为驱逐补偿，包括失去客户源的损失和失去承租权的损失。不过，征收法官在查明被征收人没有遭受失去客户源的损失后，可以在评估其主要补偿金时仅考虑其失去承租权的损失。[4] 上诉法院在1979年审理"使用统一名称的连锁加油站的一个销售点被公用征收"的案件中认为，该商业活动具有特殊性，其在别处重新设立销售点时会拥有同等的客户源，因此拒绝了被征收人对失去客户源的损失的补偿请求，故最高法院裁定上诉法院的判决合法。[5]

其次，附加补偿金是对财产被征收时所直接产生的附带损失的补

---

[1] Montpellier, ch. expr., 13 juill. 2010: *AJDI* 2011. 310, *note Lévy et Gosselin.*

[2] Civ. 3ᵉ, 5 oct. 2011: *RDI* 2011. 616, *note Hostiou.*

[3] Civ. 3ᵉ, 21 nov. 1984: D. 1986. IR 76, obs. Carrias

[4] Civ. 3ᵉ, 1ᵉʳ févr. 1977: *Bull. civ. III*, nº 54.

[5] Civ. 3ᵉ, 9 janv. 1979: *Bull. civ. III*, nº 9. Sur le cas particulier de l'expropriation d'une succursale, V. -Nîmes, 19 sept. 2005: *AJDI* 2007. 583, *note Cherouati et Vidal-Naquet.*

偿,如搬迁费用;一部分财产被征收导致剩余部分的财产贬值而遭受的损害;[1]商店迁移后丧失原有客户源所受到的经济损失;利用补偿金时所要付出的成本,包括中介费、公证费和登记费等。

第一,土地因征收而导致周边环境变更的,如果该土地仍然适合农业使用的目的且没有其他因素阻碍其农业开发,该土地不能获得贬值补偿。[2]

第二,因公用征收导致的与围墙有关的补偿问题,已有多起典型案例:其一,权限争议法院在 1979 年 5 月 28 日的特里诉吉斯市一案中裁定,当一处四周均用围墙围起来的不动产因被征收的面积达到其 2/5 而导致一侧围墙被拆除时,由此产生的损害可被视为由征收所导致的损害,对该损害的评估属于普通法院体系的权限范围。[3] 征收法庭需要确定的是替代被拆除的围墙所需的成本,而不是被拆除的围墙部分的价值。[4] 最高法院在 1986 年 5 月 7 日的一个案件中确认,根据土地占用计划的要求,新的围墙不能与外部环境完整分离,而且花园围墙的厚度也必须减少一半,由此而导致的财产价值减损的确认,属于土地征收法庭的职权范围。[5] 其二,最高法院民三庭在 1978 年 11 月 21 日的一个案件中判定,处于建设状态的区域的围墙也能获得补偿。公用征收法庭在确定征收补偿时,应该考虑到在该区域土地上设立围墙可能是必须进行的建设投入。[6] 其三,城市区域的不动产被征收人请求获得补偿以铺设新的围墙时,上诉法院以城市区域的围墙是必须设立的,且在一般情况下不会给不动产带来增值为由拒绝给予补偿的行为是违

---

〔1〕 Civ. 3ᵉ,23 mai 1978:*Bull. civ. III*,*n°* 212.
〔2〕 Civ. 3ᵉ,17 juill. 1997:*JCP* 1997. *II.* 22934,*note Bernard.*
〔3〕 T. confl. ,28 mai 1979,*Thély c/ Ville de Guise* (*Aisne*):*Lebon T.* 764.
〔4〕 Civ. 3ᵉ,27 févr. 1991:*Bull. civ. III*,*n°* 70;*AJPI* 1991. 680,*obs. C. M.*
〔5〕 Civ. 3ᵉ,7 mai 1986:*D.* 1986. *IR* 333,*obs. Carrias.*
〔6〕 Civ. 3ᵉ,21 nov. 1978:*Bull. civ. III*,*n°* 349.

反法律规定的。[1]

第三，关于租金差额的补偿：根据《法典》第 L423－1 条的规定，重新获得住所是公用征收中的一种法定的实物补偿方式。如果征收人因征收行为而必须向被征收人提供新住所，且被征收人的经济收入不超过廉租住房法律所确定的享受廉租住房的收入上限时，征收人提供的新住所必须符合两个条件：其一，向被征收人提供符合生活需要的住所；其二，新住所的条件不能超过廉租房的标准。因此，最高法院在 1991 年 2 月 27 日的一起案件中裁定，维持上诉法院拒绝承租人提出的超额租金补偿的判决。[2]

不过，上诉法院在另一个案件中认定征收人没有根据《法典》第 L14－3 条（现第 L423－1 条）的规定向承租人提供新住所。在该案件中，承租人支付的租金与其收到的租房补贴和承租房屋的状况相比较而言是特别低的，因此，由于征收而导致的租金差额是征收的直接后果，征收人应该对其进行补偿。[3]

第四，关于搬迁费的补偿：搬迁补偿和收益权被剥夺的补偿数额由公用征收法官确定，并且直接支付给该公用征收的利害关系人（《法典》第 L423－1 条）。

第五，关于失业补偿：商人的营业场所被公用征收时，如雇员不愿跟随到新的营业场所工作，雇主必须向该雇员支付解除劳动关系的经济补偿金，雇主由此而遭受的损害与公用征收直接相关，必须得到补偿。公用征收法官在确定该补偿时，应暂缓作出裁定，直至解除劳动关系的经济补偿金根据劳动法的有关规定最终得到确定。[4] 但最高法院

---

〔1〕 Civ. 3e,25 avr. 1990：*D.* 1991. *Somm.* 205,*obs. Carrias*；AJPI 1990. 618,obs. A. B.

〔2〕 Civ. 3e,27 févr. 1991：*Bull. civ. III*,*n°* 72；*D.* 1993. *Somm.* 197,*obs. Carrias.*

〔3〕 Civ. 3e,4 déc. 1996：*D.* 1998. *Somm.* 92,*obs. Carrias.*

〔4〕 Civ. 3e,8 mai 1978：*Bull. civ. III*,*n°* 192；*JCP* 1979. *II.* 19144,*note A-H. B.*

在2003年的一起案件中进一步明确了该类补偿的适用条件，裁定解除劳动关系的补偿只有在被征收企业不能重新开业时才能享有。[1]

当雇主因解除劳动关系而向其雇员支付的经济补偿是公用征收的直接结果，且会计师出具的证明表明被征收人支付的经济补偿标准高于一定的数额时，征收法庭有权自主确定该补偿数额。[2]

第六，关于被征收人丧失矿产资源的补偿：最高法院在1979年3月14日的一起案件中宣称，上诉法院以公用征收公告宣布之日被征收人已经不再对矿藏进行开发利用为由，拒绝被征收人提出的征收补偿请求的判决是缺乏法律依据的。因为法院既未考虑所有权转移之日该土地的结构，亦未探究该土地是否包含可供市场开发利用的砾石矿。[3] 公用征收法庭应根据一审判断之日矿产资源赋予土地的增值额确定补偿，而不是根据开发该矿产资源可能获得的收益自主评估确定。[4]

第七，关于丧失含水层的补偿：最高法院认为，上诉法院以被征收人因其被征收土地周边环绕着同样的水文地质条件而可以一直拥有水资源为由拒绝被征收人对其丧失含水层进行补偿的请求的判决是缺乏法律依据的，因为上诉法院未考察被征收人在同等条件下是否具备对该含水层的处分权。[5]

第八，关于青苗的补偿：被征收人有权要求征收人对被征收土地上种植的青苗进行补偿。但是，如果被征收土地的性质是建设用地，则被征收人无权因此而要求青苗补偿费。[6]

---

〔1〕 Civ. 3e, 10 déc. 2003: *Bull. civ. III*, n° 228; *RDI* 2004. 88, *obs. Morel*.

〔2〕 Civ. 3e, 12 mai 1993: *D.* 1994. *Somm.* 73, *obs. Carrias*.

〔3〕 Civ. 3e, 14 mars 1979: *JCP* 1981. *II.* 19516, *obs. A.-H. B.*

〔4〕 Civ. 3e, 17 avr. 1985: *Bull. civ. III*, n° 64.

〔5〕 Civ. 3e, 18 déc. 1991: *Bull. civ. III*, n° 326.

〔6〕 Civ. 3e, 7 mai 1997: *Bull. civ. III*, n° 98; *D.* 1998. *Somm.* 90, *obs. Carrias*.

2. 替代性补偿金

如当事人之间对法律实体问题或权利人资格存在重大争议，以及出现与确定补偿金、确定补偿形式（货币、实物补偿）、裁定当事人请求整体征用及其补偿和重新安置（适用《法典》第 L242－1 条至第 L242－7 条、第 L322－12 条、第 L423－2 条和第 L423－3 条）无关的纠纷时，公用征收法官应不考虑这些争议和纠纷，就征收补偿金的数额作出可预见情形下同样数额的替代性补偿金的独立判决。当事人之间关于前述问题的争议应提交有管辖权的机关解决（《法典》第 L311－8 条）。

（1）公用征收法官无权审理确定公用征收补偿以外的权属争议或分歧。确定某项财产是否属于公有领域；[1] 确定被征收土地的所有权人的身份；[2] 界定被征收财产的面积和边界；[3] 确定租赁权的存在与否；[4] 确定当事人之缔结的友好协议的效力；[5] 确定排污成本等[6] 公用征收补偿之外的其他争议，均不属于公用征收法官的管辖范围，而应由有权管辖机关管辖。

（2）即使被征收不动产存在权属争议或分歧，公用征收法官仍应确定补偿的金额。公用征收法官不得以案件所涉争议不属于自己的管辖范围为由拒绝作出确定征收补偿的判决。[7] 那么，法官在这种情形下如何确定征收补偿金的数额呢？公用征收法官应就征收补偿金的数额作出可预见情形下同样数额的替代性补偿金的独立判决。[8] 最高法院

---

〔1〕 Civ. 3ᵉ,1ᵉʳ juin 1977 : *Bull. civ. III*, nº 234.

〔2〕 Civ. 3ᵉ,15 févr. 2006 : *Bull. civ. III*, nº 34 ; *RDI* 2006. 121, *obs. Morel* ; AJDI 2006. 583, obs. Lévy.

〔3〕 Civ. 3ᵉ,24 févr. 1993 : *Bull. civ. III*, nº 23 ; *D.* 1993. *Somm.* 196, *obs. Carrias*.

〔4〕 Civ. 3ᵉ,23 janv. 1979 : *Bull. civ. III*, nº 22. Civ. 3ᵉ,12 mars 2003 : *Bull. civ. III*, nº 60 ; *RDI* 2003. 334, *obs. Morel*.

〔5〕 Civ. 3ᵉ,7 févr. 1990 : *Bull. civ. III*, nº 45 ; *D.* 1991. *Somm.* 203, *obs. Carrias*.

〔6〕 Civ. 3ᵉ,31 oct. 2001 : *Bull. civ. III*, nº 119 ; *AJDI* 2002. 234, *obs. Morel*.

〔7〕 Civ. 3ᵉ,3 févr. 1999 : *Bull. civ. III*, nº 29 ; *RDI* 1999. 217, *note Morel*.

〔8〕 Civ. 3ᵉ,4 janv. 1990 : *Bull. civ. III*, nº 2 ; *D.* 1991. *Somm.* 203, *obs. Carrias*.

在1990年1月3日的一起案件中裁定，上诉法院将当事人之间关于确定请求权人的法定程序的效力争议驳回之后，以征收补偿裁定为依据确定征收补偿金，而不是裁定替代性补偿金的判决违反了《法典》第L13－8条（现第L311－8条）的规定。最高法院在1984年10月30日的一起案件中裁定，上诉法院经在查明当事人之间对被征收房屋的可居住面积存在重大争议后，判决确定征收补偿金的数额按其确定的每平方米的单价计算，而测量该房屋面积的费用则由征收人承担。[1]

反之，当事人之间不存在重大争议或纠纷时，确定替代性补偿金就没有意义。因此，上诉法院在审理商业地产的公用征收补偿金时，征收法官通过实地调查查明，公用征收的目的是将被征收商业用地变为商业开发所必需的储备用途，因此，上诉法院判定不适用替代性补偿金的判决是正确的。[2]

征收法官无权擅自修改被征收财产的面积和边界，而应根据可转让决定和征收补偿裁定确定的面积和边界计算补偿金的数额。被征收人有权要求有管辖权的机关确定被征收财产的准确面积，并根据该面积要求征收法庭重新确定其补偿金额。[3]

3. 部分征收的情况下被征收人请求整体征用和补偿的权利

首先，请求整体征用必须满足的条件。根据《法典》第L242－1条至第L242－3条的规定，被征收人在财产被部分征收时请求整体征用的权利必须满足如下条件方可行使：

第一，如建筑物的一部分被公用征收之后，剩余的部分在正常情况下无法继续使用，被征收人有权请求公用征收法官判决将该建筑物整体征用。

---

〔1〕 Civ. 3ᵉ, 30 oct. 1984 : *D.* 1986. *IR* 76, *obs. Carrias.*

〔2〕 Civ. 3ᵉ, 18 juill. 1979 : *Bull. civ. III*, nᵒ 160.

〔3〕 Civ. 3ᵉ, 20 juin 1978 : *préc. note* 3.

第二,同理,当空置的土地被分割后进行公用征收、被征收后剩余的空置土地面积低于10公亩(1000平方米)且仅为原面积的1/4时,如该土地的所有权人未拥有直接相邻地块的,被征收人也有权请求公用征收法官判决将该土地整体征用。

第三,当部分征收行为导致该地块上剩余部分的土地由于面积、结构或通行条件等方面的原因而无法在正常情况下进行农业开发利用的,被征收人也有权请求公用征收法官将该土地整体征用,或将事实上无法开发利用的剩余部分一并征用。

如被征收人的请求得到准许,公用征收法官一方面要确定征收补偿的金额,另一方面也要确定被征收部分之外的其他部分的征用价格。

在这种情形中,公用征收法官的判决会导致处于公用征收程序之外的其他不动产部分的所有权按普通法的有关规定进行转移。

其次,请求整体征用的请求权人。应该注意的是,被征收人因上述情形而请求公用征收法官征用处于公用征收程序之外的剩余部分不动产的,请求权人必须是完全所有权人。因此,当不动产的所有权和用益权分离时,虚有权人在未取得用益权人同意的情况下不能提出该权利主张。[1]

最后,请求整体征用的期限。被征收人请求公用征收法官整体征用剩余部分不动产的权利应在收到征收人的通知之日起1个月内行使。

根据《法典》第L242-4条至第L242-7条的规定,当部分征收影响农业经营且造成土地失去农业用途或《海洋渔业和乡村法典》第L123-4条至第L123-5-6条和第L352-1条意义上的严重失衡时:

被征收财产的所有权人可以请求法官判决整体性占用。被征收财

〔1〕 Civ. 3^{e}, 19 juill. 1984: *Bull. civ. III*, n° 148.

产的所有权人可以请求法官判决整体征用。该所有权人应将上述情形通知所有经营者。如被征收财产的所有权人自己不是经营者时,征收人为征收地块之外的土地征用支付额外价款的行为会导致租约当然解除,且无须另外支付补偿,无论当事人之间是否另有约定。

如经营者并非所有权人,且无意继续经营或者出现前文规定的租约当然解除的情形时,可以请求征收人向其支付整体征收补偿金。经营者应将其向征收人提出补偿要求的事实通知所有权人。

经营者的上述请求遭征收人拒绝或者双方无法就补偿金额达成一致时,可以请求法官确定该补偿金的数额。在租约尚未解除的情况下,征收人向经营者支付补偿金的行为将导致租约自动解除。

经营者放弃且依第 L242 – 4 条和第 L242 – 5 条的规定获得补偿的未被征收的地块,在计算第 L122 – 3 条规定的建设方工程资金分担时将不予考虑。该资金分担将在经营者获得与其因征收而失去的经营产业同等条件的新经营产业上时提供给经营者。

如果同一经营场所在 10 年间被多次征收,且该场所在此期间一直由同一经营者或其配偶、子女经营,则应将历次部分征收导致的农业生产状况的累积性影响与第一次征收前所作的公用目的宣告公告之日的生产经营状况进行比较,以此判断结构失衡的程度。在判断该失衡程度时,应当考虑在此期间该场所在公权机关或在其监管之下的组织的帮助下获得的改善。

（三）征收补偿金的支付与提存

根据《法典》第 L323 – 1 条的规定,无论享有优先权的债权人是否提出反对意见,公用征收补偿都应直接支付给征收的直接利害关系人,即所有权人、承租人或占有人,以确保上述直接利害关系人能够承受搬家的费用。

批准公用征收的决定作出后,被征收不动产的所有权人或作为承租人的商人、手工业者、工农业经营者等利害关系人向公用征收法庭提出请求后,若不存在客观的支付障碍,可以立刻获得征收人提出的补偿金额的50%,除非该征收人向利害关系人提供了新住所。不过,如果征收人提出的补偿金额高于有权评估的行政机关的评估价时,被征收人可以立刻获得的补偿金额不超过该评估价的50%(《法典》第L323－3条)。

根据《法典》第L323－4条的规定,如被征收人在公用征收法庭确定最终补偿金的生效裁定之日起1年内未得到完全支付,其有权请求公用征收法庭重新裁定补偿数额。

因此,征收人支付补偿金额的期限是自法庭作出生效判决之日起1年。在此期间,被征收人应尽审慎的义务、对征收人完成补偿金额的支付提供必要的配合,否则,会丧失请求公用征收法官重新确定补偿金额的权利。[1]

如征收人未在该期限内向被征收人支付该补偿金额,则被征收人无须履行向征收人进行催告的程序,可以直接请求公用征收法官重新裁决补偿金额(《法典》第L323－4条)。[2] 公用征收法官在重新确定补偿金额时,应加计自被征收人提出重新确定补偿金额的请求之日起至重新确定补偿金额的生效判决作出之日的延期利息。[3]

在该情况下,应注意如下几点:(1)延期利息不计入补偿金额主体部分,不能计算复利,因此,被征收人不能针对延期利息提出重新确定补偿金额的请求。[4] (2)如原补偿金额已经部分支付,则公用征收法

〔1〕 Civ. 3e,18 mai 1989:*Bull. civ. III*,n° 115.

〔2〕 Civ. 3e,1er avr. 1987:*Bull. civ. III*,n° 75:Aucun texte n'interdit que l'action en révision de l'indemnité allouée à la suite d'une expropriation pour cause d'utilité publique soit jugée par les magistrats qui avaient antérieurement fixé cette dernière.

〔3〕 Civ. 3e,18 nov. 1980:*JCP* 1982. *II*. 19710,*obs. A.-H. B.*

〔4〕 Civ. 3e,23 avr. 1992:*Bull. civ. III*,n° 138;*AJPI* 1993. 179,*obs. C. M.*

官应将征收人已支付的补偿金额从重新确定的补偿金额中直接扣减，无需对已支付的补偿金额部分进行重新评估。[1] (3)被征收人请求重新确定补偿金额的权利不受4年除斥期限的限制。[2]

最高行政法院在2010年7月5日的一个判决中确认，省长可在公用征收法官作出的判决成为生效判决之后，依据1980年7月16日关于行政强制执行与由公法人执行法院判决的法律第1条第2款的规定，依法通知征收人向被征收人支付公用征收补偿金。[3] 凡尔赛行政上诉法院在2007年7月10日的判决中也对该措施进行了确认。[4]

五、法国公用征收补偿的基本原则

根据《法典》第L321－1条的规定，公用征收补偿必须能够弥补被征收人由于征收所遭受的直接的、物质的和确定的全部损害。

因此，确定公用征收补偿的关键在于如何界定“全部损害”、“直接损害”、“物质损害”和“确定损害”。

（一）全部损害的界定

1. 不动产改善工程的损失

最高行政法院在1976年3月的一起案件中裁定，被征收人为对不动产实施改善工程而向银行抵押借款，但公用征收程序阻碍了改善工程的实施，因此，抵押费用和借款利息也属于附属的补偿金额的范畴，应由公用征收法官进行裁定。[5]

---

〔1〕 Civ. 3ᵉ,7 mars 1984: *Bull. civ. III*, *n°* 65.

〔2〕 Civ. 3ᵉ,8 juill. 1981: *Bull. civ. III*, *n°* 141.

〔3〕 CE 5 juill. 2010, *Cne d'Angerville*, req. n° 309355: *Lebon T.* 809 ; BJCL 2010. 695, concl. Cortot-Boucher, obs. M. D. ; RDI 2010. 441, note Hostiou.

〔4〕 CAA Versailles, 10 juill. 2007, *Mme Mercier*: *AJDI* 2008. 305, *obs. Hostiou*.

〔5〕 CE 3 mars 1976, *Girouard*: *Lebon* 119.

2. 建筑物的损失

最高法院在1977年5月3日的一起案件判决中指出，上诉法院为了确定公用征收建筑物的主要补偿金，根据当地建设用地的价格评估确定被征收不动产的价值并减去拆除该建筑物的费用后确定主要补偿金的判决是缺乏法律依据的。[1] 公用征收建筑物的一部分导致的损害应根据该建筑物的整体市场价值确定，而不是根据被征收土地范围内的一部分建筑物的价值确定。

上诉法院在2012年的一起案件中判定：公用征收确实对建筑物造成了重大破坏，但建筑物本来已处于非常破旧的状态，其修复成本将超过该建筑物的现有价值，因此，征收人拆除建筑物的行为没有对公用征收范围之外的土地上的被征收人的财产权利造成损害。[2] 最高法院在2012年2月8日的一起案件判决中维持了上诉法院的判决。

在建筑物区分所有权的情况下，公用征收人因征用建筑物的共有部分而对业主委员会进行的补偿并不必然排斥单个业主就其专有部分的价值减损而向征收人要求征收补偿的权利。[3]

3. 租约的损失

被征收人如能证明其在公用征收裁定之日对被征收财产享有租赁权且根据租赁合同的规定支付了租金，即使并未对该商业资产进行实际经营，仍可以在该财产被征收时要求获得征收补偿。[4]

由于承租人根据租约的规定享有对其在租赁土地上合法建设建筑物且在租赁期间享有所有权的权利，而且，根据租约中的添附条款，出租人仅在租约到期且不再续约的情况下才对上述建筑物享有所有权。

---

〔1〕 Civ. 3ᵉ, 3 mai 1977 : *Bull. civ. III*, nº 191.

〔2〕 Civ. 3ᵉ, 8 févr. 2012 : *Bull. civ. III à paraître* ; *BICC* 2012, nº 680.

〔3〕 Civ. 3ᵉ, 11 oct. 2006 : *Bull. civ. III*, nº 198 ; *RDI* 2007. 342, *obs. Morel*.

〔4〕 Civ. 3ᵉ, 24 mai 2006 : *AJDI* 2007. 46, *obs. Morel*.

因此,上诉法院判决该承租人因公用征收导致租约提前解除时享有请求征收补偿的权利是完全正确的。[1]

4. 地底权的损失

征收人以前为征收本次征收的土地下面的地底权而支付的征收补偿,不能从本次征收的主要补偿金中抵扣。转移所有权的裁定的期限和宣告铁路连接设施的必要工程建设的公用目的宣告的期限相同,而且规定只能对征收人完成工程所必需的空间进行征收。[2]

5. 历史文化遗产的损失

被征收土地上包含的历史文化遗产,亦应在该土地被征收时获得征收补偿。上诉法院在1999年的一起案件中经审理查明:古洞穴只有在其被发现之后、在遵守有关规定设置的禁止和限制条件时才能进行有限度的商业开发。上诉法院认为,该洞穴虽然在公用征收裁定之日已被发现,并且属于被征收土地的组成部分,但其没有导致被征收土地的地表增值,因此,判决征收人无须就该洞穴向被征收人支付补偿金。最高法院裁定,上诉法院的判决违反了《法典》第L13-13条(现第L321-1条)的规定。[3]

(二)直接损害的界定

界定直接损害直接关系到案件是否属于公用征收法官的管辖权范围。法国司法机关在长期的司法实践中,形成了界定直接损害的一系列具体规则。

1. 公共工程或建设

第一,应当由征收法官受理的公用征收损害及其补偿。在一项旨

---

〔1〕 Civ. 3e, 4 avr. 2002: *Bull. civ. III, n°* 82.

〔2〕 Civ. 3e, 20 nov. 1996: *Bull. civ. III, n°* 222; *AJPI* 1997. 189, *concl. Weber*; *AJPI* 1997. 214, *obs. Deville*.

〔3〕 Civ. 3e, 14 avr. 1999: *JCP* 1999. *II*. 10091, *concl. Weber*; *AJDI* 1999. 1148, *obs. Lévy*; Ét. fonc. mars-avr. 2001, p. 6, note Hostiou.

在将所有权人的一块土地用一条新建道路分割为两块独立的地块,其中一块建有住房和经营性建筑而另一块是牧场的公用征收中,所有权人以需要在牧场建设新的围栏以防止出现牲畜穿越道路或道路使用者穿越道路的危险为由请求征收补偿。本案中的公用征收导致了被征收人在公共工程之外进行独立经营的困难,被征收人的损失直接源自该公用征收,其获得的征收补偿原则上应当能弥补其遭受的所有损失。因此,争议法院裁定,本案中的征收法官宣布自己没有裁定建设新围栏的特别补偿的管辖权的裁定是错误的,这属于征收法官的管辖权范围。[1]

最高行政法院在1986年的一起案件中重审了争议法院的上述判决。在该案中,公用征收剥夺了农业经营者的土地后,将该土地用作一条新的省级公路的地基,将被征收人在其中一侧土地上建设的经营性建筑与另一侧的牧场隔离,造成了被征收人在征收机关执行的公共工程之外进行独立经营的困难。最高行政法院因此将被征收人遭受的损失界定为公用征收的附加性直接损失,并将其排除在行政法院的管辖权范围之外。[2]

在1998年的勒费夫尔诉罗讷河口省一案中,最高法院将案件的管辖权争议提交争议法院后,争议法院裁定,被征收人因在被征收土地上建设道路将其农业用地一分为二以及道路的穿越危险而使征收人遭受的损害是其土地被公用征收为公路地基的附加性损害,属于普通法院的管辖权范围。[3]

被征收人的土地因公墓扩建工程所需而被公用征收时,其在土地

---

〔1〕 T. confl. ,5 déc. 1977,*Selo c/ Dpt du Morbihan*:*Lebon* 669;*AJPI* 1978. 734,*note Chateaureynaud.*

〔2〕 CE 19 févr. 1986,*Moreau*:*CJEG* 1986. 315,*note V. B.*

〔3〕 T. confl. ,25 mai 1998,*Lefevre c/ Dpt des Bouches-du-Rhône*:*Lebon* 538;AJDI 1998. 936,concl. Arrighi de Casanova;D. 1999. Somm. 194,*obs.* Carrias;*RDI* 1998. 630,*obs. Morel-Civ.* 3e,3 mars 1999:*Bull. civ. III*,*n°* 58;*AJDI* 1999. 804,*obs. Morel*;*RDI* 1999. 219,obs. *Morel.*

上建设的农业设施也被一并拆除。被征收人认为，征收人因公墓扩建工程而公用征收其部分土地，该土地上建设的农业设施因此而被拆除毫无疑问是公用征收的直接后果，因此，被征收人请求法院判决征收人对其农业设施被拆除而遭受的损害进行补偿。一审法院裁定其对本案没有管辖权的判决是错误的。[1]

第二，应当由行政法院受理的公共工程或建设损害及其补偿。被征收人遭受的损害并非其农业用地被高速公路建设所必需的公用征收一分为二导致的，而是由于乡村公路的一部分被高速公路覆盖所导致的。因此，因该损害的补偿而提起的诉讼属于行政法院的管辖范围。[2]

因市镇扩建公墓而对被征收人的土地进行部分公用征收后，被征收人的矿井虽不在公用征收的范围内，但其距离扩建后的公墓的距离小于《市镇法典》第 L361 －4 条的规定而不得不关闭。最高法院对此裁定，被征收人遭受的损失并非直接来自公用征收，而是源自进行公用征收的公共工程的建设本身。[3]

2. 其他损害

当一处四周均用围墙围起来的不动产因被征收的面积达到其 2/5 而导致一侧围墙被拆除时，由此产生的损害可被视为由征收所导致的损害，对该损害的评估属于普通法院体系的权限范围。[4]

当采石场的经营者同时也经营废石业务活动时，其被公用征收时，废石的损失也是公用征收造成的直接损失。[5]

土地融资租赁合同上明确约定的延伸工程，因公用征收而导致该

---

〔1〕 T. confl. 21 mai 2007, *EARL Ferme de la Tour et a. c/ Cne de Maurepas*: *Bull. T. confl.*, *n°* 16; *RDI* 2008. 147, *note Hostiou*.

〔2〕 T. confl., 15 janv. 1979, *Outters c/ Min. Équipement*: *Lebon* 560; *CJEG* 1979. 35, *note Sablière*; *RD rur.* 1979. 249, *chron. Jégouzo*.

〔3〕 Civ. 3ᵉ, 23 avr. 1992: *Bull. civ. III*, *n°* 139.

〔4〕 T. confl., 28 mai 1979, Thély c/ Ville de Guise (Aisne): Lebon T. 764.

〔5〕 Civ. 3e, 7 déc. 1982: Bull. civ. III, no 242.

工程需要搬迁的，上诉法院在确定征收补偿时，应将该部分损失视为公用征收的直接损失。[1] 此外，部分公用征收导致土地被四周的建筑群围住变成飞地的，视为不动产公用征收的直接损害。

（三）物质损害的界定

首先，只有因公用征收而导致的物质损害是可以获得补偿的，精神损害不能获得补偿。因此，被征收人对其因公用征收而需要离开居住了50多年的房屋时的精神损害（如情感上的难以割舍、离开熟悉环境和邻居的心理感受等）是无权要求得到补偿的。[2]

其次，《法典》第L13－13条赋予被征收人对其因公用征收而导致的全部物质损害获得补偿的权利。这就意味着征收人不但要考虑被征收财产的市场价值，还得考虑公用征收直接导致的物质损害后果。但公用征收人没有对被征收人失去被征收财产的精神损害进行补偿的法定义务。将精神损害排除在补偿范围之外并不违反公用征收补偿的公正性原则。[3]

最后，因公用征收而导致的生活条件方面的困扰仅在其构成物质损害时才可以获得补偿。因此，公用征收法官拒绝对被征收人遭受的精神损害（如失去被征收土地上修建的建筑物、健康状况等）进行补偿的判决是正当的，既没有违反《欧洲人权公约》第一补充协定第1条的规定，也没有违反《民法典》第545条以及《人权和公民权利宣言》第2条和第17条的规定。[4]

---

〔1〕 Civ. 3ᵉ, 7 oct. 1998: *Bull. civ. III*, *n°* 197.

〔2〕 Civ. 3ᵉ, 30 mai 1972: *Bull. civ. III*, *n°* 355.

〔3〕 Cons. const., QPC, 21 janv. 2011, n° 2010 – 87: *AJDA* 2011. 447, *note Hostiou*; Dr. adm. 2011, n° 32, note Hoepffner; Gaz. Pal. 24 févr. 2011, n° 55, p. 9, obs. Fiat. Question posée par-Civ. 3ᵉ, 21 oct. 2010: *AJDA* 2011. 447, *note Hostiou préc.*

〔4〕 Civ. 3ᵉ, 16 mars 2011: *Bull. civ. III*, *n°* 39; *BICC* 2011, *n°* 914; *RDI* 2011. 325, *note Hostiou*; D. 2011. 948, obs. Forest; *AJCT* 2011. 365, *obs. Struillou.*

（四）确定损害的界定

最高法院在2012年1月25日的一起案件中裁定：上诉法院在可以基本确定损失的情况下拒绝对被征收人遭受的损害进行评估、补偿的判决违反了《法典》第L13－13条的规定。在该案中，公用征收直接导致了该区域的荒漠化，所有权人无法重新出租其商业场所，上诉法院认为，重新寻找商业场所的承租人总是受一些不确定因素的影响，出租人（被征收不动产的所有权人）遭受的损害实际上是一种机会利益的损失，机会利益的损失和可得利益的损失是不同的，只有可以评估确定的损害才可以在公用征收中获得补偿。因此，上诉法院在判决中拒绝了本案中的出租人要求对其进行公用征收补偿的请求。[1]

六、公用征收补偿金的具体评估

为了确定被征收人因其财产被征收所应获得的补偿金，法国《法典》明文规定了确定被征收财产构成的基准日和确定被征收财产补偿金的评估基准日。

（一）确定被征收财产构成的基准日

根据《法典》第L322－1条（原第L13－14条）的规定，公用征收法庭应当根据转移所有权的裁定（公用征收裁定）之日被征收财产的构成来确定征收补偿金的数额。

若根据改善建设发生时间或其他任何情形而认定改善行为旨在获得更多的赔偿，则已经对不动产、对工业或对商业资产实施的诸如建设、栽种、各种装饰、商品购买等一切性质的改善建设，即使发生于征收命令之前，亦不得获得任何补偿。若无相反之证据，本法典第L1条规

〔1〕 Civ. 3e，25 janv. 2012，*RDI* 2012. 219，*obs. Hostiou*；*AJDI* 2012. 442，*obs. Lévy*.

定的调查开始以后的改善建设，均应推定为以获得更多补偿为目的。

若不动产在被征用期间发生公用征收的，不应考虑国家在征用期间对不动产所作的变更。

(1)对此，最高法院在1977年11月4日的判决中认为：公用征收法庭根据转移所有权的裁定生效之日被征收财产的构成来确定主征收补偿金额。因此，在案件中，上诉法院认为，征收人和被征收人就征收不动产事宜达成了一致的协议，被征收人继续在被征收的水域中原先开发的捕鱼场进行捕鱼作业，此时任命专家对被征收不动产地底权的价值进行评估是过早的，应等到捕捞权转移之日才能确定财产的数量和价值。对此，最高法院认为上诉法院的上述判决是错误的。[1]

(2)最高法院在1990年10月3日的判决中裁定，上诉法院拒绝被征收人要求对其被征收土地地下的砾石矿进行补偿的判决是违法的。在该案件中，上诉法院认为，作为非建设用地的土地应该根据其许可证上载明的唯一有效用途进行评估，无须考虑转移所有权的裁定生效之日土地的构成，也无须考虑该土地是否蕴藏着能让被征收土地升值的可供开发的矿层。[2]

(3)转移所有权的裁定晚于被征收不动产的现场实际转移时，公用征收补偿金的数额应以被征收不动产的现场实际转移之日为基准日进行确定。[3] 当公用征收的裁定在公用征收法庭作出征收补偿金的判决时仍未作出或最终无法作出的，应以公用征收法庭作出征收补偿金的判决之日为准对被征收不动产的构成进行评估。[4]

---

〔1〕 Civ. 3^e, 4 nov. 1977 : *Bull. civ. III*, n° 372.

〔2〕 Civ. 3e, 3 oct. 1990 : *Bull. civ. III*, n° 178 ; *D.* 1991. *Somm.* 205, *obs. Carrias* ; *AJPI* 1991. 188, *obs. A. B.*

〔3〕 Civ. 3e, 7 juin 2001 : *JCP* 2001. *II.* 10629, *note Bernard.*

〔4〕 Civ. 3e, 11 oct. 1977 : *Bull. civ. III*, n° 336. Civ. 3e, 18 déc. 1991 : *Bull. civ. III*, n° 325 ; *AJPI* 1992. 448, *obs. A. B.*

(4)公用征收法庭在确定征收补偿的数额时,应考虑转移所有权的裁定生效之日被征收财产的租赁状况、被征收人和承租人之间解除商业租赁协议时的补偿协议(尽管该补偿协议对于征收人而言是无效的)的内容。[1]

(5)上诉法院判决征收人应当对被征收人在省长签发的可转让决定后完成的租赁性工程中可以证明尚未收回的合理费用进行补偿。最高法院认为,上诉法院未具体分析该工程的构成,也未分析该工程是否属于该房屋正常使用所必需的。因此,上诉法院的判决缺乏法律依据。[2]

(二)确定被征收财产补偿金的评估基准日

根据《法典》第L322-2条(原第L13-15条)的规定,被征收财产的评估基准日为一审判决作出之日。但是,只有在该法典第L1条规定的调查程序开始之日、在第L122-4条规定的情形下的公用目的宣告之日以及根据《环境法典》第L121-8条或根据2010年6月3日第2010-597号关于大巴黎地区的法律第3条的规定需要对项目或构成进行公众讨论时,相关文件提交公众讨论之日1年前的建筑物和不动产权利的实际使用状况才在进行被征收财产评估时加以考虑(《法典》第L322-3条和第L322-6条)。

此外,对被征收财产进行评估时,还应当考虑被征收财产在评估基准日时所附的地役权和其他对被征收财产的使用或开发产生永久影响的行政限制,除非上述地役权和限制是征收人以欺诈的故意而设定的。

无论被征收财产属于何种性质,评估基准日之后由于申请公用目的宣告的工程或项目公告、土地利用规划的变化或公开调查程序前3

[1] Civ. 3e,26 sept. 2007:*Bull. civ. III*,n° 153;*AJDI* 2008. 410,*obs. Lévy*.

[2] Civ. 3e,4 déc. 1996:*Bull. civ. III*,n° 231.

年内不动产所在地的居民点公共工程的建设所导致的财产价值的变化均不应考虑在内。即使买卖文书中另有约定,由上述因素导致的被征收财产在评估基准日之后发生的价值变化也不作考虑。

1. 以一审判决作出之日为评估基准日进行评估[1]

(1)若公用征收法庭在判决依据中仅提及按照公用征收裁定的日期来确定补偿金额,而未明确说明其对被征收财产进行评估基准日,那么,该判决应被撤销。[2]

(2)若公用征收法庭在未明确指出被征收财产评估基准日的情况下作出按每平方米的确定价格计算征收补偿金的数额的判决,则该判决是违法的,应被撤销。[3]

(3)上诉法院在审理针对一审法院确定的征收补偿金的上诉时,应以一审判决作出之日为评估基准日进行评估。[4] 但是,当一审判决被上诉法院撤销时,该一审判决不再具有存在的法律基础。因此,上诉法院应以其上诉判决之日作为确定征收补偿的基准日。[5] 上诉法院在撤销一审法院的判决之后,又以征收法官在一审判决中提到并作出分析的当事人之间订立的友好协议为依据,在未考虑一审判决之后发生的事实、默示且必然地选择一审判决之日作为评估基准日的情况下,作出和一审判决相同的补偿金额的判决,违反了《法典》第 L13 - 15 条(现第 L322 - 2 条)的规定。[6]

(4)即使确定征收补偿金的判决先于公用征收裁定作出,而后又被

[1] Civ. 3e,20 oct. 1981;*Bull. civ. III*,n° 164.

[2] Civ. 3e,19 mars 1980;*Bull. civ. III*,n° 66. Civ. 3e,1er avr. 1987;D. 1987. Somm. 426,obs. Carrias;CJEG 1987. 796,note R. C-Civ. 3e,8 avr. 1987;D. 1987. Somm. 426,obs. Carrias.

[3] Civ. 3e,14 déc. 1983;*Bull. civ. III*,n° 262.

[4] Civ. 3e,21 févr. 1984;JCP 1986. *II*. 20596,note Bernard-Civ. 3e,11 juin 1986;Bull. civ. *III*,n° 95.

[5] Civ. 3e,26 sept. 2007;*Bull. civ. III*,n° 154. Civ. 3e,19 nov. 2008;*Bull. civ. III*,n° 179.

[6] Civ. 3e,22 mai 2012,n° 11 - 13. 387;*AJDI* 2012. 530,*obs. Hostiou*.

最高法院撤销,该判决也是公用征收裁定不可分割的一部分。因此,该判决并非自始无效的判决。在该判决被最高法院撤销(公用征收裁定被撤销的必然后果)而发回重审时,负责重审该案的合议庭提审该案后,应以唯一合法存在的原判决作出之日为评估基准日对被征收财产进行评估,作出一审也是终审判决。[1]

(5)征收法官自主选择其认为最适合评估被征收土地的评估方法时,可以根据大区农业经营者补偿协议(该协议在司法程序中没有法律强制力)规定的评估方法,在确定补偿金额时应以一审判决作出之日为评估基准日。在本案中,该协议确定的统包费率表时在争议发生之日7年前确定的,因此,征收法官可以不受该协议确定的统包费率表的约束。[2]

(6)上诉法院在计算被征收的商业不动产的补偿金额时,以被征收人在一审程序和上诉状中均未提出营业额为由,在判决中拒绝了对被征收人(商业经营者)要求对其2008年的营业额进行补偿的请求。而事实上,该营业额发生于2009年1月15日作出的一审判决之前,而且上诉法院宣布受理被征收人提交的诉状及其附件,在该附件中已有被征收人2008年的资产负债表。[3]

(7)2011年10月13日作出的征收补偿金额的判决以2005年12月30日和2006年10月12日发生的交易价格为参考,违反了《法典》第L13－51条(现第L322－2条)的规定。[4]

2. 应考虑公用征收调查启动之日1年前标的物的实际使用情况

(1)根据《法典》第L13－15条(现第L322－2条)的规定,征收法

---

〔1〕 Civ. 3ᵉ,20 juin 1978:*Bull. civ. III*,*n°* 254. 3

〔2〕 Civ. 3ᵉ,5 oct. 2011:*RDI* 2011. 616,*note Hostiou*.

〔3〕 Civ. 3ᵉ,19 déc. 2012,n° 11－26. 584:*Bull. civ. III*,*n°* 196.

〔4〕 Civ. 3ᵉ,14 janv. 2014,pourvoi n° 12－27. 704:*RDI* 2014. 199,*note Hostiou*.

官必须探明在公用征收调查启动之日1年前被征收土地上的实际使用状况。评估基准日被征收土地的实际使用状况是评估被征收财产的依据。公用征收法庭应该考虑评估基准日被征收土地的实际使用状况,而不应将未来的、潜在的因素加以考虑。对此,最高法院在多个案件中作了明确的判决:即使被征收土地很有可能会在不久的将来进行工业开发,征收法官在确定该土地的补偿金额时也不应对此加以考虑;[1]在1996年2月14日的案件中,最高法院裁定上诉法院在征收补偿金额的判决中将土地的未来用途考虑在内是错误的、多余的;[2]在确定征收补偿时,上诉法院将被征收人获取地块的主要是为重型车辆进入停车场建设减速带考虑在内,而公用征收的补偿金额不能根据土地将来的用途进行确定。因此,最高法院裁定上诉法院的判决违反了《法典》第L13-15-1条(现第L322-2条)的规定。[3]

(2)最高法院在1989年11月8日的判决中裁定,根据《法典》第L13-15条(现第L322-2条)的规定,只有公用征收调查启动之日1年前的不动产或其他不动产物权的实际使用状况才应在评估被征收财产时加以考虑。因此,只要评估基准日不存在任何共有的情形,那被征收人就无权援引《城市规划法典》第R315-1条的规定,所以,被征收人据此主张作为继承性共有财产的土地可分为四块可供建设的土地份额,因此,可以就失去每一块土地份额的损害获得补偿的请求应被驳回。[4]

(3)根据《法典》第L13-15条(现第L322-2条)的规定,公用征收调查启动之日1年前被征收土地上的实际使用状况是评估被征收财

〔1〕 Civ. 3e,11 juill. 1977:*Bull. civ. III*,*n°* 309.

〔2〕 Civ. 3e,14 févr. 1996:*Bull. civ. III*,*n°* 44;*D.* 1996. *Somm.* 306,*obs. Carrias*.

〔3〕 Civ. 3e,17 juill. 1997:*JCP* 1997. *II.* 22934,*note Bernard*.

〔4〕 Civ. 3e,8 nov. 1989:*Bull. civ. III*,*n°* 211.

产的唯一考虑因素。其实际使用状况仅限于由被征收财产的所有权人的意志导致的使用状况。[1]

3. 应考虑被征收财产上存在的地役权和行政限制

《法典》第 L13－15 条允许被征收人利用征收人的欺诈作为抗辩，没有违反《欧洲人权公约》及其第一补充协定的有关规定。[2]

上诉法院经审理查明：(1) 土地占用计划公布之前，争议土地已被划定在可建设区域内；(2) 被征收人提交了其与标的土地相邻土地的所有权人之间订立的分割财产的公证协议，该公证协议说明了标的土地与公路建设计划有关，且该协议的日期早于土地占用计划的公布日期，由此可知建设计划的年限；(3) 将被征收地块降级为农业用地的做法不符合该区域适合居住且具备足够的水电等网络的现状，而且是在公路建设计划之后和公用征收程序实施之前很短的时间内所为。据此，上诉法院判定作为征收人的省政府存在欺诈的故意。[3]

上诉法院经审理查明：根据大区规划纲要，被征收土地处于城市扩展区。政府的土地占用计划或城市规划本应与大区规划纲要保持一致，却在国家干预前没有保持一致，上诉法院据此判定作为征收人的政府具有欺诈的故意，目的是大幅压低被征收土地的评估价格。[4]

市镇禁止将面积低于 1.5 公顷的土地进行分块的城市化限制具有欺诈的故意，其目的是让既是土地占用计划的主体又是征收人的市镇能以最低的价格实现其土地征收的目的。因此，此类限制是不合

---

〔1〕 Civ. 3ᵉ, 3 déc. 2008 : *Bull. civ. III*, nº 194 ; *AJDA* 2008. 2311.

〔2〕 Civ. 3ᵉ, 22 mai 1990 : *Bull. civ. III*, nº 125 ; *D.* 1991. *Somm.* 57, *obs. Carrias* ; JCP 1990. *II.* 21610, note Bernard.

〔3〕 Civ. 3ᵉ, 11 juin 1992 : *Bull. civ. III*, nº 198.

〔4〕 Civ. 3ᵉ, 11 janv. 2012 : *RDI* 2012. 218, *obs. Hostiou*.

法的。[1]

相反,上诉法院判定,对已登记或划定的不动产的可视范围内的建设权作出的行政限制是根据环境保护部业已颁布的部门规章作出的,而不是市政府自行作出的限制,在这种情况下,作为征收人的市政府不存在欺诈的故意。[2] 在 1993 年 2 月 24 日的一起案件中,上诉法院指出,省议会作出设置保护区域的决议并不意味着必须对城市规划进行改变,据此判定文件中没有任何要素可以直接或间接证明省政府存在欺诈的故意。[3]

上诉法院经审理查明:对被征收的土地占用计划内的地块作出的行政限制是在公用征收 4 年前公布的;该地块的所有权人将其当作农业用地进行开发并拒绝对其性质进行任何变更。最高法院认为,上诉法院据此判定征收人不存在欺诈的故意是完全正确的。[4]

(三)评估被征收财产时应考虑的实质性因素

1. 界定土地性质的基准日和因素

根据《法典》第 L322－3 条的规定,建设用地仅指公开调查开始之日或第 L122－4 条规定情形下的公用目的宣告之日 1 年前(基准日)、同时满足下列条件的任何用途的土地:(1)位于土地占用计划、地方城市规划或规划文件、市镇地图指定的可建设区域,或在没有上述文件时,位于市镇目前已城镇化的区域;(2)周边确有可通行道路、电力网络、饮用水网络,且在城市规划和公共卫生的有关规则有强制要求时有排水网络,只要上述网络与标的土地相邻,且有容量供应该土地的开发建设。当标的土地位于土地占用计划、地方城市规划或规划文件或市

[1] Civ. 3e,9 juill. 2003: *Bull. civ. III*, *n*^{o} 154; *AJDI* 2004. 132, *obs. Hostiou*; *RDI* 2004. 535, *obs. Morel*.

[2] Civ. 3e,19 juill. 1988: *D.* 1990. *Somm.* 43, *obs. Carrias*.

[3] Civ. 3e,24 févr. 1993: *D.* 1994. *Somm.* 73, *obs. Carrias*.

[4] Civ. 3e,10 nov. 1998: *JCP* 1999. *II.* 10038, *note Bernard*.

镇地图指定必须进行整体整治的区域时，上述网络的容量应能满足该区域的整体需求。

在特定情形下，如公用征收的标的是体育设施，则其征收补偿的确定仅应考虑不动产的体育用途及其包括的设施情况（第 L322－5 条）。

在司法实践中，建设用地的界定和土地的性质相关，与土地的实际用途无关。[1]

上诉法院以当事人一致同意将被征收土地认定为建设用地为由，在判决中将其界定为建设用地，但事实上，该土地在基准日时并不符合《法典》第 L13－15 条（现第 L322－5 条）第 2 款所要求的条件。因此，最高法院裁定撤销上诉法院的判决。[2]

被征收土地在基准日时满足《法典》第 L13－15 条（现第 L322－5 条）关于界定建设用地条件，上诉法院无须考虑该土地的实际用途，因此，尽管被征收人要求将其界定为农业用地，上诉法院也不能将其当作农业用地进行评估。[3]

地块四周被其他事物环绕（飞地）的事实本身不足以将被征收土地排除在建设用地之外。[4] 被征收地块周边没有可通行的道路和服务网络是两方面的原因导致的：一方面是由于被公用征收地块之外的土地部分的隔阻；另一方面是由于以前被公用征收土地的隔阻。在这种情形下，被征收地块仍符合建设用地的界定条件。[5]

上诉法院经审理查明：第一个地块挨着道路并具备各种服务网络，而第二个地块和第一个地块构成一个整体。因此，上诉法院判决将这

---

〔1〕 Civ. 3e, 8 mars 1977 : *Bull. civ. III*, n° 112.

〔2〕 Civ. 3e, 1er mars 1977 : *Bull. civ. III*, n° 104.

〔3〕 Civ. 3e, 15 juin 1977 : *Bull. civ. III*, n° 267.

〔4〕 Civ. 3e, 4 avr. 1978 : *Bull. civ. III*, n° 147 ; *JCP* 1980. *II*. 19323, *note A. – H. B.*

〔5〕 Civ. 3e, 19 avr. 1977 : *Bull. civ. III*, n° 167.

些地块整体界定为建设用地是正确的。[1]

界定“道路”等公有领域的范围和边界属于行政法院的职权范围。在1978年5月23日的一起案件中，上诉法院认为，被征收地块并非飞地，因为该地块与作为公用道路附属物的土地相连，因此判决将该地块界定为建设用地。事实上，当事人之间在“作为公用道路附属物的土地”是否可作为“道路”这一问题上存在重大争议，这一问题属于行政法院的职权范围，普通法院无权作出裁定。[2]

但是，对于在基准日不符合以上条件的土地，则应根据《法典》第L322－2条的规定，以用征收调查启动之日1年前被征收土地上的实际使用状况去评估被征收财产。

对于建设用地的评估，还应考虑土地在上述规定日期的法定的和实际的建设可能性，水电网络等设施的容量、影响土地使用的地役权尤其是公用性质的地役权和对建设权的行政限制，除非征收人具有欺诈性意图。

上诉法院以被征收地块没有获取电力网络的直接可能性为由，判决将被征收地块排除在建设用地之外是正确的。[3] 上诉法院以被征收地块上方已有高压电线为由将其界定为建设用地，而没有查明该地块是否可以实际获得适合使用的电力，因此，上诉法院的判决法律依据不足。[4]

上诉法院在未查明公用征收调查1年前被征收地块是否满足《法典》第L13－15条（现第L322－5条）第2款所列的界定建设用地条件，且未查明在该日期之前该地块上是否已有建设道路和服务网络的“可

---

〔1〕 Civ. 3^e,10 nov. 1987：*JCP* 1988. *II*. 21126，*note Bernard*.

〔2〕 Civ. 3^e,23 mai 1978：*Bull. civ. III*，n° 214.

〔3〕 Civ. 3^e,29 mai 1979：*Bull. civ. III*，n° 119.

〔4〕 Civ. 3^e,17 janv. 1990：*Bull. civ. III*，n° 23；*D*. 1991. *Somm*. 206，*obs. Carrias*.

能性”的情况下，判决被征收土地不属于建设用地。最高法院裁定，上诉法院的判决缺乏充分的法律依据。[1]

在判定“可能性”时，法院应该考虑评估基准日被征收土地上进行建设的法律可能性和事实可能性。只要是根据土地的有关性质和有效的城市规划的有关文件规定具有建设的客观可能性的土地，都被视为具有建设可能性，尽管在该土地上进行建设时需要获得分块或建设的许可。[2]

(1)关于事实可能性。上诉法院经审理查明，评估基准日之前的土地占用计划已要求建设通往公共道路的通道，而该通道的面积大于被征收土地的通道面积。[3] 因此，上诉法院判决认定被征收土地不具有建设的“可能性”。[4]

上诉法院经审理查明：在评估基准日之前，待征收地块毗邻的水管直径不足以满足其正常给水需求；该地块附件 50 米处确有电力设施，但该变压器容量不足以满足新建建筑需求。因此，上诉法院判决该地块周边没有适合的供水网络和电力网络，因此，不能将该地块界定为建设用地。[5]

(2)关于法律可能性。征收法官在评估被征收土地时，应考虑在该土地上进行建设是否存在法律障碍或行政限制，如建筑密度、容积率的法定标准，对于服务网络的密度和容量法定标准要求等。[6]

2. 城市规划类文件对公用征收的影响

当被征收土地处于《城规规划法典》第 L123 -1 -5 条第 5 款所指

〔1〕 Civ. 3ᵉ,13 juin 1979 : *Bull. civ. III*, *n°* 132.

〔2〕 Civ. 3ᵉ,20 nov. 1985 : *préc. note* 34.

〔3〕 Civ. 3ᵉ,7 nov. 1982 : *Bull. civ. III*, *n°* 227 ; *JCP* 1983. *II*. 20024, *obs. Liet-Veaux*.

〔4〕 Civ. 3ᵉ,7 nov. 1982 : *Bull. civ. III*, *n°* 227 ; *JCP* 1983. *II*. 20024, *obs. Liet-Veaux*.

〔5〕 Civ. 3ᵉ,6 nov. 1984 : *D*. 1986. *IR* 74, *obs. Carrias*.

〔6〕 Civ. 3ᵉ,17 nov. 1982 : *Bull. civ. III*, *n°* 228.

的地方性城市规划、土地规划文件或该法典第 L123 - 1 条第 8 款所指的土地占用计划划定的保留区域时，该土地在进行评估时被视为不再属于划定的保留区域的土地。

《法典》第 L322 - 3 条规定的基准日为地方性城市规划、土地规划文件或土地占用计划具有对抗第三人效力之日和划定保留区域的文件日期的较近者(第 L322 - 6 条)。

为了确定受城市化土地优先购买权约束且处于城市规划商定发展区的土地的征收补偿金额，上诉法院以批准区域发展规划的文件的公布日期作为评估基准日，而这一日期并非前述《城市规划法典》第 L213 - 4 条列举的日期之一。因此，上诉法院的判决违反了《法典》第 L13 - 15 条(现第 L322 - 5 条)和《城市规划法典》第L213 - 4 条的规定。[1]

修改土地占用计划的文件如不影响被征收土地所处的区域，那么，该文件具备对抗第三人的效力的日期不构成《城市规划法典》第 L213 - 4 条所称的评估基准日。[2]

为了确定受城市化土地优先购买权约束的土地的征收补偿金额，上诉法院根据《城市规划法典》第 L213 - 4 条的规定，将修改市镇地方性城市规划的最新文件的日期作为评估基准日的判决是正确的。[3]

《城市规划法典》没有明确规定创设土地占用计划到地方性城市规划过程中的城市化土地优先购买权的决议的失效日期，而地方性城市规划的附件明确参考了以前创设的该类优先购买权。因此，上诉法院根据《城市规划法典》第 L213 - 6 条的规定，将征收土地的评估基准日

〔1〕 Civ. 3e, 10 juill. 2002 : *Bull. civ. III*, n° 166.

〔2〕 Civ. 3e, 28 janv. 2009 : *Bull. civ. III*, n° 26 ; *RDI* 2009. 348, *obs. Morel*.

〔3〕 Civ. 3e, 10 mai 2007, n° 05 - 20. 623 : *Bull. civ. III*, n° 76 ; *AJDI* 2008. 135, *obs. Lévy*.

确定为划定区域的地方性城市规划被批准和具备对抗第三人的效力之日。[1]

3. 确定征收补偿金时允许抵扣的因素

(1)根据《法典》第 L321 -5 条的规定,如果公用征收所涉工程的后续建设给被征收财产的剩余部分带来直接升值,公用征收法官应对该升值作出专门裁定。升值的数额可被用来部分或全部折抵征收补偿金。

对此,最高法院民三庭在 1979 年 10 月 29 日的一个案件中裁定:公用征收仅及于标的地块的一部分,而征收人为实现公用征收的目的而必须拆除该地块上的全部建筑物的行为直接导致了该土地的其他部分升值,公用征收法官因此可以从公用征收补偿中扣除该升值部分的价值。[2] 基于同样的理由,最高法院民三庭在 2003 年 5 月 21 日的一个案件中裁定:公用征收海滨土地的目的是建设防止海水侵袭的堤坝,该行为对与被征收土地处于同一地块的周边土地带来的直接升值远远高于征收补偿数额,因此,两相折抵之后,征收人无须向被征收人支付征收补偿。[3]

(2)根据《法典》第 L322 -7 条的规定,为确保所在地的安全、卫生所需的工程和举措经通知所有权人或业主委员会后,如在政府决定规定的期限内未完成,其预估成本应该在进行建筑物评估时扣减。

如上述工程和举措涉及共有建筑物(建筑物区分所有权)的共有部分,每个建筑物区分所有权人应承担的上述工程或举措的成本,应将总成本按比例分摊到每个区分所有权的成本核定。

但在任何情况下,扣减上述成本后的征收补偿金额必须高于土地

---

〔1〕 Civ. 3ᵉ,20 mars 2013,nº 11 -19. 239;*AJDA* 2013. 660.

〔2〕 Civ. 3ᵉ,29 oct. 1979;*Bull. civ. III*,*nº* 192.

〔3〕 Civ. 3ᵉ,21 mai 2003;*AJDI* 2003. 684,*obs. Bernard.*

本身的价值。

在评估从事住宿业经营的商业资产价值时，应当考虑旅店的实际经营状况，必要时从中扣除为保证场所安全及卫生、由所有权人或经营者为执行警察措施而实施的工程的价款，以及根据《建筑与住房法典》第L521－1条至第L521－4条之规定需要提供安置住房的费用。

4.税法以及财产变化对确定征收补偿金的影响

根据《法典》第L322－9条的规定，如果所有权转移决定前5年内发生的无偿或有偿转让形成了根据税法的有关规定具有终局效力的行政评估价或比该评估价更低的价格公告，则主要补偿金的数额不得超过有权行政机关确定的评估价，除非被征收人有证据证明该行政机关的评估价没有如实地反映不动产的市场价格。

在公用征收的情况下，税务官员在面对征收人时不再受保守职业秘密的法定义务约束，他们可以向征收人提供有助于确定征收补偿金额或确定根据《税收程序法典》第L123条的规定收回土地的升值金额的必要信息。根据《税收程序法典》第L135条B的规定，税务机关应在公用征收程序所涉的所有权人提出申请时，将其持有的与最近5年发生所有权转让时宣告的不动产价格有关的信息和确定征收补偿金额所必需的信息免费向其提供。征收法官有权根据上述法典第L144条的规定，从行政机关获取确定公用征收补偿金额所必需的税务信息。

如果财产在前述转让之后在物质、法律、状态、占用等内容方面发生了合理的变化，此类变化则应当在根据前款规定进行的估价中予以考虑。

根据《法典》第331－6条的规定，该条的具体实施条件由最高行政法院政令加以规定，特别是针对征收仅涉及第1款所述转让财产的一部分，或征收财产中仅有一部分发生了第1款所述转让。

（1）公用征收决定前5年内待征收地块作为投资投入公司（被征收

人)而作为公司土地的一部分时,该地块的主要补偿金的数额不得超过转让之日(投资到公司之日)公有财产管理机构对土地财产的整体评估价。[1]

(2)上诉法院认为,待征收不动产是被征收人在公用征收决定前5年内通过行使佃农的优先购买权而在拍卖中获得的不动产,因此在判决确定征收补偿时以确认优先购买权的公证文书确定的拍卖价格(该价格低于共有财产管理机构对该不动产的评估价)为准确定征收补偿金额。而最高法院认为,该不动产的实际买主(本案中的被征收人)根据《乡村法典》第799条规定的条件取代中标人,以拍卖成交价格买到该不动产,但该拍卖价格并非根据税法的有关规定具有终局效力的行政评估价或价格公告,因此,上诉法院的判决缺乏法律依据。[2]

(3)上诉法院认为,待征收地块作为(生前给后代的)财产分赠的一部分,其主要补偿金不得超过财产分赠协议确定的评估价,因为公用征收决定发生于该无偿转让之后5年内,因此判决驳回被征收人要求给予高于征收人提出的补偿金的数额诉讼请求。而事实上,对财产分赠协议标的财产的一部分地块的征收补偿金额低于财产分赠协议确定的财产的整体评估价。因此,该判决违反了《法典》第L13－17条(现第L322－9条)和第R13－44条(现第R322－3条)的规定。[3]

(4)如待征收财产中的一部分发生了《法典》第L13－17条(现第L322－9条)所称的转让时,尽管这种转让只发生于共有未分的部分,第L13－17条的规定仍然适用于该部分。[4]

(5)上诉法院根据《法典》第L13－9条(现第L323－4条)的规定,

---

[1] Civ. 3^e,10 juill. 1978:*Bull. civ. III*,*n°* 293.

[2] Civ. 3^e,17 juin 1980:*Bull. civ. III*,*n°* 119.

[3] Civ. 3^e,1er juill. 1980:*Bull. civ. III*,*n°* 128.

[4] Civ. 3^e,9 mars 1982:*Bull. civ. III*,*n°* 61;*JCP* 1983. *II*. 20031,*obs. Bernard*.

在判决重新评估被征收不动产的补偿金额时认为,自身无权命令公有财产管理机构对被征收财产进行重新评估,但考虑了公用征收决定前5年内发生所有权转让时公有财产管理机构对该财产的评估价。最高法院认为,上诉法院的判决考虑了公有财产管理机构在公用征收决定前5年内发生所有权转移时的评估价,是对该法典第L13－17条(现第L322－9条)的准确理解和运用。[1]

(6)公有财产管理机构对被征收财产发生的财产转让没有出具技术文件和地块评估价格通告的行为不会导致《法典》第L13－17条(现第L322－9条)不适用,因为征收法官有义务向该管理机构了解相关信息。[2] 根据该法典第L13－17条的规定,评估被征收财产的主要补偿金的数额时无需地产评估文件。[3]

(7)上诉法院在判决中确定的被征收地块的补偿金的数额低于公用征收之前征收继承税时确定的评估价,且未作充分的解释。因此,该判决是缺乏法律依据的,应被撤销。[4]

(8)上诉法院根据《法典》第L13－17条(现第L322－9条)和第R13－44条(现第R322－3条)的规定,判决确定被征收地块的补偿金额时,以公用征收决定前5年内发生财产分赠时该地块每平方米的评估价格为准。事实上,该评估价格低于公有财产管理机构对该地块每平方米的评估价格,而公有财产管理机构对被征收地块的评估价格又低于转让发生时该管理机构对包含被征收地块在内的土地确定的整体评估价格。因此,上诉法院的判决违反了该法典第L13－17条和第R13－44条的规定。[5]

---

[1] Civ. 3ᵉ,8 avr. 1987:*Bull. civ. III*,nº 84;*D.* 1997. *Somm.* 427,*obs. Carrias.*

[2] Civ. 3ᵉ,10 nov. 1987:*JCP* 1988. *II.* 21126,*note Bernard.*

[3] Civ. 3ᵉ,3 oct. 1990:*Bull. civ. III*,nº 177;*D.* 1991. *Somm.* 207,*obs. Carrias.*

[4] Civ. 3ᵉ,16 juin 1993:*Bull. civ. III*,nº 93;*RDI* 1993. 493.

[5] Civ. 3ᵉ,21 mai 2003:*Bull. civ. III*,nº 108;*AJDI* 2004. 740,*obs. Morel.*

(9)马赛行政上诉法院在2008年的一起案件中判定，公有财产管理机构在备忘录中记载的被征收财产的评估价格和征收法官确定补偿金的数额的普通司法程序是密不可分的，因此，不属于行政法院的管辖权。〔1〕

(10)根据《法典》第L13－17条(现第L322－9条)的规定，除非被征收人能证明被征收财产的物质要素或法律要素的变化抑或是被征收财产的状态或占有状况导致其升值，否则，当该评估价高于所有权转移决定前的5年内发生的无偿或有偿转让形成的(根据税法具有终局效力)的行政评估价或比该评估价更低的价格公告，征收法官应根据公有财产管理机构确定的评估价判定被征收财产的补偿金的数额。如此规定的立法旨在激励不动产所有权人既不要低估其获得的财产的价格，也不要隐藏其获取该不动产的部分价格，以期达成具有宪法价值高度的反税收舞弊的目的。对此，宪法委员会认为，该条文并不排斥当事人证明行政机关确定的评估价格未如实反映财产的市场价格的权利，也不排斥1789年《人权和公民权利宣言》第17条的规定。因此，《法典》第L13－17条的规定既未对“任何人的财产在未得到公正和预先补偿的情况下皆不受剥夺”的原则构成损坏，也不影响司法机关的独立性。〔2〕

5.当事人之间达成的友好协议对确定征收补偿金的影响

根据《法典》第L322－8条的规定，除第L322－9条另有规定外，征收法庭应当考虑征收人与公用目的宣告的项目范围内的各类权利人之间自愿达成的协议，在协议由至少一半所有权人签字且涉及至少2/3

〔1〕 CAA Marseille, 7 juill. 2008, req. n°06MA02609: *RDI* 2009. 167, *note Hostiou*.

〔2〕 Cons. const. 20 avr. 2012, *Mme Marie-Christine J.*, n°2012－236 QPC: *RJEP*, *juill.* 2012. *Étude* 5, *note Bon*; *RDI* 2012. 336, *note Hostiou* AJDA 2012. 1517, note Gilbert (fixation du montant de l'indemnité principale d'expropriation).

面积时，或者由至少 2/3 所有权人签字涉及至少 1/2 面积时，法院应当以之为依据。

法官应当考虑双方在迟延整治区和临时区域范围内自愿达成的协议。

法官在为工商业、手工业所有权人确定补偿金额时，应当考虑在调查开始之前由行政机关依据税法所作的具有确定力的评估或纳税人所作的财产价值申报，第 L322－9 条另有规定者除外。

（1）上诉法院在确定公用征收补偿数额的判决中，未考虑征收人和公用目的宣告的项目范围内各类权利人之间自愿达成的，由征收人提议并起草的协议，因此，最高法院裁定撤销上诉法院的判决。[1]

（2）上诉法院在确定公用征收补偿数额时，以当事人之间自愿达成的没有明确签订日期的协议为依据作出的判决缺乏法律依据。[2] 征收人已经和待征收土地超过 1/2 所有权人签订友好协议且协议涉及的面积超过 2/3 时，上诉法院根据第 L13－16 条（现第 L322－8 条）的规定将该协议作为判决确定征收补偿数额的依据。但是，上诉法院未说明其援引的上述协议的日期，也未审查上述协议中是否有一些是在公用目的宣告之前签订的，因此，最高法院裁定上诉法院的判决理由不够充分。[3]

（3）上诉法院审理公用征收案件时，应以一审判决之日作为评估被征收财产价格的基准日。因此，上诉法院作出的“确定征收补偿的一审判决之后发生的财产转让不构成征收补偿因素的可比较因素”的判决是正当的。[4]

---

〔1〕 Civ. 3e,16 oct. 1979：*Bull. civ. III*,*n°* 176.

〔2〕 Civ. 3e,28 oct. 1980：*Bull. civ. III*,*n°* 165.

〔3〕 Civ. 3e,8 févr. 2011：*RDI* 2011. 217,*obs. Hostiou.*

〔4〕 Civ. 3e,22 mai 1986：*Bull. civ. III*,*n°* 76.

(4)事实审法官在确定公用征收补偿数额时，确实应考虑当事人之间自愿达成的协议约定的价格，但可不受协议约定价格的约束；而是可以根据其他因素或可比因素自主地作出评估。因此，尽管上诉法院认为不动产扣押之后作出的法院判决确定的价格具有高度的公信力，但被征收土地的特性和上述法院判决所涉土地的特性是不同的。因此，上诉法院仍然可以自由地选择最适合的可比因素，自主地在当事人的协议约定价格和上述法院判决确定的价格之间确定征收补偿金的数额。[1]

(5)法院在审理确定征收补偿金的数额时，以征收人与公用目的宣告的项目范围内权利人之间自愿达成的协议为依据，而没有考虑被征收财产与上述协议所涉的财产范围是否是一致的。因此，法院的判决是缺乏法律依据的。[2]

(6)当事人在公用目的宣告的项目范围内自愿达成协议时，只要该协议订立于引证该协议的判决之前，那么，上诉法院在考虑了被征收财产的特性后无须宣告上述协议的日期。[3]

(7)上诉法院应审查同一征收行为中当事人之间自愿达成的有关协议，尽管当事人在其书状中未明确引证该协议作为可比因素。[4] 最高法院在1992年3月4日的一起案件中重申，事实审法官在确定征收补偿的判决中引证当事人之间自愿达成的有关协议的，有义务对其进行审查。[5]

(8)征收法庭在适用《法典》第L13－16条(现第L322－8条)的规定时，应将颁发建设许可证时免费转让的面积和当事人之间未达成友

[1] Civ. 3e,8 oct. 1986:*D.* 1987. *Somm.* 241,*obs. Carrias.*

[2] Civ. 3e,18 févr. 1987:*D.* 1987. *Somm.* 426,*obs. Carrias*;*JCP* 1987. *II.* 20902,*note Bernard.*

[3] Civ. 3e,25 févr. 1987:*JCP* 1987. *II.* 20902,*note Bernard.*

[4] Civ. 3e,3 oct. 1991:*Bull. civ. III*,*n°*225.

[5] Civ. 3e,4 mars 1992:*Bull. civ. III*,*n°*74.

好协议的面积纳入计量总面积的范畴。[1]

(9)上诉法院根据《法典》第 L13－16 条(现第 L322－8 条)的规定判决确定征收补偿的数额时,认为当事人之间在公用目的宣告之前经友好协商达成的协议也适用本条的规定。最高法院在 2001 年 1 月 10 日的一起判决中裁定上诉法院的判决是对第 L13－16 条的错误理解和适用,此后又在 2007 年 1 月 16 日的判决中重申了这一点。[2] 但是,上诉法院以公用目的首次宣告后当事人之间达成友好协议为依据,适用第 L13－16 条的规定确定征收补偿的数额的判决是完全正确的,尽管该公用目的宣告后来被政府决定延长了。[3]

(10)上诉法院根据《法典》第 L13－16 条(现第 L322－8 条)的规定判决确定征收补偿的数额时,考虑了征收人与公用目的宣告的项目范围内的各类权利人之间自愿达成的协议,但又没受前述协议约定的价格的束缚,而是根据土地的产出因素、土地的物质和法律属性对达成前述协议的财产进行整体考虑,自主行使其评估权限。最高法院在 2002 年 9 月 25 日的一起判决中裁定上诉法院的判决是正确的。[4]

(11)上诉法院根据《法典》第 L13－16 条(现第 L322－8 条)的规定判决确定征收补偿的数额时,参考了政府专员提出的当事人之间达成的友好协议,但在判决中未加以引证,而政府专员在其诉状中亦未明确引证。因此,最高法院裁定上诉法院如此判决的依据不够充分。[5]

(12)如被征收财产和当事人之间达成友好协议的标的财产没有真

---

〔1〕 Civ. 3ᵉ,17 déc. 1997:*Bull. civ. III*,nº 230.

〔2〕 Civ. 3ᵉ,10 janv. 2001:*Bull. civ. III*,nº 5;*JCP* 2001. *II*. 10539,*note Bernard*. Civ. 3ᵉ,16 janv. 2007:*AJDI* 2007. 670,*obs. Morel*.

〔3〕 Civ. 3ᵉ,13 nov. 2003:*Bull. civ. III*,nº 197;*AJDI* 2004. 395,*obs. Lévy*;*RDI* 2004. 87,*obs. Morel*.

〔4〕 Civ. 3ᵉ,25 sept. 2002:*Bull. civ. III*,nº 181;*AJDI* 2003. 777,*obs. Morel*.

〔5〕 Civ. 3ᵉ,15 janv. 2003:*Bull. civ. III*,nº 6;*RDI* 2003. 162,*note Morel*.

正的可比性,且协议没有明确说明可以确定标的财产性质的要素而使被征收财产和协议标的财产难以进行比较时,征收法官可以在判决确定征收补偿的数额时将协议排除在考虑范围之外。[1]

七、公用征收补偿的救济途径

当事人不服公用征收法官的判决时,可以在接到判决通知之日起1个月内向上诉法院提起上诉(《法典》第R233-8条),移转所有权的裁定和紧急程序中的临时补偿金的判决除外。上诉审判庭的决定以说明理由的二审判决形式作出。

公用征收案件的上诉由上诉法院内设的公用征收法庭受理。每个上诉法院都设有一个或多个公用征收法庭(具体数目由司法部部长规定);每个征收法庭庭设庭长1人,由上诉法院院长在该院各庭庭长或法官中选任,任期3年,可以连任;法官2人,由上诉法院院长在其管辖区域内的公用征收法官中选任;在无法选定法官时,上诉法院院长可以从本院法官中指定。[2] 但在任何情况下,参与案件一审的法官不得被任命为案件二审(上诉)的法官。审判庭无法正常履行其职责时,上诉法院院长有权自行解散该庭,终止该庭长和法官的职责。[3]

当事人对上诉法院的判决不服的,还可以向最高法院提出法律复核审特别上诉。但根据《民事诉讼法典》第995条的规定,当事人应直接向最高法院书记处提出上诉,向作出判决的上诉法院书记处提出的上诉不予受理。[4]

---

〔1〕 Civ. 3e,2 juill. 2003:*AJDI* 2004. 130,*obs. Morel*.

〔2〕 Civ. 3e,18 juin 1997:*Bull. civ. III*,*n°* 144;*AJPI* 1997. 1082,*obs. C. M.*

〔3〕 Civ. 3e,23 juin 2004:*Bull. civ. III*,*n°* 129;*AJDI* 2004. 147,*obs. Lévy*;*RDI* 2004. 435,*obs. Morel*.

〔4〕 Civ. 3e,6 janv. 1981:*Bull. civ. III*,*n°* 2. Civ. 3e,16 mai 2001:*JCP* 2001. *II*. 10649,*obs. Bernard*.

第二节 美国征收补偿中的土地发展权与公平市场价值

在美国土地管理制度中,“土地发展权制度”和“公平市场价值”占据着重要的地位。土地发展权的基本观念是发展土地的权利,是一项可与土地所有权分割而单独处分的财产权。进一步说,所谓土地发展权,就是土地变更为不同性质使用之权,如由农地变更为城市建设用地。[1] 在中国语境下,土地发展权在理论上回答了“农民在土地征收过程中获得增值收益正当性”,同时也在制度架构上丰富了物权体系,并衍生出“地票”“建设用地指标交易”“农业补贴”等新型制度。土地发展权是为避免因分区规划限制土地所有权人自主开发利用土地的财产权自由而导致的利益不均设计的一项制度,对于目前打破城乡分割的土地利用制度,实现地权平等具有重要意义。

“考察每个问题都要看某种现象在历史上怎样产生、在发展中经过了哪些主要阶段。”[2] 从源头上讲,土地发展权始创于英国,制度设计的初衷在于对土地开发进行合理控制和有效管理,解决城市重建和土地开发征收带来的问题。“土地发展权”这一概念首次出现在《厄思沃特报告书》之中,该报告主张将全国农村土地的土地发展权国有化,以应对复杂的土地问题。在随后修订的《城乡规划法》(Town and Country Planning Act)中,“土地发展权国有化”被正式确立,并建立了发展费(development charge)和发展许可制度(planning permission)。

与英国实行土地发展权国有化模式不同,美国采取的是土地发展

〔1〕 参见刘国臻:《论美国的土地发展权制度及其对我国的启示》,载《法学评论》2007 年第 3 期。

〔2〕 中共中央马克思恩格斯列宁斯大林著作编译局:《列宁选集》(第 4 卷),人民出版社 1995 年版,第 26 页。

权私有化模式。美国借鉴德国，实行土地开发的分区制（zoning）。在分区制之下，土地实行严格的用途管制，甚至对包括容积率在内的开发密度也有具体的规定。美国引进英国的土地发展权制度最初是为了平衡因土地被规划为不同密度的区域所引发的土地价值高低差异，以保护农地资源。因此，美国的土地发展权制度是建立在分区制基础之上，并用于克服传统分区制缺陷，用以调节的工具。作为一项权利，土地发展权从权利束中分离出来，并可在市场上流转和交易。

经过多年的实践和发展，美国建立了土地发展权移转制度（Transfer of Development Rights，TDRs）和土地发展权购买制度（Purchase of Development Rights，PDRs），并通过土地发展权银行发挥功效。

一、土地发展权购买制度

土地发展权购买制度是由政府主导，也包括地方或者国家的非营利组织出资向所有权人征购土地发展权的制度。履行完所有购买程序之后，政府获得相应的土地发展权，但土地的所有权性质并未因此而发生改变，所有权人丧失的是进一步开发土地的权利，其依旧可以按照现状使用该土地。通常来说，政府在征购土地发展权之后不会进行土地开发活动，因为该制度设计的主要目的是保护优质农地免遭过度开发，目前在包括保护历史古迹、保护环境敏感地带以及保护开敞空间等方面也发挥着积极作用。

PDR 项目的运作机制在于，虽然实施土地发展权征购的主体是政府，出售土地发展权的主体是私人，但这与我国的土地征收存在本质的区别。政府动用的并非具有强制性的征收权，而是基于平等和契约精神所进行的买卖活动。PDR 项目在具体实施过程中主要有两种方式：其一，地方政府在实行土地分区规划的基础上实行土地发展权购买；其二,地方政府不实行土地分区规划,单独实行土地发展权购买,土地所有者的参与完全出于自愿。[1]

美国各地的土地发展权购买规则各有不同,但是总体上需要经历以下几个步骤:

第一步:提出意愿。土地所有权人或者地方政府向对方提出愿意出售或者购买土地发展权的意愿,接受意愿后,由地方政府负责就该土地进行实地考察。

第二步:价格协商。经过考察后,地方政府会就土地发展权与土地所有权人进行价格谈判,通常政府会委托第三方评估机构进行中立而专业的价格评估,也可能直接参照基本公式进行自行评估。

第三步:签订协议。在达成价格合意之后,土地所有权人和地方政府签订土地发展权购买协议。

第四步:备案与监督。在政府购得土地发展权之后,通常要对协议进行备案,并对后期的实施进行监督。

在土地发展权的征购过程中,土地所有权人和地方政府均享有一定的权利,同时也承担一定的义务。在这一法律关系中,土地所有权人主要拥有两项权利:一为请求地方政府支付相应的对价;二为依据土地发展权出售之前的土地使用性质继续使用土地。与此同时,土地所有权人一旦将土地发展权让渡给政府之后,在日后使用土地的过程中则不得变更土地的使用性质,进行超出许可的开发。相对应地,地方政府则拥有向所有权人请求让渡土地发展权的权利,同时也承担支付对价的义务。[2] 土地发展权购买制度在美国备受青睐,据统计,已有23个

---

〔1〕 参见相蒙、于毅:《美国农地利用规划中农地发展权国家购买制度述评》,载《世界农业》2012年第2期。

〔2〕 Mark W. Cordes,"Fairness and farmland preservation: A person to professor Richardson",*Journal of Land Use and Environmental Law*,2005,p. 371-402.

州实施了这一制度。

二、土地发展权移转制度

正如前文所述,美国在设立土地发展权制度之前,主要依靠土地分区规划公法性制度来实现对土地利用的管理,其效果并不理想。这种传统的仅运用公法的单轨机制在管理上存在明显的不足,土地发展权制度应运而生,通过形成私法与公法的双轨机制来弥补其中的不足。尤其是土地发展权移转制度,已经成了主要形式。

所谓土地发展权移转制度,简言之,是通过市场化的手段,在土地所有权人与土地开发者之间构建起交易平台,以实现土地发展权在不同市场主体之间流转的目的。在具体的运作过程中,主要分为两个部分:第一部分,规划土地发展权的出让区(sending areas)和受让区(receiving areas);第二部分,评估土地发展权的价值。

第一,规划土地发展权出让区和受让区。政府会根据分区规划,根据区位、地质、环境等因素将土地划分为适合开发区和不适合开发区。适合开发区的土地所有者要是规划的城市建设用地,不适合开发建设的一般是地形崎岖、历史古迹较多、环境脆弱等地区。出让区的土地所有者通过市场交易将其土地发展权移转至受让区的土地所有者手中。在移转之后,受让区便获得了额外的土地发展权,将它与原来的土地发展权累加之后,可以实现进一步开发的目的,而出让区的土地所有者在土地发展权移转之后只能依现状使用土地,不能进一步开发。

第二,评估土地发展权的价值。在美国各州,对土地发展权价值的评估都有一个公开的公式,这一公式所计算的土地发展权最终是通过转换成建筑容积率所呈现出来的。

三、土地发展权银行

土地发展权银行制度是美国整个土地发展权制度的一项辅助制度,对土地发展权的市场化流转和运作起到了重要作用。毫不夸张地讲,土地发展权移转制度的良好实施也依托于成熟的土地交易市场。在市场不成熟的前提下,土地发展权的价格受到房地产开发的影响,经常呈现过高或过低的变动趋势,波动明显。而土地发展权银行制度的建立则是为了实现土地发展权的充分市场化,使土地发展权银行成为土地发展权"最后的买家和卖家",确保土地发展权价格的相对稳定,避免供过于求造成无人愿意购买土地发展权,或者供不应求造成没有土地发展权可购买的现象。[1]

综上可知,美国土地发展权制度已经发展成为以"土地发展权购买制度"、"土地发展权移转制度"和"土地发展权银行制度"为主的法律体系。在理论上和实践中有效回答和解决了"耕地保护""农地征收的增值收益分配"等问题。三大制度在设立和操作上各有侧重,土地发展权购买制度适合经济发展水平较低,市场化程度相对较低的地区;土地发展权移转制度则适合经济发达,市场较为成熟的地区;土地发展权银行制度则是土地发展权充分市场化的催化剂,应当进行配套实施。

四、公平市场价值的确定方式及程序

在我国的征收补偿体系中,缺乏宪法的原则性规定,在立法指针主义引导下,下位法对征收补偿的规定纷繁复杂,名目繁多,缺乏有效统

---

〔1〕 Michael D. Kaplowitz, Patricia Machemer, Rick Pruetz, "Planners' expriences in managing growth using transferable development rights in the United States", *Land Use Policy*, 2008, p. 378 - 387.

一的监督和程序性保障。在实践中,行政机关具有极大的自由裁量权,因而在征收补偿中有失公允的现象屡见不鲜。而美国“公平市场价值”的确定标准、方式、程序等却是这一方面行之有效的方法,相关制度对我国具有较大的借鉴意义。

“公平市场价值”是由美国联邦法院通过一系列判决而形成的,可追溯到《美国联邦宪法》中的征收条款。第五修正案规定:“未经公正补偿,不得为公共使用而征收私人财产。”因此,“公共使用和公正补偿”的内涵成为“公平市场价值”确立的源泉。

“公共使用”的范畴随着 Cole 诉 City of LaGrange 案,〔1〕Berman 诉 Parker 案〔2〕和 Hawaii Housing Authority 诉 Midkiff 案〔3〕不断扩大,并在 Kelo 诉 City of New London 案〔4〕判决以后,掀起了一轮限缩趋势。对于“公正补偿”的要求催生了“公平市场价值”和“最高最优原则”,并被普遍接受。

(一)公平市场价值的确定原则——最高最优用途

为了确定市场价格,法院通常会尽可能多地考虑影响价格的因素,其中最为核心的是因为土地规划所引起的“最高最优用途”,〔5〕即使被征收的不动产在当时并未用于该种用途。〔6〕

美国联邦最高法院对“最高最优用途”的定义是:“在合理的将来,在财产私有的前提下,完全考虑了这种用途对市场价格产生影响后的需求前景时,财产能够适用的产生最高收益和最有利可图的用途。”〔7〕

---

〔1〕 Cole v. City of La Grange,113 U. S. 1,6 (1885).

〔2〕 Berman v. Parker,348 U. S. (1954).

〔3〕 Hawaii Housing Authority v. Midkiff,467 U. S. (1984).

〔4〕 Kelo v. City of New London,545 U. S. (2005).

〔5〕 最高最优原则是基于规划、经济、环境、法律、社会、物理特征等让财产使用的利益最大化。以下四个标准必须被满足:(1)法律可行性;(2)物理可能性;(3)经济可行性;(4)利益最大化。参见 *The Dictionary of Real Estate Appraisa.* ,3.rd ed. ,Appraisal Institute。

〔6〕 Olson v. United States,292 U. S. 246(1934).

〔7〕 Olson v. United States,292 U. S. 246(1934).

被征收的土地在被征收前后其用途会发生改变,因此也会影响对其最高最优用途价值的评估。被征收的土地在征收时并非自然的处于最高最优的用途下。因此,评估时以最优用途还是现有用途作为标准,就会在很大程度上影响最终的补偿数额。概括而言,评估最高最优用途出现在以下两种情况:一种是土地被征收后用于最优用途;另一种是土地被征收后未被用于最优用途。

1. 土地被征收后用于最优用途

这种情况通常出现在政府为了发展经济,而将住宅用地或者工业用地等规划成商业用地。尽管此类用“经济利益”去定义“公共利益”的征收方式在美国受到了合宪性的质疑,但联邦最高法院还是通过一系列判例支持了此类征收。该种征收在我国也极为普遍,政府的最终所得超过了被征收者的损失,同时,政府还极大地享受着土地增值所带来的收益。美国的多数法院都判决,应将政府所得超出被征收者损失的部分按照一定的比例支付给被征收者。[1]

土地因用途改变而发生增值,此时应当选择以什么用途作为评估标准,决定着开发风险的分配。举例而言,如一块农地被政府征收后用于建造商场,显而易见的是,土地的农业使用方式无法获得最高的经济利益,而征收后预期的商业用途才是该土地的最高最优使用方式。然而,商业用途在开发利用过程中也存在施工中的事故、政策的改变、人口的流动、招商引资的不确定等风险。因此,此种情况下的虚拟市场交易价格涉及一个风险分配的问题。征收补偿类似于政府向被征收人购买土地及附属权利的价格,补偿金额的确定过程实际上也是风险的分配过程。在美国现有的征收判例中,法院通常以最高最优使用方式作

〔1〕 例如,在 United States v. 0.38 Acres of Land,117 F. Supp. 217(1954)案中,政府意图将此财产征收后提供给企业建造储藏设施,用于商业。而法院则判决政府增加两万美元的补偿款,将部分收益支付给被征收者。

为评估标准。[1] 补偿金额等于虚拟的最高最优用途下的土地价值减去实际的开发成本，而将风险损失排除在外，[2]即将风险悉数分配给了政府；而如果完全按照土地被征收前的用途（农地）进行评估，则土地的价格会远远低于真实的市场交易价格，这相当于把未来的所有开发风险完全分配给了被征收者。显然这两种估价方式都偏离了真实的公平市场价格。从公平与效率的角度分析，这都是不合适的。最佳的评估结果应该等于市场可能的交易价格，也就是"最优用途下土地价值减去实际所需的开发费用，再减去由征收者承担的风险损失"。

2. 土地征收后的用途不是最佳用途

这种情况通常出现在财产被征收后不用于商业用途时。例如，将一块农业用地进行征收用于绿化。此时需要注意的是，所谓最优用途实际上是财产对于私人所有者的最优用途，而非对于政府或者社会的最优用途。当政府将财产征收用于提供公共产品时，财产的用途符合社会最优选择，但并不一定符合私人的最优选择。此时全社会从中得到的收益高于被征收者的损失，政府得到的收益却往往低于被征收者的损失。在此情况下，衡量社会或政府的收益都是十分困难的。因此美国法院在最高最优用途原则的指导下，通常判决按照被征收者的损失，即按照财产的现有用途来计算补偿。

（二）公平市场价值确定的时间——财产征收之日

财产的价值会随着市场和政策的变化而产生波动，因此确定公平市场价值的时间就显得格外重要。通常情况下，根据公平市场价值的要求以及美国的司法实践，财产被征收之日是公平市场价值确定的基准时间。

---

〔1〕 United States v. 320.0 Acres of Land, 605 F.2d 762 (5th Cir. 1979).

〔2〕 Loveladies Harbor, Inc. v. United States, 28 F.3d 1171 (Fed. Cir. 1994).

具体而言,征收意味着权利的转移,而财产被征收之日被认为是权利转移的时间。但是美国联邦法和州法均未就“财产被征收之日”作出统一的规定。在司法实践中,有的州将正式申请授权令的时间认定为权利转移的时间,也有的州将时间认定为首次提出国家征收的诉讼日期或者实际征收之日,即政府实际占有被征收不动产的日期。但在大多数情况下,一般依征用的最后决定下达之日来确定公平市场价值,其价格为当日自愿买方付于自愿卖方的现金额。[1] 而如果征收决定下达之日时的市场价格已经被破坏,可运用一般原则的例外情况来处理,在这种特殊情况下,会运用不同的手段和时间来确定补偿金额。关于这一问题,下文会有具体阐述,故在此不予赘述。但是这一切最终都是为了实现“公平补偿”的目标。

(三)政府与被征收者达成补偿协议下公平市场价值的确定方法

在美国,如果政府和私人土地所有者之间达成关于公正补偿的协议,那么便不再需要进入进一步的解决征收冲突的司法程序中。而对于公正补偿的计算通常以“公平市场价值”为标准。[2] 市场价值是指财产被征收之时自愿买家和自愿卖家不受强制力影响下达成合意形成的交易价格。[3]

在一般情况下,以下方法被用于确定公平市场价值:

1. 重建成本或改造成本法

该方法是指通过估算被征收财产在附近地域中进行重新建造或者改造具有相同用途的建筑使其达到被征收财产的原有用途所需的成本来确定公平市场价值。利用重建成本来确定公平市场价值通常被用于新建筑,以及诸如教堂、医院等具有特殊用途的建筑。如果建筑相对陈

---

〔1〕 United States v. 68.94 Acres of Land, 918 F.2d 389, 392 (3d Cir. 1990).

〔2〕 United States v. Miller, 317 U.S. 369 (1943).

〔3〕 Kirby Forest Ind., Inc. v. United States, 467 U.S. 1 (1984).

旧,则通常会采用改造成本的方法予以确定。在这种情况下,对不动产折旧价值的计算会运用会计学中的直线折旧法、加速折旧法以及偿债基金等算法。然而对于征收之时的公平市场价值,还须要通过专家对不动产的观察、评估、测算等才能加以确定。

2. 资本化收入法

资本化收入法是评估商业建筑公平市场价值的最佳手段。[1] 例如,一套公寓的公平市场价值的评估需要将其租金收入考虑其中。该方法实质上是对被征收财产实际或未来潜在收益的一种估计。例如,租金等按年进行的收入可以被转化成资本化率进行计算。这一比率取决于货币价值、安全性评估以及收益流量的持续性。由于商业收入具有较大的不确定性,因此,只有归属于被征收不动产本身的收益才可被计算在内。例如,对纯租金收入的估算通常需要考虑征收不动产当下的租金收入、附近相似不动产的租金收入、出租的期限、无法出租的空缺损失以及诸如利息、税收、经济形势等。

3. 其他

除了上述两种主要方式外,通常还存在最近销售价格方法(检索被征收财产最近的销售价格)、征收前后价值对比评估法等。

在土地征收过程中,会存在一些特殊情形导致被征收财产价值的上涨或者下降,如政府行为,对部分财产的征收,甚至一些不予补偿的情形。根据一般理解,基于政府行为而引起的被征收财产价值的增加或者减少对于财产所有者而言是一种"意外",因此不应该影响到对被征收财产公平市场价值的评估。[2]

通常而言,存在征收前价值的增长和征收前价值的减少等几种情形:

---

〔1〕 San Diego Metropolitan Transit Development Bd. v. Cushman,53 Cal. App. 4th 918(1997).
〔2〕 Danforth v. United States,308 U.S. 271(1939).

1. 征收前价值的增长

联邦最高法院在 United States 诉 Cors 案中认为，因政府对不动产的需要而引起该不动产增值的，被征收者没有权利获得该收益。同时，因征收行为而引起的任何不确定的价值的增加都应该排除在收益之外。[1]

当一个区域内的土地被征收以后，相邻土地的市场价值可能会由于被征收土地的开发而增值。随后，假如政府决定征收该增值的土地，那么政府的征收补偿必须包含增值部分的市场价值。[2] 然而，如果一个公共建设工程在规划之初打算征收几宗土地，但是只有部分土地在最初被征收，剩下那些未被征收的土地，其所有者并不能要求这些土地在日后进行的征收补偿中包含增值的部分。[3]

然而，在这种情况下存在一个十分棘手的问题。实践中很难区分土地的增值是因为政府对征收土地的开发还是其他原因引起的，同时也很难判断政府对土地的开发在何时对相邻土地产生影响。而如果将政府对项目进行委托开发的起始时间视为确认评估的时间则会排除政府创造的土地的增值，同时，也可能会排除其他促成土地增值的因素。[4]

2. 征收前价值的减少

土地所有权人在土地征收前可能会面对两方面的经济损失。

第一，土地征收的消息可能会引起土地价值的下降，而从消息放出到正式启动征收程序可能需要一段不短的时间，在这段时间内公平市场价值可能会低于在规划公布之时的市场价值。

---

〔1〕 United States v. Cors，337 U. S. 342（1949）.

〔2〕 United States v. Miller，317 U. S. 369（1943）.

〔3〕 例如，在 United States 诉 Miller 案中，一个建设大坝的工程项目须要对原有的铁路进行迁移。因为建设大坝的原因，该重新选址的地区成为一个“新兴都市”。但是被征收者并不能因此而获得这种增值的收益。

〔4〕 例如，在 Willey 诉 Griggs 案中，一个征收法令将补偿的计算时间确定为征收决定之时，法院最终判决将所有在征收决定之后所产生的增值均排除在补偿之内有失公正。

第二，土地的使用价值在宣布征收和真正实行征收这段时间内可能会遭受损失。这种土地使用价值的损失会一直延续到土地征收真正实施之时。通常情况下，土地征收的消息一旦泄露，它就会像乌云一样盘旋游走在这片土地之上，直接影响该宗土地的使用价值。例如，用于出租的不动产，承租人可能会提前结束合同，而新的承租人通常对于即将被征收的不动产持审慎观望的态度。

在美国的大部分州，因宣布征收和真正实行征收这段时间内引起的损失政府是不予补偿的，〔1〕因为法院将这种损失认定为“意外”。然而，如果政府征收行为的延迟不合理或者有失公平，那么在计算公平市场价值的时候应当予以考虑。〔2〕

3. 部分征收损失

部分征收，意指只征收所有者某片土地的一部分，剩余部分仍由所有者拥有的情形。当发生部分征收的情况时，不仅需要补偿所有权人被征收部分财产的公平市场价值，而且需要考虑是否补偿因此给剩余部分土地造成的价值损失。通常而言，判断是否补偿剩余土地损失的标准在于明确该剩余部分是否与被征收部分土地在位置上具有连接性，以及在土地权利和使用上是否具有统一性。〔3〕如果满足标准，则两者都需要补偿，如果不满足，只需要补偿被征收部分。〔4〕

这些条件并非一直被同等地给予考虑，“统一性使用”是其中最为关键的因素。例如，两宗由一条道路而分割的土地，虽然它们在空间上的相邻性被阻却，但如果它们被一起用于建造办公楼或者停车场等，仍旧满足补偿的标准。〔5〕而在通常情况下，不仅现存的“统一性使用”会

〔1〕 Westgate, Ltd. v. State of Texas, 843 S. W. 2d 448, 454 (1992).

〔2〕 City of Sparks v. Armstrong, 103 Nev. 619, 748 P. 2d 7 (1987).

〔3〕 Sharp v. United States, 191 U. S. 341 (1903).

〔4〕 United State v. 15. 65 Acres of Land, 689 F. 2d 1329, 1331 (9th Cir. 1982).

〔5〕 State of Delaware v. Rittenhouse, 634 A. 2d 338 (Del. 1993).

被考虑，将来或者规划中的“统一性使用”同样会被考虑在内。[1] 另外，权利的统一性这一因素并不要求不动产的共同所有人在每一块土地上拥有相同的不动产权利，这种统一性是一种“实质的统一”。[2]

当然，在部分征收中存在一种例外情况，即如果两片土地在使用中具有功能上的互补性，那么即使它们不具有空间位置上的连接性，政府依旧需要补偿剩下土地的价值损失。例如，当一条街道将一片土地分成了两部分，其中一部分被用来建设停车场作为另一部分土地功能上的配套设施，此时便满足了补偿剩余部分土地价值损失的要求，[3] 而如果此条道路分割的是一家磨粉厂和木材仓库，此时因为不具有功能上的互补性，也不满足统一性和连接性，因此通常对剩下土地的价值损失将不予补偿。[4]

对部分征收的补偿，其计算方法为被征收土地的市场价值加上剩下土地在被征收土地征收前后所产生的价值差额，[5] 或者土地被征收前的公平市场价值与被征收后剩余部分土地的公平市场价值之间的差额。[6]

4. 部分征收获利

在部分征收的情况下，也有可能使土地所有者剩余部分的土地发生增值。这种附带的利益被分为一般利益和特殊利益两种。一般利益所针对的是公众，而特殊利益则是基于土地被部分征收之后经过开发给私人所带来的利益。

---

〔1〕 City of San Diego v. Neumann, 6 Cal. 4th 738, 863 P. 2d 725, 25 Cal. Rptr. 2d 480 (1993).

〔2〕 City of Winston-Salem v. Yarbrough, 117 N. C. App. 340 (1994). 例如，在一个部分征收中，当事人对被征收部分享有完全的所有权，而对被剩余部分享有共同共有的情形。

〔3〕 State of Delaware v. Rittenhouse, 634 A. 2d 338 (Del. 1993).

〔4〕 Oakland v. Pacific Coast Lumber & Mill Co., 171 Cal. 392, 153 P. 705 (1915).

〔5〕 City of San Diego v. Neumann, 6 Cal. 4th 738, 863 P. 2d 725, 25 Cal. Rptr. 2d 480, 483 (1993).

〔6〕 Commonwealth v. Sherrod, 367 S. W. 2d 844 (Ky. 1963).

联邦最高法院认为，该部分增值的利益应当从补偿中被去除。[1] 理由十分简单，宪法并未要求政府将被征收人“置于一个比征收前更加优越的位置”。[2]

5. 不予补偿的情形

在征收中，存在一些政府不予补偿损失的情形。

第一，个人的及商业的损失。一般而言，“公平补偿”并不包含也不要求对商业破坏，利益损失，或者商誉损失进行补偿，尽管这些因素会极大地影响到不动产的价值。[3] 同时，因为这些因素带有极强的不确定性和个人随意性，而不仅由于土地引起，因此并不会将其纳入征收补偿的考虑范围之内。

然而，这一不补偿政策在美国也遭受了极大的非议。在 Mitchell 诉 United States 案以后，[4] 一些州制定了一系列州法令或利用判例法对因征收而引起的商业损失给予补偿，尤其是出现商业活动被完全破坏并难以取代的情况时。[5] 以加利福尼亚州为例，其《统一征收法典》第1016章规定，如果不存在其他地点以恢复商誉，对其损失应当予以补偿。不仅如此，私人房屋主也认为个人的家庭历史和身份标识与自己的房屋土地具有密切联系，将这种十分重要的主观损失排除在补偿范围之外并不合理。

第二，重新安置的损失。一般而言，被征收者或者承租人因政府的征收行为而引起的财产转移、搬迁等费用不予补偿。[6] 这种补偿仅仅出现在政府对不动产的临时征用中，当征用的时间正好处于承租人的

---

〔1〕 Bauman v. Ross, 167 U. S. 548, 17 S. Ct. 966, 42 L. Ed. 270 (1896).

〔2〕 Chiesa v. State of New York, 36 N. Y. 2d 21 (1974).

〔3〕 Mitchell v. United States, 267 U. S. 341 (1925).

〔4〕 Mitchell v. United States, 267 U. S. 341 (1925).

〔5〕 City of Minneapolis v. Schutt, 256 N. W. 2d 260 (Minn. 1977).

〔6〕 United States v. 5. 42 Acres of land, 182 F. 2d 787 (3d Cir. 1950).

租赁期限内时,政府会以租赁价值来考虑这部分的损失,而非单独的损失。[1]

(四)政府与被征收者未达成补偿协议下公平市场价值的确定程序

在政府和不动产所有者未就补偿协议达成一致的情况下,双方就会进入司法程序。在美国,各州制定了自己的征收法,因此在具体规定上会存在差异,但是一般而言,其程序主要分为两部分:一部分为初步征收程序;另一部分为听证、审判及后续程序。

初步征收程序发生在不动产所有者提起诉讼之后,初步征收法令发布之前。这一程序的受理单位是不动产所在地的州地方法院,正式启动的标志是对原告起诉的受理和传票的发出。[2]

在这一程序中,如果法院发现征收行为是没有必要的,司法程序终止,不动产所有者继续拥有不动产所有权。如果法院根据证据发现征收是为了公共利益,并且政府满足了法律所要求的证明责任,则应当制作初步征收令。

初步征收令开启了公正补偿的确定程序。在一个法律规定的时间段内,被征收人需要对自己的公正补偿的主张提交陈述和申请。如果政府认为该主张合理,则必须支付被征收人所主张的相应价款,如果不接受或逾期不回应该主张,法院应当将该纠纷提交征收委员会。

下一个程序是听证,主要由征收委员会主持。法院会任命三名没有利害关系的人员担当征收委员会成员。其中一人由征收者推荐,一人由被征收者推荐,两名被推荐人共同推荐第三人担任征收委员会的主席。而对于每一个被推荐人,美国各州都规定了相应的任职资格。

〔1〕 United States v. General Motors Corp. ,323 U. S. 373(1945).

〔2〕 在进入法庭的初步程序之前,需要满足以下条件:(1)书面要约被土地所有者拒绝;(2)提交合适的减少损害的方式的方案。同时,传票中必须包含对被征收者的通知和提醒。通常情况下,在收到传票的6个月内,法庭应当在没有陪审团的前提下审理争议。参见MCA第30章,第70条。

以蒙大拿州为例，要求每个成员符合以下要求：(1) 必须精通英语；(2)必须为该案法院管辖内的当地居民；(3)与任何一方当事人不存在六代以内的血缘关系；(4)与任何一方当事人不存在监护、雇佣、借贷、代理、合伙或保证关系。

征收委员会根据法院的指令在确定的时间和地点会面。在召开听证会时，征收委员会要听取各个利益相关人的陈述、申辩，并审查所有提供的证据。他们的首要职责便是确定被征收的不动产当下的市场价值。如果争议的不动产由几片不同的土地组成，那么在进行市场价值的确认时，要将每一片土地以及土地上的不动产等的价值进行分开评估。同时，征收委员会还要对土地开发所带来的增值收益和未被征收的相邻土地的价值减损或者上升进行评估。

在征收委员会对被征收土地的市场价值作出评估之后，双方当事人均可以向州地方法院提起上诉。除非当事人双方达成合意，否则陪审团必须听取当事人的上诉，并就征收委员会的评估作出判断，确认对被征收人的补偿是否为公正补偿。

在陪审团作出裁决之后，征收人须要据此向被征收人送达最终书面要约。如果再次被拒绝，则可以上诉至最高法院，并获得最终的判决和确定补偿价款。

CHAPTER 04 >>

第四章

土地增值收益分配问题的模式探索

针对目前集体土地征收增值收益分配制度中存在的诸多问题，专家学者提出了不少建设性的意见，根据这些观点，中央也明确提出了缩小征地范围、提高补偿标准的改革方向。全国不少地方也在通过具体的实践，探索如何合理地对征收过程中增值收益进行分配，主要包括“统一年产值、区片综合地价模式”“留地安置”“土地入股”“地票交易”“经营性建设用地入市”等。这些尝试均在一定程度上达到了增加农民收入的效果，但在实践中和理论上均无法实现集体土地增值收益的公平、合理。

第一节　政府定价模式

“政府定价模式”指的是以政府为主导的增值收益分配模式。在征地的过程中，征地补偿的价格不由市场决定，而是由政府根据法律制度确定被征收土地价格，并以此为征地补偿标准的分配方式。“统一年产值”以及“区片综合地价”属于“政府定价模式”的典型改革方式。

一、统一年产值与区片综合地价

根据《宪法》和《土地管理法》的规定精神，为了提高农民在征地过程中的收益，2004 年国务院颁布《关于深化改革严格土地管理的决定》；国土资源部发布了《关于完善征地补偿安置制度的指导意见》《关于开展制订征地统一年产值标准和征地区片综合地价工作的通知》。据此，征地区片综合地价在全国范围内实施。以“统一年产值标准和区片综合地价”的方式确定补偿基础价格，是在不改变征地范围的条件下提高补偿标准的措施。从 2014 年全国统一年产值标准和片区综合地价实施情况来看，各省所采用的方式可分为三类：其一，全省只采用统一年产值为标准提高补偿标准的，包括山西省、四川省等；其二，全省只采用片区综合地价补偿标准的，如辽宁省、山东省等；其三，在全省范围内根据不同地区的实际情况，选用统一年产值或区片综合地价补偿标准共用的，如安徽省、云南省、湖北省等。

（一）统一年产值

统一年产值标准主要以市、县行政区为范围，综合被征收农地的类型、质量、等级等因素，以前 3 年主要农产品平均产量、价格为主要依据，并结合土地区位、当地农民生活水平和经济发展水平等因素所测算出的综合收益值。

按照原《土地管理法》中“原产值年均倍数法”的补偿标准，农民所得收益可以表示为：

S = 征收耕地的补偿费、Q = 征收前 3 年平均年产值

A = 土地补偿费

B = 安置补助费

C = 地上附作物和青苗补助费

$S = A + B + C$

$6 \times Q \leqslant A \leqslant 10 \times Q$

$4 \times Q \leqslant B \leqslant 6 \times Q$

$A + B \leqslant 30 \times Q$

由于上述计算标准的差异，征收补偿费的金额会依据农业用地的实际用途而有所不同。而依据国土资《关于开展制订征地统一年产值标准和征地区片综合地价工作的通知》所规定的统一年产值的测算要求，则是在一定区域范围内以当土地所有者导地类和耕作制度为依据；以适当从高、协调平衡为原则所最终确定的。

以江西省宜春市为例，依据《江西省实施〈中华人民共和国土地管理法〉办法》的规定，2001 年宜春市征地补偿范围如表 4－1、表 4－2、表 4－3 所示。

表 4－1　2001 年江西宜春土地补偿费标准

土地类型	补偿标准(元/平方米)	前三年平均产值倍数
水田	9.7	9
旱地	6.1	9
城镇商品性菜地	23.6	8
精养鱼塘	18	8
果园	7.7	6
普通鱼塘、水生地	10	6
林地	6	6
荒山、荒地、荒滩	3.5	1
空地、宅基地	3.75	1

表4－2　2001年江西宜春安置补助费标准

土地类型	补偿标准(元/平方米)	前三年平均产值倍数
水田、旱地	人均耕地1333平方米以上,水田4.3,旱地2.7。 人均耕地667平方米以上1333平方米以下,水田6.5,旱地4。人均耕地333平方米以上667平方米以下,水田8.6,旱地5.4。 人均耕地200平方米以上333平方米以下,水田9.7,旱地6.1。 人均耕地200平方米以下,水田14.4,旱地8.8	4～13
商品性菜地	23.6	8
精养鱼塘	18	8
普通鱼塘	6.6	4
水生地	6.6	4
果园	5.2	4
林地	3.6	4
荒山、荒地	2.5	4
空地、宅基地	7.5	4

表4－3　2001年江西宜春青苗补偿费标准

土地类型	补偿标准(元/平方米)
水稻	1.6
旱地	1
商品性菜地	3.1
成园果树	2.8
成片的林木	1.2

2010年,江西省制定出统一年产值补偿标准,并于2015年进行了调整。经调整,全市的征地补偿平均标准为每亩35,667元,每亩提高

6822元,全市征地补偿标准平均增幅为23.65%。2015年,《宜春市人民政府关于调整宜春市征地补偿标准的通知》要求宜春市各地要尽快根据当地情况制定具体补偿方案,要单独明确列出青苗补偿费、地上附着物补偿费和社会保障费用标准,以免挤占土地补偿费和安置补助费,并明确社会保障费用要"先保后征",按实际土地征收面积计算,每亩不得低于6000元。具体做法是:在全市10个县(市、区)中,依照各县(市、区)实际情况的差异,进行土地用途的重新分类,在分类的基础上进行统一。具体来说,宜春市将集体土地分为水田、商品性菜地、果园、精养鱼塘、普通鱼塘、旱地、宅基地、集体建设用地、林地、其他农用地和未利用土地11个类型。征地统一年产值标准测算结果适用于征收集体农用地水田补偿。其他类型土地的补偿测算按照不同的比例进行修正。[1] 依据修正比例测算,宜春市10个县(市、区)平均征地补偿标准如表4-4所示。

表4-4 2010年江西宜春统一年产值补偿标准

(单位:元/亩)

征地补偿标准	水田	商品性菜地	果园	精养鱼塘	普通鱼塘	旱地	宅基地	集体建设用地	林地	其他农用地	未利用地
36,301	36,301	36,301	36,301	36,301	29,041	24,322	24,322	12,705	12,705	12,705	7260

与江西省以土地用途种类为统一年产值标准不同的是,一些地方则是采用分区标准确定统一区域内不同质量的农用地的补偿标准。

主要方法是:(1)将被征收土地分为两大类,一类为农用地,另一类

[1] 宜春市人民政府关于调整宜春市征地补偿标准的通知中规定其他类型土地征收补偿修正比例为:(1)菜地、果园、茶园、人工高产油茶园、棉地、精养鱼塘修正系数不低于1.0;(2)普通鱼塘修正系数不低于0.80;(3)旱地、宅基地修正系数不低于0.67;(4)林地及其他农用地、集体建设用地修正系数不低于0.35;(5)未利用地修正系数不低于0.2。

为建设用地和未利用的土地。(2)根据地方经济发展水平和实际情况，在两类土地框架内区分出不同的区域(一般以村、乡、镇、县为单位)，实行区域内的统一产值补偿。以安徽省长丰县为例：按照土地所在位置、经济发展情况等因素，长丰县统一年产值补偿标准分为三个区区别对待：水湖镇、双凤工业区、岗集镇、双墩镇、吴山镇为一区；杨庙镇、下塘镇、朱巷镇、庄墓镇、义井乡、陶楼乡为一区；其他地区为一区，从而区别制定补偿标准(见表4-5)。

表4-5　长丰县征地统一年产值补偿标准

编号	县(市、区)区域范围	统一年产值标准(元/亩)	农用地			建设用地和未利用土地		
			土地补偿倍数	安置补助倍数	征地补偿标准(元/亩)	土地补偿倍数	安置补助倍数	征地补偿标准(元/亩)
Ⅰ	水湖镇、双凤工业区、岗集镇、双墩镇、吴山镇	1640	7	14	34,440	5	5.5	17,220
Ⅱ	杨庙镇、下塘镇、朱巷镇、庄墓镇、义井乡、陶楼乡	1560	6	14	31,200	5	5	15,600
Ⅲ	其他地区	1510	6	14	30,200	5	5	15,100

之所以说统一年产值是增加农民补偿的一种方式，其原因在于：其一，依照传统的征收前三年平均产值测算的结果受自然因素和家庭经济情况影响较大。就我国目前的农耕经济发展而言，机械化程度仍处于偏低状态，自然因素依然可能对于农业生产产生巨大影响，如果征收前三年恰逢自然因素导致农作物减产，就会带来该地块征地补偿金额

降低,而一些经济稍好的农户,可以利用一些手段减少恶劣天气下的农业损失,同时也将使征收时的补偿较高。由此带来的最终结果是,原本经济条件较差的农户,不幸在气候影响下导致家庭收入减产,在征收时却只能获得更低价格的补偿,显然有失公平。其二,农产品销售渠道不畅,产销信息不对称,农产品价格易受影响,从而带来征地补偿费的波动巨大。《农村土地承包法》规定,承包者有权自主组织生产经营,这就很可能造成了农民跟风种植的情况,也就是通常我们所说的同步性震荡。比如,2010 年大蒜价格上涨与往年相比高达 50%,[1] 于是很多农户转而开始种植大蒜,而到 2012 年就出现了大蒜严重滞销的局面。又如,2015 年陕西油桃、广东火龙果滞销,导致种植该作物的农户受到了巨大经济损失,这一年种植该种作物的土地产值则明显下降,获得补偿金额也会随之降低。

而统一年产值是按照一定区域内主要农作物收益的一种反映,摒弃了以往单独地块的测算方式,消除了个体经营条件差别。在价格确定时还要求在进行抽样调查的基础上,选择市场价格和国家收购价格中的较高价格作为补偿价,这也在一定程度上增加了补偿份额。在抽样调查时,不仅要考虑样点分别的均匀性,同时也要考虑农地附加收入、种植成本及自然灾害等情况综合评定。这样的测算方式,在一定程度上体现了公平原则,就补偿标准而言,该补偿方式有利于那些原本经济条件差,土地产量低的农耕家庭补偿金额的提高,但是对于那些条件相对较好的农户来说,提高幅度极为有限。

(二)区片综合地价

区片综合地价则是指,城镇行政区划内,待土地利用总体规划确定

---

[1] 参见《全国所有省区市大蒜价格均上涨 海南涨幅超 50%》,载海口,http://www.hkwb.net/news/content/2012-06/05/content_772972.htm,最后访问日期:2012 年 6 月 5 日。

后,在建设用地范围内,依据地类、产值、土地区位、农用地等级、土地供求关系等因素,划分区片所测算的征地综合补偿标准,原则上不含地上附着物和青苗补偿费。综观我国各省市现行的区片综合地价补偿情况,各地方基本都将片区综合地价补偿标准用于城市建成区周边地区,以江西省为例:江西省施行征地区片综合地价补偿的地区以南昌市为范围,其中东湖区、西湖区、青云谱区、青山湖区、南昌县、新建县、南昌经济技术开发区、南昌国家高新技术开发区、红谷滩新区采用区片综合地价补偿方式,补偿价格一般都高于统一年产值补偿地区,其中以青山湖区差距最大,区片地价补偿地区高出统一年产值地区1倍以上。

二、增值收益分配方式

以传统分配模式为基础,发展出了统一年差值和区片综合地价补偿模式的改进形式。在增值收益分配方面,国家征收+出让+补偿的基本分配模式并没有改变,只是在补偿金额和补偿形式上进行了较大调整。

(一)分配主体

统一年产值和综合地价的分配模式依然延续了传统的分配形式,参与分配的主体与传统模式相同。

(二)分配方式

1.政府缩减土地出让金

在这样的模式之下,政府收入包含:(1)土地出让金;(2)土地前期开发费、耕地占用税等税费。[1] 其中,相关税费是由法律规定的,一般变化幅度不会很大,那么要提高给予农民的补偿份额,就只能以增加土

〔1〕 我国实行财政"收支两条线"管理,《土地管理法》中关于征地单位按照国家有关规定支付给被征地农民经济组织及农民的补偿安置资金,属于收入管理的概念,土地出让其中的补偿费属于支出概念。

地使用单位支付的征地补偿费,或者以减少政府获得的土地出让收益来实现。从目前情况来看,由于考虑到增加用地单位的前期投入成本会影响用地单位的投资积极性,为确保地方经济的较快发展,各地方政府更愿意选择缩小土地出让收益份额用于对农民的补偿。

2. 补偿费在集体与个人之间的分配

征地补偿费包括土地补偿费、安置补助费以及地上附着物和青苗补偿费。根据2011年修订的《土地管理法实施条例》,土地补偿费归农民集体经济组织所有;地上附着物以及青苗补偿费归其所有者所有;安置补偿费支付给农村集体经济组织,由农村集体经济组织管理使用;由其他单位安置的支付给安置单位;不需要统一安置的,支付给被安置人员。

(三)分配比例

依据《关于开展制订征地统一年产值标准和征地区片综合地价工作的通知》,以上费用具体支付标准,由市(县)具体规定。重庆市垫江县规定补偿费总额的80%用于被征地农转非人员参加城镇企业职工基本养老保险,其余20%支付给被征地集体经济组织;福建省泉州市丰泽区规定,在集体土地经营单位未能调整并给予被征收人土地供其继续承包的,应当将不少于补偿费的70%发放给农民,经济组织可提留30%用于发展生产;就目前而言,大多数情况是农民获得补偿金额的绝大部分。

第二节　农民参与模式

"农民参与模式"主要以农民继续保有土地,参与土地增值分配的方式来进行分配。从土地增值理论可以看出,征收过程中的土地增值其本质是土地用途转用带来的增值。前已论述，我国目前由社会经济发展所引起的辐射性增值主要是建设用地价值的增长。究其原因，城市发展过程中所需要的是能够用于开发建设的土地，而集体土地的用途受到严格的控制，不能自由地进行商业开发而无法满足城市发展的用地需要。从某种意义上看，城市发展过程中的土地供求关系，对于不能改变用途的农业用地来说，影响范围极为有限。也正是基于这种原因，处于农业用途中的土地并不能享受由社会经济发展所带来的用途转用增值收益。而农民参与模式，往往是以用途转化后的一部分土地使用权或经营权来代替货币对农民进行补偿。如此一来，农民不仅能够利用"补偿"的土地权利长期获得经济收益，同时也能够分享到社会经济发展所带来的辐射性增值收益。"农民参与模式"主要包括留地安置和土地入股两种方式。

一、留地安置

留地安置是以土地使用权代替货币补偿的征地安置补偿方式，通常发生在城市近郊区。其一般的运行方式是：在土地征收时，由用地部门代为办理征收之后，将一定比例土地留给被征地集体经济组织或失地农民，按城市统一规划要求，从事开发经营、发展生产的一种安置补偿方式。这种方式最早深圳经济特区采用试点方式进行，其最终是为了缓解因政府财力不足而导致的城市建设发展资金短缺的问题。在无法实现对失地农民的足额货币补偿的情况之下，由特区政府从征收的土地当中划拨一定数量的土地，给予被征地农民用以冲抵补偿费用。这部分划拨土地可被自由用于发展本村经济，有利于解决被征地农民的再就业以及之后的生活来源问题。随着经济发展和城镇化的不断深入，地方政府建设资金问题也越来越突出。于是，就有了越来越多的地方政府开始效仿这种对失地农民的补偿方式。

(一)留用地利用方式

用以留地安置的土地一般情况下会交由被征地集体在规划范围内自由使用。但是,由于我国农村经济普遍仍处于相对落后的发展阶段,农民手中可用于投资建设的资金并不充裕。因此,在某些经济较为落后的地区,仍需要借助政府的支持才能够对于留地安置的土地进行再次开发。依照留用土地开发主体的不同,可将留地安置方式分为集体自主和政府主导两种类型。

其一,集体自主的开发方式在经济发达的农村地区较为常见。在这些地方,村民往往能够以独资或合作的方式自主筹得足够的项目资金,保障土地再开发能够顺利进行。实践当中,农民集体选择土地再利用的方式又可大致分为自主经营、出租以及合作经营。毋庸置疑,选择筹措资金自主对留用土地进行开发与经营,较其他方式更利于农民或农民集体获得较高的经济收益。可这种高收益回报也常常伴随较大的投资风险。如此一来,自主开发就对村民或集体资本运作和经营管理的能力提出了更高的要求。与此相比,出租经营的方式就具备了投资成本低、风险小、收益相对稳定的特点。对土地的出租经营通常采取承包和租赁两种方式。有条件的农民或集体可以通过对土地的整理或修建厂房、市场、写字楼等设施,以获得较农业用地承包更高的收入。合作经营是处于自主经营和出租经营之间的一种经营方式。在土地的再利用过程中,集体或农民选择本集体外具有更强资本能力和管理、开发经验的单位,以合作开发或土地入股等方式获得土地收益。具体而言,在土地的再利用过程中,由集体提供土地,由其他单位提供资金、技术等除土地之外的开发支持。待建设项目完成、运营之后,村民集体以土地作价的方式参与盈利的分红。这种方式能够有效规避自主经营的高风险,也能够获得比出租经营更多的经济回报,但这也要求提供土地的农民集体必须对合作方进行严格的考察与谨慎的选择。

其二，政府主导的经营方式一般被经济较为落后的地区所采用。由于农民集体自身欠缺开发条件，就要求政府出面提供对土地开发、经营、管理的支持。实践当中，政府通常会采用物业返还或用地返租的方式参与留用地的开发经营。物业返还指的是，通过被征地集体的申请，由政府组织以公开招标的方式对留用土地进行出让。政府对出让后的土地进行部分回购并返还于被征地农民集体，作为商业使用。集体通过获得此部分商业用地的物业权利，为集体内部成员提供再就业岗位支持，以为今后的生产生活提供保障。用地返租主要指的是，由政府将原本属于集体的留地进行统一的开发利用，进行招商引资，并以土地租金将土地收入支付给被征地农民的一种方式。

（二）留用地比例

在留地安置的具体实践中，不同地区都会根据当地的实践情况，综合土地补偿、农民生活成本、土地价格、当地产业结构等因素，具体确定用于留地安置的方式及土地面积。

例如，20 世纪 90 年代初，泉州市、厦门市等地一般按被征收土地面积的 7% ~15% 进行对被征地集体的留用；[1] 温州市则是以被征收土地的区位因素与预期利用方式来综合确定留地安置的比例的。具体计算方法大致为：耕地征收依据区位因素区分，一类地段每征收一亩耕地返还 120 平方米，二类地区返还 100 平方米、三类地区则为 80 平方米。第二、第三产业返还比例则以 7 : 3 为恒定。如果土地的预期用途均为第三产业，那么一、二、三类地区返还土地面积则分别为 45 平方米、40 平方米、35 平方米。[2] 长沙市的具体做法是由市（县）国土资源局，依

〔1〕 参见林依标：《福建省被征地农民留地安置的实践探索及政策建议》，载《农业经济问题》2014 年第 8 期。

〔2〕 参见孙民：《温州市区留地安置政策的思考》，载《浙江国土资源》2007 年第 8 期。

照当地的具体情况，按照被征地总面积的6%～10%返还于被征地农民集体。地处于城市规划区需要进行房屋拆迁重建的，按照需要安置的农业人口数目以每人55平方米的面积进行返还。[1]

(三)留地安置收益分配

留地安置具体利益分配依据主要包括以农户为单位的分配、以被安置人口为单位的分配以及以被征地数量为单位的分配。以被安置人口为单位的分配是目前较为普遍的分配方式。在现实情况中，按人口分配主要是以被安置的农业人口的年龄为界限所采制度的分配标准。具体的分配则主要有股份分红、福利分红以及公积金留用三种方式。在留地安置利益分配方式方面，浙江杭州作出了较为具体的规定。其中，股份分红又被细化为基本股和贡献股两种形式。基本股为村民共同所有，按集体内部人数平均分配；贡献股则一般以年龄为依据，反映的是农民从事农业生产的年限。以不同的衡量标准，将集体内部成员进行区分，从而确定其收益的具体份额，有助于实现利益的公平分配。除了对被征收农民利益的有效保障，杭州市也考虑到了国家用于公共管理、社会保障的资金来源问题。土地收益在政府、集体与个人之间的分配具体比例为，土地收益的20%以公积金的方式提取，用以对留用土地的后期管理和维护；30%为公益金和福利费，以维持被征地集体的公共事业支出、日常管理支出以及支付对被征地农民的保险费用；除此之外的50%则用于对农民的补偿安置分配。

二、土地入股

为了增加农民的土地收益，切实确保农民享有的土地权利，2004年

---

[1] 参见《留地安置——长沙局征地补偿安置的做法》，载国土资源部网，http://www.mlr.gov.cn/xwdt/dfdt/200406/t20040625_6610.htm，最后访问日期：2004年6月25日。

国务院《关于深化改革严格土地管理的决定》提出了农民可以依法将获得批准的建设用途地使用权,采用入股的方式,参加到土地开发的建设项目当中,以获得稳定的经济收益。2004 年 11 月,国土资源部印发了《关于完善征地补偿安置制度的指导意见》,对土地入股分红作出了进一步规定,即农村集体经济组织或农户可以在自愿的前提下,通过协商,以征地补偿费或土地使用权作价的方式获得土地收益。2008 年,党的十七届三中全会将“股份合作”确定为了集体土地流转的主要方式之一。依照上述规定,土地入股按内容的不同可进行广义与狭义的区分。广义的土地入股包括土地补偿安置费以及土地使用权作价两种形式;而狭义的土地入股则仅表现为土地使用权的作价。

(一)土地入股收益分配的优势

第一,土地入股的方式是在农民自愿的前提下开展的,其标准的最终确立,是在农民主动协商的过程中完成的。因此,这种利益方式能够更有效地凸显农民的土地权利,保障农民能够平等地获取土地利益。在传统的政府主导模式下,农民权利在政府行政权力面前处于弱势地位。农民集体虽然是土地的法定的所有者,但是在政府完全垄断土地市场的形式之下,农民集体无法表达自己的利益诉求,对补偿结果如有异议,也没有可以进行权利维护的有效渠道。在土地入股分利的方式之下,农民集体能够在平等协商中,自由反映自身的利益需求,打破了只有政府才能设定土地价格的垄断局面,使农民能够利用土地使用权参与到社会经济发展所带来的土地收益分享当中。

第二,土地入股的利益分配,有利于失地农民提供长期的生活保障。在传统补偿模式下,以货币的方式对失地农民进行一次性补偿是主要的征地补偿方式。在这样的补偿方式中,失地农民的长期生活来源,并不能得到有效的保障。这不仅仅是在于补偿数额严重偏低的现实,也是由于一些农民对补偿款的使用没有一个长期的合理规划,从而在现实中经常会出现农民刚收到补偿款就"挥霍一空"的现象。而土地入股的利益分配方式，则是定期定量地将土地收益分配给失地农民，在土地利用项目正常运行的前提下，农民就能够持续地保证生活必要支出的来源，成为农民失地后长期生活的重要保障。

第三，土地入股的方式减少了农民获得土地利益的成本。在选择自主开发经营的方式下，农民要获取土地收益不仅要对土地进行前期的整理开发，同时也要承担后期的管理和维护。农民要获得收益就必须投入较大的资本。对正处于经济发展时期的我国大部分农村地区来说，这样的前期投入是无法得以有效实现的。而土地入股的形式使土地资源成为获取土地利益投入的必要成本，开发利用过程可以不需要再给农民增添过多的经济压力。这样一来，失地农民既不用为开发成本而困扰，也不用为投资损失而过分担忧，使农民能够在较为平和的投资过程中获得长远的经济收益。

（二）土地入股的利益分配——以南海市为例

从现有资料来看，当时南海市是进行集体土地入股改革的较早的地区之一。大致做法是：南海市政府将全市的土地按照区位因素与土地质量的不同，划分为农业保护区、工业区以及商业住宅区。依据不同的土地利用分区，将土地进行折价形成股权，并交由行政村或村民小组进行管理。股权的设置一般以兼顾村民集体与集体成员为原则进行安排。根据不同的实际情况，由村集体内部讨论决定。由此，有的村将股权分设为了集体股和成员股，集体股用以维持日常管理和公共事业支出，成员股则是给予农民个体的股权，二者的比例一般为 51% 与 49%；而有的村则没有进行明确的区分。在利益分配时，具有集体股和成员股的村社，只需按照约定的比例进行分配；没有区分集体与社员比例的，则一般也是由集体大约获得总收益的 51% 用于扩大再生产等项目支出，其余则按社员的股份进行分配。[1]

(三)土地入股中的不足

第一，土地入股行为是否能取得预期效果，取决于农民集体对市场的了解和对资本运营的把控。如前所述，土地入股的项目运行情况决定了农民集体和个人获得土地利益的多少。由于现实中市场信息不对等的影响以及农民的实际经营经验的限制，很可能会出现项目运行不理想的情况。在这种状态下，就会造成农民依据股权分得的利益很少，那么就不能够起到保障农民生活收入的实际目的。

第二，土地使用权作价缺乏必要的技术支持。从土地入股的利益分配方式来看，土地使用权作价是土地股份得以实现的前提。而土地使用权价格的确定，虽然加入了农民的自愿协商机制，但由于使用权价格本身缺乏确定依据。农民的“讨价还价”也只有在政府所确定的基本价格之上进行。如此一来，就大大削弱了制度本身要达到的让农民公平参与的目的，使此种方式的进行本质上仍无法摆脱政府的价格控制。

第三，农民土地入股组建土地股份合作社或者土地股份公司，注册为合作社法人或者公司法人或其他法人，将面临税费负担问题，即营业所得应交相应税费，这些运行成本如果从土地入股的收益中支付，则农民的实际收益就会降低。为此，政府可以考虑出台相关政策，对此类组织的税费进行减免，增加农民的实际收益。

第三节　农民主导模式

农民主导模式指的是，由土地所有者——农民集体主动发起的或

---

〔1〕 参见吴越、吴义茂：《农地赋权及其土地承包经营权入股范式》，载《改革》2011年第2期。

提出申请的,并且在政府宏观调控之下,能够自主决定土地流转价格的一种分配模式。与“农民参与模式”不同的是,在“农民主导模式”中,农民集体能够独立地成为市场交易主体,在交易过程中有权就土地价格与用地单位进行协商,最终获得实际协商价款的一种分配模式。主要包括:地票交易方式和集体经营性建设用地入市。地票模式将在下文详述,故本节中不再叙述。

农村集体建设用地,通常情况指的是政府批准的在集体土地范围内用于集体企业、事业单位建设或村民住宅建设等非直接用于农业耕作的土地。可细分为经营性建设用地与非经营性建设用地。经营性建设用地则一般指代的是集体企业使用的用于经济建设的土地。经营性建设用地使用权打破了城乡界域的市场化流转,有利于解决农村现实中存在的因企业改制、破产等因素造成的土地闲置问题,有利于实现土地资源的优化配置,以解决城市化过程中土地自然供给无弹性的实际问题。集体经营性建设用地使用权流转过程中所产生的收益,包括权利的经济实现以及土地价值增值的经济实现。这种经济利益在国家、集体、个人之间如何分配,关系到土地资源优化配置以及土地市场的有效运转。

从产权理论来看,在土地产权的“权利束”中,土地的使用权与所有权能够相对独立地行使。土地的所有者是土地各项权能如何支配的终极决定者,土地的所有权与使用权相分离,并不意味着土地所有者就永远失去了土地的使用权。任何权利的转移或行使,都应当在土地所有者的最终控制下进行,因此,土地的所有者绝对地拥有参与土地收益分享的权利;土地的使用权拥有者在法律允许的情况下,需经得土地所有者同意,才能够将土地使用权进行再次转让,在转让的过程中也应当有权获得转让过程中的土地收益。由此,建设用地的入市收益应当产生于市场平等协商、等价交换的基础之上。现实中的土地是一种特殊的商品,其中的价值不仅仅表现的是土地的财产属性,同时也应当体现着土地的社会价值属性。国家作为社会资源配置的调控者、公共事业的建设者以及社会财富分配的平衡者,其有权利用税收的方式参与土地流转的增值收益分配。因此,对于集体经营性建设用地流转的分配而言,应当是采用土地所有者和使用者分配为主,国家税收进行调控的方式,来达到兼顾国家、集体、个人的目的。

但是,从过去的实践情况来看,政府仍然是以经营者的姿态直接参与到土地增值收益分配的过程当中的。例如,一些地方明确规定了建设用地流转增值收益,在村集体、乡(镇)、区、市政府之间要按照2:5:2:1的比例进行分配。[1] 这种分配比例的规定,依然延续了以往政府在土地交换中的角色,无法实现保障农民土地权利的根本目的。

从以上对我国近年来征地制度改革模式的分析可以看出,我国现行的固定年产值和综合区片地价补偿标准依然过低,其理论根据仍然是"以农民为国家尽义务,给农民以适当补偿,征地增值收益归国家",这显然是不可行的。对于留地安置和土地入股模式而言,农民仅仅能够对所返还的小部分土地享有参与增值收益分配的权利。其余绝大多数的土地利益,仍由政府以不当征收的行为获取。另外,由于各地经济发展水平存在差异,实行这两种模式则会出现不同的结果。经济发达地区的农民能够得到更多的经济收益,而在欠发达地区的农民则与在传统模式下的经济收益相差无几。重庆地票重点解决的是用地指标增减挂钩问题,有利于远郊区农民土地利益的实现。但对于绝大多数城市近郊的被征地农民来说,这种改革方式与增加收益之间并无很大关联。以上几种模式均是在不伤及我国二元土地制度构思下的改革模式,当然也是最有可能被政府接受的模式。但如此的改革终归不能触动问题的根本,要实现农民公平、公正地参与土地增值收益的分配,就

[1] 参见李延荣:《集体土地使用权流转中几个值得注意的问题》,载《法学杂志》2007年第5期。

必须从征收制度的根源入手。较之以上的改革模式,本书较为倾向集体土地入市流转模式。但是,这种模式也只是针对集体土地当中的经营性建设用地而言的改革,这类土地在当前的广大农村中可以说是微不足道的。因此,本书认为,今后的改革方向应当是扩大集体土地入市的范围,也就是将集体建设用地入市扩展为凡是经营性建设项目需要使用集体土地的一律纳入市场化的改革之路。

CHAPTER 05 >>

第五章

土地增值收益分配问题的实践探索

第一节 北京市大兴区集体土地增值收益分配改革实践

2013 年 11 月，党的十八届三中全会作出了《关于全面深化改革若干重大问题的决定》。该决定提出，土地制度领域的全面深化改革目标是“建立城乡统一的建设用地市场”。具体来说，就是要“在符合规划和用途管制前提下，允许农村集体经营性建设用地出让、租赁、入股，实行与国有土地同等入市、同权同价。缩小征地范围，规范征地程序，完善对被征地农民合理、规范、多元保障机制。扩大国有土地有偿使用范围，减少非公益性用地划拨。建立兼顾国家、集体、个人的土地增值收益分配机制”。

为了落实中央的这一号召，2015 年 2 月，全国人大常委会同意了国务院所提出的在北京市大兴区等 33 个试点县（市、区）行政区域，暂时调整实施《土地管理法》《城市房地产管理法》部分条款的提案，并允许这33个试点地区就缩小农村土地征收范围、建立集体经营性建设用地入市机制和宅基地使用权有偿退出机制依法进行试点。[1] 为了统筹协调推进农村土地制度改革三项试点，2016年9月，经过中央批准，土地征收制度改革和农村集体经营性建设用地入市改革扩大到现有的33个试点地区，宅基地制度改革仍维持在原15个试点地区。

北京市大兴区是本次土地征收制度改革和农村集体经营性建设用地入市改革的试点，自获得全国人大常委会的授权之后，大兴区积极推动相关改革试点，并逐渐形成了自身在集体土地增值收益分配领域的特色，也面临许多亟须解决的问题。对此，笔者在2016年6月和2017年5月曾专门赴大兴区进行调研，对大兴区改革试点的经验和问题进行分析和梳理。

一、大兴区改革的背景

大兴区位于北京市南部，全区1036平方公里，辖14个镇，新城北距北京市中心13公里，是距离北京市区最近的远郊区。大兴历史悠久，自先秦建县以来约有2400余年，为中国最早的建制县之一，元明清三代为“天下首邑”，1958年3月前归属河北省，1958年3月7日，经国务院第72次会议决定，将大兴县由河北省转划北京市管辖。同年4月，将北京市南苑区的旧宫、亦庄、瀛海、西红门等地划归大兴，改县为区，1960年1月7日复改为大兴县。2001年1月9日，经国务院批准，北京市人民政府批复撤销大兴县，设立大兴区。

自1984年始，国务院就批准大兴成为首都第一批重点发展的卫星城之一。不过，多年以来，大兴区的建设用地呈现南北相对分化的局

[1] 参见全国人大常委会《关于授权国务院在北京市大兴区等三十三个试点县（市、区）行政区域暂时调整实施有关法律规定的决定》（2015年2月27日通过）。

面。具体表现是,该区北部乡镇在北京中心城的辐射以及亦庄和黄村卫星城的带动下,城镇化水平较高,土地利用类型以建设用地为主,土地利用较为多样化,而南部地区距离北京中心城较远,则以发展农业经济为主,土地利用类型相对单一,且耕地占所有土地利用类型的60% ~70%。因此,大兴区有"北城南乡""南菜园"之称。

自获得全国人大常委会的授权之后,大兴区提出了"新三起来"的改革目标和口号,即以"土地流转起来、资产经营起来、农民组织起来"探索农村集体土地制度改革,其具体的做法则可以称为"镇级统筹下的土地联营公司"改革模式。

二、"镇级统筹下的土地联营公司"模式探索

所谓"镇级统筹下的土地联营公司"改革模式是指,首先,在镇农资委的领导下,以相应的村集体经济组织为团体股东,把集体土地作价入股,组建土地联营公司。其次,经过各村民主程序,通过"一次授权、全权委托",把土地使用权全权授权给联营公司,满足公司作为入市主体资格,授权内容则包括"用地报批、整治开发、拆除腾退、规划建设、入市交易、合同签订、运营管理、收益分配"等。[1] 最后,将联营公司注册为有限责任公司,按照现代企业治理结构制定章程,完善股东会、董事会、监事会制度,直接与市场和政府对接。

之所以要采用这种模式,主要原因是,现代工商业发展通常是规模化大生产,而不是传统的小作坊式发展。这种现代化规模化大生产对于建设用地的需求,不仅有特定区位的要求,而且用地规模也较

〔1〕 城乡接合部地区改造民主程序的推进,由农委的农经站辅助完成。农经站,全称是农业经济经营管理站,在乡镇一级,其通常是市县农业局的下属机构,该机构的工作内容涉及广泛,不仅代表政府对农村经济政策、土地承包、农村发展、扶贫、产业化、农产品加工和销售、农民专业合作社、信贷等经济事务进行引导、监管,还负责对集体经济组织的财务状况,对农民的负担,农业保险进行统计和审计。另外,其还建立了专门的土地承包合同纠纷仲裁制度,负责解决土地承包过程中的矛盾和纠纷。

大。然而,大兴区的基本情况是,北部村镇204平方公里属于城乡接合部地区,“大城市病”显著,因20世纪80～90年代鼓励兴建的工业大院土地面积4.4万亩,现在普遍存在问题流动人口多、低端产业多、安全隐患多、基础设施差、环境卫生差、社会治安差等“三多三差”现象。南部村镇地区则“农村病”突出,具体表现为建设用地没有实现城市规划覆盖,致使建设用地布局零散、建设无序、效率低下、私下授受等问题。以大兴区的西红门镇为例,因为20世纪80年代大力发展村集体经济,2000年左右北京市鼓励建设村级工业大院,受这两方面的影响,该镇27个行政村共建设了27个工业大院,总面积已经达到上千公顷。

在这种情况下,如果不对土地和产业进行重新规划和调整,径直要求村集体经济组织或村内集体经济组织将现有存量的集体经营性建设用地直接有偿转让会带来很多问题。比如,其一,计划经济时代“村村冒烟”的情形可能会重现;其二,不同集体经济组织之间在土地利用方面的利益分化和沟通协调成本会非常大;其三,单个集体经济组织在吸引人才、规划管理、招商引资等方面也不具有明显优势。而如果以镇级为单位来统筹本区域的集体经营性建设用地入市和征地制度改革,进而探索土地增值收益在国家、集体和个人之间的合理分配,就是一个较好的选择,因为镇不但地域范围较大,而且在聚集资金、吸引人才、招商引资、管理协调等方面具有综合优势,有利于提高农民组织化程度,增强集体经济市场竞争力,提高集体土地集约利用水平,建立镇域内的集体土地利益平衡机制。另外,现代城市化还需要构建完整和完善的产业链和产业体系,需要优美的生态环境、良好的城镇发展体系,需要公共设施齐备、合理的城镇经营体系,这些都要必须打破村的界线。城镇在经济和产业领域的最大的优势在于“集聚”以减少交易费用、节约社会成本;在公共服务和社会管理领域最大的优势在于“大聚集、大需求、大服务、大治理”；在社会公平协调发展领域，这种模式还可以逐步缩小村与村之间的利益差距，解决土地资源分配不均衡。实现各村之间发展权与收益权的平衡等问题。

“镇级统筹下土地联营公司”的具体运行方式如下。[1]

（1）首先，对各村的集体建设用地所有权和使用权进行确权登记，并将所有权证、集体建设用地使用权证颁发到项目所在地的各村。其次，在保证集体土地所有权不变的前提下，各村以集体土地使用权入股的形式组建镇级联营公司，并将集体建设用地使用权证变更登记到镇级联营公司名下。最后，按照“同股同价”的原则，并在充分尊重股东代表意见的基础上，根据土地面积和核定的土地价格标准确定股份资金和股份份额。

（2）镇土地股份合作社代表土地所有权人统一对集体土地进行开发、保护和利用，并具体负责土地联营公司的组建、入市交易、招商引资、合同签订、运营管理、组织协调等工作。土地联营公司注册为工商企业，具体形态为股份制有限责任公司，每个村在联营公司里面是一个团体股东，该团体股东派一名团体股东代表参加联营公司股东会议。与原有的集体经济组织相比，该联营公司是一个政企分开、政社分离的纯粹经济组织，其自行负责“土地规划、拆除腾退、土地开发、收益分配、经营管理”五项统筹工作。

（3）土地联营公司的统筹决策主体是土地联营公司股东会议。股东会是公司的最高权力机构，实行一位股东行使一票表决权的制度。股东会决定公司经营方针和投资计划等重大事项。股东会决议，须经出席会议的股东所持表决权和持股比例双过半数通过。特别事项须股

〔1〕 以下资料摘录改编自大兴区西红门镇镇政府：《镇级统筹下土地联营公司的运行管理与监督工作汇报》，2016年5月；北京市大兴区土地改革试点领导小组：《大兴区农村土地改革试点工作汇报》（2017年6月19日）。

东所持表决权和持股比例2/3以上通过。股东会议选举产生董事会和监事会,然后再由董事会聘任公司管理层。董事会负责公司经营决策和业务执行,对股东会负责。董事会成员由股东大会选举产生,一般由人口较多、土地较多的村集体董事长担任。董事会作出决议,须经全体董事过半数同意。决议表决实行一人一票,在争议双方表决票数相等时,董事长具有决定权。各村的村务监督委员会主任(监事长)是联营公司的监事,通过监事会参与联营公司的监督、管理。

截至2017年5月底,大兴全区已经组建了10个镇集体联营公司,并全部完成工商注册。[1] 其中,涉及团体股东村集体120个;董事长13人,身份为镇退休人员的5人、镇在职事业编制的5人、村集体董事长(党支部书记)的3人;董事长兼任总经理的11人;监事长13人,监事长身份为村党支部书记的8人、镇在职事业编制的5人;董事会人数52个,大多数为村支部书记;监事会人数59个,大多数为村党支部书记。

(4)公司的资产和资本管理由镇级土地联营公司作为经营管理主体,统一负责经营管理。按照《会计法》《会计基础工作规范》等法律和国家有关规定,土地联营公司建立健全公司财务和会计制度。将入市集体经营性建设用地取得的收益纳入农村集体资产统一管理,落实"账款双托管"。制定收益使用和分配方案,收益分配及使用须经集体决策,严格审批手续,做到专款专用。公司的日常财务情况向股东代表公

[1] 根据《大兴区农村集体经营性建设用地入市试点入市主体及组织运行管理暂行办法》的规定,镇级统筹下成立联营公司的具体做法是:(1)由镇集体资产管理委员会负责指导,并编写镇土地联营公司的组建方案,将组建方案报镇政府批准,取得书面批复后,开始组建工作。(2)将组建方案送达给相应的村集体经济组织。各村在收到组建方案后,进行公示,充分征求本集体经济组织成员的意见建议,保障广大集体经济组织成员的知情权。(3)各村集体经济组织召开成员(村民)代表大会,对有关事项进行授权表决。经过各村民主程序,通过"一次授权、全权委托",把土地使用权全权交给联营公司(授权内容:用地报批、整治开发、拆除腾退、规划建设、入市交易、合同签订、运营管理、收益分配等内容),满足公司作为入市主体资格。(4)镇集体资产管理委员会根据各村集体经济组织民主决议情况,以相应的村集体经济组织为团体成员,组建集体所有制性质的镇土地联营公司,指导制定公司章程,到区工商局登记,注册为有限责任公司,领取企业营业执照,同时到大兴区经管站备案。

开,各村股东代表再对本村集体经济组织成员公开本集体经济运行情况。另外,公司每年应定期向股东逐项逐笔公布明细账目,重点公开群众关注的各项目的收支情况,打造“阳光”财政。另外,在政府方面,各级政府不干预企业自身经营行为,在职政府工作人员不在公司任职或兼职,不拿报酬。但是,镇党委政府采取“扶上马、送一程”的过渡性措施,董事会对有关重大事项的决议,必须报镇党委、政府审议通过。待联营公司具备独立规范运作能力后,政府退出公司日常管理工作。

(5)土地联营公司成立之后,首先不是去出让现有的集体经营性建设用地,而是要做好土地规划、拆除腾退和土地一级开发工作。为此,大兴区首先对辖区现有的集体经营性建设用地进行了摸底,然后坚持规划引领,完成了《大兴区集体建设用地试点规划实施意见》和11个镇规划编制,从而实现了城乡规划向农村覆盖,支撑城乡一体化有序发展。比如,西红门镇在重新规划的基础上,对集体建设用地采取了“拆十建二还八模式”,即10平方公里建筑物全部拆除,改为集约利用的2平方公里产业用地,8平方公里为城市绿地。根据大兴区初步测算,全区农村集体经营性建设用地入市后,可减少集体建设用地26.7平方公里,其中城乡接合部约16.7平方公里原建设用地还原为绿地,农村地区约10平方公里复垦为耕地,实现土地节约集约高效利用。

三、“土地联营公司”模式下土地增值收益分配

所谓“土地增值收益”,主要是指规划所确定的土地用途变更之后,土地的价值和价格出现了较大幅度的增长,这时如何分配这种增值收益就成了一个极为关键的问题。在当前土地制度全面深化改革的背景下,土地增值收益分配主要出现在两个领域:一是集体土地征收领域;二是集体经营性建设用地入市领域。这两个领域的主要区别在于,前者是基于公共利益需要而进行的国家与集体土地所有权人之间的强制

土地交易,后者则是集体土地权利人通过市场与政府、开发商或其他经济活动主体进行的自由土地交易。但在土地增值收益分配这个问题上,这两个领域的区别不大,因为它们处理的都是土地用途变更后土地增值收益的分配问题。也正因如此,大兴区统一利用土地联营公司这一平台来处理土地征收和集体建设用地入市之后的土地增值收益调节问题。

集体经营性建设用地入市收益能否合理分配,是衡量改革试点成败的关键。根据建立兼顾国家、集体、个人的土地增值收益分配机制的要求,大兴区综合考虑土地增值收益形成、城乡建设发展、农民利益保障等因素,制定了增值收益调节金征收使用管理办法。具体来说,大兴区的集体土地建设用地入市之后增值收益分配可以分为三个层次:(1)政府与镇级土地联营公司之间的分配;(2)土地联营公司内部的股东(组建联营公司的各村集体经济组织)之间的分配;(3)村集体经济组织内部对农民进行收益分配。

第一层次的土地增值收益分配,主要通过土地增值收益调节金的方式进行。按照《农村集体经营性建设用地土地增值收益调节金征收使用管理暂行办法》规定,所谓"土地增值收益调节金",是指按照建立同权同价、流转顺畅、收益共享的农村集体经营性建设用地入市制度的目标,在农村集体经营性建设用地入市及再转让环节,对土地增值收益收取的资金。该调节金的征收范围包括"农村集体经济组织通过出让、租赁、作价出资(入股)等方式取得农村集体经营性建设用地入市收益,以及入市后的农村集体经营性建设用地土地使用权人,以出售、交换、赠与、出租、作价出资(入股)或其他视同转让等方式取得再转让收益"。[1] 调

〔1〕 财政部、国土资源部《农村集体经营性建设用地土地增值收益调节金征收使用管理暂行办法》(财税〔2016〕41号,2016年4月18日)第4条。

节金的征收比例，分别按入市或再转让农村集体经营性建设用地土地增值收益的20% ~50%征收。具体的比例则需要“综合考虑土地增值收益情况，按照土地征收转用与农村集体经营性建设用地入市取得的土地增值收益在国家和集体之间分享比例大体平衡以及保障农民利益等原则，考虑土地用途、土地等级、交易方式等因素，确定调节金征收比例”。不过，“无法核定本地区入市或再转让土地取得成本的，可根据土地征收或土地收储的区域平均成本情况，制定农村集体经营性建设用地的平均成本，或制定按成交总价款一定比例征收调节金的简易办法，由试点县人民政府报省级财政和国土资源主管部门批准后执行”。[1]

大兴区结合自身现状建设用地建设密度大、拆除腾退成本高、农民收益保障要求高、入市获取较高收益难度大的情况，报北京市财政局和国土局批准之后，决定按照土地成交总价款的8% ~30%征收调节金。通过引入竞争环节实现入市的，大兴北部的几个镇调节金征收比例为12%，南部的镇为8%；通过协议出让、自主开发方式入市的，北部镇调节金征收比例为15%，南部镇为10%。在政府内部，为鼓励试点地区开展改革并促进大兴区的发展，北京市政府目前不参与调节金的政府间分配，而是将全部调节金留给大兴区。大兴区则规定，调节金在全区范围内统筹使用，主要用于农村基础设施建设支出，周转垫付集体经营性建设用地土地开发、土地整理资金，以及农村经济困难群众的社保补贴和特困救助等事项。

第二层次的土地增值收益分配，大兴区按照“保既得、利当前、重长远、不分现钱”的原则进行。具体来说，“保既得”是指按不低于该建设用地原来的租金标准和递增幅度向原村集体经济组织支付用地成本，

---

〔1〕 财政部、国土资源部《农村集体经营性建设用地土地增值收益调节金征收使用管理暂行办法》(财税〔2016〕41号，2016年4月18日)第6条、第9条第2款。

通过入股村社地租保底,每5年增长5%,确保农民既得收益不因改革试点而减少;“利当前”是指土地入市收益优先用于项目滚动发展,等待联营公司所统筹土地全部入市即项目决算后,再对所有集体经济组织成员进行“二次分红”;“重长远”是指地块上市后,合理设计留地、留物业、留资产和入股经营等方式,确保农民每年都有稳定收入;“不分现钱”,即不将入市收益一次性全部分尽,而是委托联营公司再投资,进一步壮大集体经济。不过,为了确保土地联营公司正常运转,大兴区要求这类公司实行入市收益资金专户管理,且不得以任何形式对外提供抵押或担保。

第三层次的土地增值收益分配,则由村集体再按照各村产权制度改革时章程所规定的比例、股份份额进行分配。目前大兴区各集体经济组织内部股权分配方式有“以人入股,以地入股”两种方式。(1)以人入股。以南部镇为主,针对土地分布不均衡,部分村集体土地指标少或无指标等问题,以人头计算股权,设置50平方米/人用地指标进行托底保障,维护发展权益公平公正。(2)以地入股。以西红门、黄村等北部镇为主,由于土地相对集中、分布较均衡,镇域内经济发展差距不大,照顾历史形成因素,以土地计算股权,设置合理过渡期间,更能兼顾公平与效率。虽然这两种入股方式存在差异,但基本特征都是以土地组成合作社,统筹使用土地指标,将土地产生收益均衡分配给农民,实现农民收益最大化、长远收益有保障。

另外,在股东身份的确定方面,大兴区制定了“对内一个不落下,对外一个不进入”两个原则。所谓“对内一个不落下”,是指联营公司的股东仅限镇域内各村集体经济组织,要求镇域内所有村集体和确定时点的村集体经济组织成员必须全部进入,不落下一村、一人,保证收益权发展权全覆盖,推进共同富裕。所谓“对外一个不进入”,是指公司不对社会资本开放,受益群体仅限已入股的各村集体经济组织及成员。对公司股东和受益主体双限定,维护集体资本安全。

1. 集体经营性建设用地入市领域

全国人大常委会授权决定作出之后,在大兴区西红门镇政府的统筹协调下,该镇各村联合成立了名为"盛世宏祥资产管理有限公司"的土地联营公司,负责经营各村入股的土地。在区镇政府的帮助和协调之下,盛世宏祥资产管理有限公司首先将原属于27个行政村的27个工业大院(总面积约960万平方米)拆除腾退完毕,然后在相应土地上重新规划了名为"鸿坤金融谷"的新型产业园区。2015年12月11日,经北京市大兴区人民政府批准,北京市盛世宏祥资产管理有限公司在北京市土地交易市场大兴分市场交易平台上,[1]公开挂牌出让一块位于西红门镇的集体经营性建设用地使用权(编号为2号地B地块)。该块土地建筑面积为26,700平方米,规划建筑面积53,400平方米,规划用地性质为绿隔产业用地,出让年限为40年,交易起始价为45,428万元(折合楼面约为8500元/平方米),挂牌时已经实现了临时性的"三通一平",竣工验收后则可以实现"六通一平"。[2] 2016年1月,北京市赞比西房地产开发有限公司最终以8.05亿元竞得该块土地40年的土地使用权(楼面价1.5万元/平方米)。

此次集体经营性建设用地出让所得8.05亿元价款,按照"1:1:3:3"的比例进行分配,即向政府缴纳1个亿交调节金(土地成交总价款的10%),支付给农民的保既得收入1个亿,偿还贷款3个亿,[3]用于土地

---

〔1〕 由于北京市集体经营性建设用地入市目前尚没有成熟的交易平台,因此集体建设用地首次出让时,借用了北京市国有土地有偿出让的平台,即北京市土地交易市场大兴分市场交易平台。

〔2〕 所谓"一平",是指除最终可保留及涉及二级开发单位继续使用的地上附着物外,该块土地所有的施工障碍物都已经清除;"三通"指通临路,具备通水、通电的接入条件;"六通"指通路、通上水(自来水、中水)、通下水(雨水、污水)、通电(仅管沟)、通信(电信、有线电视)、通燃气。另外,根据本次挂牌文件,宗地有以下使用设置条件。(1)要求有限安置西红门镇劳动力就业;(2)要求项目投资强度不低于人民币1.2亿元/公顷(12,000元/平方米土地);(3)要求年纳税额不低于400万元/公顷(400元/平方米土地);(4)建设期间,建设税需在本地缴纳,经营公司在本地注册;(5)为保障以上条件顺利落实,土地所有权人在用地内选取位置相对集中的3400平方米经营性用房(地上)作为上述要求的履约保证。履约用房(3400平方米)5年内不得以任何形式出售和转让。另外,房屋应严格按规划用途使用,严禁"商改住",且购房者身份须作限制,购房者必须具有工商营业执照。

〔3〕 之所以有"3亿贷款",主要是因为前期拆迁腾退和补偿农民也都需要资金。

一级开发3个亿。与入市前相比，入市后的寿保庄、四村等4个村社集体净资产增加了0.9亿元，农民人均既得收入增长了6800元，实现了国家、集体（土地联营公司和村集体经济组织）与农民个体之间的共赢。

2. 集体土地征收领域

2016年9月，土地征收制度改革和农村集体经营性建设用地入市改革合并进行试点之后，大兴区结合北京市2004年开始正式施行《建设征地补偿安置办法》（北京市政府第148号令），通过对公共利益用地的内涵与外延进一步界定，制定新的土地征收目录，从而缩小了"征地范围"。依据新的公共利益标准，机场高速、机场快轨、京霸专线3个线性工程被确定为符合公共利益要求的项目，预计征地5500亩。自2017年6月以来，正在走"协商程序"。西红门新建工业区（1300亩）、旧宫三村（555亩）两个项目，则不属于公共利益的征收范围，因此建设用地供应方式从土地征收转变为集体经营性建设用地入市。

关于土地征收的补偿问题，大兴区按照"集体土地入市与征地取得的土地增值收益在国家、集体之间分享比例大体平衡，合理提高个人收益"的原则进行处理。也就是说，国家与集体之间以及集体内部的土地增值收益分配比例和分配模式，基本与集体建设用地入市保持一致，因此就不再详细叙述。

四、大兴模式遇到的挑战及解决

集体土地增值收益分配问题的核心是权利和利益的分配问题，但要处理好这些问题，就必须对现行法律所确立的地权制度和乡村治理结构进行改革和重构。在大兴土地改革试点的过程中，这些问题都突出地表现了出来。

（一）集体经济组织内部的产权构造和增值收益分配

明确集体土地的所有权主体是农村集体用地入市的前提。然而，我国目前的法律对此规定得极为模糊。《宪法》第10条第2款规定，“农村和城市郊区的土地，除由法律规定属于国家所有的以外，属于集体所有；宅基地和自留地、自留山，也属于集体所有”。但其并没有明确规定何为“集体所有”。《土地管理法》《农村土地承包法》对此也没有规定。原《物权法》第59条第1款确有关于“农民集体所有的不动产和动产，属于本集体成员集体所有”的规定，但“集体成员集体所有”的法律性质究竟是共有（以及何种共有）还是法人所有（以及到底是哪种法人所有），并不是特别清晰。2017年通过的《民法总则》规定，农村集体经济组织依法取得法人资格，法人性质则为特别法人。依照这一规定，集体所有在未来的发展方向应当主要是法人所有。不过，《民法总则》并没有进一步规定这种特殊法人所有的内部权利构造和权利结构是怎样的，而是将这个问题留给其他法律或行政法规来进一步规定。[1] 而2021年正式实施的《民法典》对这一问题也是语焉不详。

对于这个问题，自2010年开始，北京市按照“资产变股权、农民当股东”的思路，以“清产核资、资产量化、股权管理、规范分配”为内容，以“归属清晰、权责明确、利益共享、监管有力”为原则，以股份合作制为形式，全面推进农村产权制度改革。[2] 在这项改革的过程中，大兴区的做

〔1〕 参见《民法总则》第96条、第99条。

〔2〕 北京市的农村产权制度改革自1993年就开始试点，以丰台区东罗园村将部分集体净资产的收益权量化为现有集体经济组织成员为标准，1995年该村对量化给村集体经济组织成员的股权允许继承和转让。2003～2009年，农村产权制度改革在近郊区全面推开，在远郊区开始扩大试点。2010年，北京市提出率先实现城乡一体化的目标，为此，市委农工委、市农委制定下发了《关于进一步加快推进农村集体经济产权制度改革工作的意见》，全市农村产权制度改革进入全面推进阶段。截至2012年年底，全市累计完成改革的单位达到3823个，其中村级3804个，乡镇级19个，村级完成改革的比例已经达到95.6%，有320万农民当上了农村新型集体经济组织的股东。自2010年至2012年，是全市农村集体经济产权制度改革力度最强、进度最快的一个时期，新完成改制单位3011个，是之前17年改革单位总数的3.7倍。参见郭光磊：《北京市农村产权制度改革的回顾与思考》，载《北京人大》2013年第5期。

法是，首先，提倡辖区各村到区经管站办理股份经济合作社改制登记，注册为新型股份经济合作社，并可凭借组织登记证书，到银行办理开立账户等手续，到税务部门代开税票。截至 2016 年年底，该区已经全部完成新型集体经济组织存量登记证书换发工作。新证换发后，改为 18 位统一社会信用代码，实现与技术监督局二证合一，使镇村集体经济组织有了身份证，具有了真正意义上的市场主体地位。其次，根据全国人大常委会法工委 1992 年关于“集体所有的土地依照法律规定属于村农民集体所有的，应当由村农业生产合作社等农业集体经济组织经营、管理，没有村农业集体经济组织的，由村民委员会经营、管理”的答复，〔1〕确定本辖区集体土地的所有权主体主要为新型股份经济合作社。〔2〕最后，为加强党对集体经济组织的领导，大兴还提出了经济组织负责人与党支部书记一身兼的要求，即党支部换届后，股份经济合作社董事长原则上由现任村党支部书记兼任，各村应及时进行农村股份经济合作社法人变更，到区经管站进行登记备案。这样一来，大兴区的集体土地所有权人主要就是农村股份经济合作社这种法人化的农村集体经济组织了，而且更为重要的是，这种法人组织内部的产权体系也较为清晰，均以入股土地的数量来计算股权和股数。这就为上文提到的第三层次的（本集体经济组织内部）土地增值收益分配奠定了坚实的制度基础。

---

〔1〕 全国人大常委会法制工作委员会《对福建省人大常委会关于村民委员会和村经济合作社的权利和关系划分的请示的答复》，1992 年 1 月 31 日。

〔2〕 实际上，按照《北京市实施村民委员会组织法办法的若干规定》《大兴区村级重要事项民主议定民主决策的规定》等市、区文件的政策要求，大兴区在此之前已经按照“政社分开”和“政经分开”的原则，明确区分了村集体经济组织与村民委员会组织职责分工。具体来说，农村集体经济组织是经济组织，有独立进行经济活动的自主权，负责集体经济运营和管理，负责的事项有年度财务预（决）算，大中型资产的购置、维修、处置，土地等自然资源的确权、出租、流转，土地征收征占补偿和补偿费的分配使用，重大项目投资、举债借贷，各类经济合同的签订，农村产改革年度收益分配及股权分红，村集体企业立项、建设方案和承包租赁出售等。所作决定须经 2/3 成员（股东）代表会议讨论通过或者 2/3 以上户代表表决通过。村委会是政治自治组织，承担村政事务、公益事业服务等职能，承担的事项包括：本村享受误工补贴或者村财务开支的人员的补贴或者报酬标准，本村公益事业的兴办和筹资筹劳方案，村公益事业专项补助资金的使用方案，村委会建制撤销，所作决策经村民代表到会人员过半数通过方为有效。

(二)建设用地进入市场的主体问题

虽然集体土地所有权人以及集体内部的土地权利构造进行了产权明晰,但上文业已指出,如果以村集体经济组织为主体进行集体建设用地流转会产生许多问题。为此,大兴区又探索出了由农村股份经济合作社将自己的土地入股全镇统筹的“土地联营公司”来统一负责建设用地的经营和出租。这种探索对于推进新型城镇化的建设、促进产业的积聚、提升和升级以及农民的增收都是有利的,而且较为适合对现代工商业用地有较大需求的大城市周边农村地区。然而,从产权结构来看,在这种模式之下,集体建设用地的经营管理权其实已经属于作为有限责任公司的土地联营公司(如大兴区西红门镇的“盛世宏祥资产管理有限公司”)这一法人所有了,而不再属于农村股份经济合作社这种集体经济组织了。

大兴区在总结自身改革经验时强调,作为集体建设用地入市实施主体的镇级土地联营公司属于农民组织主体的再造,而不是对集体土地所有制的冲击和破坏,因为镇级土地联营公司通过集体产权重组的新型集体经济组织,本质上是集体所有制性质的土地股份合作社,其既符合了党的十八届三中全会所提出的建立“归属清晰、权责明确、保护严格、流转顺畅的现代产权制度”以及“保障农民集体经济组织成员权利,积极发展农民股份合作”的要求,也符合中央近几年不断强调的“探索农村土地集体所有制的有效实现形式”的要求。[1]

这样的意见和看法是合理且应当得到支持的,但如果现行的法律不作修改,那么这种创新性的探索就很难得到法律的保障。因为现行《土地管理法》规定,“农民集体所有的土地依法属于村农民集体所有的,由村集体经济组织或者村民委员会经营、管理;已经分别属于村内

〔1〕 北京市大兴区土地改革试点领导小组《大兴区农村土地改革试点工作汇报》(2017年6月19日)。

两个以上农村集体经济组织的农民集体所有的，由村内各该农村集体经济组织或者村民小组经营、管理；已经属于乡（镇）农民集体所有的，由乡（镇）农村集体经济组织经营、管理”。[1]《村民委员会组织法》也规定“村民委员会依照法律规定，管理本村属于村农民集体所有的土地和其他财产”。[2] 根据这些规定，集体土地的经营管理权属于村集体经济组织或者村民委员会，而不属于土地联营公司。这时，如果法律不进行修改，土地联营公司的制度创新就得不到法律的保障，并可能在未来的运行过程中遭受各种法律或行政领域的挑战。

为此，本书建议将《土地管理法》第11条修改为“农民集体所有的土地依法属于农民集体所有的，可以由村集体经济组织、村内农村集体经济组织、乡（镇）农村集体经济组织自行经营管理，也可以由农民集体土地所有权人依法授权的民事主体经营和管理”。如此一来，只要是依法获得集体土地所有权人授权的民事主体（如土地联营公司），在经营管理集体土地时，就可以获得法律的承认和保障，而该授权主体与土地所有权人之间的土地增值收益分配规则也可以经由授权合同来加以规范调整了。

另外，需要注意的是，当农村集体经济组织转变成为法人且将其土地所有权入股到土地联营公司时，集体经济组织和土地联营公司是需要缴纳增值税、房产税、土地使用税、企业所得税及过户费用的，集体经济组织的成员作为股东在获得分红或其他财产性收益时，还需要缴纳个人所得税。这样一来，就会大大降低农民改革和完善农村集体土地产权制度的积极性。公民纳税是天经地义的，我国宪法也明确规定，公民有纳税的义务。不过，鉴于集体土地产权制度改革处于起步阶段，国

---

〔1〕《土地管理法》第11条。

〔2〕《村民委员会组织法》第8条第3款。

家财政部门应当会同土地管理部门、农业管理部门等相关部门在改革试点期间针对集体经济组织这种特殊法人制定特殊的税收优惠或减免政策，从而支持相关改革的进一步发展。

（三）政府与农民之间的土地增值收益分配问题

如前所述，第一层次的土地增值收益分配发生在政府与农民之间。目前，全国人大常委会所确定的33个试点区县，财政部和国土资源部已经通过《农村集体经营性建设用地土地增值收益调节金征收使用管理暂行办法》创设了“土地增值收益调节金”制度，来解决该领域的土地增值收益分配问题。本书认为，“土地增值收益调节金”制度是一项非常好的探索，而且该暂行办法所设计的“集体土地增值收益的20%～50%”和“成交总价款一定比例”两套调节金计算方法也较为合理和可行。但这一项制度也存在以下三个方面需要完善。

首先，土地增值收益调节金的法律性质到底是行政收费，还是正式的税需要进一步明确。本书认为，从调节金的征收基础及其对土地增值收益征收的比例来看，其法律性质宜界定为正式的税种，而不宜归类到行政收费中去，原因有二：其一，税收的征收是为了满足国家的一般性公共开支，而行政收费则是由于政府有特殊支出因此需要服务对象缴纳专门的经费。比如，交管部门对申请称为机动车司机的特定人收取的证照费用就宜作为行政收费而存在，因为政府的交管部门要为此类主体付出特别的行政成本，而像土地增值收益调节金这种资金，政府在征收之后主要用于城乡建设等一般性公共开支，且也没有明显为被征收对象提供特殊的行政服务，因此宜列入税收行列。其二，行政收费的目的是弥补相关行政管理或服务中的特殊开支，具有一定的开支补偿性，因此比例和金额一般比较小，但税收是国家为了筹措公共资金而征收的，主要不是为了弥补自己管理或服务过程中的开支，因此征收比例和金额可能比较大。从这个方面来讲，土地增值收益调节金也宜界定为一种正式的税种。[1]

如果这种观点可以成立的话，那么在《土地管理法》以及相关法律的修改过程中，全国人大常委会应当按照“税收法定”的原则将土地增值收益调节金这种制度纳入我国现行法律，而不是将其继续作为一项行政机关确定的制度而继续存在。[2] 当然，这就需要全国人大常委会适时修改现行《土地增值税暂行条例》，提高其法律位阶，颁布专门的《土地增值税法》，从而将“土地增值收益调节金”纳入“土地增值税”的序列之中。

其次，目前农村集体土地产权制度改革处于起步阶段，加上多年来国家垄断土地一级市场，不允许集体建设用地直接进入市场，造成农民和农民集体经济组织无法合理地分享中国城市化、工业化和经济快速发展所带来的成果，因此，对土地增值收益调节金或土地增值税征收，国家应当提供相应的税收优惠或减免政策。

最后，在土地增值收益分配这个问题上，土地征收和集体建设用地入市是不存在本质区别的，它们处理的都是土地用途变更后土地增值收益的分配问题。因此，土地增值收益调节金制度以及未来的土地增值税制度，不仅可以适用在集体建设用地入市领域，而且可以在集体土地征收补偿领域。国土资源部 2017 年 5 月所发布的《土地管理法修正案征求意见稿》提出，未来的土地征收补偿按照“被征收土地的原用途 + 区片综合地价”的方式来进行计算不是很合理，因为其本质依然是政府定价，由政府来确定被征收土地的价值。这种定价方式显然与我国《宪

---

〔1〕 还有一种可能的观点认为，土地增值收益调节金的法律性质属于国家作为土地所有权人获得的财产性收益，因此应当按照政府性基金进行征收和管理。这种观点无疑是错误的，因为在我国现行法秩序之下，集体土地的所有权人是农民集体，而不是国家，因此对于这种观点这里就不再作详细分析了。

〔2〕 财政部和国土资源部在 2016 年所发布的《农村集体经营性建设用地土地增值收益调节金征收使用管理暂行办法》（财税〔2016〕41 号）也明确规定，本办法及办法所建立的土地增值收益调节金制度在 2017 年 12 月 31 日之前有效。之所以有这样的时间规定，是因为全国人大常委会对于大兴区等 33 个区县的土地征收制度改革、集体经营性建设用地制度改革以及宅基地制度改革试点授权期限就是 2017 年 12 月 31 日。

法》序言以及第15条所确立的“国家实行社会主义市场经济”原则是相脱节的,而且其也不符合党的十八届三中全会所讲的“大幅度减少政府对资源的直接配置,推动资源配置依据市场规则、市场价格、市场竞争实现效益最大化和效率最优化。政府的职责和作用主要是保持宏观经济稳定,加强和优化公共服务,保障公平竞争,加强市场监管,维护市场秩序,推动可持续发展,促进共同富裕,弥补市场失灵”的改革要求。因此,建议《土地管理法》将土地增值收益调节金(或土地增值税)制度也扩展到集体土地征收补偿领域。

第二节　重庆地票模式的实践与探索

依据2007年国务院《关于支持和促进重庆市统筹城乡改革和发展的意见》,重庆市被纳入土地城乡统筹改革的范畴。农村土地交易所的成立,正式拉开了建立城乡统一建设用地市场的改革大幕。相对于传统增值收益分配模式来说,重庆地票模式可以说是在集体土地增值收益分配制度改革过程中的一次突破。

地票,指的是将农村建设用地进行复垦,使之成为能够满足栽种农作物需求的耕地。经土地管理部门对整理出的可耕地质量进行严格验收、对腾出的建设用地面积进行精确测量之后,由市国土房管部门发给等量面积建设用地指标的凭证即为“地票”。[1] 就本质上而言,“地票”的产生即为农村建设用地建设的过程;“地票”权利的实现即为农村建设用地指标向城市的转移。从功能上来讲,“地票”是用地方获得进入

〔1〕 参见尹珂、肖轶:《农村土地“地票”交易制度绩效分析——以重庆城乡统筹试验区为例》,载《农村经济》2011年第2期。

土地市场的一种资格。我国采用城乡土地的二元所有制，虽然两者均属《宪法》当中的“社会主义公有制形式”，但二者却遵循着不同的权利规则。国家垄断土地一级市场，集体土地不能够在城乡之间自由流动，任何单位或个人需要利用土地进行开发建设，必须申请国有土地，即要在城市规划允许的范围内，通过政府“招拍挂”获得土地，并且要求“招拍挂”土地所占指标，不能超过计划内新增建设用地指标总量。而在“地票”模式下，地票交易是土地交易的前置环节，即用地单位必须通过交易先行取得“地票”，才有资格参加之后的“招拍挂”环节，也就是说，政府要求用地单位必须带着指标进行交易。地票交易模式是在城市建设用地指标管理方式下，以“占补平衡”“增减挂钩”为准则进行的。它所体现的是将农村建设用地复垦为耕地，通过土地复垦保证耕地面积不断减少，以解决城市建设中的用地指标限制问题，其实质体现的是增加城市建设用地面积与减少农村建设用地面积之间的动态平衡联系。

一、地票制度的产生背景及运行机制

（一）制度产生背景

我国在长期以耕地保护为主要目标的土地管理制度中一直采用“指标限制”与“用途管制”相结合的方式，而地票制度则是在城乡建设用地“增减挂钩”的衍生物。在中央所设定的土地总体利用规划和用地指标框架之内，各个地方以省、市、县为单位逐级划分，分别以上一级规划为限，来确定城市扩张范围及新增建设占用耕地规模，并需通过逐级审批以实现新增建设用地总量控制及耕地保护的最终目的。但是，现有的地方财政制度以及官员政绩评定方式与如此的土地管理制度又是格格不入的。一方面，地方政府要以土地来维持地方建设支出；另一方面，在位官员又要以地方经济发展和地方公共建设来体现自身能力和价值。在这样的双重压力之下，建设用地指标就成了一种各级政府炙手可热之物。城市发展越快,对建设用地指标的需求就越迫切,特别是在对本区域计划分配指标不足的情况之下,增减挂钩指标——这种计划外指标就成了地方政府相互追逐的对象。有了这种指标,就意味着能够对农地进行非农化开发,就能招商引资发展地方经济,就能从经济发展中获得政绩的认可。背景之后还有背景,那就是近年来我国经济的飞速发展和城镇化建设的高速运行,使农民不断涌入城市寻求另一种生活方式。据资料显示,2000~2011年,全国1.33亿农民进城,城镇建成区面积增长76.4%,但农村建设用地反而增加了3045万亩。由于我国现有法律规定,农村建设用地不允许对外流转,尤其没有明确宅基地退出办法。就导致了在农民离开农村进城务工之后,宅基地空闲无人居住,大量“空心村”由此产生。这样就产生了一方面流动人口增加了城市建设用地的需求,另一方面农村闲置用地并无减少的局面。面对如此困境,党的十七届三中全会提出,要以市场机制进行土地资源配置,提高农民财产性收入。

目光汇聚到重庆,据时任重庆市市长黄奇帆介绍,在重庆城市居民一般生活用地约为100平方米,而农村为200~300平方米,在农村人均居住用地量约为城市的2倍甚至更多。[1] 同时,重庆多山地结构,特殊的地理环境使多数农村据点分散,道路等公共基础配套设施建设也在一定程度上挤占、分割了农业用地,降低了土地利用率。再加上重庆“十三五”规划中提出的要建成长江上游经济中心的战略目标,就必须加快城市化发展进度。但是,按照重庆规划发展要求,重庆市每年新增建设用地分配计划指标仅100平方公里,这离实际约300平方公里的建设需求相去甚远。[2] 2007年5月,重庆被批准成为统筹城乡综合配套

〔1〕 参见尹珂、肖轶:《农村土地“地票”交易制度绩效分析——以重庆城乡统筹试验区为例》,载《农村经济》2011年第2期。

〔2〕 参见陈悦:《重庆地票交易制度研究》,载《西部论坛》2010年第6期。

改革试验区。2008 年 4 月，由时任重庆市常务副市长的黄奇帆带领《重庆农村土地交易所》调研，在此过程中首次提出了“地票”概念。同年 8 月，在国务院有关部委调研组重庆调研进行肯定两个月之后，国土资源部与重庆市政府签订了《推进统筹城乡综合配套改革工作备忘录》，重庆被正式列入为城镇建设用地增加与农村建设用地减少挂钩试点地区，进行集体建设用地流转及城乡建设用地市场建设的探索。11 月 17 日，《重庆农村土地交易所管理暂行办法》获得通过，于 12 月 1 日正式实施。12 月 4 日，重庆农村土地交易所挂牌，标志着重庆地票交易的正式启动。

（二）地票的“轨迹”

市场主体以竞拍的行使获得地票所有权，并不代表就能够获得相应地块的使用权。地票的取得是参加土地“招拍挂”的前置程序，即地票要实现落地，仍必须以“招拍挂”获得土地使用权之后，以地票办理转用手续。一张地票，从产生到使用，必须经历复垦、验收、交易和使用四个环节。

1. 土地复垦

土地的复垦整治并不是一个单一环节，而可以称为一个系统性的工程。在试点范围内欲实施增减挂钩，需经市级土地所有者管理部门在全市土地利用总体规划的基础上，编制本市城乡建设用地增减挂钩专项规划，并且经市级人民政府批准，在市级挂钩试点专项规划的框架下，各试点区（县）需要制定出项目区实施规划，以统筹城乡建设用地增减的规模和布局。

以“不损害农民利益”为宗旨，土地复垦程序的启动被施加了诸多限制。其中包括对申请人的限制：如果农户欲申请对其所使用的宅基地及附属设施用地进行复垦时所需要的证明材料如下：第一，集体土地使用证或其他权属证明；第二，提供拥有其他稳定住所、拥有稳定生活来源的证明；第三，所在农村集体经济组织统一复垦的书面材料。如提出农村建设用地复垦申请的主体为农村集体经济组织的，除了需要出具能够证明土地权属的证明材料之外，还需要提供本集体经济组织2/3以上成员或成员代表同意的申请书。

对申请批准程序的规定：在认定符合增减挂钩规划的前提下，由土地交易所审查申报材料，确认手续齐全后对所申请土地进行实际现场测绘；待基本情况准确无误，与被申请人签订复垦协议并存档备案；在对一定时期内申请复垦土地整合，认为能够满足一定建设项目用地总量需求之后，进行公开的工程建设招投标，竞标成功才能对申请复垦的土地进行项目复垦。

2. 复垦验收

土地复垦整治验收同样需要层层把关。需要由承担土地复垦整治项目的单位对其所负责复垦的土地进行初次检验，在认为合格之后报请区县国土管理部门组织项目验收。县级验收后还要经过市级土地管理部门的验收，核实复垦面积、土地质量、新增耕地面积等内容之后，在留足农村发展空间的基础上，确认剩余建设用地面积，[1]依照一定的折算系数，最终确定地票所包含的指标。

3. 地票的交易

将最终核算出的地票以拍卖的形式进行市场交易，而并非纳入土地利用年度计划是城乡建设用地建立统一市场，也是增值收益分配模式转变的重要体现。就目前的制度设计而言，交易主体并没有具体限制，既可以是个人、企业，也可以是土地储备机构、投融资平台等。但是，市场主体购得地票并不代表其当然地获得了某幅土地的使用权。要实现用地指标真正落地，仍需以国有土地的“招拍挂”为必要程序。

---

〔1〕 根据《重庆市地票管理暂行规定》，农村建设用地依法复垦为耕地后而腾出的建设用地指标，必须预留不少于总规模的20%用于保障复垦项目所在区域的集体建设用地，剩下的部分可作为向市国土资源行政主管部门核发“地票”的面积。

地票之用在于,可以利用持有的地票在重庆范围内选取符合城乡总体规划、土地利用总体规划的待开发的土地。在确定中意的地块后,以地票申请办理土地转用手续,实现地票的最终落地。

二、地票价格的影响因素

一旦进入交易环节,地票就具有了价格。地票的价格有起拍价格和交易价格两种形式。当拍卖最终以起拍价成交时,地票的价格就是起拍价;当竞拍较为激烈时,高价获取地票的价格则变为地票的实际价格。周其仁教授大概因此称重庆地票是一项了不起的创造,最了不起的地方体现为将“挂钩”推向了市场。

由于地票交易采用公开拍卖的方式进行,因此,一般而言地票的成交价格不会低于起拍价格,而且往往会高于起拍价。从以往实践来看,地票交易存在几个不同的阶段。第一阶段为2010年年底前,从前十八次交易会成交的130张地票来看,成交单价平均高出起拍单价0.988万元/亩,平均价格增幅为8.6%。但在之后的2010年年底至2011年年初,成交价格大幅提升。通过第十九次交易会成交情况来看,平均每亩成交价高于起拍价12.77万元,平均增幅高达80.5%,最高成交溢价高达16.5万元/亩,价格涨幅为103.1%。重庆地票为何会出现如此高的价格呢?其成因主要可从以下三个方面进行分析:

(一)地票的功能

依据重庆市对城乡建设用地管理办法的有关规定,地票的功能主要体现在以下几个方面:其一,可以依照地票增加与票面面积相当的城市建设用地指标。依照《重庆农村土地交易所管理暂行办法》之规定,购买指标后,能够增加等量的国有建设用地,同时实行增减挂钩,就意味着农村集体建设用地会减少等量的面积,最终的目的是实现农村建设用地的减少以支持城市建设用地增量需求。其二,地票持有是进入土地招拍挂的门票。据资料显示,在2010年第十五次交易会之前,重庆地票成交价为8.03万~15万元,从第十五次交易开始,也就是2010年8月以后,重庆市规定主城区商业开发用地必须持有地票才能够进入土地使用权招拍挂环节,地票的成交价骤然上升至14.5万~32.5万元,几乎是最初成交价的2倍。[1] 其三,在地票最终落地时,用于购买地票的费用能够冲抵新增建设用地使用费和耕地开垦费。费用冲抵时以低者为限,具体而言,就是当购买地票金额高于新增建设用地有偿使用费和耕地开垦费之和时,以后者之和为冲抵上限,高出部分由地票持有者自行承担。当地票购买金额低于“两费之和”时,则以地票购买金额为限,并由地票持有者不足剩余费款。在这种情况下,地票持有者其实是零成本获得了地票所有权。其四,地票持有人还可以拥有全市范围内的地票落地地块选择权,即地票持有人可以参照自身建设项目需求,在全市范围内,自由选择符合土地利用规划的,不大于地票面积的土地,并向政府提出征地要求,但仍需通过公开竞争才能够获得土地的使用权。

(二)地票的成本补偿

虽然地票在最后落地时可能会承担“两费之和”以外的投资风险,但是竞买者对于竞拍地票的投入成本损失则不必过分担心。根据重庆市的相关规定,地票持有人要在选定地块后,与其他企业平等竞争来获取土地使用权。如果地票持有人在竞拍中以高价取胜,则地票的购买成本将被纳入招拍挂的最后竞价之中,采用上述冲抵标准进行折算;如果地票持有人在竞拍中没有以最高价获得竞拍的最终胜利,取得土地使用权,此时,政府将从拍卖价款中将地票购买价扣除,返还给地票持有者。由于耕地开垦费和建设用地使用费是包含于土地出让金之中的,

---

〔1〕 参见张泽梅:《重庆地票交易价格问题研究》,载《社会科学研究》2012年第6期。

因此,对于持票者而言,无非将原本一次性支付的成本分别支付而已。地票持有者仅仅承担的是地票价款支付之日,到土地招拍挂时的地票价款利息,以及可能存在的地票价款高于“两费之和”的成本风险。

(三)城市建设用地市场需求

据有关资料显示,2009年全国大中城市土地交易价格呈逐渐回暖态势,与2008年相比,回增至第四季度的8.9%。房地产市场的回暖使开发商看到了商机,于是就出现了开发商争相购买地票,以备后续的土地竞争的局面。在土地市场需求量增大使,地票由其特殊的功能与城市建设用地价格紧紧联系在一起,就出现了地票价格连续走高的情况。因此,城市建设用地土地市场需求量的突然释放,经济主体竞相购买、相互竞争,导致供求关系出现波动,是引起地票价格大幅上涨的又一因素。

三、地票价格的本质

目前,对于地票模式的分析存在这样一种声音,认为地票模式是将农村闲置的建设用地经由复垦、在城区落地的“移动”过程,是土地升值潜力的一种释放,是以市场交易的方式实现了集体建设用地的财产价值。[1] 对此,一篇题为《重庆五年完成“地票”交易近12万亩》评价道,地票交易提高了农民的财产性收入,农民的土地财产权利在建设用地复垦和地票交易中得到显化,并显著提升;重庆的农村土地交易所为集体土地提供了实物交易的平台,显化了农村土地的财产性价值。本书认为,这样的对于地票价值的理解,可能存在一定的误区。

(一)地票价格并非集体土地价格显化

地票制度的使用范围适用于远郊农村的闲置建设用地,对于城市周边的集体建设用地并无实际意义。其原因是城市近郊的集体土地价

---

〔1〕 参见陈悦:《重庆地票交易制度研究》,载《西部论坛》2010年第6期。

值受辐射作用的影响，其本身就具有较高的使用价值，一旦发生征收行为，农民获得的经济补偿也就相对较高，而远郊区的土地受区位因素的制约，开发可能性相对较小，因此，土地价格相对较低。前已论证，土地价值的决定性因素在于人们在土地上的开发劳动，而土地的价格则决定于市场、供求关系、区位等诸多因素。假使国家放开了土地市场，集体土地可以被自由用于商业开发，在纯粹的市场规律下，远郊区的土地必定受到级差地租的约束，其价格绝对不会高于地票价格。实际情况是，在由行政之手控制的地票制度之下，将所谓的供不应求的“指标”通过移转的方式分配到远郊农村，这才使原本低廉的土地价格骤然增加到10万元有余。由此可以看出，给予远郊区农民的地票价格，其实质是城市建设用地的指标价格的一部分。

（二）地票价格补偿并非由开发商承担

折抵新增建设用地使用费和耕地开垦费是地票成本价格的功能之一。而这两种费用又被包含于土地出让金之内，也就是说，地票竞买的票面价格可以直接用于折抵土地出让金。土地出让金是开发商获取土地所必须承担的用地成本。从开发商的角度来说，是将原本的一次性成本分为两次交给政府；而从政府的角度出发，则是将原本收入的一部分拿出，补偿地票出让主体，也就是远郊区农民的一种行为。那么政府原本的土地收入如何保证呢？一种可能的推测是，地票交易规模为国家下达建设用地指标的10%，也就是说，政府可以利用这多出来的建设用地指标出让以弥补地票补偿财政之缺。总而言之，地票的价格并非远郊区建设用地通过市场所达到的土地价格，而是政府通过征收获取出让金，对远郊区农民进行转移支付的一种形式。

四、重庆地票模式的启示

结合本课题研究主题，虽然重庆地票模式并非征收过程中土地增值收益的直接分配,但是通过分析我们可以得出这样一个结论:地票价格是被征收土地出让金的组成部分,给予宅基地退出农民地票价格补偿,实际上是将征收过程产生的增值收益的转移支付,其实质是征收增值收益的社会返还分配方式。贺雪峰教授对于以建立统一的城乡建设用地市场为手段,使农村土地价值显化,以此来达到发展农村经济、缩小城乡差距这样的观点,一直怀有质疑的态度。其中一个重要原因就在于,一旦国家放开了土地市场,在国家紧缩政策之下的城市建设用地稀缺性就会消失,这样一来,影响城市建设用地价格的唯一因素就成了区位因素。这样一来,正好处在城市边缘或开发区的集体土地就可获得与城市土地同等的价格,可以获得较为可观的经济收入。但这样的农村仅占全国农村的5%～10%,更多的处于偏远地区的农村是无法享受到土地市场开放后,由市场化所带来的土地增值收益的。不能否认,这样的疑虑是存在一定的道理的,也就是土地价值捕获理论所要达到的土地价值增值的社会返还。而重庆地票制度,正是在征收制度和用途管制制度的基础上,实现了对更多农村地区的土地增值收益的转移支付的过程。重庆地票模式不仅为我们提供了土地增值收益社会返还的一种思路,同时也对被征地者的增值收益分配提供了一种参考:

农民集体是农村土地的所有者主体,从产权经济学角度出发,土地增值收益权的归属完全取决于农地收益权的归属,而农地收益权是农地产权束中的重要组成部分,因此土地增值收益应当为土地所有权主体所拥有;虽然说政府在推动城市建设,改善基础设施、经济环境等方面的积极行为,产生了对周边土地价格影响的正外部性,但是对于政府而言,他们的权利是要求对这种正外部性产生的经济利益的分享权,即获得正外部性的报酬,而不是享有这种收益的所有权。

但目前的难点是,我们无法准确测算出政府的土地前期开发整理到底带来了多少土地价值的增值,也无法明确土地管制、指标限制究竟对土地价格增长的影响是多少，从而也就无法明确土地增值收益在政府和土地所有者——集体经济组织之间应当采用何种方式、何种比例进行分配。对于这样一个分配问题，本书认为重庆地票模式的一些特点可以用作参考。

（一）土地实现的价格收益归土地权利人所有

虽然说地票价格来源是被征土地出让金的转移支付，但地票本身的价格却是建设用地指标价格的转移。之所以指标会呈现高昂的价格，其决定因素并不在于国家对建设用地指标的总量控制，而是在于市场供求关系的影响。假设国家将某一地区建设用地指标限制为500万亩，可当地城市发展的速度远远低于这个用地数量，换句话说，人们对于土地开发的需求仅有300万亩，在这样的情况下，建设用地指标的价格就会下降。本书认为，建设用地指标价格高低是由市场决定的，而并非政府行为所决定的。指标是基于农民或集体放弃土地使用权或所有权而实现的，由指标所产生的增值收益属于土地本身价值的组成部分，应归农民所有。对此重庆地票的设计为：土地收益直接返还，即将扣除复垦成本后的全部净收益，由土地交易所委托银行，直接拨付到农民和集体经济组织账户。这样就能够避免层层划拨所导致的农民拿到款项周期长、中间环节繁复等问题。

（二）地票价格由政府制定保护价、竞拍确定

在重庆地票模式中，地票的购买价格采用拍卖的形式，由市场经济主体公开竞买。具体编制交易方案，是在政府从宏观的角度，了解一段时间内交易情况后制定竞拍最低保护价格。这样做的目的是保持地票价格的稳定性。虽然这样的“市场”定价机制并非纯粹的市场，即由买卖双方讨价还价来最终确定交换价格，但这样做更多的是出于对农民权益的保护。由于我国并没有集体土地交易市场，农民根本不清楚自己的土地能够卖出怎样的价格。地票制度又处在实行阶段，农村信息

闭塞则更加会影响到农民的判断。一方面,追求更多的经济利益是人的本能,就像霍尔巴赫所说,利益是人类行动的一切动力。从人的本能考虑,如果采用协商方式就可能会出现农民盲目地提出高价,地票购买者一味压低价格,这样就会造成地票交易效率低下;另一方面,地票购买者与地票出让方必然会出现一定程度的信息不对称,地票购买者一定会在进行全方位调查之后,出具一个自认为能够获得更高经济利益的价格,而地票出让方则可能无法准确了解。如此一来,一旦农民接受了对方提出的"明显"不合理价格,就会出现对农民权益的侵害。因此,出于对农民权益的保护和保证制度高效率运行的考虑,重庆地票价格采用的是"最低价保护+公开拍卖"的定价方式。

（三）不同主体间增值分配较为合理

如果把地票价格纳入征收土地增值收益当中,将所有增值看作一个整体。那么征收所带来的增值收益分配就可以作出以下理解:

1. 将土地增值区分性质进行分配

作为整体的征收增值可看作为由社会经济发展引起的辐射增值、由政府治理引起的土地增值和由土地稀缺性决定的增值三个部分。其中前两者是由外部因素引起的增值,属于价值返还的范畴,应基于价值捕获理论归政府所有。后一种增值是基于土地自身因素引起的,收益分配权属于产权束中的一部分,这种增值归土地所有者所有。具体到重庆分配方式而言,土地仍采用"征收+出让"的方式获取土地,但除补偿数额以外,从土地出让金中提取扣除前期开发整理上地的地票价格,即土地稀缺增值价格给予土地所有者。土地出让金剩余部分,为外部条件即社会发展因素与政府投入增值,归政府所有。

2. 集体内部按比例分配

增值收益在集体内部如何分配,也是长期困扰我们的一个重要问题。经过不断的探索与实践,重庆地票模式最终将分配方式确定为"比例分配+最低限额”。即按照85:15的比例分给复垦宅基地的农户和集体经济组织,并且规定农户所得收益数额每亩不得低于12万元,集体经济组织不得低于每亩2.1万元。这样一来,既为集体经济组织创造了用于基础设施建设的运作资金,同时又提高了农民的财产收入。

重庆地票模式虽然不是征收土地过程中增值收益的直接分配,但是其为土地增值的社会返还开创了一种制度创新。首先,这种制度设计让处于远郊的农民也能够直接分享到社会经济发展所带来的经济利益;其次,从地票制度设计来看,它为目前我国征地增值收益分配提供了一种思路,以土地增值产生的原因为依据,将土地出让金以不同的形式在国家、集体和个人之间分配;最后,地票的“最低价格保障+公平竞拍”的“半市场”化定价方式,对于农地征收补偿来说,也存在一定的借鉴价值。

第三节　河南长垣集体土地增值收益分配市场化实践

如何实现集体土地增值收益在国家、集体、个人之间的合理分配,是土地深化改革时期亟待解决的核心问题之一。随着社会主义市场经济的形成和发展,土地的经济价值逐渐凸显。尤其是城镇化飞速发展时期,城市平面扩张所产生的刚性需求使土地的身价倍增。我国实行城乡土地管理二元制,土地的价格以地域为划分有所不同。一方面,国家严格限制集体农用地用于非农业建设,限制农村集体建设用地入市,实行土地供应的统一调配。任何组织或个人需要利用土地进行建设,必须申请使用国有土地,集体土地不能用于非农业项目开发。在国家对土地的一级市场的垄断之下,集体土地只能被动地等待政府以征收这样的唯一途径转变为国有土地之后,才能够出让给开发主体用于城市发展。由于这样的用途管制,集体土地的价值仅仅体现为农业用途的价格。农民集体虽然在法律上拥有土地的所有权,但在工业化、城镇化进程中,农民既无法自由地转变土地用途,也无法在规划(土地用途)改变的情况下将土地自由流转。这就使农民无法获得由社会经济发展所带来的土地价值的增益部分。另一方面,国家以分配指标的形式对一级市场的土地准入进行严格的限制。城市建设用地新增的指标配比远小于对土地的需求。指标的限额使原本紧俏的发展用地变得更是千金难求。这就造成了国有土地与集体土地价值的强烈反差。政府以农业用地的价值征收获得土地,再以建设用地的高昂价格出让给开发商。在这样的"低买高卖"之中,形成了一种垄断利益,也就是经常被提到的土地增值收益。征收是被现代法治国家所普遍承认的,国家(政府)所具有的,基于公共利益的需要强制获得其他主体所有权的重要权力。改革开放初期,经济发展为第一要务,特定的历史时期选择了一条以牺牲农民利益为代价的发展之路。现有土地增值收益分配问题的本源是征收制度的不合理,要改革增值收益分配方式就必须对征收制度进行改革。虽然征收权被认为是行政主导城镇化的一把利器。[1] 但在经济高速发展的今天,已经不再需要延续传统的发展方式,农民的土地权利应当被宪法和法律予以重新确认,农民集体也应当能够分享工业化与城市发展带来的经济利益。

一、长垣集体土地增值收益分配市场化经验

党的十八届三中全会明确了一条改革之路,即打破原有政府对土地市场的垄断,建立城乡统一的建设用地市场,"在符合规划和用途管制前提下,允许农村集体经营性建设用地出让、租赁、入股,实行与国有土地同等入市、同权同价"。2015 年发布的《关于农村土地征收、集体经营性建设用地入市、宅基地制度改革试点工作的意见》(以下简称《意

---

〔1〕 参见周其仁:《城乡中国》,中信出版社 2013 年版,第 154 页。

见》）及全国人大常委会《关于授权国务院在北京市大兴区等三十三个试点县（市、区）行政区域暂时调整实施有关法律规定的决定》（以下简称《决定》），授权国务院在试点地区（县、市、区）暂时调整实施《土地管理法》《城市房地产管理法》的部分内容，开启了集体经营性建设用地入市的实践阶段。国家审批同意了33个试点县（市、区）为土地改革的试点地区，河南长垣位列其中。试点的目标是保障农民的土地财产权利，实现集体建设用地中的经营性建设用地与国有建设用地同权同价。

（一）土地类别限定化

入市土地的范围决定着农民获得增值收益的土地类型。现阶段，只有集体经营性建设用地才能够入市。因此，划定集体经营性建设用地的外延是增值收益市场化配置的前提条件。《长垣县农村集体经营性建设用地使用权入市管理办法》中指出，集体经营性建设用地一般指代农村建设用地存量土地中，依照土地利用总体规划和城乡规划所确定的工厂、仓储、商业服务等经营性用地。在具体实践中，要依据县、乡两级土地利用总体规划和现有城乡、村级规划确定经营性建设用地的范围。宅基地被排除在可入市的经营性建设用地之外，明确提出新增建设用地禁止入市。

（二）入市主体细致化

集体经营性建设用地初次入市主体为土地的所有权主体，同时也是参与增值收益分配的主体。《长垣县农村集体经营性建设用地入市收益分配指导意见》规定：村委会、村民小组可以代表村、组集体分别行使所有权。乡（镇）政府作为具有市场法人资格的机构，可以接受乡（镇）农村集体经济组织委托授权，作为入市实施主体，代表集体行使所有权。不提倡乡（镇）作为入市实施主体，政府应指导集体经济组织选择土地合作社、土地专营公司等为入市主体。[1]

---

〔1〕 参见河南省国土资源厅编：《河南省国土资源》，河南科学技术出版社2016年版，第17页。

（三）入市程序公开化

集体经营性建设用地入市，改变了“征收—出让”增值收益产生的传统方式，入市程序直接影响着土地价格（增值收益）的形成。依据《长垣县集体经营性建设用地使用权入市公开交易环节工作流程》的规定，集体经营性建设用地入市分为初次交易与再次交易两种程序。初次交易暂以挂牌、协议两种方式为主，具体交易方式由入市方与县国土资源部门协商确定。挂牌程序主要包括公告、挂牌、竞价、成交等：（1）公告。由入市主体委托交易机构在土地有形市场或交易机构网站上发布挂牌公告。[1]（2）挂牌。公告期届满后，由入市方委托交易机构在县国土资源局门户网站等媒体上，依照公示内容发布挂牌信息。（3）竞价。由符合竞价条件、取得竞价资格的交易主体在挂牌期限内报价竞争。（4）成交。在挂牌期限内，以“价高者得”的一般原则确定成交主体，出价相同的，时间优先者获得。竞得人在全额缴纳相关费用后，交易双方持相关材料向县国土资源部门申请办理土地登记。

协议出让是经出让信息公开后，只产生一个意向受让方时，所采用的交易方式。出让（租赁）方和意向受让方协商达成一致，进行农村集体经营性建设用地使用权入市交易的方式。入市方可结合当前土地市场状况、入市宗地的区域位置等因素，经集体表决合理确定入市地块的起始价；也可委托具有土地估价资质的土地或不动产评估机构，对拟入市地块的正常土地市场价格进行评估，然后结合评估价确定起始价。交易双方就交易内容通过平等协商达成一致后，签订《农村集体经营性建设用地使用权出让（租赁）意向书》，并将相关内容在县国土资源部门门户网站等媒体上进行公示。公示期满，如无异议且没有新的用地申

[1] 公告内容除价格外还包括：出让方信息，如名称、地址、联系电话等；出让土地基本情况，包括位置、面积、用途、开发程度等；竞买人的资格及申请取得竞买资格办法；获取挂牌文件的时间、地点及方式；挂牌地点和起止时间；支付竞买保证金等内容。

请人的，签订《出让（租赁）合同》，在付清相关费用后依法申请办理土地登记手续。

（四）分配比例明确化

集体经营性建设用地入市后，由于土地用途的变化，必然会产生土地增值收益，此部分增值收益应当在国家、集体和农民个体三者之间进行合理分配。政府与集体间的分配主要依据2016年财政部和国土资源部联合发布的《农村集体经营性建设用地土地增值收益调节金征收使用管理暂行办法》的规定，农村集体经济组织通过出让、租赁、作价出资（入股）等方式取得农村集体经营性建设用地入市收益，以及入市后的农村集体经营性建设用地土地使用权人，以出售、交换、赠与、出租、作价出资（入股）或其他视同转让等方式取得再转让收益时，向国家缴纳调节金。调节金分别按入市或再转让农村集体经营性建设用地土地增值收益的20%～50%征收。具体的分配比例由地方政府依据当地情况最终确定。集体与集体成员的分配，各试点地区也不尽相同。长垣县制定了关于土地入市收益分配的相关办法：(1)制定最低保护价。长垣县以公开招标的方式委托具有资质的机构制定出城乡统一的基准地价。以此为基准，集体建设用地入市的交易价格原则上不得低于基准地价的70%；特殊情况低于70%的，在申请入市审批时，必须提交具有公章的说明材料。(2)制定调节金比例。长垣县在制定基准地价时，依据土地的不同用途将土地细化为了商服用地、住宅用地、公共管理Ⅰ、公共管理Ⅱ及工业用地5类，每一类土地又细分为不同的级别。上交中央的调节金比例按照不同的级别进行区别对待。[1] 县（区）政府、集

〔1〕参见《长垣县土地增值收益调节金征收使用管理暂行办法》第8条规定，调节金依照出让金总额的5%～40%提取。具体为：商业用地1～2级40%，3～4级30%，5～7级20%；住宅用地1～2级35%，3～4级25%，5～7级15%；公共管理Ⅰ1级30%，2～3级20%，4～5级15%；公共管理Ⅱ1级20%，2～3级15%，4～5级10%；工业用地1级15%，2～3级10%，4～5级5%。出租和作价入股的，按增值收入的10%提取。

体、农民则按照1∶2∶2的比例进行分配。[1] (3)制定村级公益提留比例。入市收益除国家提留外原则上全部归村组集体所有。村民小组所有的集体经营性建设用地入市收益,村集体可按不高于30%的比例提取公益金,用于全村修路、用电等公益事业支出;入市收益属村集体的,由村委会提出分配草案,经村民会议或村民代表会议讨论通过并经乡(镇)政府、街道办事处审核、备案后实施;入市收益属村民小组的,由村委会会同村民小组组长提出分配草案,经村民小组会议讨论、报备后实施。

二、长垣集体土地增值收益分配市场化的制度缺陷

长垣县在改革实践上取得了巨大的成绩:基准地价的制定正在紧锣密鼓地进行之中,这将为土地的入市提供可供参考的市场价格;入市程序的规范能够确保土地增值收益形成的公开与透明;明确的分配标准为增值收益的分配提供了依据。然而,从实践中看,目前的制度中仍存在一些不足之处:

(一)入市范围模糊:立法方式的影响

长垣县将集体经营性建设用地限定为"工厂、仓储、商业服务等"用途的土地。从立法方式上看,列举式的立法模式无法明确经营性建设用地的范围。据国土资源部数据表明,农村集体经营性建设用地约占集体建设用地的10%,在中西部比较偏远的农村,可能仅为5%或以下。以2014年长垣县土地调查数据来看,全县土地总面积103,824.24公顷,其中集体建设用地14,382.81公顷,约占总面积的13.85%。[2] 现

[1] 参见黄建水、王星:《长垣县推进集体经营性建设用地入市试点工作研究》,载《河南工业大学学报(哲学社会科学版)》2016年第4期。

[2] 参见刘晓丽:《长垣县农村集体经营性建设用地入市路径研究》,载《安徽农业科学》2016年第17期。

有公开资料没有明确集体经营性建设用地总量。究其原因，制度设计中“等”字的修饰为集体经营性建设用地的最终确定增加了难度。如果对其理解为“等”前所列举的法定事项是一般情况，其余特殊情况由政府机关部门裁量决定，那么经营性建设用地的数量其实仍取决于政府，如此便无形中扩大了行政权力；如果理解为“等内等”，即前述列举内容排他性的存在，“等”字的作用仅为之后法律解释留下发展空间的话，那么在现存不到14%的建设用地中，符合所列现有用途的经营性建设用地的数量则更为有限。因此，在这种情形下，无论采用何种方式进行解释，此种立法模式均不利于农民财产权利的保护。

（二）入市范围过窄：“圈外”权利的疏漏

依据《城乡规划法》的规定，规划区内的建设活动需要利用土地的，必须依照规划的土地用途进行。在我国“二元化”的土地管理结构中，城市规划区内的土地以其商业开发的可期待性，往往能够体现出巨大的升值空间。而“圈外”的土地则很少有人问津，价值上升空间也极为有限。正是由于规划区外的土地不能引起人们足够的重视，所以只要农用地转用受到严格的控制，规划当中并不对集体建设用地中经营性与非经营性进行严格的区分。概括而言，以规划区为界，圈内圈外的土地无论从升值空间还是法律重视度都有天壤之别。贺雪峰教授曾指出，如今的农民已经分裂为5%的市郊农民与95%的远郊区农民。[1]制度改革的结果，不能以少部分市郊农民获利来证明实现了农民土地利益的保护。

长垣县人民政府《关于印发长垣县农村集体经营性建设用地使用权入市管理办法（试行）的通知》将可用于出让的集体经营性建设用地限定在长垣县行政区域内。如此一来，只有处于规划区内的农民，才有

〔1〕 参见贺雪峰：《地权的逻辑》，中国政法大学出版社2010年版，第44页。

可能享受到城市发展所带来的土地价值的增加,并通过使用权市场化获取经济利益。圈外农民是无法通过现有改革措施而真正分享到城镇化、经济发展所带来的经济效益的。

(三)入市主体残缺:规范与现实的矛盾

依照长垣改革规范的规定,农村集体经营性建设用地入市主体既可以是代表其所有权的农民集体,也可以是其委托授权的具有市场法人资格的土地股份合作社、土地专营公司等土地中介机构。村委会(或村集体经济组织)、村民小组(或村内集体经济组织)可以代表村、组集体分别行使集体土地所有权。乡(镇)政府作为具有市场法人资格的机构,可以接受乡(镇)农村集体经济组织委托授权,作为入市实施主体,代表集体行使所有权。可现实情况是,长垣县乡、村、组当中没有集体经济组织,无法接受委托。由政府指导选择土地股份合作社等经济组织代为实施的方式,对于村和村民小组集体选择入市主体也许可行。但作为拥有数万人口的乡级集体,关于参与分配的成员认定和收益分配,对于任何被选择的企业都是一项巨大的工程,缺乏可操作性。

正是由于入市(参与分配)主体规范中的不足,尤其是乡(镇)政府的尴尬没有得到有效的处理。《长垣县农村集体经营性建设用地入市收益分配指导意见》对乡集体如何参与增值收益分配以及分配比例问题采取了回避的态度。在试点运行过程中,既然没有否认乡农民集体的土地所有权主体地位,那么就应当能够有权参与入市并获得增值收益分配;如果对其有所变通,就应当明确改革方式,而不应当仅仅是避而不谈。

(四)入市方式不足:程序规范的缺失

我国《宪法》规定,土地不允许所有权交易,即土地不允许买卖;土地使用权可以依法转让。如此的土地制度是由我国社会主义基本制度所决定的,任何改革都不能越过这道红线。因此,集体经营性建设用地入市的实质是土地使用权交易的市场化。

经全国人大常委会授权,试点地区可以调整实施《土地管理法》《城市房地产管理法》中集体建设用地使用权不得转让用于非农业建设的规定,允许集体经营性建设用地以使用权初次流转可以出让、租赁、入股的方式入市。《招标拍卖挂牌出让国有建设用地使用权规定》《城镇国有土地使用权出让和转让暂行条例》规定了"招标、拍卖、挂牌、协议"四种国有建设用地使用权出让方式。每种出让方式都以其各自的特点与租赁、作价入股一同支撑起了相对完善的国有土地出让制度。以"同地同权"为原则,集体经营性建设用地所有者也应当有权以国有土地相同的方式参与市场活动。然而,目前长垣的实践仅仅对挂牌与协议两种方式进行了程序上的规定。这不仅反映的是程序规范上的不足,同时更是农民权利保障上的欠缺。

三、集体土地增值收益分配市场化的制度完善

要在规定的时间内,在试点地区形成相对完善的、有借鉴价值的集体经营性建设用地入市的模式,实现对传统"征收—出让"增值收益分配模式的改革,就必须放弃上层决策中的"欲改又禁",在宏观把控的前提下逐步扩大试点地区的自主权范围,形成上下联动的改革体系。

(一)明确入市主体:法律制度建设的现实诉求

集体经营性建设用地首次入市流转权利是土地所有权的组成部分。因此,能够决定使用权首次流转的主体应当是《民法典》《土地管理法》《村民委员会组织法》当中所规定的所有者主体。《土地管理法》中确定了集体土地的三种所有权主体:乡集体、村集体以及村内集体经济组织集体。至于集体的具体指代对象,并没有予以明确。《村民委员会组织法》不同于《土地管理法》村内集体经济组织的表述,将村民小组集

体列为与乡集体、村集体并列的第三种所有权主体。《民法典》在前两者的基础上确定了所有权的行使主体，即乡镇集体经济组织、村集体经济组织或村民委员会、村内集体经济组织或村民小组。即使是这样的规定，在实践中依然存在操作上的问题。基于法律当中的所有权主体规定混乱、虚位的问题。

基于土地产权理论，只有拥有土地所有权的主体，才能够进行土地使用权的初次流转。明确的集体土地所有权主体是确定市场交易主体的关键环节。但是，依照《土地管理法》第11条的规定，集体所有权的主体可分为村集体、村内经济组织与乡农民集体三类。至于什么是集体，法律中没有规定，这也是目前学术界广泛争论的一个话题，同时也是目前正在广泛开展的土地确权登记工作中的一个难题。如果从法律中我们不能得到比较理想的答案，那么，就可以依据确权工作的处理方式来加以对待。2011年国土资源部、中央农村工作领导小组办公室、财政部、农业部《关于农村集体土地确权登记发证的若干意见》中指出，要按照"乡(镇)、村和村民小组农民集体三类所有权主体，将农村集体土地所有权确认到每个具有所有权的农民集体"。据此，集体土地所有权主体可以基本予以确定。但是在实践当中，村民小组组织机构、职能划分、财务状况等都没有明确的法律约束机制。这就造成了村民小组在现实中往往疏于管理，小组长滥用权力等情况。同时，由于现在农村人口向城市流转比较普遍，很多村民小组已经名存实亡。鉴于此类情况，本书认为，应当在肯定村民小组集体土地所有权的基础上，依据当地的实际情况，予以区别对待。至于乡(镇)集体土地所有权，由于乡(镇)集体经济组织已经基本不复存在，确权工作中往往将乡(镇)土地所有权交由乡(镇)政府代管。由此就可能形成政府与集体资产不分的情况。这样的做法有悖于党的十八届三中全会指出的要建立政事分开、政经分开的服务型政府的总体要求。本书较为赞同取消乡一级所有权主体的改革方式。

(二)拓宽入市范围:权利保障的理性呼唤

集体土地入市的范围关系着农民土地增值收益的来源范围,是农民集体土地财产权范围的直接映射。集体经营性建设用地入市是以提高农民财产性收入为最终目的,以符合规划和用途管制为原则的制度改革。用途管制与土地规划是政府基于社会管理职能所依法作出的,确定土地用途的行政行为。规划区内土地的用途都应严格依照法律进行,土地用途的变动也都需要进行逐级严格的审批。从一定意义上讲,新增建设用地应当是农民集体依法取得的集体建设用地。在新增建设用地符合用途管制与规划的情况下,为保证农民的土地财产权,农民集体应当有权作为土地所有者行使出让、租赁、出租等权利。

为使改革能够全面覆盖所有农民集体,有选择地借鉴"地票"机制,能够在一定程度上化解远郊地区农村集体经营性建设用地"有地无市"的困局。在符合规划和用途管制的前提下,远郊地区农村集体经济组织征得农民同意后可对富余的集体经营性建设用地实施复垦。复垦所得耕地由当地土地部门进行验收,在保证数量的基础上要重点把关复垦地质量。[1] 地票可由腾出的集体经营性建设用地指标形成,在农村土地交易所公开交易,所得价款扣除复垦成本和管理费用后全部归农村集体经济组织所有,政府不参与分成。在此交易模式下,市场主体能够独立通过竞买取得地票证书,在此之后可在城市规划区范围内按规定取得符合规划的待开发土地。

从立法方式上看,在市场经济条件下,对土地的新型商业化利用形式层出不穷。允许型的列举式立法模式既无法穷尽经营性建设用地的种类,也无法适应复杂多变的发展形式。因此,应当以禁止型的列举式

〔1〕 参见石小石、白中科:《集体经营性建设用地入市收益分配研究》,载《中国土地》2016年第3期。

立法模式取而代之,即规定何种土地利用类型不属于经营性建设用地的范畴,毕竟土地的非商业利用的形态不及商业开发的发展迅速。因此,本书认为以排除法确定范围则更为有效。

（三）完善入市程序:“城乡同权”的必然要求

出让、租赁、入股是中央所确定的集体经营性建设用地入市方式。后两种流转方式在河南多地都普遍存在。尤其是集体土地租赁的流转方式一度被巩义和新郑所广泛采用,只是流转的方式和内容有所区别。出让中招标、拍卖、挂牌、协议的不同程序都有各自的特点,相互补充、相互完善。参照国有建设用地招拍挂的有关规定,集体经营性建设用地招标,应当是由土地所有者委托所在市、县土地管理部门发布招标公告,由不特定或特定的自然人、法人或其他组织参与投标,最终确定使用权人。拍卖指的是出让方发布拍卖公告,由竞买人在指定时间、地点进行公开的报价竞争,以确定使用权获得者的行为。招标、拍卖、挂牌三种程序在增值收益产生方面的主要区别在于,首先,挂牌交易要求公开确认底价,招标、拍卖则不作要求;其次,招标程序以多方面的利用因素为参考最终确定使用权获得者,挂牌、拍卖则是以出价高低作为唯一的确定标准。

由于目前我国并不存在城乡统一的建设用地市场,因而不存在公平的参考价格。加之农民信息获取渠道较为闭塞、信息相对滞后,农民集体无法准确根据土地区位因素、市场供求等多方面要素综合衡量出一个适当的底价。挂牌程序中虽然存在对交易价格的低价保护方式,可一旦农民定价过高,最终将无法实现土地使用权的有效流转。既然要保障农民的土地财产权利,就应当在合法范围内充分赋予农民土地交易的自主权。集体经营性建设用地入市,土地所有权仍归农民集体所有。在交易的过程中,农民集体作为所有者当然地存在对土地使用者综合利用情况的考量。在这样的情况下,规定招标程序就显得尤为重要。因此,集体经营性建设用地入市,仅对挂牌和协议两种出让方式进行程序化的规定是远远不够的。要实现城乡土地“同地同权”,就必须以完善集体土地入市程序为保障,充分尊重农民集体对交易方式自主选择的权利。

CHAPTER 06 >>

第六章 土地增值收益分配的机制建构

第一节　土地增值收益分配总体方案

人们通常认为,在市场经济条件下,合理的社会财富分配机制应当包括三个步骤:初次分配以尊重和保护产权为基础,主要通过自由的市场交易来完成;第二次分配以公平为基础,主要通过政府征税和提供社会保障等公共服务来完成;第三次分配则以伦理和道德为基础,主要通过公益慈善和社会爱心捐助等方式来完成。[1] 土地增值收益也属于社会财富的一种,因此也应当参考这种财富分配机制。

一、土地增值收益的初次分配尊重产权人的土地开发权

在土地增值收益的初次分配中,政府应当尊重和承认土地权利人基于土地所有的权利。为此,在征收

〔1〕 参见刘剑文:《税制改革应更加注重分配正义》,载《中国税务报》2013年11月6日,第B01版。

(无论是实物征收,还是管制性征收)非国有土地时,政府要给予被征收人公平的补偿。因为土地征收的本质在于且仅仅在于,为了公共利益的需要,政府获得了与被征收人进行强制交易的权力,但其并没有因此获得不予补偿或者低价补偿被征收人的权力。英国法将土地征收称为“强制购买”就是这个原因。[1]

什么叫作“公平补偿”呢?虽然人们对这个问题的认识并不一致,但如果从政府在土地征收过程中仅仅获得“强制交易权”这个角度来说,按照“市场价格”补偿被征收人应该是最为公平的,因为所谓“市场价格”就是当事人在同意进行交易的前提下,通过讨价还价、谈判协商和互相妥协而形成的价格。请注意,这里虽然使用的是“市场价格”这一术语,但其并非“市场最高价格”的代名词,而只是同一区片土地市场价格的“中间价格”或“均衡价格”的等同物。被征收土地及其附着物的特殊性因素(如对被征收人对特定不动产的感情、就业问题、预期利益等)并不包含在这一价格之中。因此,即使采用“市场价格”标准,被征收人也并非获得完全补偿。

在过去10多年间,如果说我国的征收补偿理论和制度取得了一些进步的话,“按照市场价格公平补偿被征收人”毫无疑问应被纳入其中,2011年《国有土地上房屋征收与补偿条例》所采用的新的补偿标准就是例证。然而,最近有学者猛烈批评“市场价格补偿论”,认为学术界应该“慎提农民土地财产权”,因为“城郊土地本来就不是农民的,农民没有理由要求独占因为城市化发展所带来的农地非农使用的增值收益,农民土地发展权的说法有问题”。还有学者认为,应该从已开发土地的发

---

〔1〕 在英国,土地征收权是通过议会制定的各种法案中的强制购买令(Compulsory Purchase Order,CPO)来确立的。比如,1965年的《强制购买法》(The Compulsory Purchase Act 1965)、1973年的土地补偿法(The Land Compensation Act 1973)、1981年的《土地取得法》(The Acquisition of Land Act 1981)、1992年的《交通与工程法》(The Transport and Works Act 1992)中都有这样的规定。

展收益中拿出适当的份额进行再分配，用于补偿那些没有征地机会的大田农民，正是他们的农业耕作为社会提供了粮食安全、生态效益、良好环境等公共品。

这些结论和建议的出发点是好的，不但考虑到了国家的利益、失地农民的权利，还考虑到了被忽略的偏远农村农民的权利，但存在逻辑不周延、实践难以操作等问题。

首先，我国《宪法》第10条第2款所规定的作为集体土地所有权人的“农民集体”，只能是具体的某个农民集体经济组织，而不可能是抽象的全体人民。比如，不具有“华西村”集体经济组织成员身份的人，无论是工人、官员、教师还是作为其他农民集体组织成员的个体农民，都不享有该集体的土地所有权和土地发展权的份额，在土地增值收益的初次分配过程中也不应当占有一席之地。认为“城郊土地本来就不是农民的”，在我国宪法上找不到根据。

其次，土地确实是“农业就业权”的载体，但其更是农民“所有权或财产权”的载体，仅仅强调前者而忽视后者会低估集体土地所有权的重要性。至于“集体土地是农民社会保障权的载体”的说法，可能是源自对“社会保障权”这一术语的误解。所谓“社会保障权”，指的是公民为过上有尊严的生活，有请求国家提供制度、组织和物质保障的权利。这项权利的义务主体是国家，而非公民或者公民组织自身。作为农民（集体）自有财产权的组成部分，集体土地对集体成员确实有保障功能，但这属于农民（集体）“自我保障”而非“社会保障”的组成部分，也正因如此，有经济学家才把集体土地所有制称为“由国家控制但由集体来承受其控制结果的一种农村社会主义制度安排”。[1]

---

〔1〕 周其仁：《中国农村改革：国家与土地所有权关系的变化——一个经济制度变迁史的回顾》，载《管理世界》1995年第4期。

再次,如果不改变现有的土地征收制度和土地管理制度框架,而仅仅"适当考虑失地农民分享土地发展增益",在操作上难以落实,也不利于土地资源的合理利用。因为,其一,什么是"适当",谁来通过何种程序决定某个具体的补偿决定是否适当等问题是很难解决的,人们也很难基于"适当补偿"这一要求设计出明确、公正且具有可操作性的方案;其二,只"适当考虑失地农民分享土地发展增益"意味着政府可以以较小的成本来获得土地资源,这会让政府在土地征收过程中产生"财政幻觉",并刺激政府征收和储备其可能并不需要的土地。因此,在这种机制之下,土地资源很难获得合理利用。

最后,虽然我国宪法和法律迄今为止没有对征收非国有土地的补偿标准问题作出明确规定,但是从教义学的体系化解释角度来看,2004年通过的《宪法修正案》第22条和第24条关于"公民的合法的私有财产不受侵犯""国家尊重和保护人权"的规定已经蕴含了征收主体在征收或征用土地时必须履行"公平补偿"义务的要求。而按照上文的分析,"公平补偿"的最佳方式应当是按照"市场价格"进行补偿。当然,如何准确界定"市场价格",采用哪种时间点上的"市场价格"也是极为重要的问题,上文已有论述,故此处不再过多展开。这里仅仅强调"市场价格"不应当是土地利用规划或城市规划变更之前的价格,而应是规划变更后征收主体依据规划作出征收决定时的价格。[1]

二、在土地征收过程中通过税收实现土地增值收益的二次分配

主张在土地增值收益初次分配过程中按照市场价格公平补偿被征

〔1〕 关于如何确定征收过程中的"市场价格",可参见沈开举、胡光全:《美国行政征用补偿市场价值计算方法解读》,载《行政法学研究》2007年第3期;王静:《美国土地征收补偿的计算》,载《国家行政学院学报》2008年第6期;刘连泰:《宪法文本中的征收规范解释——以中国宪法第十三条第三款为中心》,中国政法大学出版社2014年版,第189~219页。

收人,并不意味着本书支持“所有的土地增值收益都应当由土地产权人享有”这一主张。因为土地不仅是一种财产,而且还是一种不可移动、不可替代、具有稀缺性且为人类生活所必需的自然资源。正视土地这种双重属性具有两方面的意义:其一,承认土地的价值容易受社会因素的影响。人们通常认为土地增值通常包括三大部分:土地的自然属性(如气候、土壤构成、区位等),土地权利人的改良(如施肥、平整等),社会因素带来的增值(如人口集聚、国家发展战略、城市化、城市规划等)。进入现代社会以后,第三部分对土地价格变化的影响越来越大。[1] 其二,承认土地权利必然要受到来自国家、社会和其他权利人的基于公法(如规划)或者私法(如相邻权)的限制,这其中既包括对土地利用方式或者土地使用权行使方式的限制,也包括土地收益权的限制。毕竟“所有权绝对”的时代已经一去不复返了。

然而,即便承认以上两点,也不应当采用“土地发展权国有化 + 国家垄断土地一级市场 + 低征高卖”这种剥夺产权的极端方式(以下简称“发展权国有化模式”)来实现“土地增值返还社会”这一目标。事实上,在实物征收的过程中,完全可以采用“市场价格补偿 + 合理征税”(以下简称“税收模式”)这种更具有民主正当性,更符合比例原则,也更有利于国家治理现代化的方式来落实这一目标。与“发展权国有化模式”相比,“税收模式”的突出优点在于其更符合公法上比例原则的要求,因为其不仅有助于“土地增值社会返还”这一目标的达成,对公民权利的侵害最小,而且还可以确保部分土地增值社会返还目标与保护公民权利、维护社会稳定等目标之间进行有效的平衡。

首先,通过对土地增值收税来实现土地增值社会返还这一目标具

[1] Eric T. Freyfogle, “Property's Functions and the Right to Develop”, in Eric T. Freyfogle, *On Private Property: Finding Common Ground on the Ownership of Land*, Beacon Press, 2007, p. 94.

有目的正当性。因为，其一，虽然我们承认每个公民有基于与自己不甚相关的偶然因素或社会因素获得财富的机会和权利，但作为一个社会主义国家，这种获得财富的方式并不值得特别鼓励。1999 年通过的《宪法》第 14 条修正案关于在社会主义初级阶段允许多种分配方式并存但应当以按劳分配为主体的规定，就清晰地表达了此一立场。其二，土地增值不完全是依靠土地产权人的努力、辛勤劳动或者聪明才智实现的，还与社会的发展，人口、资本的集聚以及政府的产业规划等诸多因素相关，因此国家有权要求将部分土地增值返还社会。〔1〕

其次，税收的重要功能之一就是通过“政府之手”进行社会财富的二次分配，通过设置土地增值税，不动产持有税等税种，国家可以获得基于社会原因而产生的部分土地增值，然后通过设立专项项目、转移支付等方式将这些增值收益用于全国性或者地方性的公共事业和公益事业，借此便可以有力地促成土地增值社会返还这一目标的实现，符合“适当性原则”。

再次，世界上各主要法治发达国家的税收制度，特别是税种、税基、税率等问题，都是由不同的利益集团、阶层和群体的代表在议会中通过讨论、博弈和协商来确定的。充分民主讨论后确定的税制不仅具有民主正当性，与“发展权国有化模式”相比，其对公民权利的侵害最小，制度实施成本也最小，因此符合比例原则的“必要性子原则”。因为税收模式之下的税种、税基、税率的设置和调整是在承认土地发展权基础上进行的增值收益分配调节，即使某一届议会决议要征收很高的土地增值税（就像英国当年将地产税最高税率设置为 60% ~80% 那样），土地

〔1〕 传统的比例原则主要包括“适当性”、“必要性”和“衡量性”三个子原则，并不包括目的正当性原则。这种情况与其产生时“无法律便无行政”的自由法治国历史背景有关。不过，随着时代环境的变化，近年来很多国家或地区（如欧盟）的法院在适用比例原则时，往往会以不同的方式审查公权力行为的目的正当性，目的正当性原则由此有变成比例原则重要组成部分的趋势。参见刘权：《目的正当性与比例原则的重构》，载《中国法学》2014 年第 4 期。

权利人还是可以基于土地发展权来要求立法者降低税率或缩小税基的，无须采用激烈甚至惨烈的方式来保护自己的土地发展权。

近年来，常有媒体和专家评论说，"农民盼征收，等征收，靠征收发大财""土地征收让农民一夜暴富"，所以现行的土地征收补偿制度对公民权利的侵害不能过分夸大。根据笔者的调查和观察，农民因为土地征收获得巨额财富的现象在全国各地（特别是大城市郊区和城中村）确实大量存在，但需要注意以下两点：其一，由于《土地管理法》所建立的以原用途为补偿基础的补偿模式，征地导致民众权利被侵犯、生活水平严重下降的情况在全国同样普遍存在；[1]其二，要区分制度逻辑和制度实践之间的差别。现实中出现被征收人生活水平提高甚至"一夜暴富"的现象，并不是正式的法律制度带来的结果，而取决于当时当地和当事人的政治、经济力量（比如，被征收人的权利意识和抗争力度，地方政府的法治意识以及对社会稳定风险的重视程度等）。在这种机制之下，土地征收价格只是"政治价格"而非"法律价格"，[2]其无法像"税收模式"那样提供补偿标准公平谈判、税制设定民主辩论以及司法中立裁决相关纠纷的制度化沟通平台，而只能依赖于诸多非制度化的偶然因素以及具体征收过程中的各方力量对比。这种土地增值收益分配模式显然不是合理的，应当及早放弃。

最后，"税收模式"还可以实现"土地增值社会返还"目标与公民权利保护、央地土地增值收益分配、土地市场调节以及社会稳定等多重目标之间的平衡，即符合狭义的比例原则。比如，在建立"税收模式"的框架之后，(1)可以将土地税设置为中央与地方共享税，然后通过转移支

---

〔1〕　如果人们对中国地域辽阔，各地经济发展水平不平衡，地方财政能力、政府法治意识、公民权利意识参差不齐等各种国情有所了解的话，那就不应该惊讶于当下中国同时存在土地征收导致被征收人"一夜暴富"和"生活水平严重下降"这两种截然相反的情况。

〔2〕　这个观察结论是由党国英教授率先提出的。参见杨俊峰：《行政诉讼还是民事诉讼：征收补偿数额争议之解决》，载《环球法律评论》2014 年第 1 期。

付，将相应税款转移到农业区域，以实现不同区域之间利益的平衡；(2)还可以将相关税收所得用于建立和完善农民的社会保障体系(如失业保险、医疗保险、工伤保险等制度)，从而既可以保障农民因为个人原因(如丧失劳动能力)或者社会原因(如经济不景气)在城市竞争失败后，依然可以有尊严地生活，又可以有效避免大规模农民失业之后所可能出现的社会不稳定因素；(3)土地税还是进行宏观调控的重要手段和杠杆。假设土地市场不够活跃，立法者可以对土地增值税进行减免，降低相应的税率或缩小税基，从而提高相关土地权利人获得土地增值收益的比例，促进土地的开发；如果土地市场投机风气过盛，立法者则可以扩大税基或者提高税率，从而提高土地增值返还社会的力度。

有些学者认为"发展权国有化模式"也有上述三个优势，因为这种模式不但有助于"土地增值社会返还"这一目标的实现，而且有助于保护农民"进得了城，返得了乡"的基本人权，进而为中国快速城市化建立稳定基础。当前，大规模人口流动、高速经济增长、快速城市化的过程必然蕴含巨大社会风险。因为有耕地，在城市失业的农民可以返回农村从事农业生产，因为拥有宅基地，无法在城市买房安家的农民能够在农村获得立身之所。本书认为，这种观点的出发点是好的，但论证值得商榷：(1)这种模式固然可以防止部分农民非理性出售土地后失去生存之本，却为政府低价征收非国有土地大开方便之门，而农民土地被低价征收之后，其基本的生存权同样得不到保障。(2)在这种模式之下，土地权利人不但丧失了分享土地增值的请求权基础，也不能通过司法程序来加以解决。于是土地权利人能否获得土地增值以及可以获得多少土地增值，就完全变成了一个政府政策选择以及政府是否开明和仁慈的问题了。如果政府提高了征收补偿标准，那也是政府对公民的恩赐，而不是对公民土地权利应有的补偿。(3)政府低征高卖还将导致被征地农民产生强烈的"不公平感"和"被剥夺感"，由此导致激烈的社会抗争和群体性事件时有发生,2004 年湖南嘉禾的暴力强拆事件,2009 年的“唐福珍案”,2014 年的“山东平度征地纵火案”等事件都是很好的脚注。需要看到,在这种模式之下,社会的稳定是岌岌可危的,期待在这种模式之下农村发挥“降低城市化过程风险的稳定器”这一功能,也是不现实的。

有人可能会说,土地被征收的农民数量是很少的,而允许集体土地自由进入市场后卖掉土地的农民则可能会很多,所以与后者相比,因前者所带来的社会矛盾和社会冲突属于应当承受的制度成本。对于这种可能的辩护,本书不能认同。原因有三:(1)允许集体土地入市只是归还农民处分自己土地财产的权利,而不是逼迫农民必须出售或者转让自己的土地。既然是关系到农民自身的生存问题,那么进城农民在处理这些财产时,自然会更加慎重。所以,制度设计不能以“允许集体土地入市必然会带来大量的农民都卖掉自己的土地”这个假设作为基础。墨西哥 1992 年以后的改革经验表明,尽管集体成员获得了出售土地的权利,但实际上土地所有权交易的数量非常小,获得土地的农民更倾向于出租而不是出售土地。[1] 中国的一些社会学家在乡村调研中也发现,“农民通常不愿意转让自己的土地,因为土地生产出来的粮食能为他们节约食物消费方面的大笔费用。他们认为,有了土地,基本生活就有了保障,没找到工作也有饭吃。土地虽然不赚钱,但是没有土地就没有了依靠”。[2] (2)不能低估我国土地被征收的农民的数量。当前地方政府对“土地财政”高度依赖,加上我国的工业化和城镇化进程依然在加速进行,所以不仅大城市所在地的政府会频繁征收土地,所有的

[1] William D. Signet, “Grading a Revolution: 100 Years of Mexican Land Reform”, *Law & Business Review of the Americas* 16, 2010, p. 481, 528;参见程雪阳:《墨西哥 20 世纪的土地改革及其对中国的启示》,载《北京社会科学》2013 年第 5 期。

[2] 董国礼、李里、任纪萍:《产权代理分析下的土地流转模式及经济绩效》,载《社会学研究》2009 年第 1 期。

市、县以及乡镇政府也都有冲动去征收土地。这正因如此,因为土地征收而产生的社会矛盾和社会冲突才会遍及全国。[1] (3)更不能低估因为土地征收所带来的不满情绪对社会稳定和政府执政合法性的影响。在信息如此发达的时代,政府“低征高卖”不仅会给被征收人带来强烈的不公平感,而且会让整个社会感知到这种不公平感的存在。有学者敏感地关注到了“某种小比例、小概率和局部的矛盾,都有可能累积或者直接引发中国社会整体性的系统风险”这一问题,但似乎并没有引起高度重视。

另外,在土地发展权国有化模式之下,政府也很难通过提高或降低征收补偿标准来改变土地权利人在土地增值分配中的比例,进而达到调节土地市场的目标。因为在这种模式之下,政府如果提高征收补偿标准,可能会引发已经获得补偿的被征收人的不满,而如果降低征收补偿标准,则会引发正在被征收或未来可能被征收土地的公民的不满。而税率的提高或者降低则是一个民主审议的过程,税收法定与其所具有的民主正当性通常会得到人民的认同。尽管我国当下的税收民主性依然差强人意,税收立法也没有有效遵循“法律保留原则”,但这是一个可以通过加强民主和法治来完善的实践性问题,而不是一个有待争辩的理论问题。况且2000年《立法法》已经确立了“税收法定”原则,[2]所以,我国税收制度的民主性和法治化程度也会越来越高。

有人可能会担心说,国家作为国有土地所有权人收取了高额土地出让金,然后又收取高额土地增值税,会让公民不堪重负。对于这种忧虑,应从以下三个方面来认识:(1)尊重和保护集体土地的发展权,可以打破国家对土地一级市场的垄断。而在充分市场竞争环境下,虽然国

---

〔1〕 参见李蒙、刘瑜汇编:《〈强拆之痛〉专题报道之二:唐福珍事件之后的典型拆迁恶性事件》,载《民主与法制》2011年第1期。

〔2〕 《立法法》(2000年3月15日第九届全国人民代表大会第三次会议通过)第8条第8项。

家依然可以通过出租国有土地收取土地出让金，但其出让价格肯定不会像目前的垄断价格如此之高。（2）土地增值税的征收对象不是所有的土地权利人，而仅仅是将土地用于投资或投机的主体。（3）土地增值税的客体不是土地投资或投机的全部收益，而只是本次交易与上一次交易之间的差价（增值部分），如果两次交易之间土地没有增值，则不予征收。所以，上述担心也不能过分夸大。

还有人可能会问："如果土地增值要征税，土地贬值要不要补偿呢？"本书认为，如果土地贬值构成"管制性征收"的话就应当予以补偿。所谓"管制性征收"，是指政府虽然没有从物理上征收公民的财产，但只要其行使公权力的行为对特定公民财产的价值造成了贬损，就构成了征收。比如，政府修建铁路带来的噪声污染导致周边部分土地贬值，或者政府为了确保粮食安全禁止特定区域的公民开发农业用地都属于这种征收类型的表现形式。用美国霍姆斯大法官的话来说，"财产权可以受到一定程度上的规制，但如果这种规制超出合理限度（if regulation goes too far），那就可以认定构成了征收"。[1] 对于这种征收，政府要么直接进行公平补偿，要么应当修改、弱化或废止相关管制性措施或者采取其他变通性的补偿方式。

另外，还有一些专家虽然承认征收土地增值税的方式具有正当性和合法性，但同时认为，当前我国各级地方财政对于土地增值收益依存度非常高，一旦改变"土地发展权国有化"模式，可能会导致地方财政收入锐减，进而可能影响中国的经济发展和社会稳定。毕竟土地出让金是一次性收取30年～70年，而税收只能按照年度征收，"远水解不了近渴"。[2] 本书认为，这种忧虑是有道理的，对于依然需要靠投资拉动经

〔1〕 Pennsylvania Coal Co. v. Mahon, 260 U. S. 393（1922）.

〔2〕 参见赵燕菁：《土地财政：历史，逻辑与抉择》，载《城市发展研究》2014年第1期。

济增长的中国来说，如何维持地方财政收入的稳定是非常重要的。但需要看到，地方财政收入的稳定同样不是一个有待争辩的理论问题，而是一个可以通过财政制度改革来解决的制度问题。比如，可以加快分税制的改革进程，赋予地方更稳固的税源；在获得地方人大批准的情况下，可以允许地方政府以一定年度的土地增值税或者其他税种作为抵押，到银行贷款或者发行地方公债。如此一来，不但可以有效避免地方政府因为缺少资金而降低公共服务水平的风险，还可以将地方政府的财政收支纳入民主制度中加以监管，因此这种忧虑也不能被过分夸大。

事实上，约翰·穆勒、亨利·乔治和孙中山等人虽然都主张“涨价归公”或“土地增值社会返还”，但他们都不约而同地认为应当通过征收土地税的方式来实现这一目标，并没有提出或支持“土地发展权国有化”。穆勒在抨击土地所有者阶级不劳而获之后主张“应对自然增加的地租课以特别税”。他认为，“第一步应是估计全国所有土地的价值。应对所有土地的现时价值实行免税；但过了一段时间以后，随着人口和资本的增加，地租也必然会上涨，这时便可以粗略地估计出地租的增加额”。而在著名的《进步与贫困》一书中，亨利·乔治指出，“我提议的不是收购私有土地，也不是充公私有土地。前者是不公正的；后者是不必要的。……没有必要充公土地，只有必要充公地租”，为此他用了整整半部书的篇幅来讨论如何把地租化作国家的税收。孙中山先生也主张，“盖酿成经济组织之不平均者，莫大于土地权之为少数人所操纵。故当由国家规定土地法、土地使用法、土地征收法及地价税法。私人所有土地，由土地所有者估价呈报政府，国家就价征税，并于必要时依价收买之，此则平均地权之要旨也”。[1] 遗憾的是，时下主张“涨价归公”的学者在引用上述理论家的作品时，似乎并没有注意到这一问题。

〔1〕 中国国民党第一次全国代表大会宣言(1924年1月23日)。

三、通过土地发展权转移实现土地增值收益的二次分配

国家与公民之间的土地增值收益分配不仅发生在土地征收过程中,其还发生在日常的土地管理过程中,特别是在生态环境保护、耕地保护、粮食安全等公共利益的维护过程中。有很多人担心,一旦承认土地发展权属于土地所有权人,土地所有权人就可能会随时依照自己的利益和对市场的判断改变土地的用途。如此一来,上述公共利益就会处于高度危险之中。为降低这种风险,在1998年《土地管理法》修改时,就有学者"建议在《土地管理法》修订中加上'设立农地发展权归国家所有。具体办法由国务院制定'"的规定。[1]

本书认为,对于任何国家来说,耕地保护、自然环境保护等公共利益都是极为重要的。但对于这种重要性的承认,也并不意味着必须采用"土地发展权国有化"这一极端措施。在承认公民土地发展权的基础上,通过充分发挥市场的决定性作用,并辅之以规划管制等方式同样可以实现这一目标。对此,前文所述之美国的土地发展权制度可以给我们提供一些有益的启示。

有学者认为,中国很难借鉴美国的土地发展权转让制度,因为"制度转换的成本会非常高……(还)会让中西部地方政府有限的财政能力雪上加霜。倘若国家无力买断农民的土地发展权,就很难阻止农民低度开发土地,从而造成土地浪费,并使严格的耕地保护政策落空、土地用途管制制度虚化"。本书认为,这些担心虽然不无道理,但同样不能过分夸大。

首先,任何改革都会存在"制度转换成本",这一点毋庸置疑。但制度转换成本是否"会非常高",需要科学测算,并通过地方试点加以检

[1] 沈守愚:《论设立农地发展权的理论基础和重要意义》,载《中国土地科学》1998年第1期。

验，不能妄加揣测。另外，在计算制度转换成本或者改革成本时，应该将其与收益（包括政治、经济、社会、生态等各种收益）放在一起进行分析，不能孤立地只考虑成本问题，而且还应该将长远利益和眼前利益结合起来，不能只顾眼前利益而忽视长远利益，否则任何改革都难以推行。

其次，“会让中西部地方政府有限的财政能力雪上加霜”的结论让人生疑。本书认为，这种观点可能混淆了发展权转移制度与发展权购买制度之间的区别。事实上，如果政府担心耕地保护会给地方财政带来特别大的负担，那么他们完全可以运用发展权转让制度来保护耕地，因为在这项制度之下，政府的主要功能是划定土地发展权“转入区”和“转出区”，其本身并不需要花费大量的财政资金。从我国的实践情况来看，近几年我国很多地方进行的“建设用地指标增减挂钩”试验与土地发展权转移制度的功能就非常相近，但由于交易的主体是不同地区的地方政府，而不是作为农地所有者的农民和农民集体，因此带来了许多问题。在未来的改革中如果我们能对“建设用地指标增减挂钩”的经验教训加以总结，并按照土地发展权转移模式对其合理改造，那不仅制度转换成本会大大降低，而且也不会给地方政府带来难以承受的财政负担。当然，如果地方民众支持且地方财政条件允许的话，地方政府也可以借鉴发展权购买制度保护耕地和自然环境，而不是只能建立发展权转让制度。

最后，如果从征收补偿的角度来理解这两种制度之间异同的话，就会发现，土地发展权购买制度是政府对受到管制性征收影响的土地的直接补偿，而发展权转移制度则是政府巧妙地运用了市场机制来对受到管制性征收影响的土地的间接补偿。所以，就土地发展权转移和土地发展权购买两种制度而言，中央政府可以选择一些地方依法进行先行先试。待地方试点成熟以后，通过总结经验和教训，可以在全国或者部分区域设立跨区域的土地发展权转移制度，然后建立土地发展权交易市场，允许跨区域的土地发展权指标交易；也可以与地方政府一起设立50年或者80年期的土地发展权购买项目，用于基本农田保护。就像美国经验所展现的那样，地域辽阔的国家完全可以允许多种制度并存，无须“一刀切”式地只能采用某一制度。

四、小结

综上所述，我们可以发现，土地发展权属于土地所有权的固有内容，并非由国家的土地规划管制权产生，后者仅仅是限制了土地发展权的行使方式和行使范围而已。国家之所以有权限制土地发展权，是因为任何权利都应当承担一定的社会义务。如果这种社会义务超出了合理的限度且给特定公民造成了特别损害，那国家的管制措施就构成了征收，应该给予相关土地权利人公平补偿；如果国家放松了管制（如允许权利人提高容积率）或者改变了管制内容（如将农用地纳入城市规划区允许其进行非农开发），那么由此带来的部分土地增值收益应当返还社会，或者说可以“部分涨价归公”。

不过，就落实“土地增值收益社会返还”这一目标而言，“发展权国有化模式”这一极端方式是不符合比例原则的，其不但会对公民的土地权利造成巨大的侵害，还会威胁到城市化的健康发展、经济的合理运行和社会的和谐稳定。合理的土地增值收益分配机制，应当是在尊重非国有土地发展权的基础上，通过“税收模式”和“承认土地发展权＋规划管制＋发展权市场化交易”这两个机制来建立。

具体来说，（1）在土地征收过程中，合理的土地增值收益分配机制应当通过“承认土地发展权＋市场价格补偿＋合理征税”三个阶段来完成。首先，应当承认和尊重土地所有者的土地发展权；其次，政府在土地征收过程中应当按照市场价格给予被征收人公平补偿，不能低价或无偿剥夺非国有土地的发展权；最后，政府要靠合理征税，特别是要通过税种、税基、税率的变化以及财政转移支付等手段来动态调节和平衡国家、集体与个人以及不同地方区域在土地增值收益分配中的比例。(2)在土地管理的过程中，特别是在维护公共利益，如在保护耕地、自然环境过程中，合理的土地增值收益分配机制则应当通过“承认土地发展权 + 规划管制 + 发展权市场化交易”三个阶段来完成。首先，应当承认和尊重土地所有者的土地发展权；其次，政府可以基于通过设立基本农田保护区、自然环境保护区等方式对公民的土地发展权进行管制性征收；最后，政府应当建立市场化的直接补偿制度(如发展权购买制度)或者间接补偿制度(如发展权转移制度)，从而在维护公共利益和国家利益的同时，将对个人利益与地区利益的损害降到最低。

第二节　土地发展权制度的本土化：一种可能的方案

一、土地发展权的权属之争

在中国城乡二元土地管理结构下，集体土地的流转受到严格限制，征收是集体土地转为国有土地的唯一途径，也是集体土地开发利用的前提。在这种特殊的土地利用制度之下，集体土地在经过征收之后往往会产生巨大的增值收益，这份体量巨大的增值收益应当如何分配早已成为深化土地制度改革的核心议题之一。学界对此争论十分激烈，因为在传统的土地管理制度之下，集体和农民个人几乎无法获得土地增值收益，而在法律体系内部也很难寻求到相应的术语和规范来表达这种权利。基于这种背景，学者们便将目光投向了“土地发展权”(land development right)，通过论述其概念、归属、流转等论证国家、集体、个人分享土地增值收益的正当性。[1]

土地发展权有狭义与广义之分，但在国内早已不是争议的焦点，通过比较域外的土地发展权概念，[2]可以一般性地将其界定为开发利用土地和变更土地用途和性质的权利。学界争论的核心在于中国语境下，土地发展权应当是国有还是私有（集体所有）？

第一种观点认为，土地发展权源于国家主权，[3]它因国家管制权的行使而成为一项独立的权利，因此主张“土地发展权国有论”。国有论者同时认为“我国的土地发展权国有模式具有一定的合理性，能防止少数人独享土地发展增益”，不合理之处在于“未能明确保障失地农民分享土地发展增益，且缺乏制度装置来让大田农民分享土地发展增益”。[4] 换言之，国家是土地发展权的主体，我国现行体制的不合理之处并不在于国家垄断了土地发展权，而是在于在增值收益的分配环节。因此，只要在坚持土地发展权国有化的基础之上，基于社会再分配和公平的需要，提高被征地农民的补偿标准，分享增值收益即可。

第二种观点认为，“土地发展权是所有权的组成部分，土地规划管制是作为主权者的国家对土地发展权的干预和限制，而非土地发展权的来源”。[5] 因此，集体土地的土地发展权应当成为所有权的自然延伸，即归属于集体土地所有权人，只是基于地利共享之目的，集体和农民个人不能垄断所有的土地增值收益，而是应当通过向国家缴纳税费的形式进行调节。[6]

通过上述对比可见，虽然在理论基础和具体的论证进路上国有论

---

〔1〕 参见王永莉：《国内土地发展权研究综述》，载《中国土地科学》2007年第3期。

〔2〕 See Joseph D. Stinson, "Comment, Transferring Development Rights: Purpose, Problems, and Prospects in New York", *Pacel. Rev.* 17, 1996, p. 345 – 355.

〔3〕 参见沈守愚：《论设立农地发展权的理论基础和重要意义》，载《中国土地科学》1998年第1期。

〔4〕 陈柏峰：《土地发展权的理论基础与制度前景》，载《法学研究》2012年第4期。

〔5〕 程雪阳：《土地发展权与土地增值收益的分配》，载《法学研究》2014年第5期。

〔6〕 参见周建春：《中国耕地产权与价值研究——兼论征地补偿》，载《中国土地科学》2007年第1期。

和私有论存在巨大的分野，但二者均为“建立兼顾国家、集体、个人的土地增值收益分配机制”提供了法理依据和实践路径，而且如果抛开具体的路径区别，二者在结果上也都证成了被征地农民分享土地增值收益的正当性。只是国有论者遵循的是“一次分配归公，二次分配归私”的思路，而私有论者则坚持“一次分配归私，二次分配归公”的进路。

因此，在理论上持续争论土地发展权应当国有还是私有在当下中国对深化土地制度改革的实践并不会起到太过积极的推动作用，相反，可能会使这一“舶来品”在中国更加水土不服。要解决这一问题，必须跳出土地发展权无休无止的归属之争，转而站在改革的立场上，建构土地发展权制度的本土化方案。换言之，不必要在土地发展权归公还是归私的问题上过多地强调其差异性，而应当考察和论证的是具体以怎样的方式将土地发展权植入中国的法律土壤，以发挥其服务改革的功效。

二、土地发展权的法律属性：物权性之证成

土地发展权作为一项“舶来品”，欲将其植入中国的法律土壤，建构土地发展权制度的本土化方案首先应当以法律属性为基础展开讨论，深入研究权利的属性，才能基于该属性和构造提供可能的适用面向或具体的现实指引。关于土地发展权法律属性的研究成果在国内已经为数不少，但已有的研究过度集中于“公私之争”，而忽略了对其各项要素进行系统的法理分析。

（一）土地发展权是一种私法权利而非公法权力

“权力—权利”是一对重要的法学概念，权力表现的是主体按照其所希望的方式，贯彻自己的意志和政策，控制、操纵或影响他人行为（而不管他人同意与否）的能力，[1]这种命令与服从的关系决定了其无法成

〔1〕 参见张文显：《法哲学范畴研究（修订版）》，中国政法大学出版社2001年版。

为市场交易的对象,也不可能具有有偿性。认为土地发展权属于权力范畴的学者主要是看到了土地发展权与土地分区规划之间所形成的难以分割的表面关系,却忽视了作为体现国家意志的权力,在其概念范畴内无法发育出可以通过市场交易而让渡给私主体的成分。[1] 事实上,“土地发展权”属于“权利”而非“权力”的范畴。

首先,土地发展权满足可交易性和有偿性的基本特质。如果我们将目光投向土地发展权制度早已成熟的域外国家,可以发现即使是在土地发展权国有化的英国,市场主体依旧可以向国家购买土地发展权。[2] 而在公私共享的法国,尽管土地发展权被分割为法定土地发展权和增额土地发展权,但属于国家所有的增额土地发展权依旧可以在国家与私主体之间流转交易。[3] 在美国,土地发展权归土地所有权人所有,作为所有权权利束中的一种权利,土地发展权可以在市场上流通、交易。[4] 另外,日本、意大利等国的土地发展权也同样可以以一定的形式进行有偿交易,可见其并非权力的范畴。

其次,土地发展权具备上升为权利的基本条件。土地本身是一件特殊的商品,其开发利用具有极大的地理垄断和环境外部性,而土地发展权的设置最终应当落脚于权利的实现。土地发展性利益为变更土地使用性质或提高土地利用集约度而产生的增值性利益,在经济学上的反映便是“土地增值收益”。在农地转化为非农用地以及城市化深度开发过程中,土地的价值会呈现增长的趋势,形成土地发展性利益。随着这一利益内核的不断扩大,已经具有上升为权利的基本条件。与此同时,为了调整土地发展性利益的关系,很多国家已经用法律的形式将土

---

〔1〕 参见黄祖辉、汪晖:《非公共利益性质的征地行为与土地发展权补偿》,载《经济研究》2002 年第 5 期。

〔2〕 参见刘国臻:《论英国土地发展权制度及其对我国的启示》,载《法学评论》2008 年第 4 期。

〔3〕 参见马韶青:《土地发展权的国际实践及其启示》,载《河北法学》2013 年第 7 期。

〔4〕 参见刘国臻:《论美国的土地发展权制度及其对我国的启示》,载《法学评论》2007 年第 3 期。

地发展性利益权利化。

最后，土地发展权存在“权利化”的改革环境。我国的行政关系自古都存在深深的“父爱主义”烙印，以至于长时间压缩了自由和效率的生存空间。直到改革开放之后，我国土地管理的思维也仍深受“父爱主义”的影响。自党的十八大以来，新一届党中央和政府加大了农村土地制度改革的步伐，并作出了一系列重要部署。中央改革的思路在于通过“政经分开”强化农村集体产权，通过“三权分置”加强农地流转，通过“集体经营性建设用地入市”完善建设用地供给制度，通过“增值收益分配”增加农民财产性收入。党的十九大又提出乡村振兴战略，强调深化农村土地制度改革，保障农民财产权益。而这一切的基础和核心便是将土地发展权利化并赋予所有权人，允许其在法定条件内交易、流转。

（二）土地发展权满足物权的绝对性与支配性

所谓物权性，是指物权的本质特征，或判断某一权利是否为物权之标准。[1] 物权是一种权利人对特定物的权利，其客体主要为物，因而，物权又被称为对物权。[2] 物权的概念具有历史性，但是本质上，学者们对物权的认识都是从人与人的关系和人与物的关系两方面出发的，因而，物权是权利人对物的直接支配，并且可以对抗权利人之外任何人的权利。绝对性和支配性均被视为物权的本质特征。

土地发展权具有显著的绝对性。无论是英国的土地发展权国有化、美国的土地发展权私有化，还是法国的土地发展权公私分享，除了权利主体之外的任何人对土地发展权均负有不作为义务，权利主体之外的任何人侵害土地发展权都需要承担赔偿责任。同时，土地发展权

〔1〕 参见金可可：《预告登记之性质——从德国法的有关规定说起》，载《法学》2007 年第 7 期。
〔2〕 参见梁慧星、陈华彬：《物权法》（第 5 版），法律出版社 2010 年版，第 5 页。

的支配特性也极其明显,在符合土地用途总体规划的前提下,权利主体可以根据自身独立的意思表示处分自己的土地发展权,而无须借助更多的外力。因此,基于对绝对性和显著性分析,土地发展权具有物权属性。

(三)土地发展权源于土地所有权

土地发展权除了符合成为权利的基本条件,满足物权最基本的绝对性和支配性以外,从其发展和生成的权源上探讨其法律属性也是一种必不可少的研究进路。学者们对此主要形成了"地役权说"、[1]"所有权说"[2]和"派生权利说"[3]三种观点。上述纷繁复杂的观点虽各有理据,但也存在众多难以克服的缺陷。认为土地发展权属于地役权范畴的学者过分强调这一权利的功效属性,认为其本质上是一种保护农地的工具,而忽视了其真正的权利来源;而认为土地发展权既源于所有权又会在特殊情况下转变成地役权的学者则是看到了土地发展权相较于传统权利的特殊之处,即土地发展权是多种传统权利集合构成的权利群,因此,其法律属性的外部表现也显得多变,但如果因此而认为其法律属性会因流转而不断变化则无法在法理上得到合理的解释。

而国内的争论主要集中于"国家管制权论"与"所有权论"。笔者认为,土地发展权脱胎于所有权,只不过在绝对土地所有权理念盛行的时代,生产力状况决定了变更土地使用性质或提高土地利用集约度产生的土地发展性利益并不明显,因而也没有将其细化和规范的需要。但是为了适应生产力的发展,相对所有权理念逐渐取代了绝对所有权,土

---

〔1〕 James M. Pedowitz,"Transfers of Air Rights and Development Rights",*Real Prop. Prob. & Tr. J.* 9, 1974, p. 183 – 201.

〔2〕 Jennifer Frankel, "Past, Present, and Future Constitutional Challenges to Transferable Development Rights", *Wash. L. Rev.* 74, 1999, p. 828.

〔3〕 PL. Machemer, MD. Kaplowitz, "A Framework for Evaluating Transferable Development Rights Programs", *Journal of Environmental Planning and Management* 5, 2002, p. 773 – 795.

地所有权的权能被进一步细化,而土地发展权也是其中之一。“总之,个人所有权、共有权、法人所有权、建筑物区分所有权、采矿权、空间权,都是所有权在不同历史时期发展变化的结果。”〔1〕

然而,这一结论可能招致“国家管制权论”者的质疑,因为一个无法回避的问题是,英国将土地发展权归收国家所有而非由土地所有权人享有。因此,很容易让人认为“土地发展权不太可能是土地所有权的派生权利,其产生于国家管制权对土地开发利用的限制”,〔2〕然而这种观点是值得商榷的。

首先,所有权理念由绝对走向相对。传统意义上的所有权的权能包含占有、使用、收益和处分,这一观念可以追溯到古罗马法。〔3〕然而,这四大权能是对所有权的不完全列举,而非所有权的全部权能。在所有权的理念由绝对走向相对的过程中,土地发展权与采矿权、空间权等一样,为了适应时代的发展而逐渐从所有权中派生,或成为一种传统物权的新形式,或成为所有权的一项特殊权利内容。

其次,土地发展权的出现早于国家规划和管制权,其独立又与国家规划和管制权没有必然联系。英国是世界上最早建立现代土地管理制度的国家,尤其是国家对土地的规划和管制权,由英国 1909 年颁布的《住房和城市规划法》(The Housing, Town Planning, Etc. Act of 1909)所创设,其目的是解决因为工业化高速发展而带来的土地利用效率低下和发展混乱等问题,该法首次赋予了地方政府制定土地使用规划和因实行规划而进行强制购买的权力。〔4〕然而,早在国家规划和管制权诞

〔1〕 刘国臻:《论土地发展权在我国土地权利体系中的法律地位》,载《学术研究》2007 年第 4 期。

〔2〕 陈柏峰:《土地发展权的理论基础与制度前景》,载《法学研究》2012 年第 4 期。

〔3〕 参见[意]彼德罗·彭梵得:《罗马法教科书(修订版)》,黄风译,中国政法大学出版社 2005 年版,第 149 页。

〔4〕 参见彭錞:《土地发展权与土地增值收益分配——中国问题与英国经验》,载《中外法学》2016 年第 6 期。

生之前，土地发展权即以土地所有权内容的形式而存在，[1]只是直到1942年《厄斯瓦特报告》才提出了“土地发展权”概念，主张解决土地复杂问题的简单办法，是将尚未开发的农村土地实行土地发展权国有化。[2]随后，在1947年制定的《城乡规划法》(Town and Country Planning Act 1947)中，土地发展权正式作为一项制度而存在，土地发展权也作为一项独立的财产权而从所有权中分离。

最后，土地发展权的国有化并不意味着土地发展权源于国家公权力，而是国家规划和管制权对这一财产权的极端限制。[3]英国在将土地发展权国有化的同时，有一个不争的事实是政府设置了专门的基金适当补偿土地所有权人失去土地发展权的损失。如果土地发展权源于国家规划与管制权，那么就无法解释为什么收回原本属于国家的土地发展权还需要向土地所有者提供补偿，也无法解释为什么在收归国有之前，公民个人可以享有国家公权力所派生的权利，并且在国有化之后还能进行交易流转。事实上，对财产权课以一定的社会义务是私人财产为了社会公共福祉所应承受的正常负担。[4]一种更为准确的理解是，土地发展权并非来自国家规划权和管制权，反而因为这两种权力而加速突显了其作为财产权的本质。因此，从上述论证来看，土地发展权派生于所有权更符合其本质。

(四)土地发展权是所有权的特殊权利内容

接下来的问题是，如果土地发展权由所有权衍生而来，并具有物权的属性，那么它具体应当属于何种物权(或者新型物权)？与物权法定

---

〔1〕参见姚昭杰、刘国臻：《我国土地权利法律制度发展趋向研究——以土地发展权为例》，中山大学出版社2016年版，第216页。

〔2〕参见朱未易：《论物权法上土地发展权与人权法上发展权的制度性契合》，载《政治与法律》2009年第9期。

〔3〕参见方润、沈开举：《美国城市土地区划中的美学规范及其对中国的启示》，载《郑州大学学报(哲学社会科学版)》2017年第4期。

〔4〕参见张翔：《财产权的社会义务》，载《中国社会科学》2012年第9期。

原则内部的紧张关系又如何协调?对于这个问题,有学者认为,土地发展权应当成为独立于所有权、用益物权和担保物权的新型物权,这种新型物权作为一种独立的物权具有独特的价值和意义。这种观点是值得商榷的,如果土地发展权作为一项独立于传统物权的新型物权而存在,首先面临的是物权法定原则与新物权的创设问题。大陆法系通说认为,物权在类型上包括自物权和他物权,前者指所有权,后者指担保物权和用益物权。因此,土地发展权的物权化必须能够归入既有的物权类型之中。此三类物权属于理论类型,是周延的分类,但不属于实证法上的物权,我国《民法典》中的土地物权包括土地所有权、建设用地使用权、土地承包经营权、宅基地使用权等,后三类在本质上都属于用益物权。因此,土地发展权要进入物权体系必须能够归入所有权(或者为所有权的某种权能)或用益物权。而土地发展权如果作为一种独立于所有权、用益物权和担保物权的新型物权而存在,不仅在实证法上无法将其归入理论上的物权体系之中,而且创设一种与“所有权”“用益物权”“担保物权”并列的“土地发展权”也缺乏一定的理论依据。

如上文所述,土地发展权派生于所有权,因此将其视为土地所有权的一项特殊权能不仅在理论内部能够达到自洽,也能在一定程度上避免对传统物权体系的冲击,无论是制度的创设还是改革的成本都相对较小。因此,核心问题是:“土地发展权”具有“所有权”的何种权能?事实上,这种“发展权”在本质上是多种权利集合构成的权利群,不能简单地将其归入“占有、使用、收益、处分”这四种传统的所有权权能中的任何一种之中,但这并不意味着“发展权”不能纳入所有权,成为一项特殊的权利内容,因为对于所有权权能的四分法只是一种不完全的列举。实际上,这是一种“发展”的权能,具体到土地所有者,便是“发展土地”的权能。土地所有权人原始取得土地发展权,在我国具体体现为国家和集体两大主体。就土地发展权的构造而言,一方面土地发展权人享有改变土地性质和开发土地的权利(受到土地用途管制和规划的限制);另一方面也享有获得基于此而带来的收益的权利(包括土地增值收益)。土地发展权是土地作为生产要素的体现,属于所有权在集体土地领域的具体体现,政府的管制和指标控制催生了增值收益的剧烈增长,土地上各类主体依据自身的权利分享土地增值收益,而土地发展权正是对这一传统模式的完善。

三、土地发展权中国化的权利结构

在确定了土地发展权的权利属性为物权之后,接下来面临的问题是如何在理论上将之融入中国的物权权利体系?要回答这一问题,最关键的是剖析土地发展权的权利结构,明确这一权利的主体、客体和内容,同时厘清其与传统物权的联系与区别。

(一)土地发展权的主体、客体与内容

首先,土地发展权的权利主体是所有权人或者使用权人。"正是基于主体制度,诸如权利、法律行为、责任等民事制度设计才能得以全面展开。法律的一切制度无不围绕着如何保护善意主体、惩戒恶意主体,协调主体之间、主体和社会之间的利益关系而设计。整个私法就是一系列由主体参与各种私活动所形成的权利义务关系。"[1]探讨土地发展权的主体,即明确该权利的归属,根据民法的一般理论,土地发展权应当属于所有权人或使用权人。

我国的土地制度采用的是国家所有和集体所有两种所有制并存的制度,因此,国有土地和集体土地的土地发展权应当分属于国家和集体所有。需要说明的是,国有土地的土地发展权属于国家所有并不意味着土地发展权源于国家主权,而是国家基于所有权主体的身份获得了

〔1〕 彭诚信:《现代权利理论研究》,法律出版社2017年版,第384~385页。

这一权利，其理论基础为“公法人的私有财产权”。具体而言，国有土地在未出让之前其土地发展权属于国家所有，出让之后出让的部分属于土地使用权人。依据《城乡规划法》的规定，在出让国有土地之时，应当明确土地用途、开发强度等，因此，国有土地出让的核心便是土地发展权的移转。而对于集体土地而言，理论上属于集体所有，但是集体成员基于成员权，总体上形成一种事实上由集体和集体成员共享的格局。

其次，土地发展权的客体是土地开发容量。“权利的客体是对权利设立在何种基础之上的说明。”[1]“物”是物权支配的对象，也是物权的权利客体。在民法意义上，“物”是一个历史的概念范畴，肇始于古希腊，并为罗马法所采纳，其发展经历了“为人所支配”“有体物”“无体物”等不同的争论。但总体而言，民法上的“物”要具备可支配性和有限性，前者强调可被人利用，后者强调具有价值。

根据对土地发展权法律属性的解构和域外制度的考察，笔者认为，土地开发权的客体是“土地开发容量”，也即“容积率”。第一，从理论上看，“土地开发容量”符合“可支配性”和“有限性”的基本要求，因为其可以被测量和确定，同时又可以被交易，具有经济和环境保护多重价值。第二，就制度运作而言，土地发展权的交易表现的是土地开发容量的交易，这一点在美国体现得尤为明显。

最后，土地发展权的内容是权能与公私法上的义务。根据一般的民法理论，土地发展权的内容是土地发展权主体享有权利和承担义务的综合。而土地发展权主体享有的权利便是所有权的权能，根据上文论述，土地发展权应是土地所有权的特殊权利内容，是其“发展”权能的体现，是“占有”“使用”“收益”“处分”的集合。所有权人可以通过权属证书确定开发容量，并可以在开发容量范围内提高土地利用集约度。

---

〔1〕 方新军：《权利客体的概念及层次》，载《法学研究》2010年第2期。

同时还可以由此获得土地增值收益，并且可以移转这一开发容量，或设置担保物权。

与此同时，与所有其他物权人一样，土地发展权主体也要忍受来自公法上的征收和土地规划、用途管制等的限制，以及来自私法上的诸如相邻关系等的约束。

（二）土地发展权与传统土地权利的关系

土地发展权纳入我国物权体系对于深入土地管理制度改革而言具有必要性和一定的理论可行性。在理论准备上，就纳入物权体系而言，最关键的是要厘清土地发展权的立法内涵，即与物权体系内部其他法律权利的关系。至于立法称谓问题，“land development right”中的“development”在英国1990年《城乡规划法》中的界定为：在地面、地上或地下进行建筑、采矿或其他操作，或者对建筑或土地用途进行任何实质性变更。翻译成“开发”重在强调对资源进行劳动以达到利用的目的；而翻译成“发展”则重在强调对土地改造由低级到高级的变化。两种翻译不存在哪种更为确切的问题，而且立法的称谓对其内涵在本质上不会产生太大的影响，考虑到多年来的使用习惯和学界主流观点，可以称为“土地发展权”。

以2007年颁布的《物权法》为标志，我国确立了物权法定原则和以所有权、用益物权和担保物权为核心的物权体系并为《民法典》所沿用。在国家所有和集体所有两种土地公有制所有权形式之下，通过设立土地使用权实现个人对土地支配的物权化。因此，可以说土地所有权创设的意义在于创设和保护土地使用权，其本身并不可以成为土地市场化配置的工具。2021年正式实施的《民法典》在物权编中专门以第十一章和第十二章规定了“土地承包经营权”和“建设用地使用权”，同时又在第十三章单独规定了“宅基地使用权”。土地发展权与所有权的关系在上文已经论述，故此处不再赘述。

1. 土地发展权与土地承包经营权

土地承包经营权的创设是为了经营方式的变革而逐渐演化而成了一项产权制度,集体土地上的土地权利由单一的集体所有变革为土地所有权归集体所有,土地承包经营权由农民享有的二元产权制度。1986 年以后,土地承包经营权被逐步写入《民法通则》《土地管理法》《农村土地承包法》,并于 2007 年被《物权法》吸收,最后被纳入《民法典》物权编第十一章。

土地承包经营权具有两项基本权能:一项为对农业土地的排他使用权;另一项为对承包经营权的处分权。具体而言,"土地"是权利的客体,"承包"是取得方式,"经营权"是权利的定位或定性。经营权适用到农村集体土地实质上就是对土地的排他支配权,因为农地的"经营"就是决定如何利用土地,但是,这种权利只限于"从事种植、林业、畜牧业等农业生产"的用途,而其流转性也受到身份的限制。因此,土地承包经营权与土地发展权存在清晰的界限,前者是农用开发,后者是非农用开发。两者的联系在于当土地发展权被转移之后,土地所有权人将丧失土地非农开发的权利和期待性利益,只能进行农业开发;而土地使用人在未获得土地发展权之前,也不能改变土地的状态进行非农开发。

2. 土地发展权与建设用地使用权

建设用地使用权是在国有土地或农民集体所有的土地上以建造或保有建筑物、构筑物及其附属设施为目的而设置的土地用益物权。建设用地使用权是一种为了适应商品经济的发展而创设的可流转的土地使用权制度,源于我国特殊的土地权属制度,与土地承包经营权一起是我国两种土地所有权与市场对接的制度工具。借助这种制度工具,民事主体可以享有独立于土地产权的土地使用权,也可以拥有地上建筑物等不动产。简言之,该权利和土地承包经营权一起,作为我国土地使用权的主要构成,是我国不动产物权体系的基础,不仅支撑房屋等建筑物所有权,也支撑抵押权、地役权等他物权。

因此,作为整个土地物权制度的核心,建设用地使用权所调整的是土地所有与土地非农化使用之间的关系;而土地发展权所解决的是土地非农化开发及开发程度的问题。在价值上,前者以土地出让金的形式表现,本质上是一种地租;后者则是土地发展性利益的对价,本质上是土地发展性利益在市场交易中的反映。但是获得了建设用地使用权并不代表自动获得了相对应的土地发展权,权利人如果相对土地进行一定程度的开发,必须购买相应的土地发展权以实现开发的目的。

3. 土地发展权与宅基地使用权

考虑到农民居住和社会保障问题的重要性,我国《民法典》物权编专门有一章规定了“宅基地使用权”作为建设用地使用权的特殊形式。通常而言,宅基地使用权是农村居民依法享有的在集体所有的土地上建造或保有住宅及其附属设施的用益物权。[1]

土地发展权与宅基地使用权的关系和其与建设用地使用权的关系十分相似,但区别在于:宅基地使用权具有浓重的社会保障色彩,而且具有强烈的身份性,因此当权利人取得宅基地使用权之时,也就自动取得了相应的土地发展权;而获得建设用地使用权的权利人则须另外购买土地发展权以进行相应的开发。

4. 土地发展权与担保物权

我国担保物权法制肇始于1986年《民法通则》,经由《担保法》成型于《物权法》,现被纳入《民法典》物权编第四分编维系着传统大陆法上抵押权、质权和留置权的体系结构。[2] 在我国,担保物权被定位为支配

〔1〕 参见江平:《中国物权法教程》,知识产权出版社2007年版,第353页。

〔2〕 高圣平、张尧:《中国担保物权制度的发展与非典型担保的命运》,载《中国人民大学学报》2010年第5期。

标的物的交换价值的定限物权。起初，担保物权的客体主要是动产和不动产等有体物，并以转移占有和登记为公示方法区分了质权和抵押权。然而，财产权利在社会财富中所占的比例日益增加，“物权的客体是物，权利在法律例外规定的情况下亦可以作为物权客体”。[1] 就权利担保物权的体系地位，大陆法系将其纳入质权体系之中，称为“权利质权”，或者“准质权”，[2] 并通过“转移权利凭证”进行权利质权的转移。[3]

土地发展权作为一项财产权，可以成为担保物权的标的，且属于质权，而非抵押权的标的。有学者认为“不动产物权不得为权利质权的标的物”，[4] 这一观点是值得商榷的。因为一个很明显的事实是：传统大陆法系上抵押权与质权的区分以是否转移担保物的占有为标准，[5] 设立质权之后，担保人丧失对于担保物的利用权，而设立抵押权之后，担保人并不丧失对担保物的利用权。[6] 土地发展权具有一定市场价值，可以通过金钱进行衡量，并制作权利凭证。当在土地发展权之上设立担保物权之后，土地发展权人不能继续使用、收益，因此，在土地发展权之上应当可以设立质权，但是不能设立抵押权。

四、土地发展权制度本土化的必要性与可行性

建构本土化的土地发展权制度主要存在以下必要性理由：

第一，土地发展性利益分配的矛盾激化。土地发展性利益会产生巨大的土地增值收益，这种利益源于土地用途的变更或者利用集约度

---

〔1〕 王利明：《物权法研究》，中国人民大学出版社2013年版，第9页。

〔2〕 谢在全：《民法物权论》，中国政法大学出版社2011年版，第963～966页。

〔3〕 孙宪忠：《中国物权法总论》，法律出版社2014年版，第314页。

〔4〕 郑冠宇：《民法物权》，新学林出版社股份有限公司2014年版，第638～639页。

〔5〕 [日]我妻荣：《新订担保物权法》，申政武等译，中国法制出版社2008年版，第13页。

〔6〕 高圣平：《民法典中担保物权的体系重构》，载《法学杂志》2015年第6期。

的提高。在城市化高速发展的中国，土地发展性利益就突显得尤为重要，对土地发展权利益的争夺更是乱象纷呈。政府、农民集体、农民个体、开发商这几个主体之间围绕土地发展权利益产生的纷争不断发生，如强拆、乱拆事件频现，“小产权房”屡禁不止。

而在这一轮利益“争夺”中，地方政府成了最大的“土地批发商”，垄断了土地发展权利益。依据《土地管理法》规定，有条件的允许集体经营性建设用地入市。但绝大部分情况下，农民集体土地要变更土地使用性质的唯一手段是政府进行征收，而且对于农民集体土地按照被征收前的原用途给予补偿。在这样一份巨大的利益面前，《宪法》所规定的“征收必须是为了公共利益目的”也被肆意篡改。

这种乱象背后的原因之一是我国至今尚无相应的法律和制度对土地发展性利益进行保护和分配。立法的缺位造成土地发展性利益的归属不明确，给公权力提供了滥用的空间。在创设土地发展权之后，土地发展性利益的归属便可得以明确，各个主体之间土地发展性利益分配的紧张关系就可以得到很大程度的缓解。

第二，土地征收补偿中农民财产性收入过低。放眼我国历史发展的基本规律，只要土地权利的设置及土地上相关利益的分配出现问题，社会也必然会产生较为严重的矛盾甚至动荡。[1] 因此，科学设置土地权利、妥善处理土地上的相关利益，是我国当前不用回避的重大理论与现实课题，其中最为核心的问题便是土地征收制度。党中央、国务院显然已经认识到赋予农民更多财产权利、增加农民财产性收入的重要性，因此在中共中央《关于全面深化改革若干重大问题的决定》中明确指出，要“赋予农民更多财产权利”“探索农民增加财产性收入渠道”“保

---

〔1〕 参见于宗先、王金利：《台湾土地问题：社会问题的根源》，台北，联经出版事业公司2003年版，第236页。

障农民公平分享土地增值收益”。因此，在我国设置土地发展权是践行该决定精神的必要路径。

中国土地的征收与补偿问题是学界历来关注的重点，而在“本土资源”匮乏的前提下，比较法成为描述性或规范性中国法研究的重要进路。其中，中美土地法律制度比较又是最活跃的一种。就世界发达民主国家而言，无论采用何种语言进行描述，也无论设计何种具体的征收补偿制度，最为核心的模式是一致的，即“公共利益 + 正当程序 + 公平补偿”。因此，所有中国当下的土地征收补偿问题都绕不过这三个主题。

公共利益是整个法律秩序，更是以行政法为代表的公法体系的基石。现代意义上的行政是一种社会塑造活动，现代行政的客体是社会的共同生活，行政致力于共同体的事务，服务于共同体中的成员，因此行政的出发点是公共利益。〔1〕而“公共利益”也由此成为宪法规制和约束财产征收权的一项根本规则，中国学者也对此展开了“地毯式”的比较法研究，〔2〕主流观点认为，应当严格限缩公共利益所涵盖的射程，并通过立法明确公共利益的具体事项。〔3〕然而这一类主张并未得到立法部门的积极回应，一个强烈的佐证是无论是当时的《物权法》或现行《民法典》中均未对此作出规定，而在党的十七届三中全会通过的中共中央《关于推进农村改革发展若干重大问题的决定》中，对于“公共利

〔1〕 参见[德]哈特穆特·毛雷尔：《德国行政法总论》，高家伟译，法律出版社2000年版，第6页。

〔2〕 参见黄宇骁：《日本土地征收法制实践及对我国的启示——以公共利益与损失补偿为中心》，载《环球法律评论》2015年第4期；袁志杰：《德国土地征收中的公共利益》，载《行政法学研究》2010年第2期；张千帆：《“公共利益”的困境与出路——美国公用征收条款的宪法解释及其对中国的启示》，载《中国法学》2005年第5期；许中源：《论公共利益的程序控制——以法国不动产征收作为比较对象》，载《环球法律评论》2008年第3期。

〔3〕 参见梁慧星：《中国物权法草案建议稿：条文、说明、理由与参考立法例》，社会科学文献出版社2000年版，第191页。

益”的界定也是“无疾而终”。[1] 最为清晰的规定体现在2011年国务院颁布的《国有土地上房屋征收与补偿条例》中,[2]但是对于广大的农村集体土地的征收,其“公共利益”的界定仍然处于迷茫模糊之中。然而,去界定“公共利益”这一进路或许也存在质疑。因为通过深入考察美国征地法律制度,我们不难发现,关于“公共利益”的认识也是一个充满变迁与争议的过程,而非协调统一和静态的模式。[3] 因此,虽然在现行《土地管理法》中对“公共利益”进行了一个相对的界定,但是其限缩力度十分有限,或许我们不应在“公共利益”的界定上过分苛求这种“比附性”。

“正当程序”这一要件也被学界和立法部门认为是“万能膏药”,是实现实质正义的必由之路,在征收补偿中也没有例外。然而,无论从内部的监督管理抑或外部的信息公开、公众参与还是救济而言,中央推出的保障程序正当的措施屡屡受挫。中央部委多次发文要求加强征地补偿费的监管,[4]合法有效解决征地补偿争议,[5]规范征地拆迁行为,[6]

[1] 2008年10月12日,中国共产党第十七届中央委员会第三次全体会议通过中共中央《关于推进农村改革发展若干重大问题的决定》,指出“改革征地制度,严格界定公益性和经营性建设用地,逐步缩小征地范围”,但此后并无具体的规定。

[2] 该条例第二章第8条列举了五项具体的公共利益事项和一项兜底条款,在确需征收房屋的情况下,市、县级人民政府可以作出房屋征收决定。

[3] 在美国,“公共使用”的范畴随着Cole v. City of LaGrange,113 U. S. 1,6(1885). Berman v. Parker,348 U. S.(1954). 和Hawaii Housing Authority v. Midkiff,467 U. S.(1984)不断扩大,并在Kelo v. City of New London,545 U. S.(2005)判决以后掀起了一轮限缩趋势。也可参见沈开举、方涧:《由Kelo案谈土地征收中“公共使用”的界定主体及其对中国的启示》,载《公民与法》2015年第1期。

[4] 2005年,农业部为了遏制在征地补偿工作中存在的“补偿低、费用不到位、安置不落实、补偿费账务处理不规范、使用不公开甚至存在贪污、挪用、挥霍等问题”,发布了《关于加强农村集体经济组织征地补偿费监督管理指导工作的意见》。

[5] 2011年,国务院法制办公室“为了进一步依法做好征地补偿安置争议的行政复议工作”,发布《关于依法做好征地补偿安置争议行政复议工作的通知》(国法〔2011〕35号)。

[6] 2011年,中共中央纪律检查委员会、监察部为“严格执行农村集体土地征收和城市房屋拆迁法律法规和政策规定,不断完善征地拆迁补偿机制”联合发布中共中央纪委办公厅、监察部办公厅《关于加强监督检查进一步规范征地拆迁行为的通知》;2013年,国土资源部“为进一步加强征地管理,防止违法违规征地,杜绝暴力征地行为,保护被征地农民的合法权益,维护社会和谐稳定”发布国土资源部办公厅《关于严格管理防止违法违规征地的紧急通知》(国土资电发〔2013〕28号)。

加强信息公开,[1]并对地方官员的违法征地行为实行了严厉的“问责风暴”,同时中央也在大量文件中确认了公众的多项程序性权利。[2] 然而,对于征收决定的作出过程,公民却没有被赋予参与的权利,在司法实践中,对于违反正当程序的诉讼所占比重高达43.7%,位居所有案由之首,这也从侧面反映了尽管中央对于程序性问题引起了极大的关切和重视,但土地征收补偿中“正当程序”的构建并非一朝一夕之事,更不是规范性文件文本本身所能承载的。而我们更应该意识到的是,迄今为止,美国联邦和各州政府在征地法上也没有统一的“正当法律程序”。[3]

征地补偿一直是饱受中国学者诟病之所在,尤其是对于集体土地征收补偿的标准,大量论文都提出了批评意见。[4] 但是从法教义学和法政策学角度考量,“公平补偿”也并非无章可循。就宪法层面而言,从《共同纲领》到“八二宪法”均未对补偿原则作出规定,这不可谓不是一种遗憾,但是法律、法规、规章以及其他规范性文件在这一问题上比宪法先行了一步。早在1950年公布的《城市郊区土地改革条例》中就已有关于“公平合理补偿”的表述,[5]而在《城市私有房屋管理条例》中出现了“合理的补偿”的表述,[6]在《城市房地产管理法》中的表述为“相应的补偿”。[7] 值得注意的是,国务院于2004年10月颁布的《关于深化改革严格土地管理的决定》中将农村集体土地征收的补偿标准由原

---

〔1〕 2013年,国土资源部发布《关于做好征地信息公开工作的通知》(国土资厅发〔2013〕3号);2014年,国土资源部为“进一步落实市、县征地信息公开工作责任,细化工作要求,加大公开力度,尽可能将征地矛盾纠纷化解在基层”而发布国土资源部办公厅《关于进一步做好市县征地信息公开工作有关问题的通知》(国土资厅发〔2014〕29号)。

〔2〕 这些权利明目繁多,散见于《关于深化改革严格土地管理的决定》第14项、第15项,《土地管理法》第47条、第49条,《土地管理法实施条例》第25条,《政府信息公开条例》第11条等。

〔3〕 D. Zachary Hudson, “Eminent Domain Due Process”, *Yale Law Journal*, 2010, p. 119.

〔4〕 参见刘向民:《中美征收制度重要问题之比较》,载《中国法学》2007年第6期。

〔5〕 参见1950年11月政务院公布的《城市郊区土地改革条例》第14条。

〔6〕 参见1983年12月公布的《城市私有房屋管理条例》第4条。

〔7〕 参见1995年1月1日实施的《中华人民共和国城市房地产管理法》第19条。

来的“平均年产值”倍数转变为“统一年产值标准”和“区片综合地价”。2013年,中共中央和国务院联合发布一号文件,要求进一步提高征地补偿标准,从“原有生活水平不降低”变为“确保被征地农民生活水平有提高、长远生计有保障”,并提出“要提高农民在土地增值收益中的分配比例”。[1]

由此,长时间内,我国对集体土地征收的补偿都不包括征收土地后变更土地使用性质所产生的土地发展性利益,[2]政府无偿获取大量土地增值性收益,农民在土地征收补偿中获得的财产性收入过低,由此造成了大量的纠纷。可见,要解决我国土地征收矛盾,提高农民在土地征收过程中的财产性收益的关键是,设置土地发展权,建立土地发展权制度,将土地发展权赋予农民集体或农民个体。[3]

第三,耕地保护形势严峻。我国拥有世界上最严格的土地管理制度,其主要目的之一是保护耕地。在此目的驱动下,我国在具体法律制度设计层面建立了包括土地用途管制、土地利用规划、“占多少,补多少”的占补平衡、基本农田保护等一系列严格的管理制度。[4]

我国《1997—2010年全国土地利用总体规划纲要》规定:“2000年,耕地总面积保持在12,933万公顷(19.40亿亩)以上;2010年,耕地总面积保持在12,801万公顷(19.20亿亩)以上。”但是,2000年我国耕地总面积就已经减少至19.2356亿亩,为此,我国政府在“十五”期间将耕地总面积19.20亿亩的保有目标,由2010年提前至2005年。[5] 到2005年,我国耕地总面积又锐减至18.3124亿亩,为此,国务院于2008

〔1〕参见2012年12月公布的《关于加快发展现代农业进一步增强农村发展活力的若干意见》。

〔2〕参见刘国臻:《论我国土地利用管理制度改革》,人民法院出版社2006年版,第102页。

〔3〕参见孙宪忠:《争议与思考——物权立法笔记》,中国人民大学出版社,2006年版,第487页。

〔4〕参见程雪阳:《我国现行土地管理制度的反思与重构》,载《中国土地科学》2013年第7期。

〔5〕参见戚开静:《新时期耕地保护的基本点:统一思想、明确任务、政策落实、制度创新——2001年全国耕地保护工作会议综述》,载《资源与产业》2001年第7期。

年10月6日发布《全国土地利用总体规划纲要(2006—2020)》，再次调整我国耕地总面积保存目标，将2010年和2020年我国保有耕地总面积的目标分别设置为18.18亿亩和18.05亿亩。

从我国耕地总面积不断减少的客观现状可知，我国虽然拥有全世界最严格的土地管理制度，但是在保护耕地方面并未发挥预期作用。究其原因，官方认为是土地管理制度仍然不够严格，因此必须建立更加严格的土地管理制度。[1] 然而，从近几年实施效果来看，这种“更加严格的土地管理制度”在保护耕地方面仍然收效甚微。近年来我国屡禁不止的大量违法用地现象就是例证。

中共中央《关于全面深化改革若干重大问题的决定》强调要“紧紧围绕使市场在资源配置中起决性作用深化经济体制改革”，而土地发展权的引入正是在耕地保护领域践行这一政策的可行方案，因为土地发展权是一种由市场驱动的、与土地管制相配合的调控工具。我国创设独立的集体土地发展权后，在按照土地利用规划禁止农转非的基本农田等区域，农民集体只能维持耕地的原用途不变，而将农地的土地发展权移转于集体其他的可开发用地或城市的建设用地，获得的开发权转让对价可用于补贴维持农耕的农民，从而使农业劳作者可以同时获得农业收入与来自土地的财产性收入，相比政府给予的政策型农业补贴更能使农民安心劳作，从而更好地实现耕地保护和土地的用途管制。[2]

土地发展权制度在我国的落地生根具备如下几个基本条件：

第一，中央的政策依据。2013年，中共中央十八届三中全会通过的中共中央《关于全面深化改革若干重大问题的决定》和2015年中央一号文件《关于加大改革创新力度加快农业现代化建设的若干意见》明确

---

〔1〕 国务院于2006年8月31日发布的《关于加强土地调控有关问题的通知》(国发〔2006〕31号)明确指出：“必须采取更严格的管理措施，切实加强土地调控。”

〔2〕 参见高富平：《土地法学》，高等教育出版社2016年版，第251页。

提出:“建立兼顾国家、集体、个人的土地增值收益分配机制,合理提高个人收益。”值得注意的是,上述两份文件提及的土地增值收益就是土地变更使用性质或者提高利用集约度后所产生的土地发展性利益。可见,两份文件的政策内容成为我国设置土地发展权的指引,并且通过土地发展权的设置实现土地增值收益(土地发展性利益)的合理配置和有效保护。[1]

党的十八届三中全会决定也明确提出“建立城乡统一的建设用地市场,在符合规划和用途管制前提下,允许农村集体经营性建设用地出让、租赁、入股,实行与国有土地同等入市、同价同权”。建立城乡统一的建设用地市场为土地权利的流转提供了市场交易基础,集体建设用地使用权因与土地发展权的结合,而实现了与国有土地使用权的同地同权。统一的土地市场既可以提供建设用地使用权交易,也可以进行土地发展权交易,使土地发展权的移转具备了按照市场机制运转的基础。[2]

政策虽然不等同于法律,但作为我国一定时期内改革和发展的纲领性文件,其具有灵活性、前瞻性和指导性的意义。应当说,中央的政策为我国土地发展权制度的本土化创设了一定条件,并指明了方向。

第二,现实的制度土壤。土地发展权是为了配套土地用途管制、耕地保护、分区规划等产生的,后者是前者生成的制度土壤。我国是一个人口大国,常年来粮食产量是严重威胁国家安全和制约国家发展的因素,因此耕地保护是一个必然的结果。同时,由于土地本身的特性,我国和世界各国一样,对土地利用都进行了规划,根据土地自然条件、区位、经济发展状况、历史等因素划分了不同的功能分区:农业用地、建设

---

〔1〕 参见姚昭杰、刘国臻:《我国土地权利法律制度发展趋向研究——以土地发展权为例》,中山大学出版社2016年版,第154~155页。

〔2〕 参见高富平:《土地法学》,高等教育出版社2016年版,第252页。

用地、未利用土地。同时在这三大类目录下，还存在数十种更为细致的一级类和二级类功能分区，并实行严格的用途管制。

通常而言，被规划的建设用地的土地会因为人工要素的投入而大量增加其经济价值；相反，被规划的农用地的土地则因为承担了更多的环境保护、社会保障等责任而失去了同样进行建设开发的机会。

因此，基于土地用途管制、耕地保护等制度，土地发展权制度的本土化引入存在一定的生存空间。

第三，本土与域外经验。我国现行法律制度，包括物权体系在内，均没有明确设置土地发展权，但事实上，我国部分地区已经在实践中自觉或不自觉地运用土地发展权理论进行试点解决地方产生的土地问题，如浙江的“土地发展权移转与交易”、广东的“龙潭租地”、厦门的“金包银”、重庆的“地票交易”等。[1] 这些地方模式虽然各具特点，也被冠以不同的名字，但其运用的都是土地发展权理论，都为土地发展权的本土化提供了有益的素材。

同样地，域外也为我国土地发展权制度的建构提供了大量的样本和经验。自英国 1947 年在《城乡规划法》中以立法的形式首次确立以来，这一制度已经在英国、美国、法国、意大利、日本、印度等获得了广泛的应用，并积累了大量的经验。通过土地发展权运用的各国比较，可以发现无论是国有化的英国模式、私有化的美国模式，还是公私共享的法国模式，政府获得的都不是直接的土地增值收益，而是相关的社会和环境效益，通过政府管制与土地发展权的配合，既保障了土地财产权，也

---

〔1〕 参见汪晖、陶然：《论土地发展权移转与交易的“浙江模式”——制度起源、操作模式及其重要含义》，载《管理世界》2009 年第 8 期；薛江华等：《政府租地护广州“南肺”》，载新浪网，http://news.sina.com.cn/o/2007-01-04/144410924703s.shtml，最后访问日期：2020 年 11 月 2 日；黄爱东：《“城中村”的困惑与“金包银”工程的曙光——厦门“金包银”工程的创新实践对防范“城中村”问题的启示》，载《农业经济问题》2009 年第 10 期；张鹏、刘春鑫：《基于土地发展权与制度变迁视角的城乡土地地票交易探索——以重庆模式分析》，载《经济体制改革》2010 年第 5 期。

实现了土地发展的有效控制。

五、土地发展权制度本土化的具体方案

城市化转型的中国面临的真正问题，与其说是土地所有权的形式，不如说是土地开发权的归属和分配。[1] 因为即便是在土地私有化的西方国家，所有者也没有权利自行改变国家规定的土地用途，进行自由开发。因为土地本身是一件特殊的商品，其开发利用具有极大的地理垄断和环境外部性。而土地开发权的设置最终应当落脚于权利的实现，因此，在对域外的土地发展权理论和实践进行考察和梳理之后，最为重要的工作便是将其本土化，构建符合我国基本国情的土地发展权制度。

（一）将土地发展权纳入物权体系

本质上讲，土地发展权符合权利之本质。权利为特定利益与法律之力的结合，[2]其本质在于主体对特定利益的享有。而法律对利益的保护具有选择性，主要以该利益能否满足社会成员普遍生存发展之需要为标准，对能满足社会成员普遍生存和发展之需要的利益赋予法律之力而使其上升为权利。同时，这种权利体系并非静态存在，而是随着社会的发展而呈现开放的状态。

土地发展性利益为变更土地使用性质或提高土地利用集约度而产生的增值性利益，在经济学上的反映便是"土地增值收益"。在农地转化为非农用地以及城市化深度开发过程中，土地的价值会呈现增长的趋势，形成土地发展性利益。随着这一利益内核的不断扩大，已经具有上升为权利的基本条件。与此同时，为了调整土地发展性利益的关系，很多国家用法律的形式将土地发展性利益权利化，如英国、美国、法国等。

---

〔1〕 参见华生：《城市化转型与土地陷阱》，东方出版社 2014 年版，第 82～83 页。
〔2〕 参见梁慧星：《民法总论》（第 4 版），法律出版社 2011 年版，第 69～70 页。

事实上,土地发展权脱胎于所有权,只不过在绝对土地所有权理念盛行的时代,生产力状况决定了变更土地使用性质或提高土地利用集约度产生的土地发展性利益并不明显,因而也没有将两者进行分离而单独成为财产权予以规范的需要。但是为了适应生产力的发展,相对所有权理念逐渐取代了绝对所有权,土地所有权之下又分离出了采矿权、空间权等,而土地发展权也是其中之一。

更进一步讲,土地发展权是一种物权,应当被纳入我国的物权体系,并丰富传统物权。物权是一种权利人对特定物的权利,其客体主要为物,因而,物权又被称为对物权。〔1〕 物权的概念具有历史性,但是本质上,学者们对物权的认识都是从人与人的关系和人与物的关系两方面出发的,因而,物权是权利人对物直接支配,并且可以对抗权利人之外任何人的权利。绝对性和支配性均被视为物权的本质特征,因此,物权具有绝对性和支配性两大特征。

土地发展权具有显著的绝对性。无论是英国的土地发展权国有化、美国的土地发展权私有化,还是法国的土地发展权公私分享,除了权利主体之外的任何人对土地发展权均负有不作为义务,权利主体之外的任何人侵害土地发展权都需要承担赔偿责任。同时,土地发展权的支配特性也极其明显,在符合土地用途总体规划的前提下,权利主体可以根据自身独立的意思表示处分自己的土地发展权,而无须借助更多的外力。例如,在英国,国家享有土地发展权,可以按照自身的自由意志处分土地发展权,最为常见的便是将该权利让与私人。而在美国,土地发展权的移转、购买、持有等同样是基于独立自由的意志而行使。因此,基于对绝对性和显著性分析,土地发展权具有物权属性。

对于土地发展权的物权属性应当说目前在学界并不存在争议,但是

---

〔1〕 参见梁慧星、陈华彬:《物权法》(第5版),法律出版社2010年版,第5页。

对于其应当属于传统物权的范畴还是一种新型物权却存在不小的争议。认为土地发展权属于传统物权的学者普遍将其当作传统物权的新形式，作为一个次元概念而存在。例如，日本将其当作空间权的一种，欧洲国家将其视为地役权，我国台湾地区的学者则倾向于视其为一种地上权，也有学者将其视为所有权的派生权，即土地所有权的一项特殊权利内容，隶属于所有权。上述将土地发展权镶嵌在传统物权中的观点应当说存在一定的可取性，该观点在一定程度上避免了对传统物权体系的冲击，无论是制度的创设还是改革成本都相对较小。然而，在中国的土地制度和物权制度之下，土地发展权与我国传统的土地权利和物权体系并不重复，也不存在冲突，相反，作为一种独立的物权存在独特的价值和意义。

以 2007 年颁布的《物权法》为标志，我国确立了物权法定原则和以所有权、用益物权和担保物权为核心的物权体系，后被《民法典》物权编吸收。在国家所有和集体所有两种土地公有制所有权形式之下，通过设立土地使用权实现个人对土地支配的物权化。因此，可以说，土地所有权创设的物权法意义在于创设和保护土地使用权，其本身并不可以成为土地市场化配置的工具。在《民法典》的用益物权分编中，设有“土地承包经营权”和“建设用地使用权”，前者规范农地，后者规范城市国有建设用地，同时，《民法典》另设“宅基地使用权”作为建设用地使用权的特殊形式。

从上述我国土地利用的物权体系不难看出，现有的体系规范的仅仅是静态的土地利用法律关系，并不能很好地适应动态的土地利用关系。在大规模的征地和土地用途管制之下，土地发展权在中国具有独立的权利本质与价值，将其纳入物权体系既符合物权法定的原则，也能充实和丰富我国传统物权体系，适应经济社会的发展需要。

当然，将土地发展权纳入物权体系不仅仅意味着在《民法典》物权编中将其设为独立的物权种类那么简单，同时也应当明确其与所有权、建设用地使用权等之间的关系，并将其纳入《不动产登记暂行条例》的适用范围。简言之,土地发展权脱胎于所有权,但也独立于所有权;而与建设用地使用权则是相互配合的关系,建设用地使用权回答的是土地所有与非农化使用的问题,而土地发展权回答的则是土地非农化开发及其开发程度的问题。在程序上,也应当由统一的登记机关对其进行登记,并颁发统一的权属证书。

(二)集体土地上土地发展权的购买与移转

国有土地和集体土地在所有权上存在巨大差异,因此在土地发展权的取得、变更和消灭上具有不同的形式,但两者的核心都是"土地发展权的移转",且最终在制度内部实现权利运行的统一也主要是土地发展权移转的衔接问题。加之考虑到本课题研究的重点是集体土地,因此主要论述的是集体土地上土地发展权的购买与移转的实现形式。

我国集体土地上的土地发展权脱胎于集体土地所有权,而集体土地所有权的权利主体是农民集体,因此,农民集体原始取得该物权。出于对农民个体的弱势地位以及集体的规模化效应和组织优势的考量,以集体的形式行使这一土地发展权更能保护集体成员的利益。[1] 只是在相应的制度配套上,要保障集体内部农民个体的知情权、参与权、决策权、管理权、监督权等。

本书认为,农村集体自由移转土地发展权在现阶段条件并不成熟,在一定程度上会带来土地开发和利用的混乱与低效,也不利于保护农民个体的利益。因此,集体土地上发展权的转移应该主要存在两种情况:其一,土地发展权交易机构与农民集体协商购买土地发展权从而进行移转;其二,国家为了公共利益的需要强制购买土地发展权,并以市场价格补偿。需要说明的是,无论土地发展权如何移转,都应当符合土

〔1〕 参见耿卓:《农民土地财产权保护的观念转变及其立法回应——以农村集体经济有效实现为视角》,载《法学研究》2014 年第 5 期。

地规划的要求。

1. 土地发展权交易机构协商购买

这种形式的土地发展权移转与美国的土地发展权银行制度类似，也应当是集体土地上土地发展权移转的主要方式。土地发展权交易机构是一个专门进行土地发展权购买与出售的非营利性机构，原则上其出售土地发展权的收入应当等于购买土地法发展权的支出，而运营的成本应当由地方财政支出。

具体操作方式为每个地区根据不同的行政区划面积、经济发展条件、人口数量等设置相应的土地发展权交易机构。当农民集体申请出售其土地发展权时，由土地发展权交易机构或者委托第三方机构对土地发展权的价格进行评估，评估应当客观、中立，符合市场规律。双方进行自由协商，签订买卖合同并登记之后，土地发展权交易机构获得集体土地发展权。

丧失集体土地发展权的农民只能按照原规划用途行使对土地的权利，而无法变更用途或者进行深度开发。土地发展权交易机构在获得土地发展权之后可以出售给区域内的土地开发者，实现区域内的移转；也可以将土地发展权出售给其他区域的交易机构，再由其他区域内的交易机构出售给本区域的土地开发者，实现土地发展权的跨区域移转。获得土地发展权的开发商在符合土地用途规划的前提下，可以叠加使用土地发展权，提高容积率，对土地进行深度开发。

2. 国家强制购买

国家强制购买的情形出现在当国家出于公共利益的目的需要使用土地之时，可以触发征收权，而在对土地实施征收补偿时，补偿款中就包含了土地发展权的价值。这种购买并不基于集体土地所有权人的申请和协商，而是国家动用征收权的结果，但其范围必须限于公共利益之内。

虽然在这种情形下，对集体土地发展权的购买具有强制性，但并不意味着补偿价格完全由政府决定。相反，补偿应当遵循法定程序，并且依土地发展权的市场价格给予补偿。

(三)集体土地上土地发展权的信托

信托(trust)起源于英美财产法(property Law)，在此架构中存在双重所有权。一为普通法上的所有权，由信托受托人享有；二为衡平法上的所有权，由信托受益人享有。由于上述英美法信托理论中的“双重所有权”与我国“物权法定”和“一物一权”原则之间存在紧张关系，因此，对这一制度的移植并未呈现应有的效果。本书之所以在此引入信托理论主要是基于以下几点理由。

第一，我国具有信托制度发育的土壤。《中华人民共和国信托法》(以下简称《信托法》)已由中华人民共和国第九届全国人民代表大会常务委员会第二十一次会议于2001年4月28日通过，从这个意义上而言，我国存在引入土地信托制度的法律基础。同时在立法上呈现“定义的科学性，调整对象的兼顾性，信托财产的闭锁性，当事人权利的平衡性”等特点。[1] 而我国《民法典》物权编规定的“物权法定”原则事实上并不与信托制度相矛盾，因为《信托法》也属于《立法法》所规定的法律范畴，同时，学界也给出了其他解决的方案。[2]

在集体土地信托制度的安排下，呈现如下法律关系：“集体组织—委托人”“信托机构—受托人”“集体成员—受益人”。其实质在于将集体组织的土地管理权赋予信托机构，并将收益权直接物权化到农民个体。这样一方面避免了“集体组织”虚化所带来的秩序混乱，另一方面也做实了集体成员的成员权。

第二，有利于保护集体成员的合法权益。农村集体组织存在的意义

〔1〕 黄来纪：《试论我国〈信托法〉的特点》，载《政治与法律》2002年第3期。

〔2〕 例如，郑瑞琨提出将《信托法》定位为商事特别法，依据特别法优于一般法原则优先适用《信托法》。参见郑瑞琨：《信托法与物权法定原则的冲突及其解决》，载《政法论坛》2007年第4期。

在于通过规模化集约化的方式更好地利用土地资源,增加集体成员的财产性收入,保护集体成员的合法权益。然而在现实中,由于法律制度的缺失和保障体系的不完备,农村集体组织存在不少异化的现象,并滋生了大量的土地腐败问题。而信托制度的引进可以在极大程度上避免少数人控制本应属于集体的土地利益,从而保障农民个体的土地发展利益。具体的运作流程详见图6-1。

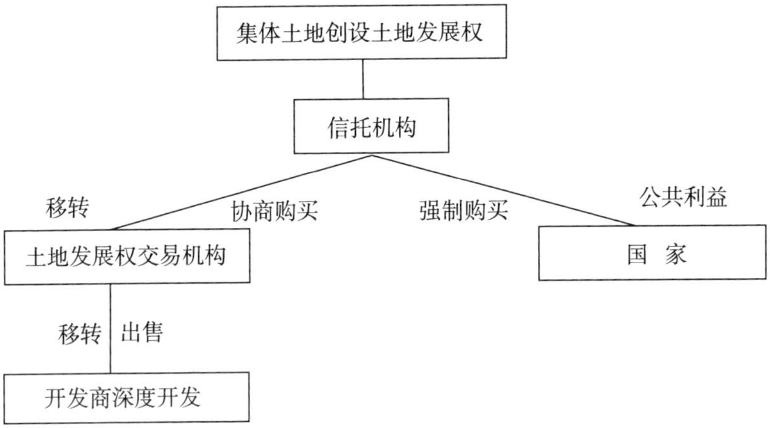

图6-1　集体土地上土地发展权运作示意

第三节　合理分配集体土地增值收益视野下的土地征收制度改革

一、改变传统农民集体土地权益的理念

解决征地制度存在的问题,首先要从理念着手。虽然土地的集体所有和全民所有共同构成中国特色社会主体制度下的土地所有制,但二者在本质上具有很大差异。具体表现在以下几个方面:首先,国家所

有即全民所有，代表的是全体人民的共同利益，这实质上更加凸显的是一种政治宣示功能；而集体土地所有权则承担着具体区域内特定人群的社会价值属性，关系到特定群众的生产生活。其次，国家所有体现的是整个国家所有人的共同利益，由国务院代表国家行使职能。同为社会主义所有制形式的集体所有，指代的是农村劳动集体所有是“全民”的组成部分，不但除却了“国家”的强大“光环”，甚至从法律上有意无意地虚化了主体形式，并且存在三级集体组织，即乡农民集体、村农民集体以及村民小组集体。他们各自享有的土地所有权是相互独立的，是互不联系不具合力的，因而往往不具有对抗土地权益受损的足够力量。最后，国有土地所有权的具体行使是由地方各级政府结合各地具体情况，在法律规范的权力范围内展开的，是在国家强制力保障下实施的；而集体土地所有权的“经营”是由集体经济组织进行的，随着农民集体经济组织的逐渐瓦解，集体土地权利在所有权主体虚化的同时，也逐渐丢失了经营主体。中华人民共和国成立以来，我国土地制度经历了多次改革，农民集体作为中国占比最大的人民阶层，其权益保障一直受到中央的密切关注。但是，自土地有偿使用制度实行以来，在对集体土地所有权的征收中，国家顶层公共政策设计却忽视了对集体土地所有权权益的保护，为了国家利益牺牲特定农民集体的利益，对农民集体土地所有权权能所作的限制，使特定的农民集体利益难以实现或者受到损害。

个人利益服从集体利益、集体利益服从国家利益一度是我国对待利益分配的衡量标准，这一标准还对我国社会各个阶层产生了深远的影响。虽然宪法和法律同样对国家利益、集体利益、个人利益进行保护，但我国《宪法》第 12 条也明确规定“社会主义的公共财产神圣不可侵犯。国家保护社会主义的公共财产。禁止任何组织或者个人用任何手段侵占或者破坏国家的和集体的财产”。时下，人们还无法准确把握三者之间的利益均衡，特别是在对待国家利益和集体利益问题上。因此，必须正视二者之间的平等性，集体所有和全民所有均为社会主义所有制的组成部分，应当予以同等的保护。

二、将土地征收严格限定在公益用途范围之内

公共利益目的是土地征收权合理行使的唯一标准，无论是以法国和德国为代表的大陆法系国家，还是以美国和英国为代表的普通法系国家，以公共利益为目的严格限定征地的范围，确保土地合理征收，防止土地征收的滥用，已成为立法和司法通例。我国《宪法》虽然规定了征地行为的公共利益属性，但在实施层面并没有得到很好的落实，前面对此问题已经作过分析，这一问题的产生，存在法律的制定和实施两个方面的原因。2014 年中共中央一号文件明确提出，要“缩小征地范围”，但怎样缩小又是欲言又止。中央这一政策至今难以落地自然有其复杂的原因。但无论原因为何，土地征收的范围都应当严格限定在“公共利益”的范围内。就征收行为而言，目前我国的征收行为仍旧没有与传统完全割裂，依然沿用的是改革开放之初经济复苏时的传统方式。包含了城市发展的“公共利益”的限定标准，一直以来都是政府获取“土地财政”的保护色。然而，我国的经济发展已经步入全球领先者的行列，以牺牲农业为代价的城镇化、工业化已经与目前的经济形势产生了断裂。习近平总书记在主持第二十二次健全城乡发展一体化体制的会议上强调，在我国综合国力显著增强的今天，中国已经发展到“工业反哺农业、城市支持农村”的阶段了。据此，应当明确“公共利益”新时代的意义，让征收行为恢复其本来面貌。

(一)准确界定“公共利益”范围

公共利益是限制征收行为、确定农民参与市场化土地增值收益分配的唯一标准。尽管公共利益是一个“罗生门”式的概念，但是在各国

实际的法律规范中,都采用各自的方式,对其进了规定。[1] 我国法律在规定公共利益范围上存在规范不清的问题。从不同国家的立法实践来看,现有关于公共利益的确定主要存在三种立法模式:一是概括式,如美国、荷兰等;二是列举式,如日本;三是折中式,如韩国等。概括式具有包容性、适用性强的优点,但其范围模糊、可操作性差的不足也十分明显;由于公共利益具有不确定性和开放性的特点,即使再详尽的列举也无法穷尽公共利益的类型。与之相比,折中式的立法模式既能够相对明确地列举出符合公共利益的具体内容,又能够使具体适用判定具有一定的灵活性,是较为理想的立法模式,也是目前多数国家所采用的立法模式。

另外,从国际上关于公共利益认定方式来看,当征收机关认为需要征收,且该种征收用途又不在法律明确规定的范围之内时,可由征收机关以外的机关(法院或设立专门的判定机关)依照法律规定的程序,以公平、效率为标准对是否符合公共利益进行判定。我国并没用相应的专门的判定机关,当出现公共利益判定争议时,本书认为可以借鉴西方一些国家的制度经验,由法院来进行最终裁判。

在完善征地程序上,要增加对公共利益评判程序的监督与结果的审查。保证公共利益以外的项目用地,不能采用征收的方式获得土地,坚决维护集体土地所有者的合法权利。

(二)废除以城市为土地国家所有的标志功能

坚持征地的"公共利益"属性,就必须放弃城市土地的国家所有规制。我国现有法律规定,任何单位和个人需要使用土地进行建设,必须在土地利用总体规划内,依法申请使用国有土地。城镇化加速运行的

[1] 关于公共利益的界定,美国、法国是由法院行使最终的判定权;日本采用穷尽式的立法模式进行规定,并设立专门的公益事业认定厅进行最终的判定。

直接后果是城市的不断扩张。城市向农村的“跨境”发展，必然带来对集体土地的开发改造。法律规定与现实需求的冲突就意味着，在城市扩展的地域内不会再有集体土地，凡是纳入城市规划区内的集体土地都必须先行被征收为国有，转化为国有建设用地。但是，我国现行法律关于“城市的土地属于国家所有”规定又存在诸多问题：第一，时间点界定上不清。“城市土地属于国家所有”最早出现于1982年颁布实施的《宪法》文本当中，但此处的“城市”指代范围究竟是宪法修改时的城市土地属于国家所有，还是修法之后凡是在行政建制上称为城市的土地均为国家所有，在法律上没有明确界定或解释。第二，空间指代不明。以我国现有的法律和制度来看，所谓“城市”范围可以区分为“城市规划区”及“城市建成区”。《宪法》当中的城市范围究竟为何，在法律上没有明确界定。第三，管理部门混乱。按照我国《土地管理法》规定，实施集体土地确权的是县级人民政府，而具体实施部门是土地管理部门，长期以来，国家层面缺乏相关的配套制度和具体的操作规范来协调二者的工作，地方难以就相关问题作出规定，甚至出现相互推诿或互相争权的现象。

我国土地的社会主义公有制的建立有其独特的社会背景。苏联曾经试图建立土地的全民所有制，受其影响，我国在当时也出现了将土地全部国有化的呼声，现有土地所有制的最终建立是历史的选择，主要是基于政治因素考虑，更大程度上体现的是一种政治宣誓。加上计划经济时期实行的是“按劳分配”，所以社会各方对土地所有权问题并不十分关注，对其划分标准更加漠不关心。实践当中的基层干部、土地部门工作人员甚至政府领导干部，对该项制度普遍表示不理解，实际工作中也不能作为依据，作为利益相对人的集体和农民更是不承认自己的土地因在城市范围内就归国家所有。1990年以后，这种在时间和空间上都不明确的关于“城市”的规定，被一些地方政府用来“蚕食”农民集体所有的土地，并在“城镇化”的口号掩护下，不断进行城市土地和国有土地的扩张。本书认为，随着城乡二元管理体制的逐步瓦解和城乡一体化体制的建立，以城市和农村为标准的划分方式，已经失去了其存在的社会基础，丧失了应有的必要性和针对性。适时废除这一制度，才能从根本上解决征地的非公益性问题，才能为建立城乡统一的建设用地市场清除法律上的障碍。

三、以土地使用权市场交易价格为征地补偿标准

提高征地补偿标准是党的十七届三中全会确定的征地改革措施，国务院对此提出了改革意见，并以法律提案的方式提交全国人大常委会审议。增设了“公平补偿”原则，在土地补偿、安置补偿、青苗补偿和地上附着物补偿之外加入了住宅补偿与社会保障补偿。虽然较之原补偿标准有了很大的进步，但要实现真正的补偿公平，最重要的是应当考虑到土地本身的生活生产资料属性，以自由市场交易价为基础，结合当地城市居民年收入情况，最终确定补偿标准。以各国实践来看，以市场价格补偿是较为公平合理的一种补偿方式。市场价格并非偏向买卖双方中任何一方的反映，而是在自由、公平的市场中，形成的利益博弈的结果。具体到土地征收，市场价格补偿是最贴近土地真实价格的，因而对于土地征收者与被征收者而言，参照市场价格是最为公平的。如遇市场价格过低，保证不了被征收土地农民的原有生活水平，要参照当地城市居民年收入情况支付征地补偿。至于补偿标准，应该根据各地实际情况确定，不宜“一刀切”。安置模式也可多元化，由农民自由选择。

第四节　构建集体土地增值收益分配市场化机制

一、建立集体土地交易有型市场

（一）建立土地交易市场的政策法律依据

我国《宪法》规定："任何组织或者个人不得侵占、买卖或者以其他形式非法转让土地。土地的使用权可以依照法律的规定转让。"中共中央《关于全面深化改革若干重大问题的决定》是未来一段时期我国社会发展的总路线。我国仍长期处于社会主义初级阶段，全面深化改革必须立足基本国情，坚持以经济建设为中心，充分发挥经济体制改革牵引作用。经济体制改革的核心问题就是正确处理好政府和市场的关系，充分实现市场在资源配置中的决定性作用，正确定位政府功能，加快建立服务型政府，更好地发挥政府的宏观调控、总体指导、全面服务职能。这就要求在决定资源配置时必须遵从市场经济一般规律，减少政府对资源的直接配置，不断完善市场体系，同时要加强市场监管。在遵循市场规则的市场公平竞争中实现效益最大化和效率最优化。据此，要真正建立提高农民土地增值收益分配比例的长效机制，最有效的办法是针对"征地范围宽、补偿标准低"这一根本性问题，统筹考虑土地作为生产资料参与分配的新情况，对现行土地制度进行重大改革，建立"集体土地使用权"的市场机制。

（二）建立土地交易市场的意义

第一，建立土地交易市场是实现土地资源市场化配置，发挥市场的决定性作用，促进我国经济平稳发展的必然要求。国家所有和集体所有共同构成我国社会主义土地所有制，农民集体作为土地的所有主体，应当能够直接参与到土地市场交易过程中，通过平等协商的方式参与市场定价,以实现市场机制下的土地资源配置最优化。

第二,建立土地交易市场是保障农民集体完整的土地权利,提高农民收益,建立收益分配长效机制的必然要求。通过建立以农民集体土地使用权交易功能和资产抵押功能为核心的市场机制,实现土地权利的主体与外延同等化,有利于消除现有土地"征收—出让"过程中对农民利益的"非法"侵占,能够使农民集体以所有权主体的身份,直接参与到土地增值收益分配的过程当中。虽然在这样的制度下,政府丧失了对土地市场的垄断和支配地位,但以税费方式的间接参与,才是政府收入来源合法化、持续化的应然状态。

第三,建立土地交易市场是加速政府职能转变,建立法治政府的必然要求。建立统一的城乡建设用地市场,能够突破土地市场的"二元分割"、土地一级市场政府垄断的现有局面。能够有助于真正建立征地补偿与土地市场价格联动机制,发挥市场的调节功能,将政府从复杂的征地事务中解脱出来,以行使好政府本应履行的管理与服务职能。有利于降低土地交易中的腐败机会,增进农民福祉。

二、建立土地交易市场的路径

对土地使用权流转收益分配制度的设计,最初就应建立在公平、合理的基础之上,并按市场规则运行。[1] 土地市场的建立是一项系统工程,涉及集体土地所有权实现形式等一系列制度的改革,需要解决好以下制度性问题。

(一)完善农村土地产权体系

明晰的产权是市场交易的前提,也是决定条件。在目前法律制度

〔1〕 我国土地制度的改革不能偏离中国特色社会主义制度总方向,因此,目前所有的土地交易和未来的制度设计,都指的是土地使用权的流转,土地交易市场也是指使用权交易,不涉及土地所有权的买卖。

中,关于集体土地主体不清、权利不完整、范围模糊等问题,直接限制了农民集体土地权利的行使。因此,要实现土地市场的最终建立,就必须以明确权利主体和权利范围为基础,扫除制度障碍。集体土地权属登记制度自1986年《土地管理法》颁布实施时,就已经以法律的形式确定了下来。目前全国的集体土地确权登记也在如火如荼地进行,作为农民土地权利行使的基础,只有对制度不偏不倚地贯彻落实,让所有权证书成为权利保障的有效凭证,才能从根本上改变现有权利配置,实现集体土地的市场化交易。

(二)建立完备的城乡统一建设用地市场

市场和市场体系是交易发生的载体。市场体系,指的是各类市场组成的有机整体。只有建立了统一、完备的城乡土地市场及市场体系,不同的交易主体之间才能够在信息对等的状态下进行土地使用权交易。

(三)完善征收土地相关法律法规

完善征收土地的有关规定就要求尽快修订与土地相关的法律法规,统一对《民法典》《土地管理法》《城市房地产管理法》和土地利用规划等法律法规进行修订,明确赋予农民集体土地使用权流转收益的权能,取消现有法律中对集体土地流转的有关限制性规定;调整土地用途规划,明确集体土地流转要严格执行土地用途规划,及农民集体土地流转需要变更规划用途的条件限制;制定规范农地转用的专门法律,明确土地征收以外的农地转为建设用地的条件和审批程序。通过对相关法律进行修改或调整,使横向上同一位阶的法律,纵向中下位法与上位法的内容能够统一起来,促进农村建设用地依法有序地进入市场。

(四)加强土地用途管制与利用规划

严格控制新增建设用地的总量、确保耕地红线和粮食安全是建立土地交易市场必须坚持的指导思想。这就需要土地管理部门在搞好产权登记工作的同时，强化土地利用规划的作用和地位，并结合土地用途管制的具体内容，严格控制集体土地用途转用的速度，确保农业生产不受到影响。

（五）建立市场监管体系

市场的高效有序运行，需要政府的统一协调和各有关部门的通力合作。这就需要明确城乡统一土地交易市场中的监管职责，区分市场中土地资源、城建、农业、林业和市场监管等多个部门的职责范围，避免“九龙治水”或相互推诿等乱作为、不作为的情况发生。土地市场工作千头万绪，难免会有各种不协调的事情发生，这就需要建立一个具有高效快捷的协调机制和统一的市场监管体系，以确保市场功能正常顺利实现。

三、集体土地交易市场架构

建立城乡统一的、以用途管制为中心的土地管理制度，是我国土地制度改革的总方向，更是一项庞大的系统工程，涉及集体土地所有权制度、土地管理制度和土地征收制度等一系列制度的改革。建立集体土地使用权出让转让市场机制，虽然只是土地制度改革的一个方面，但仍是国家政治经济生活中的大事，需要慎之又慎。

（一）集体土地使用权交易应遵循的原则

出让、转让应当以公开、公平、等价有偿和用途管制为原则。公平、公开是确保结果正义的程序要件；等价有偿是市场化交易的基本特征；用途管制则是国家进行土地资源管理、完成资源合理配置的必要权力。

（二）集体土地使用权交易的主体

交易双方在交易过程中具有平等的主体地位。权利出让方为集体土地所有者。权利受让方为建设项目用地单位，可以是具有完全民事责任能力的自然人、企业法人、机关、事业单位或社会团体法人等。

(三)集体土地交易的范围

集体土地交易的范围包括:(1)经依法批准使用或取得的建设用地;(2)在城市、镇规划区内的土地;(3)非公益性的能源、交通、水利、矿山等项目需要使用在城市、镇规划区以外的土地。

(四)集体土地交易的程序

集体土地交易的程序如下:(1)县、市政府建立建设用地使用权交易市场;(2)对符合入市交易的集体土地予以登记;(3)对城市、镇规划区内的土地使用权价格进行评估,制定最低出让、转让价;(4)土地使用单位根据城市或镇规划,提出用地申请;(5)由市场审定是否符合用地条件;(6)交易双方商定交易价格,完成交易;(7)对城镇建设急需用地项目,交易双方在价格上达不成一致的,由法院裁定。

(五)集体土地交易的监督

1. 社会监督

社会监督是依靠国家机关之外的社会组织和公民对集体土地权利交易的合法性进行的不具有直接法律效力的监督。社会监督虽然不具有国家强制性和直接的法律效力,但其积极、主动的监督方式却可能引发和启动国家监督机制的运行,导致带有国家强制性的监督手段的运用,甚至产生强制性的法律后果。社会监督主要包括:公民监督、社会团体监督、舆论监督等基本形式。

2. 政府监督

政府或有关行政机关对土地市场及土地权利交易的监督主要是政府通过法律法规,对各类市场交易行为进行规范和管理。政府监督是以国家名义依照法定职权和程序进行的监督,具有国家强制性和直接的法律效力,能直接引起法律后果。被监督者必须接受并作出相应的行为。首先,政府应严把市场准入关,确保主体资格的合法性。政府对市场主体进行资格审查,是确保交易市场能够有效运行的前提保障。

依据标准判断一个主体是否有资格成为合法的集体土地交易主体，能够有效地防止不合法或无效交易行为的发生。其次，确保市场竞争的公平合法，保证市场效率。公平合法的市场秩序是市场正常运行的基础，也是政府市场监督的中心任务。其核心内容是利用行政权力的强制力为保障，消除违法交易行为，以保障土地交易能够在公平良好的环境中正常运行。最后，监督市场交易行为，维护交易主体的合法权利。政府监督的最终目的是要确保土地交易能够顺利完成，使交易主体双方的权利、义务能够依照约定确实实现。由此就需要对交易双方是否履行约定、遵守诚信进行监督，并且依法纠正侵权、违约等违法行为，使交易主体的合法权益切实得到保障。

3. 村民自治监督

村民自治监督主要是依靠村民的自觉性、民主性，利用村民对村情熟悉的优势，由村民个体或选举组成监督机构，依照民主监督程序对包括土地交易决定、交易价格制定、交易财政收入以及收入分配等方面进行监督，以确保交易决定和交易价格是依照法律规定的程序作出的，从而能够保证交易的合法性和有效性。村民监督本身不具有强制性，如果村民或监督机构发现土地交易存在问题，应向村民委员会反映，由其按照《村民委员会组织法》组织召开村民会议或村民代表会议进行裁决。

四、集体土地交易收入的分配

（一）集体土地交易收入分配主体

根据地租理论和分配理论，土地增值表现为不同形态地租的资本化。农村集体土地由农用向建设用地用途转化而产生的增值，是绝对地租和级差地租的增加，应归土地所有者所有；其他要素投入形成的增值由投入主体享有。土地所有权是土地所有制关系在法律上的表现，是土地所有者依照法律规定对土地享有占有、使用、收益和处分,并排除他人干涉的权利。

1. 农民集体

从地租理论来看,城市地租的存在是土地由农村流向城市而产生价格增长的基础,而土地所有权又是绝对地租产生的权利来源。集体土地的所有权主体为农民集体,无论其具体为何种形式表现,作为土地所有权的实际享有者,其当属在增值收益分配之列。依照《土地管理法》第 11 条的规定,集体所有权的主体可分为村集体、村内经济组织与乡农民集体三类。至于什么是集体,法律中没有规定,这也是目前学术界广泛争论的一个话题,同时也是目前正在广泛开展的土地确权登记工作中的一个难题。如果从法律中我们不能得到比较理想的答案,那么,就可以依据确权工作的处理方式来加以对待。2011 年国土资源部、中央农村工作领导小组办公室、财政部、农业部《关于农村集体土地确权登记发证的若干意见》中指出,要按照“乡(镇)、村和村民小组农民集体三类所有权主体,将农村集体土地所有权确认到每个具有所有权的农民集体”。据此,集体土地所有权主体可以基本予以确定。但是在实践当中,村民小组组织机构、职能划分、财务状况等都没有明确的法律约束机制。这就造成了村民小组在现实中往往疏于管理,小组长滥用权力等情况。同时,由于现在农村人口向城市流转比较普遍,很多村民小组已经名存实亡。鉴于此类情况,笔者认为,应当在肯定村民小组集体土地所有权的基础上,依据当地的实际情况,予以区别对待。至于乡(镇)集体土地所有权,由于乡(镇)集体经济组织已经基本不复存在,确权工作中往往将乡(镇)土地所有权交由乡(镇)政府代管。由此就可能形成政府与集体资产不分的情况。这样的做法有悖于十八届三中全会指出的要建立政事分开、政经分开的服务型政府的总体要求。有学者认为乡级土地所有权,可由乡镇人民代表大会代为管理。虽然它也是一级国家权力机关，但它的组成由人民选举产生，能够代表本集体内大多数人的意愿，因此，可以由其代表行使土地所有权。[1] 对此，笔者认为可由乡级人大授权一个专门组织代为行使乡集体土地所有权。

2. 农民个人

被征地农民个人是土地征收的最直接利益主体。被征收的农业用地法律上归属于农民集体，农民个人是集体土地的实际占有者。农民个人是农民集体的最小单位，集体是多数的农民个人的集合，以集体名义作出的决定应经由集体成员共同商议。因此，可以说集体权利是成员权利的让渡，集体利益与成员利益是有机的统一。在土地所有权、土地承包权、土地经营权分立的规制下，还应考虑独立经营者的分配主体地位。

3. 政府

中央政府作为我国最高的行政机关是全国土地政策的最终决策者，肩负着经济发展的统筹、粮食安全的保障、生态系统的维护以及全社会资源的合理配置等神圣职责。其位于一个绝对的高度，决定用地指标的配比、进行农地开发的审批、执行利用规划的监管，牢牢把控着政策的运行方向。土地政策又决定着土地在流通过程中可能产生的社会价值。因此，国家有必要也应当参与土地社会价值的分享。值得一提的是，在土地增值收益分配过程当中，中央政府的参与并不是出于对利益的诉求，而是基于对公共福祉的考量和宏观经济调控的把握。地方政府是中央政府决议的具体实行者，依照其各自对土地增值的贡献，参与土地增值收益的分配。地方政府制定各自的发展规划，中央政府的用地指标则依据不同地方的规划，在各级政府之间层层分配，通过逐级审批最终形成土地的转用。其中，市(县)政府和乡政府是土地征收

〔1〕 参见韩松：《论农民集体土地所有权的管理权能》，载《中国法学》2016年第2期。

的直接参与者也是实际操作者。同时,在影响土地增值的诸多因素中,人们通常将社会发展因素(如城市规划、公共设施完善、人口聚集等)视为现代社会影响土地价格的主要因素。地方政府作为地方经济的主导者,公共事业建设又是推动土地价格上涨的强大动力。因此,地方政府有必要参与到增值收益的分配当中。

（二）集体土地交易收入的分配方式

在市场经济条件下,我国土地政府与市场依旧应当坚持以政府干预为主的资源配置形式。合理的社会财富分配机制应当包括三个步骤:初次分配以尊重和保护产权为基础,主要通过自由的市场交易来完成;第二次分配以公平为基础,主要通过政府征税和提供社会保障等公共服务来完成;第三次分配则以伦理和道德为基础,主要通过公益慈善和社会爱心捐助等方式来完成。[1] 对于集体土地交易收入分配而言,则主要以前两个方面的分配原则为主。政府(无论是中央政府或地方政府)应以公共服务和市场调控为行政目的,不应直接加入到社会资源的首次分配当中。对于土地交易的收入,政府可以通过土地增值税、个人所得税、使用权变更登记费等税费的形式加以调节;土地的所有者和使用者,基于其各自拥有的土地产权,在市场交易过程中获得相应的权利收益。应以货币结算为主,可以引入近年来实践探索中行之有效的分配方式,如留地安置、土地入股等形式。对政府作为主体的分配方式,有人可能会产生税收难以获得,政府城市建设支出难以保障等担忧。笔者认为,这种担心是有道理的,但也是完全可以解决的。比如,收税难的问题,可以采用交易费预存制度来克服。具体来说,可以规定土地使用者必须将合同约定的交易款项提前一个月存入土地交易管理部门的指定账户,足额预存费到账是土地交易行为发生的前提。款项

[1] 参见刘剑文:《税制改革应更加注重分配正义》,载《中国税务报》2013年11月6日,第1版。

到账后，由土地使用者所持银行凭证，办理过户登记。在建立服务型政府的现实要求下，政府不再垄断管理公共事务，就能专心于政策的制定和执行。同时，市场竞争的引入能够有效地提高政府的公共服务效能，是现代政府服务方式转化的一个共同趋势，也符合社会主义市场经济的发展要求。[1]

（三）集体土地交易收入的分配比例

在国家、农民集体和农民个人之间寻求一个令各方满意土地增值收益的分成比例，是不同领域专家学者和土地管理工作者共同追求的目标，时至今日仍然没有达成共识。本书前期介绍了在征地增值收益分配的探索经验，对分配比例有不同的做法。

在综合区片地价的实践中，福建省泉州市丰泽区规定，在集体土地经营单位未能调整并给予被征收人土地供其继续承包的，应当将不少于补偿费的70%发放给农民，经济组织可提留30%用于发展生产；就目前而言大多数情况是农民获得补偿金额的绝大部分。在留地安置的具体实践中，不同地区都会根据当地的实践情况，综合土地补偿、农民生活成本、土地价格、当地产业结构等因素，具体确定用于留地安置的方式及土地面积。例如，泉州、厦门按被征收土地面积的7%～15%的比例进行对被征地集体的留用；[2]温州市则是以被征收土地的区位因素与预期利用方式来综合确定留地安置的比例的。长沙市的具体做法是由市（县）国土资源局，依照当地的具体情况，按照被征地总面积的6%～10%返还于被征地农民集体。在集体经营性土地入市的实践中，政府仍然是以经营者的姿态直接参与到土地增值收益分配的过程当中的。例如，一些地方明确规定了建设用地流转增值收益，在村集体、乡（镇）、

〔1〕参见刘莘主编：《法治政府与行政决策、行政立法》，北京大学出版社2006年版，第67页。

〔2〕参见林依标：《福建省被征地农民留地安置的实践探索及政策建议》，载《农业经济问题》2014年第8期。

区、市政府之间要按照 2∶5∶2∶1 比例进行分配。重庆地票模式最终将分配方式确定为“比例分配 + 最低限额”，即按照 85∶15 的比例分给复垦宅基地的农户和集体经济组织，并且规定农户所得收益数额不得低于每亩 12 万元，集体经济组织不得低于每亩 2.1 万元。

从以上各种分配比例看，要在政府、农民集体和农民之间建立一个合理的比例，并没有规律可循。以往的研究成果中也没有形成切实可推广的分配模式。本书认为，集体土地交易收入的分配比例，应当按照党中央、国务院确立的原则，坚持以按劳分配为主体，多种分配方式并存的分配理念，根据劳动、资本、技术和管理等多种生产要素的贡献值进行分配；同时要根据市场来确定生产要素的价格机制，通过对法律的完善和市场的管理，保证各种所有制经济能够平等地使用生产要素，参与市场竞争。具体而言，就要求政府要发挥税收的宏观调控作用，坚持壮大集体经济，提高被征地农民生活水平，以当地人均生活水平为参考，确保不降低失地农民生活水平，还要防止出现严重的贫富悬殊。税率的制定应坚持在广泛征求人民群众意见和社会各方利益平衡的基础上，以立法的形式确定。农民集体和农民之间的分配，可将除去政府征税之后的收益，按使用权权属分配给具有使用权的农民部分生活必需的资金，大部分资金应由集体经济组织建立第二、第三产业经济实体，由农民参与分红，以此保障失地农民的就业和生活，其具体比例应按照村民自治的原则由农民集体内部协商确定。

CHAPTER 07 >>

第七章

建立土地增值合理分配机制的规范保障

第一节 宪法条款的解释和完善

地者，政之本也；地权，法治之基也。一国土地制度及其有关改革，关系着国民经济的命脉，也与百姓的利益休戚与共。关于城市土地的权属问题，我国宪法对此规定首见于1982年《宪法》第10条第1款“城市的土地属于国家所有”。近年来，城中村征地带来的冲突时有发生，“民营城市”的建设方兴未艾。关于中国城市化发展的实践路径与土地“国家所有”和“集体所有”两个所有权之间的逻辑关系成为理论与实践中热议的话题。“城中村”的土地必须属于国家所有？农民能否自主建设城市？行政区划的变更能够使集体土地无偿国有化？城市建设与土地所有权之间的“谜之三问”始终困扰着人们。而要解决上述问题，并更好地发挥“市场在资源配置中的决定性作用”，实现中国城市建设的又好又快发展，亟须从法律层面对上述问题予以回应。而这一切最终又朝向一个共同的话题——如何理解和适用《宪法》第10条第1款“城市的土地属于国家所有”。

一、错置:被冷落的“城市”

学界对《宪法》第10条第1款“城市的土地属于国家所有”的讨论肇始于10多年前周其仁教授提出的“征地悖论”。[1] 如果说当时征地悖论的提出只是引起人们对此问题的关注并未产生激烈碰撞的话,那么随着中国土地改革的持续深化,“城中村”改造的现实争议、集体土地上是否能够建设“城市”的讨论,则将此问题推向新的高潮。原本“悄无声息”发生变革的城市土地国有化问题,引发了社会各界的高度关注。

可以说,如何理解和适用“城市的土地属于国家所有”这一宪法条文,已经成为当下宪法理论与实践的焦点之一。《宪法》第10条见证了中国宪法学从修宪型模式到释宪型模式的发展。早期,有学者认为“城市的土地属于国家所有”条款存在无法解释、不能解释的根本性问题,应当通过修宪予以变更;而为了维护宪法的稳定,并使之更灵活有效地解决土地权属以及由此引发的中国城市化建设问题,近年来越来越多的学者将视角转入对该条的解释之中。

“城市的土地属于国家所有”看似简明清晰,实则问题丛生。理论上,有关该条本身的定性以及“城市”“属于”“国家所有”等一系列概念的内涵和外延,尚未在学界达成统一的认识。

即使中国宪法尚未通过诉讼进入人们的现实生活,误读《宪法》第10条所产生的影响力也绝不限于理论层次。[2] 实践中,寄希望从产权

---

〔1〕 参见周其仁:《农地产权与征地制度——中国城市化面临的重大选择》,载《经济学》2004年第4期。
〔2〕 参见张千帆:《城市土地“国家所有”的困惑与消解》,载《中国法学》2012年第3期。

界定不清的土地获得高额利益的投机行为不在少数;[1]政府是否可以通过城市规划"无偿概括国有化"的争论也从未停息;[2]农民自主城市化"入城后"土地权利归属问题该如何化解。土地城市化与征地公共利益的纠葛、土地增值收益该如何分配的宪法谜题在理论与实践相互勾连的情形下,无疑给"城市的土地属于国家所有"条款在当下的解释与适用增添了新的难题。

为了解决这一宪法之谜,不断有学者通过对《宪法》第10条的宪法解释找寻出路。一类学者聚焦于该条"属于"二字,从条文本身的性质进行分析,如范进学教授认为"城市的土地属于国家所有"是一条原则规范而非规则规范;[3]而与之完全相反的观点则认为,第10条第1款与第3款共同构成一个授权性规则。[4] 另一类则从"国家所有"的角度进行阐释;巩固教授在分析"自然资源的国家所有"属性时坚持,宪法上的"国家所有"是一种宪法性公权,与私法上的所有权区别明显。

以上学说的涌现丰富了人们对《宪法》第10条的理解,但可惜的是,上述观点目前均未在学界得到一致的认同,也都存在难以克服的局限:例如,有学者认为将《宪法》第10条中的所有权理解为"名义上的所有权"非财产意义上的所有权,将会存在第10条第1款是公法上的土地管辖权而第2款则是私法上的土地所有权,从而在法律文本内部存在矛盾;[5]也有学者认为将该条界定为原则规范弊端明显,因为规则与

---

〔1〕 参见刘大川与唐山市路南区人民政府行政征收案[(2015)唐行初字第35号],当事人诉请界定在1982年宪法颁布之时,其住宅所在地属于城市郊区而要求政府对其土地进行征收的行为予以补偿。杨光敏、雷在秀与重庆市国土资源和房屋管理局房屋行政登记再审裁定书[(2015)渝高法行申字第499号],当事人认为根据"城市的土地属于国家所有",而重庆市国土资源和房屋管理局将原告的房屋登记为"集体所有"为登记错误,给原告的利益造成巨大的影响,应当进行国家赔偿。在这两个案件中都涉及公民与政府之间对于"城市"内涵外延的不同理解。

〔2〕 参见陈甦:《城市化过程中集体土地的概括国有化》,载《法学研究》2000年第3期。

〔3〕 参见范进学:《论"城市的土地属于国家所有"》,载《2016年"城市的土地属于国家所有"专题学术研讨会论文集》。

〔4〕 参见程雪阳:《论"城市的土地属于国家所有"的宪法解释》,载《法制与社会发展》2014年第1期。

〔5〕 参见程雪阳:《论"城市的土地属于国家所有"的宪法解释》,载《法制与社会发展》2014年第1期。

原则难以截然分开。以上学说在存在上述争议的同时,更重要的是未对“城市的土地属于国家所有”中最核心的“城市”一词进行阐释。因为无论是从条文本身性质分析还是聚焦于“国家所有”在本条中的含义,其最终对于现实问题的化解都离不开对“城市”一词在宪法上的界定。

实践中已有学者关注到这一点,并进行了阐释:提出了“城市”应当是一个“以人的城市化为皈依的概念”、[1]行政区划意义上的城市、[2]只包括1982年修宪时既有城市范围内的土地等观点。[3]对于上述概念的阐释,也有学者从不同角度进行反驳。例如,对“历史说”持反对意见的学者认为,该种解释方式以1982年为节点分为前后两端,实际上与目前的法治实践存在明显的背离。[4]本书十分赞同上述学者将本条解释聚焦于“城市”一词的做法,但以上种种学说在提出及论证时,存在未将《宪法》第10条中的城市与其他社会科学相关学科以及其他部门法中的城市区分开来、有意模糊“城市”的宪法界定之嫌。由于《宪法》第10条涉及土地权属的特殊性,实际上需要在界定“城市”一词时明晰它本身的宪法属性,并放置于中国城市化构建与土地改革的时代背景之下。

二、困境:模糊的“城市”概念

要想对宪法上的某个概念进行界定,人们惯常的做法是借鉴相关学科或者其他部门法已有的定义成果:比如,宪法中的“国家”一词就与

---

〔1〕 黄忠:《城市化与“入地”集体土地的归属》,载《法学研究》2014年第4期。

〔2〕 参见肖明新:《城市的土地属于国家所有的逻辑与实施——兼论什么是我国〈宪法〉上的城市》,载《政治与法律》2016年第8期。

〔3〕 参见彭錞:《“征地悖论”成立吗?——八二宪法城市土地国有条款再解释》,载《法制与社会发展》2016年第2期。

〔4〕 参见成协中:《城市土地国家所有的实施效果与规范意义》,载《交大法学》2015年第2期。

政治学上的“国家”有着密不可分的关系;“宗教”一词的宪法含义也是如此。基于此,本书首先对“城市”一词的历史发展及其在其他社会科学领域的含义和相关部门法中的应用进行如下梳理。

(一)从“城”“市”到“城市”

“内为之城,城外为郭”。〔1〕在我国古代便有了“城市”的概念,在中国古籍中“城市”一词是以“城市 = ‘城’ + ‘市’”复合词的形式出现的,〔2〕是由作为交易的“市”和作为防御的“城”所组合而成的集合,时常不具于一体,并且在一定意义上当作城邑或国家,与城镇、农村等概念的界定并不明晰,因此也就不存在所谓的城市土地和农村土地之分。

辛亥革命后《江苏暂行市乡制》的颁布,“市”的概念自此被纳入中国地方行政与治理话语系统,〔3〕中国历史上第一次出现了现代意义上城市与农村的划分。1921 年 2 月 15 日,中国第一个“市”——广州市政厅成立,孙科主持起草《广州市暂行条例》使广州市脱离县行政管辖而直接隶属于省,“自此,中国城市建制进入一个新的阶段”。〔4〕广州市及其他市的设立,推动了中国城市类型的更新与发展,并转变了古代“城”与“市”简单组合的模式;民国北京政府时期,市制在中国历史上首

〔1〕我国古代文献中对城市的最早的描述参见《管子·度地》“内为之城,城外为郭”、《墨子·七患》“城者,所以自守也”、《周易·系辞》“列廛于国,日中为市,致天下之民,聚天下之货,交易而退各得其所”,《周礼·地官》记载:“大市,日昃而市,百姓为主;朝市,朝时而市,以贾为主;夕市,夕时而市,贩夫贩妇为主。”

〔2〕参见廖盖隆、孙连成、陈有进等主编:《马克思主义百科要览·下卷》,人民日报出版社 1993 年版,第 1618 页。“城市”一词出现于战国时期。《韩非子·爱吕》:“是故大臣之禄虽大,不得藉威城市。”《周礼·地官》中也曾记载称:“大市,日昃而市,百姓为主;朝市,朝时而市,商贾为主;夕市,夕时而市,贩夫贩妇为主。”此外,《康熙字典》中亦有对城、市的描述。“城”因“土”而“成”,指城墙、城廓,“一成而不可毁也”(《康熙字典》丑集 16 页),指保障人们安全居住的一块地方;“市,买卖所也”(《康熙字典》寅集 49 页),指人们从事经济活动,做买卖的地方。“城”“市”合一,就是人们聚居地和做买卖场所的统称。

〔3〕参见何一民主编:《近代中国城市发展与社会变迁(1840—1949)》,科学出版社 2004 年版,第 270 ~ 271 页。

〔4〕李玉:《中国近代市政府的产生及其研究刍议》,载《暨南学报(哲学社会科学版)》2014 年第 3 期。

次建立，中华人民共和国成立之后，仍然沿用市制，[1]“城市”向着“经济、政治和人民的精神生活中心”迈进。

（二）不同学科间的“城市”存在分歧

随着社会快速转型以及城市化进程的加快，当下有关城市的讨论几乎成为各个领域的常客。但由于所处学科门类、历史时期和着眼点的不同，有关“城市”的定义似乎难以用同质化的方式进行一个能够通用于所有学科领域的权威解读。

因此，在不同学科领域，对于城市的定义方式，通常是将该学科研究的视角融入城市定义之中。按照学科自身的核心要求对“城市”一词进行分析，从而得出属于某一特定学科研究意义上城市的含义。比如，社会学者就会以人口要素为核心定义，地理学者则从空间和产业聚集角度入手，建筑学家从建筑结构、城市结构中对建筑学上的城市作出最准确的定义，系统学者侧重于集约角度对城市进行地域系统的定义，而城市学则从其所关注的城市类型为视角阐释。

人类迄今对于城市的认识都是不断发展变化的，其概念也随着相关领域的发展而不断拓展，即使是在今天，城市的标准界定仍然应当是多元化的。由此可以看出，城市是一个相对的、动态的概念，由于法学与其他社会科学所关注的焦点存在分歧，因此在法学领域内照搬任何一个其他学科对城市进行定义都是行不通的。

（三）法律文本中的“城市”含义表述不一

宪法上“城市”一词的首见于1982年《宪法》的第10条第1款、第10条第3款和第111条第1款。而在这之前，1954年《宪法》、1975年《宪法》和1978年《宪法》均未出现“城市”一词，因此寄希望于通过

〔1〕 参见许崇德、胡锦光、王玉明主编：《中华法学大辞典·宪法学卷》，中国检察出版社1995年版，第588页。

1982 年之前的宪法文本洞悉第 10 条中“城市”的含义并不现实。所以,我们有必要考察一下“城市”一词在中华人民共和国法律发展史上是如何解释和运用的。

自中华人民共和国成立以来,共有 186 部法律在条文的表述中涉及“城市”二字,〔1〕其中最早的也是与土地领域密切相关的便是 1950 年 6 月 28 日《土地改革法》,该法第 13 条第 6 款、〔2〕第 35 条分别涉及“城市”。〔3〕根据第 35 条的规定可以看出,在当时看来,城市是与农村相对的概念,而且城市的范围是由行政区的人民政府确定的。

随后,1984 年颁布实施的《城乡规划条例》第 2 条第 1 款以及 1989 年代替《城乡规划条例》而实施的《城市规划法》第 3 条第 1 款也沿用了这种利用行政区划定义法律文本中“城市”的做法。两者都将“城市”界定为“指国家行政区域划分设立的直辖市、市、镇,以及未设镇的县城”。虽然由于《城乡规划法》的实施,上述法条已经予以废除,但是以上法条仍对我们理解“城市”在法律上的界定有着重要意义,对之后法律法规及规范性文件中对“城市”的理解和适用有着深刻的影响(见表 7－1)。

表 7－1 对“城市”概念的界定

1990 年 12 月	城市房屋产权产籍管理暂行办法(建设部第 7 号令)	本办法所称城市,是指国家按行政建制设立的直辖市、市、镇
1991 年 5 月	城市商业网点建设管理暂行规定	本规定所称城市系指,经国务院批准的建制市

〔1〕 以“城市”为关键词在北大法宝中“法律”门类进行搜索,包括被废止的法律在内共有 186 部,最后访问日期:2016 年 10 月 16 日。

〔2〕 1950 年 6 月 28 日《中华人民共和国土地改革法》第 13 条第 6 款规定:“经城市人民政府或工会证明其失业的工人及其家属,回乡后要求分地而又能从事农业生产者,在当地土地情况允许的条件下,应分给与农民同样的一份土地和其他生产资料。”

〔3〕 1950 年 6 月 28 日《中华人民共和国土地改革法》第 35 条规定:“本法适用于一般农村,不适用于大城市的郊区。大城市郊区的土地改革办法,另定之。本条所称的大城市,由各大行政区人民政府(军政委员会)按城市情况决定之。”

续表

1990年12月	城市房屋产权产籍管理暂行办法(建设部第7号令)	本办法所称城市,是指国家按行政建制设立的直辖市、市、镇
1994年3月	城市新建住宅小区管理办法(建设部令第33号)	本办法所称城市,是指国家按行政建制设立的直辖市、市、镇
1995年3月	全国优秀管理住宅小区标准	本标准所称城市,是指国家按行政建制设立的直辖市、市、镇
1995年12月	城市商业网点建设管理规定	本规定所称城市,系指国家按行政建制设立的市,包括直辖市、计划单列市、副省级城市、地级市和县级市
2002年9月	城市绿线管理办法(建设部令第112号)	本办法所称城市,是指国家按行政建制设立的直辖市、市、镇
2007年7月	中国人民银行、中国银行业监督管理委员会关于建立《涉农贷款专项统计制度》的通知(银发〔2007〕246号)	本制度所称城市区域为地级及以上城市的城市行政区与市辖建制镇,其中不含市辖市、市辖县

上述条文似乎给了人们一个颇具权威意义的“城市”内涵界定方式,实际上却是将人们后续关于“城市”概念的理解引入误区。用行政区划界定“城市”的方式似乎给了人们一个错误的假象,即“城市=建制市〔1〕+建制镇”,城市的范围大于建制市范围,只要是归属于建制市的范畴其必然构成城市的组成部分,只有在行政区划上形成建制的市、镇才能是城市。

然而事实上,城市与建制市的概念本应分属两种不同的划分方式。城市是与农村相对的概念,而建制市则是“省、自治区、直辖市—设区的

〔1〕 根据宪法原则,中国的建制城市分为直辖市、省辖市、自治州辖市三个层次,行政上分为省级(直辖市)、副省级、地(州)级和县级市四个等级,构成中国建制城市“三层四等”的政区体系。

市—县、市—乡、民族乡、镇”中行政区划层级的组成部分，两者在概念上必然存在交叉。“市”是中国城市型政区的建制通名，无论直辖市还是省辖市、州辖市，通名为“市”，[1]从行政建制的角度讲，我国“市”的建制几乎覆盖了全国的每一寸土地。[2] 而实际上，建制市的领域内应当既存在被城市化了的地区，也存在尚未被城市化的、以农业为主的农村；而被城市化了的区域并不一定以“市”或“地级市”、“县级市”等方式来命名，以至于有学者提出了“农村城市”的概念来解释农民通过自主方式实现农村生活方式、生活意识现代化倾向的现象。[3] 所以，这种“城市 = 建制市 + 建制镇”的理解实际上并不科学，由于我国行政区划的特殊性，“市”的行政等级过多并且都使用“市”的通名，[4]才会使人们在理解城市时存在偏差。上述对“城市”的界定方式还有一个特点值得关注，即以上条文大多数出现在 20 世纪，进入 21 世纪后这样的定义方式几乎不存在，实际上这也反映出我国城市化进程的加快，新型的城市化建设方式方法等与早期料想之间存在一定的差异，因此，想要用一个规范的、静态的概念界定对法律文本上的“城市”显得越来越困难。

而现行法律文本对“城市”一词的运用也呈现多元化的方式。有些在法条中专门对本法所称的城市进行界定，[5]有些则依靠上下文逻辑推理和立法原旨进行推导适用。现实立法中，关于城市的概念被界定为“城市建成区”“城市建制区”“城市规划区”“城市市区”“城市社区”甚至还有在一个法条中混用等多种立法方式（见表 7 – 2）。

---

〔1〕 参见汪宇明：《中国的城市化与城市地区的行政区划体制创新》，载《城市规划》2002 年第 6 期。

〔2〕 参见孙施文：《中国的城市化之路怎么走?》，载《城市规划学刊》2005 年第 3 期。

〔3〕 参见[日]矶村英一主编：《城市问题百科全书》，王君健、王勇坚、白津夫等译，黑龙江人民出版社 1988 年版，第 1299 页。

〔4〕 参见汪宇明：《中国的城市化与城市地区的行政区划体制创新》，载《城市规划》2002 年第 6 期。

〔5〕 全国人大常委会 1989 年 12 月 26 日通过的《城市规划法》第 3 条规定，“本法所称的城市，是指国家按行政建制设立的直辖市、市、镇”。（2007 年 10 月 28 日通过的《城乡规划法》删除了上述规定）

表 7－2　现行法律文本中对"城市"的使用方法

城市规划区	1991 年(2015 年修正)	《中华人民共和国铁路法》第 35 条
	1995 年(2009 年修正)	《中华人民共和国城市房地产管理法》第 3 条
	1998 年(2011 年修正)	《中华人民共和国建筑法》第 8 条
城市市区	1997 年	《中华人民共和国环境噪声污染防治法》第 28 条
	1998 年(2016 年修正)	《中华人民共和国防洪法》第 39 条
	1998 年(2019 年修正)	《中华人民共和国土地管理法》第 8 条
	2000 年	《中华人民共和国大气污染防治法》第 29 条
城市社区	2004 年(2013 年修正)	《中华人民共和国传染病防治法》第 7 条
	2013 年	《中华人民共和国精神卫生法》第 63 条
城市建成区	2011 年	中华人民共和国国民经济和社会发展第十二个五年规划纲要
	2016 年	中华人民共和国国民经济和社会发展第十三个五年规划纲要

可以看出,作为法律概念适用的"城市"在不同法条之中均有其特殊性。实际上,通过法条分析不难发现,法律文本中的"城市"至少拥有两层内涵:第一,与农村相对,是指被"城市化"了的区域(urbanized area),即作为"工商业等非农产业所在地和居民聚集地"的"城市";第二,作为"地方行政建制"的"城市"(city proper),包括"直辖市"、"计划单列市"(副省级城市)、"地级市"和"县级市"四种类型。而被"城市化"的建制市区域与城市郊区、乡镇地区之和应当被称作"都市区"

(metropolitan area),其三者在内涵和外延上有交叉。[1]

由于相关法条定义的需要,上述文本在适用"城市"这一概念之时,实际上并未采用一致的方式,有些采用了被"城市化"了的区域的城市概念,有些则将"城市 = 建制城市"加以适用。在具体法律对其含义进行明晰的时候,均考察了"城市"一词在法条中所处的立法背景和现实需要。

通过上述的梳理不难看出,像"城市"这一类与快速发展变化又与社会现实密切相连的法学概念,用一个封闭的、全能性的方式去定义是不可能的。"城市的土地属于国家所有"中"城市"既不能照搬其他社会科学的界定方式,也难以要求其与其他法律文本有相同的涵摄。因此,必须立足于《宪法》第 10 条本身,量体裁衣对"城市"进行科学的宪法定义方是问题的解决之道。

三、聚焦:《宪法》第 10 条中的"城市"

由上文的论述可以看出,寄希望于通过相关社会科学领域和其他部门法进行借鉴从而科学定义《宪法》第 10 条中"城市"是行不通的,但是相关社科领域和部门法对城市的界定也有其共同性,核心要素则可以参考使用。基于此,应当从《宪法》第 10 条本身入手,对"城市的土地属于国家所有"中的"城市"这一术语进行剖析。

(一)宪法上的"城市"

我国现行《宪法》中,三处涉及"城市"的条文[2]实际上可概括为两大类,第 10 条的两款是涉及财产利益;第 111 条则为基层群众自治权利

---

〔1〕 Davis K,"World urbanization:1950 – 70",in Bourne I. S. & Simons J. W. eds.,*Systems of Cities*, New York,Oxford University Press,1978,p.92 – 100.

〔2〕《宪法》中涉及"城市"的条款共有 3 条,分别是第 10 条第 1 款,城市的土地属于国家所有。第 10 条第 2 款,农村和城市郊区的土地,除由法律规定属于国家所有的以外,属于集体所有。第 111 条,城市和农村按居民居住地区设立的居民委员会或者村民委员会是基层群众性自治组织。

的行使。Gerald E. Frug 曾论证权力问题是作为法律概念的城市的应有内涵。[1] 由此，我们可以看出宪法上城市的两大类，其实分别对应着不同的权力门类：就第 10 条所涉及的财产利益而言，自然而然会与公民的财产权相联系，对于公民这一类财产权，[2] 按照公民的意愿和法律的原旨，希望在此对城市进行限制，通过多重复合界定的方式约束公权力、保障私权利，以期能够最大程度上保障公民自身的合法权益，维护社会的稳定；而第 111 条涉及的是由基层自治组织行使涉及人民调解、治安保卫、公共卫生、公共事务和公益事业等方面权利，但该条同时规定了"城市"和"农村"，实际上用两者的分类覆盖了国家领域内的全体公民，所以二者之间的界限是否明晰实际上并不影响公民投身于社会主义建设、参与民主生活。从这个意义上讲，国家对公民这类权利[3] 只需充分保障城市与农村公民的相关权利即可，在此条中对城市内涵和外延的大小实际上不会对公民的权利义务造成实质性的影响。因为一个公民无论其是通过城市居委会还是通过农村村委会，在保障其调解民间纠纷、协助维护社会治安，并且向人民政府反映群众的意见、要求和提出建议等权利行使方面，只存在方式上的不同，而对具体权利并无实体意义上的影响。

所以说，为了保障"城市"一词在宪法中的稳定性和一致性，讨论的重点实际在第 10 条中的"城市"，而第 111 条中的城市则只需借鉴《宪法》第 10 条的成果即可。

（二）《宪法》第 10 条中的"城市"

"城市"一词对现实中诸多问题影响深远，然而中国宪法上从未以

---

〔1〕 See Gerald E. Frug, "The City as a Legal Concept", *Harvard Law Review* 93, 1979, p. 1057 - 1063.

〔2〕 通说认为，财产权属于消极权力。国家对于公民消极权利不应当进行过多的干涉，此时对国家行使权力的要求就会更加严格。

〔3〕 传统上也认为，其应当属于积极权利，即保障公民的权利需要国家的积极作为。

任何方式对“城市”的内涵进行权威阐释，“本应该予以重视的‘城市’几乎是缺位的，而未曾以独立的问题姿态出现”。[1] 而随着对《宪法》第10条理解的深入，关于该条中“城市”范围的界定，已有不少学者提出过自己的看法。持“历史确认说”的学者认为，此处的城市仅指1982年宪法颁布时的城市行政区域；持“建制城市说”的学者则认为，“宪法意义上的城市＝城市市区”；还有学者认为，此处的城市指的是城市建成区，即设立行政区划“市”的区域。

由前文论述可以看出，上述定义方式一定程度上受到了已有法条的影响，学者在界定城市之时有意无意地将“建制城市”的概念引入，将城市看作行政区划意义上城市的上位概念。而对宪法意义上的城市进行界定需要我们先对以下问题进行明晰。

首先，关于“城市”一词，虽然我国宪法史上从未对其进行过权威有效的界定，但是，1986年颁布的《土地管理法》第6条第1款曾对《宪法》中的土地条款进行细化，将第10条第1款中的“城市”解释为“城市市区”，即“城市市区的土地属于全民所有”。而关于什么是“城市市区”，尽管也有学者指出城市市区不等于城市建成区，[2] 但全国人大常委会法工委在解释时称“这里所讲的市区，我国现行法律还没有给予一个确切的定义，但在实践中，一般理解为城市建成区”。[3] 在这里，《土地管理法》并未沿用上文梳理的法律文本中城市定义的传统方式，其突破了《城乡规划条例》第2条第1款以及《城市规划法》第3条第1款所阐述的“城市＝建制城市”，将“城市”限定在“国家行政区域划分设立的直辖市、市、镇，以及未设镇的县城”的方式。而是强调《宪

〔1〕 张力：《论城市作为一个行政法概念》，载《行政法学研究》2014年第4期。

〔2〕 建成区与市区不同，它的含义限于城市各项物质要素连续覆盖的地域空间，而无行政意义。参见《环境科学大辞典》，中国环境科学出版社1991年版，第362页。

〔3〕 卞耀武：《中华人民共和国土地管理法释义》，法律出版社1998年版，第59页。

法》第 10 条中的“城市”应当符合市区标准、建成区标准。关于《宪法》第 10 条中的城市，根据已有的表述，实际上可以构建宪法上的城市应当同时符合建制城市与该地区实现城市化的双重标准。

其次，城市概念本应当是多元的、动态变化的。第一，需要明确的是，法律意义上的概念与日常生活中的概念往往有明显的区别。例如，宪法学界已经达成共识的“宗教”概念，在宪法意义上和在口语化的表述上就有所不同，而且其具体内涵是随着历史的变迁不断变化的。[1] 第二，现代城市发展所追求的是经济、政治、文化、社会、生态五位一体，所以说宪法意义上的城市应当是涵盖经济、文化、人口、信息管理等方方面面要求的综合形态，任何一个单一的要素所构成的都是一种“伪城市”形态。实际上，现有的中央的文件精神也验证了这样的说法：1993 年国务院批转民政部《关于调整设市标准报告的通知》中，就是以每平方公里人口密度为基准，通过人口、经济、生态等九个小类进行界定的。随后的《国务院 2005 年撤县设市建议标准》《国家新型城镇化规划（2014—2020）》《全国促进城镇化健康发展规划（2011—2020）》也延续了这样的界定方式。因此，宪法意义上的“城市”实际上应当是人口、经济、生态、精神文明等多维度概念的统称；既有行政区划的物理性界定，又存在对政治、经济、文化、生态等角度的综合定位。[2] 第三，关于《宪法》第 10 条中的“城市”如何用这样的“宪法标准”进行界定成为解剖城市秘密的最后一步。用一个固化的、严格的标准去定义“城市”实际上难度颇大，但意义不足。随着社会的发展，城市化的界定标准也在发生深刻的变革，用一系列标

---

〔1〕 参见陈鹏：《论宪法上“宗教”概念——从美国最高法院判例法的发展切入》，载《环球法律评论》2012 年第 1 期；李松锋：《美国宪法上“宗教”概念辨析》，载《环球法律评论》2012 年第 4 期。

〔2〕 目前关于城市的界定，没有一套为世界各国所接受的城市界定标准。联合国统计处曾针对世界范围内城市的划分提出五条原则，即行政区、人口规模、建制、城市特色和占优势的经济活动。

准去规范城市的界定并非不可能，但是10年后、20年后这样的标准显然不再符合社会发展的趋势和要求，到时候再对第10条解释进行修改显然也不符合保持法律文本稳定性的要求。因此，先用一个概括性的标准化解历史及当下有关城市界定的问题不失为有效解释的良策。

最后，“城市”本身就是一个动态的概念，其核心可以用“宪法上的城市应当同时符合建制城市与该区域实现城市化的双重标准”进行表示，也就是说宪法意义上的“城市”应当是城市化发展的最终阶段。然而，如何对已经实现城市化的地区进行明显的划分仍然困难重重。虽然有学者希望从正面对宪法上的城市进行界定，但诸多解释方案均未能得到学界一致的认可。所以，在构建概括性标准的同时，不如从反面入手，分析宪法上的城市不包含什么。而现在的城市范围从城市构建的角度上讲，实际上是“宪法上的城市 = 建制城市 - 乡镇地区”。这样的方式已经足以将“城市”与“农村”从本质上区分开来，但却仍然难以用一个具体的标准对“城市”概念进行固化。至于以后城市化建设而导致某些难以用此方式明确界定的区域，则可以考虑通过个案界定的方式进行明晰，[1]这样既能够有效保障公民权益，也能够促进中国城市化建设。

因此，我们应当明晰，宪法意义上的城市既有人口要素、经济发展水平、行政区划等硬性指标，又存在社会管理能力、生产资料基础等“软实力”要求，而关于人口、经济、社会管理等指标又可通过“城市化”的标准加以确定，这就说明实际上“宪法上的城市 = 建制城市 + 现代化”。城市的含义并非单一的、孤立的，对于宪法上的“城市”应当用一个多维

〔1〕 关于在个案中界定的主体、方式、依据则需要另文详细讨论，在此不再展开。

而非平面化的概念去界定。[1]

四、如何理解"城市的土地属于国家所有"

（一）"宪法上的城市"逻辑合理性

上述关于《宪法》第 10 条中"城市"的界定方式虽然存在诸多争议，但在 1982 年《宪法》颁布时城市的范围在学界的看法是一致的，无论是坚持"八二宪法"下的国有化实际上是与土地改革和社会主义改造相似的"国有化"运动的观点[2]还是认为"城市的土地属于国家所有"是对当时城市土地国有的"实际情况反映"，[3]实际上都将当时建制的城市视为宪法上的"城市"。

而学界对于"城市"范围界定的争议主要是由于市场经济发展起来后，对建立统一的土地市场，实现国有土地与集体土地"同权、同价"的改革的需要。而在此意义上考察宪法和城市化的本质需求，建立"宪法上的城市应当同时符合建制城市与该区域实现城市化的双重标准"的模本，即从城市构建的角度上讲，"宪法上的城市 = 建制城市 - 乡镇地区"，这样的方式能够解决现有存在的争议，但站在面向未来的角度，当城市化建设迅猛发展而导致某些难以用此方式明确界定的区域，则可以考虑通过个案界定的方式对争议区域进行判定。

---

〔1〕 关于城市的界定应当采用复合标准，索罗金也曾进行具体的阐释。他主张多次复合定义标准。城市与农村的区分：乍一看，城市和农村，似乎是很容易明确区分的概念。可是，实际上，却有不少聚落，很难作出确定。从常识上说，很多住宅密集的大聚落是城市，小聚落是村落或农村。然而，从什么地方去区分它的大小，又很困难。从研究角度来看城市和农村，一般都以居民的职业，进而以地区的产业，来区分城市和农村。不过，光是这一点，还不够充分。所以，不仅就职业，一般地说，也就环境的异同、聚落的大小、人口密度的大小、居民的异质等质的程度、社会分化形态、人们的流动方向、居民的社会相互作用的性质等，来区分两者。参见［日］矶村英一主编：《城市问题百科全书》，王君健、王勇坚、白津夫等译，黑龙江人民出版社 1988 年版，第 138 ~ 141 页。

〔2〕 彭錞：《"征地悖论"成立吗？——八二宪法城市土地国有条款再解释》，载《法制与社会发展》2016 年第 2 期。

〔3〕 许崇德：《中华人民共和国宪法史》（下），福建人民出版社 2003 年版，第 619 页。

（二）《宪法》第10条的规范内涵

建立了宪法中城市的解释方式后，对于《宪法》第10条第1款，“城市的土地属于国家所有”，其正确的含义应当包含如下内容：

第一，宪法意义上的城市是多种要素的集合体，本条中的“城市”应当同时符合建制城市与该地区实现城市化的双重标准，符合经济、政治、文化、社会、生态等多种要素的要求。

第二，“城市土地”与“国家所有”之间实际上不具有等同性，即宪法意义上城市的土地是必然属于国家所有的，而是农民通过自主方式实现的“城市化”在该地区形成了“城市化区域”（urbanized area），而不是符合“建制城市＋现代化”的宪法上的“城市”，因此所谓“民营城市”“农村城市”中的“城市”并非宪法意义上的城市。

第三，城市化建设应当同时发挥政府与农民两方面的积极性。政府通过城市区划的方式，直接将农民所有土地划入城市的范围，这样的“城市化”是不科学的，也是宪法所不能接受的。

第1款与第3款的相互关系应当有如下内容：

第一，只有宪法意义上的城市的土地属于国家所有，所以农民自主城市化的区域应当认定为“被城市化了的”地区，而非宪法意义上的城市。这样的土地不必然属于国家所有。

第二，实际上，从集体所有土地到国家所有土地有两种变化形式：一种是自上而下由政府占据主导地位，根据《宪法》第10条第3款，由于公共利益的需要，将农村集体所有的土地经过征收征用而属于国家所有，在这种情况下必须符合“公共利益＋正当程序＋补偿”的逻辑形态；另一种是自下而上，由农民集体占据主导地位，首先运用农民集体自身的力量进行城市化，而当其农民对其所在区域的发展受制于管理水平、文化等因素之时，使农民集体认为自身能力不足以完全应对当下的发展和进程之后，其本身放弃对于集体土地的所有权而使之由政府组织进行城市化开发；或者是农民作为平等交易一方与政府进行符合法律精神的农地转用。但无论哪种方式，这时都保护了农民的自愿性、尊重了农民的权益，使城市化进程朝着自然而然的理性选择状态发展。

（三）新解释方案的有效性

关于城市的讨论最终还要回归到中国的城市化构建模式之中，前文的表述已经明晰：在中国当下的城市化建设中应当发挥政府与农民两方面积极性，从“依靠政府”转向“政府主导，农民参与”，双管齐下才是中国城市化发展的科学模式。

1.“城中村”的土地必须属于国家所有

随着改革进程的加快，“城中村”已经成为城市改革发展的代名词。现实中，“城中村”的形成主要有两种方式：第一，由于历史原因，村落被包围在市区之中的情形，如上海市闵行区九星村、北京市昌平区郑各庄村；第二，根植于城市领域的扩张而出现的城市边缘乡村群落城中村化的情形，如郑州市南阳寨村、常庄村等。

对于“城中村”土地的权利归属，本书认为应当从如下角度进行分析：首先，“城中村”并不是一个规范性的概念，就经验而言，它指代的是村落被包围在行政区划城市的情形，或者行政区域周边的村落；其次，在这里城中村的参考系应当是行政区划意义上的城市，而不是其他建成区、规划区或者宪法意义上的城市；再者，如前所述，行政区划意义上的城市与宪法意义上的城市并不完全重合，不是同一概念。在行政区划意义上属于城市只是宪法上城市的一个要素。所以，“城中村”的土地既可以属于国家所有，也可以属于集体所有，关键问题在于是否按照第10条第3款进行征收。也就是说，“城中村”的土地不因为其行政区划的变更而当然属于国家所有。

而对于“城中村”的“城市化”方式则一方面可以发挥政府在统一协

调、科学管理中的优势；另一方面则应当充分调动农民积极性，将农民的力量更好地发挥到城市建设之中。

2. 农民能否自主建城？

随着2014年户籍改革的推进，中国实行半个多世纪的“农业”和“非农业”的二元户籍管理模式正式退出历史舞台。[1] 由农业户口变成居民户口之后，农民对于自身的权利更加重视，也期待彻底消除城乡二元化机制。实践中，业已出现集体土地上建设“城市”的例子，[2] 而法律层面关注的问题则是，这样在集体土地上自主建城的行为是否合宪、是否合法。

实际上，上述解释模式已经将此问题明晰，我们日常用语中所说的“城市”与其土地的产权归属没有必然的关系，集体土地在符合国家和所在省市的规划范围内可以建设城市，而其国务院在审批时，也只是审查是不是符合行政区划意义上的城市，与宪法意义上的城市没有必然的关系。以往，我国将城市化发展的核心集中在由政府自上而下主导的被动模式上，这样的城市化进程尽管快速，质量却不能保证完全达标，也蕴含着极大的风险，也带来了严重的社会冲突，影响稳定，无法持续。[3]

允许农民自主建“城市”后，将城市化的主动模式与被动模式相融合。通过主动与被动两种方式进行中国城市化建设，更有利于实现党的十八届三中全会所提出的“建立城乡统一的建设用地市场，实行与国有土地同等入户、同权同价的改革”目标。

〔1〕 2014年8月国务院发布《关于进一步推进户籍制度改革的意见》。

〔2〕 浙江温州市的龙港镇、江苏江阴市的西华村、河南濮阳市的西辛庄村。

〔3〕 参见于建嵘：《新型城镇化：权力驱动还是权利主导》，载《探索与争鸣》2013年第9期；刘守英：《以地谋发展模式的风险与改革》，载《国际经济评论》2012年第2期。

3. 行政区划的变更 = 宪法意义上城市范围的变化？

对于“画个圈圈变国有”的集体土地无偿国有化问题，学界已经对此有了一致的认识。根据“建制城市 + 现代化”的宪法上的城市界定，这样的区域变化只是宪法城市界定的一个要素，并不必然导致宪法意义上城市的变化，也不会由于第 10 条第 1 款改变土地的权属性质。

行政区划的扩大只是政府扩大其管理范畴，将区划内的资源进行整合利用，其本身与土地的权属问题无必然联系，也不可能通过行政区划变更的方式进行所有权的变革。也就是说，行政区划扩大之后，区域内并非全部的地区都是宪法意义上的城市，也不可能要求土地都属于国家所有。而要解决城镇化建设征地地价过高的问题，应当通过土地征用条例、明晰土地增值收益补偿的合理化公式，不可能靠规定城市土地属于国家所有的方式解决农民则趁机漫天要价，以期获得更多的土地补偿款。

五、小结

本部分通过对“城市”概念的比较分析和历史考察，结合《宪法》第 10 条本身的要求，以第 10 条为中心，对如何理解“城市的土地属于国家所有”中的“城市”进行了规范化的阐释：宪法意义上的城市应当同时符合建制城市与该地区实现城市化的双重标准，即从城市物理形态上讲，“宪法上的城市 = 建制城市 – 乡镇地区”。但是由于城市这一概念的易变性，不应要求对城市本身的各种条件和标准进行固化、呆板的界定，应当允许在城市化未来发展的新变化之下，运用个案判定的方式对争议地区进行界定。

上述对于宪法上“城市”一词的讨论，其目的在于厘清原有对“城市的土地属于国家所有”中“城市”的误解。对于城市的界定绝非解决现有土地改革中问题的终点。通过对《宪法》第 10 条第 1 款的解释，已经对集体土地入市的合宪性进行了较为深入的剖析。而在集体土地进入土地市场之后,如何发挥集体所有土地与国家所有土地在城市化建设中的作用,科学构建主动与被动相结合的城市化发展模式,消除城乡二元化机制,实现真正意义上的城乡一体化发展,更好地发挥"市场在土地资源配置中的决定性作用"才是问题的实质与核心。

第二节　《土地管理法》的修改与完善

为了适应当下中国社会快速发展的要求,并落实党的十八届三中全会所确定的土地制度全面深化改革目标,现行土地管理法需要进行系统全面的修改和完善。2019 年 8 月 26 日,第十三届全国人民代表大会常务委员会作出了修改《土地管理法》的决定。新《土地管理法》有许多进步之处,但其对于"公共利益"概念的界定有将这个概念变成"万金油"式概念的风险,对于补偿标准的修订又将这个问题变成没有坚实理论根基的策略性权宜之计,宅基地制度和土地用途管制制度的改革则基本没有直面其根本制度缺陷。要解决土地管理法修改的这些问题,除了要在立法技术上进行完善外,还需要由能够集思广益且超越部门利益的全国人大常委会及其工作部门来协调、领导和负责。

土地管理法的修改工作,多年来一直受人瞩目,但也因为其牵涉利益和观念的深层次调整,所以相关修法工作一直举步维艰。不过,自党的十八届三中全会以来,土地管理法的修改工作明显加快。在 2017 年的立法工作计划中,全国人大常委会已明确将土地管理法的修改工作列为预备及研究论证项目,国土资源部也于 2017 年 5 月 23 日发布了《中华人民共和国土地管理法(修正案)(征求意见稿)》,最终,新《土地管理法》于 2019 年 8 月 26 日审议通过。

综观新《土地管理法》，其对于现行的土地管理制度确实进行了很大程度的调整，也取得了很多进步。不过，对照党的十八届三中全会《关于全面深化改革若干重大问题的决定》以及近几年提出的改革精神和具体改革措施，可以发现，新《土地管理法》在制度层面的完善和立法技术的使用方面，还有很多值得商榷和改进的地方。

一、征地制度和集体建设用地入市改革

当前土地管理制度改革的首要任务，是要对集体土地征收制度进行调整和完善，这一点已经成为社会各界的共识。然而，现行土地管理法所建立的集体土地征收制度到底存在哪些问题，应当如何解决这些问题，人们却存在不同的见解和判断。

有一种流传甚广的总结性意见认为，现行集体土地征收制度的主要弊端在于“公共利益认定过于宽泛”和“征收程序不够完善”两个方面。[1] 这种流行的意见可以获得社会观察角度的实证支撑，在大量的集体土地征收案件中，被征收人主要是基于这两个方面对政府征收权的行使提出异议乃至抗议的。

不过，从法律制度完善的角度来看，这种意见并不全面，甚至有遗漏现行集体土地征收制度真正病灶之嫌疑。之所以这样说，是因为现行土地管理法自1998年修改之后，建立了一种极为特殊的土地开发、利用和转让机制。在这种特殊的机制之下，在中国进行土地开发和利用，除了兴办乡镇企业和建设村民住宅、乡（镇）村公共设施和公益事业，经依法批准后可以使用农民集体所有的土地外，任何单位和个人进

〔1〕早期的一些研究参见曹艳芝：《我国农村土地征收中存在的问题及其制度完善》，载《社会科学家》2006年第2期；陈小琼：《土地征收法律问题研究》，中国政法大学2007年博士学位论文，第40～42页。近两年的研究可以参见刘禺涵：《我国土地征收制度改革的问题与走向》，载《河北法学》2017年第4期；张雁、黄飞波：《对征地制度改革核心问题的一些思考》，载《国土资源》2016年第6期。

行建设，需要使用土地的，必须依法申请使用国有土地（2004 年《土地管理法》第 43 条第 1 款）。与此同时，农民集体所有的土地的使用权不得出让、转让或者出租用于非农业建设；但是，符合土地利用总体规划并依法取得建设用地的企业，因破产、兼并等情形致使土地使用权依法发生转移的除外（2004 年《土地管理法》第 63 条）。

然而，基于历史的原因，[1] 政府所掌握的存量国有土地毕竟有限，一旦存量的国有建设用地被用完，那么社会上各种单位和个人需要在陆地上进行建设的，又从何处获得土地呢？对此，现行《土地管理法》第 2 条第 4 款提供了一种解决方案，即“国家为了公共利益的需要，可以依法对土地实行征收或者征用并给予补偿”。[2] 根据这一规定，国家可以先行对集体土地实行征收，然后再通过该法第 2 条第 5 款所规定的“国有土地有偿使用制度”或“国有土地划拨制度”，将这些新增国有土地转让给那些申请使用国有土地的土地开发者和利用者。[3] 不过，请注意，这一解决方案有一个明确的前提，即国家只有在“为了公共利益需要”的时候，才可以行使土地征收和征用权。

然而，问题就出在这里。世界上所有国家或地区的城市化，从来都不是只进行公益项目建设，中国自然也不例外。在中国城市化的过程中，基于公共利益的建设项目（如政府办公场所、教育、医疗、卫生、军事、交通等设施）往往只占城市建设的一小部分，大量的土地是要用于

〔1〕 这里所谓的“历史原因”，主要是指我国虽然建立了社会主义制度，但在土地制度上一直都没有完全按照马克思关于“土地国有化”的理论设想以及苏联的制度实践把“全国所有的土地一律国有化”，而只是进行了部分土地国有化。对此，现行《宪法》第 10 条第 1 款、第 2 款有明确的规定，即“城市的土地属于国家所有。农村和城市郊区的土地，除由法律规定属于国家所有的以外，属于农民集体所有；宅基地和自留地、自留山，属于农民集体所有”。

〔2〕 这一规定是根据第十届全国人民代表大会常务委员会第十一次会议《关于修改〈中华人民共和国土地管理法〉的决定》（2004 年 8 月 28 日）修正而成的。其在 2004 年之前的表述是《土地管理法》第 2 条第 3 款所规定的“国家为了公共利益的需要，可以依法对集体所有的土地实行征用”。

〔3〕 对此，《土地管理法》第 43 条第 2 款专门解释说，“前款所称依法申请使用的国有土地包括国家所有的土地和国家征收的原属于农民集体所有的土地”。

建设住宅楼、写字楼、工厂、购物中心、休闲娱乐和商业中心的。那么，这些并非基于公共利益需要而进行的建设项目又通过何种方式获得新增建设用地呢？现行土地管理法对此没有规定，属于制度空白。

而正是因为这种制度空白，实际上导致地方政府在集体土地的征收领域处于进退两难的境地。具体来说，对于非公共利益的建设项目，如果地方政府按照征地程序供应土地，那么会违反《宪法》第10条第3款和《土地管理法》第2条第4款关于“土地征收必须符合公共利益”的规定，但如果不按照征地程序供应土地，直接允许集体土地权利人有偿出让集体建设用地，那么又会违背1998年《土地管理法》第43条关于“任何单位和个人进行建设，需要使用土地的，必须依法申请使用国有土地”的规定。[1]

从1998年《土地管理法》实施的20年实践情况来看，面对这种左右为难的情形，地方政府是更愿意遵守该法第43条所建立的“凡是新增建设用地项目，无论是属于公共利益还是非公共利益，都必须走土地征收程序”这一法律机制，而不愿意遵守该法第2条第4款所建立的“只有基于公共利益才可以行使土地征收权”法律机制。如果人们可以观察到这一点的话，那么就会发现，现行土地征收制度所存在的主要矛盾，并不是人们通常所认为的“公共利益”概念被不适当地扩大化或被滥用了，而是宪法和土地管理法关于“只有基于公共利益才可以行使土地征收权”法律规定，在法律适用环节事实上被虚置甚至被废除了，变

〔1〕在实际的土地管理过程中，有些地方政府为了解决这个难题，发明出了一种名为“转地”程序的制度，即直接依照《宪法》第10条第1款关于“城市的土地属于国家所有”、《土地管理法》第9条关于“城市市区的土地属于国家所有”以及《土地管理法实施条例》第2条第5项关于“农村集体经济组织全部成员转为城镇居民的，原属于其成员集体所有的土地”属于国家所有的规定，宣布某些集体土地已经属于城市（市区）的组成部分，因此就地注销相关集体土地产权证明，然后换发国有土地使用权证，从而将土地征收和补偿的法律程序都省略了。但这种被陈甦教授称为“集体土地概括国有化”的做法，引发了更大的争议。相关研究可以参见陈甦：《城市化过程中集体土地的概括国有化》，载《法学研究》2000年第3期；韩俊：《质疑行政强制土地国有化》，载《财经》2004年第18期；程雪阳：《“城市的土地属于国家所有”的规范内涵》，载《政治与法律》2017年第3期。

成了一个没有约束力的法律规范。

无论是从推动中国法治进步的角度,还是从落实十八届三中全会"建立城乡统一的建设用地市场。在符合规划和用途管制前提下,允许农村集体经营性建设用地出让、租赁、入股,实行与国有土地同等入市、同权同价。缩小征地范围,规范征地程序……"改革精神来看,这样的法律适用结果都是无法令人满意的,因此,必须对土地管理法的相关制度进行改革。

新《土地管理法》是如何推进这一项改革的呢?从具体的规定来看,其首先删除了 1998 年《土地管理法》第 43 条的规定,然后将"公共利益"界定为"(一)军事和外交需要用地的;(二)由政府组织实施的能源、交通、水利、通信、邮政等基础设施建设需要用地的;(三)由政府组织实施的科技、教育、文化、卫生、体育、生态环境和资源保护、防灾减灾、文物保护、社区综合服务、社会福利、市政公用、优抚安置、英烈保护等公共事业需要用地的;(四)由政府组织实施的扶贫搬迁、保障性安居工程建设需要用地的;(五)在土地利用总体规划确定的城镇建设用地范围内,经省级以上人民政府批准由县级以上地方人民政府组织实施的成片开发建设需要用地的;(六)法律规定为公共利益需要可以征收农民集体所有的土地的其他情形";最后,其还删除了 2004 年《土地管理法》第 63 条的规定,并以"土地利用总体规划、城乡规划确定为工业、商业等经营性用途,并经依法登记的集体经营性建设用地,土地所有权人可以通过出让、出租等方式交由单位或者个人使用,并应当签订书面合同,载明土地界址、面积、动工期限、使用期限、土地用途、规划条件和双方其他权利义务"取而代之。

从表面上看,这样的规定不但回归到《宪法》第 10 条第 3 款和《土地管理法》第 2 条第 4 款所设定的"土地征收必须基于公共利益"的路径上,而且还对"公共利益"的范围进行了明确界定,同时也落实了党的十八届三中全会关于“缩小征地范围”的改革要求。但如果认真分析的话，上述规定只是不合理地界定了“公共利益”的范围，并没有真正落实《宪法》和党的十八届三中全会的精神和要求。

之所以得出这样的结论，是因为这种制度设计的本质是，在维持现有城乡二元土地管理体制的基础上，将城市规划区的建设项目全部纳入“公共利益”的范畴，都必须首先进行土地征收，然后才能由代表国家的政府进行有偿出让。2019 年《土地管理法》所提出的“在土地利用总体规划确定的城镇建设用地范围内，经省级以上人民政府批准由县级以上地方人民政府组织实施的成片开发建设需要用地”的标准，就是这种改革思路的集中体现。因为根据这一规定，只要是规划允许建设的，无论是政府办公大楼、教育、医疗、卫生、军事、交通等设施的建设，还是商业步行街、写字楼、商品房、娱乐中心等建设，都可以解释为“成片开发建设需要用地”，因而，都属于“基于公共利益需要而必须征收的”范围。[1]

这样的规定不但将“公共利益”变成了一个“万金油式”的概念，而

---

〔1〕 在《关于〈中华人民共和国土地管理法〉(修正案)〉(征求意见稿)的说明》中，国土资源部并没有对如何界定“由政府为实施城市规划而进行开发建设”进行详细的解释和说明，只是提到“《征求意见稿》明确界定了土地征收的公共利益。在综合考虑国际立法经验的基础上，与《国有土地上房屋征收与补偿条例》相衔接，将国防和外交、基础设施、公共事业等界定为公共利益，不符合公共利益范围的退出征地范围”。然而，《国有土地上房屋征收与补偿条例》其实并没有相同或类似的规定。有人可能会认为，《国有土地上房屋征收与补偿条例》第 8 条第 5 项关于“由政府依照城乡规划法有关规定组织实施的对危房集中、基础设施落后等地段进行旧城区改建的需要”属于公共利益的规定与《征求意见稿》这一规定较为相近。这种看法是不恰当的，因为在现代社会，将“对危房集中、基础设施落后等地段进行旧城区改建”关系到公民的人身和财产安全以及公共安全、卫生和健康，因此纳入公共利益的征收范围是没有太多争议的，而且是国际通行的做法。另外，在规范内容上，其与“由政府组织实施的科技、教育、文化、卫生、体育、环境和资源保护、防灾减灾、文物保护、社会福利、市政公用等公共事业的需要”等规定更为相近，都属于较为明确且具体的公共利益。但将“由政府为实施城市规划而进行开发建设”到底关系到哪种具体的公共利益呢？答案并不明确。依照笔者有限的知识，可能只有澳门特别行政区 2013 年《土地法》第 55 条关于“参与由行政当局发起的城市建设计划”属于公共利益可以与《征求意见稿》的这一规定有相似性。但澳门法的这一规定是很有争议的，而且澳门是一个地域狭小的小型城市，不足以和内地如此辽阔的地域相提并论。相关资料可以参见国土资源部：《关于〈中华人民共和国土地管理法〉(修正案)〉(征求意见稿)的说明》，载土资源部官方网，http://www.mlr.gov.cn/zwgk/zytz/201705/t20170523_1508459.htm，最后访问日期：2017 年 6 月 14 日；澳门特区立法会：《澳门立法会 2013 年 1 月 3 日全体会议审议摘录——区锦新议员发言部分》，载《法律汇编－土地法》，澳门特区政府印务局 2016 年版，第 466 页。

且会带来法律适用上的困惑和混乱。其表现是，首先，2019 年《土地管理法》一方面规定“在土地利用总体规划确定的城镇建设用地范围内，经省级以上人民政府批准由县级以上地方人民政府组织实施的成片开发建设需要用地”的建设项目属于公共利益，必须先行征收然后才能进入建设用地市场有偿出让。但另一方面 2019 年《土地管理法》又允许“土地利用总体规划、城乡规划确定为工业、商业等经营性用途，并经依法登记的集体经营性建设用地，土地所有权人可以通过出让、出租等方式交由单位或者个人使用”，那么对于那些现在已经被纳入或者未来会被纳入城市规划区的集体经营性建设用地，到底属于集体土地权利人可以自行通过市场交易的方式有偿转让的范围，还是属于由政府为实施城市规划而必须首先征收然后才能有偿转让的范围呢？答案并不明确，由此必然会滋生大量的法律纠纷。〔1〕

其次，集体经营性建设用地如果没有被划入城市规划区之内，可以通过出让、租赁、作价出资或者入股等方式自由进入建设用地市场，而划入城市规划区之内的集体建设用地却不能以同等方式进入建设用地市场，而只能等待政府来征收的话，那必然会在集体土地权利人内部产生新的不公平，而这种不公平必然会影响未来新土地管理法的权威性和可接受性，进而会削弱这部法律的实施效果。因为这样的制度设计根本无法回答如下责问，即“同样是集体建设用地，为何被纳入城市规划区的集体土地只能等待政府征收却不能直接入市，而附近

〔1〕 有人可能会辩解说，《征求意见稿》规定的是“在土地利用总体规划确定的城市建设用地范围内，由政府为实施城市规划而进行开发建设，确需征收农民集体所有土地的，可以依法实施征收”而不是“必须实施征收”，因此，与“符合土地利用总体规划的集体经营性建设用地，集体土地所有权人可以采取出让、租赁、作价出资或者入股等方式由单位或者个人使用”这一规定并不矛盾，因为如果政府不征收相关土地的话，集体土地所有权人就可以有偿转让。这种看法有一定的道理，但会在实践中带来如下难题：当集体土地所有权人准备有偿转让特定地块或正在转让特定地块的法律程序中，政府提出要对相应地块进行征收，那么法律应当如何实施呢？很显然，如果这两个规定同时存在的话，会产生复杂的法律纠纷，既不利于公民土地权利的保护，也不利于土地权利的交易安全和社会秩序的平稳运行。

没有被划入城市规划区的集体土地却可以直接进入建设用地市场自由交易?”

最后,这种制度设计实际上也并不符合市场发展的要求,因为能够进入城市规划区的区域,多为现代工商业较为发达且建设用地的需求比较旺盛的区域,而那些没有被划入城市规划区的集体土地,通常意味着进行大规模开发建设的条件尚不成熟,相关产业不愿意进入的区域。在这种情况下,允许城市规划区外的集体建设用地直接入市,可能并不会形成有效的市场供给。而市场有大量建设用地需求的区域,却只能等待政府完成土地征收和补偿程序之后才能形成有效供给,这显然既不利于经济的快速发展,也不利于落实《宪法》第10条第5款所确定的“合理利用土地”的原则。事实上,在当下的土地管理实践中,由于征收补偿标准的不断抬高,征地引发的社会稳定风险不断增大,即便是在城市规划区内,很多地方政府也不再愿意按照“先征地,再出让”的模式来供应建设用地了,而更倾向于通过“允许集体建设用地直接入市,政府参与分享土地增值收益”的方式来解决相关问题。[1]

由此观之,在集体土地征收制度的完善和集体经营性建设用地制度的改革领域,2019年《土地管理法》确实还需要在制度设计和立法技术上进一步修改和完善。依照笔者的浅见,合理的修改方案应当包括:首先,删除“在土地利用总体规划确定的城镇建设用地范围内,经省级以上人民政府批准由县级以上地方人民政府组织实施的成片开发建设需要用地的”这一规定。其次,要将现行《土地管理法》第9条

〔1〕 比如,深圳市在2013年12月20日,就将隶属于深圳宝安区福永街道凤凰社区的农村集体工业用地以1.16亿元的价格,成功在该市土地房产交易大厦挂牌出让。虽然这项改革违反了《土地管理法》,但却是符合《宪法》第10条第4款和第5款精神的,而且恰恰是符合深圳经济和社会发展需要的。相关分析可以参见《深圳首宗“农地”入市》,载《光明日报》2013年12月22日,第1版。

关于"城市市区的土地属于国家所有"的规定修改为"城市的土地属于国家所有,但已经登记为集体所有的除外"。[1] 最后,既然当前土地制度全面深化改革的目标是要建立城乡统一的建设用地市场,那么应当规定"符合土地利用总体规划的集体非公益性建设用地,集体土地所有权人可以采取出让、租赁、作价出资或者入股等方式由单位或者个人使用,并签订书面合同。按照前款规定取得的集体建设用地使用权可以转让、出租或者抵押"。

二、征收补偿制度的改革

原《土地管理法》为人所诟病的第二大问题,就是其第 47 条所确立的征收补偿机制。依照第 47 条的规定,征收集体土地的,按照被征收土地的原用途给予补偿。征收耕地的补偿费用包括土地补偿费、安置补助费、地上附着物和青苗的补偿费四种。其中,土地补偿费和安置补助费的总和不得超过土地被征收前 3 年平均年产值的 30 倍。对于这一规定,社会各界的质疑主要有两个方面:其一,征收补偿的"总和不得超过土地被征收前 3 年平均年产值的 30 倍"标准过低,不足以弥补被征地人的财产损失;其二,补偿的计算基础不合理。集体土地之所以会被征收,是因为按照相关土地利用总体规划和城乡规划,相应的地块已经允许进行现代工商业建设。在这种情况下,如果依然按照被征收地块

---

〔1〕 在《征求意见稿》所建立的制度框架之下,原《土地管理法》第 8 条第 1 款关于"城市市区的土地属于国家所有"的规定确实不需要修改,因为该意见稿的理念是"所有城市规划区的土地都应当属于国家所有",城市市区被包含在城市规划区内,土地自然全部也属于国家所有。不过,上文已经提到,这样的改革方案是不宜采纳的,因为按照党的十八届三中全会所确定的改革精神,《土地管理法》应当建设城乡统一的建设用地,而不是建立城乡继续分割的建设用地市场。而要建立城乡统一的建设用地,除非基于公共利益的需要,城市规划区内的集体土地不能征收为国家所有,而应当由集体土地所有权人自行有偿出让。这就意味着城市规划区内和城市市区会存在永久性属于集体的土地。这时,如果不修改原《土地管理法》第 8 条第 1 款的规定,必然会造成土地法律规范适用上的混乱,而且可能会出现大面积的违法用地问题。对于第 8 条第 1 款的修改问题,正文已经提出了相应的修改方案,而且相关理由在课题组之前发表过的文章中已经进行了详细论证,这里就不再赘言。可以参见程雪阳:《"城市的土地属于国家所有"的规范内涵》,载《政治与法律》2017 年第 3 期。

的原用途进行补偿，而且补偿的目的只设定为“使需要安置的农民保持原有生活水平”，那将会忽视集体土地开发权的财产属性，进而导致补偿的结果不合理。[1]

实际上，很多省份在1998年修改《土地管理法》时就曾提出过修改意见。比如，福建、青海、山西和上海等地当时就提出“修订草案规定的征地补偿标准偏低，建议提高补偿标准，或者不在本法中规定具体标准，由省、自治区、直辖市按照当地实际情况制定”。湖南和福建提出，对不同类的土地应规定不同的补偿标准，或者由土地评估机构根据土地等级，评估地价，确定征地补偿基数。[2] 对于上述意见，当时的立法者反复研究得出两个结论：其一，征地是一种国家行为，也是农民对国家应尽的义务，不是农民向国家卖地，也不能由国家（政府）和农民协商或按“市价”补偿。支付的费用仍然是补偿或补助性质的，而不是完全的地价，不能根据土地使用权出让价格确定征地补偿标准。国家征用土地再出让时，决定不同地价的级差地租是国家投资形成的，原则上这项收益应当属于国家。其二，征地补偿以使被征用土地单位的农民生活水平不降低为原则。[3] 因此，最终没有对补偿的原则和方法进行修改。

将近20年过去了，当土地管理法的修改工作再次启动，2019年《土地管理法》注意到了土地征收补偿领域所存在的制度缺陷，并力图对相关制度进行改进。2019年《土地管理法》规定，首先，“征收土地应当给予公平、合理的补偿，保障被征地农民原有生活水平不降低、长远生计

〔1〕 参见屈茂辉、周志芳：《中国土地征收补偿标准研究——基于地方立法文本的分析》，载《法学研究》2009年第3期；叶必丰：《城镇化中土地征收补偿的平等原则》，载《中国法学》2014年第3期。

〔2〕 参见卞耀武：《中华人民共和国土地管理法释义》，法律出版社1998年版，第378页。

〔3〕 同上书，第145页。全国人大法律委员会在1998年6月17日的《关于〈中华人民共和国土地管理法（修订草案）〉初步审议情况的汇报》中也提出，“征用土地的补偿费较为复杂，各地情况也不同，现在难以作进一步修改”。

有保障”;其次,“征收土地应当依法及时足额支付土地补偿费、安置补助费以及农村村民住宅、其他地上附着物和青苗等的补偿费用,并安排被征地农民的社会保障费用”;最后,上述征地补偿安置费的具体标准由省、自治区、直辖市来确定,但在征用农地时,省、自治区、直辖市应通过制定“区片综合地价”来确定土地补偿费和安置补助费。而各省在确定“区片综合地价”时,应当综合考虑土地原用途、土地资源条件、土地产值、土地区位、土地供求关系、人口以及经济社会发展水平等因素,并至少每三年调整或者重新公布一次。

与1998年《土地管理法》第47条的规定相比,2019年《土地管理法》所提出的这种解决方案确有进步之处。比如,其通过在征地补偿费用中增加“被征地农民的社会保障费用”和“区片综合地价”两项支出,确实有助于征地补偿标准的提高。不过,这种解决方案的缺点也很明显。首先,“区片综合地价”虽然参考了土地市场价格的形成因素(具体表现为其考虑到了被征收土地的区位、供求关系等条件),但其本质依然是政府定价,由政府来确定被征收土地的价值,而且是市场定价。这种定价方式显然与我国《宪法》序言以及第15条所确立的“国家实行社会主义市场经济”原则是相脱节的,而且其也不符合党的十八届三中全会所讲的“大幅度减少政府对资源的直接配置,推动资源配置依据市场规则、市场价格、市场竞争实现效益最大化和效率最优化”的改革要求。其次,该方案的实际效果是将“国家、集体和个人合理分配土地增值收益”这一命题,转变成一项没有坚实理论支撑的政策或策略调整问题,[1]从而有将法律政策化的风险。

那么,在集体土地征收补偿的标准确定方面,如何落实党的十八届

〔1〕 其具体表现是,《征求意见稿》在提出由各省自己确定征地补偿标准的同时,还提出国务院“可以根据社会、经济发展水平,在特殊情况下,可以提高征收耕地的土地补偿费和安置补助费的标准”。

三中全会所提出的“建立兼顾国家、集体、个人的土地增值收益分配机制”这一改革目标呢？我们之前曾经提出且现在依然坚持，应当通过“市场价格公平补偿+合理征收土地税”这一双层分配机制来合理建构土地增值收益分配机制，即在土地增值收益的初次分配（在确定补偿标准）时，应当承认和保护集体土地的土地开发权，按照市场价格公平补偿被征收人；土地增值收益的二次分配时，则要靠完善我国相关税制（通过征收和完善土地增值税、不动产税等方式）来动态调节和平衡国家、集体与个人在土地增值收益分配中的比例。

之所以推荐这种土地增值收益分配机制，首先，其符合宪法和党的十八届三中全会的改革精神和改革要求；其次，通过“市场价格公平补偿+合理征收土地税”这一双层分配机制更具有民主正当性和理论自洽性；最后，这种增值收益分配方式实际上已经在我国的土地管理实践中开始运行了。财政部和国土资源部2016年在农村集体经营性建设用地入市领域所推行的“土地增值收益调节金”制度，就是对这种土地增值收益分配模式的探索。[1] 遗憾的是，无论是在征地程序中的土地增值收益分配问题上，还是在农村集体建设用地入市改革领域，2019年《土地管理法》都没有注意吸收这一重要的改革举措，反而一直在原有的土地管理框架中打转，这让人怀疑2019年《土地管理法》是否回避和忽视了土地管理领域近几年所取得的重要改革成果。

〔1〕 财政部、国土资源部《农村集体经营性建设用地土地增值收益调节金征收使用管理暂行办法》（财税〔2016〕41号，2016年4月18日）。该办法第1条就明确指出“为规范农村集体经营性建设用地土地增值收益管理，建立兼顾国家、集体、个人的土地增值收益分配机制，保障农民公平分享土地增值收益”，所以建立了“土地增值收益调节金”这一制度。该办法只规定了“调节金分别按入市或再转让农村集体经营性建设用地土地增值收益的20%～50%征收”，但没有对这种调节金的法律性质进行界定。不过，就其本质而言，这种“土地增值收益调节金”的法律性质其实就是土地增值收益税，之所以叫作“土地增值收益调节金”，可能主要是为了回避《立法法》所确定的“税收法定”原则和制度。

三、宅基地制度改革

宅基地制度改革,无疑也是当前土地管理制度全面深化改革不可或缺的重点。当前宅基地领域的问题主要表现在以下几个方面。

首先,存量宅基地规模巨大,但却基本不具备财产属性。国土资源部2017年4月发布的《2016中国国土资源公报》显示,截至2015年年底,全国建设用地总面积为3859.33万公顷(5.79亿亩),[1]而中国土地勘测规划院(隶属于国土资源部)2016年年底发布的《全国城镇土地利用数据汇总成果》显示,截至2015年年底,全国城镇建设用地总面积为916.1万公顷(1.37亿亩),其中,城市占比46.5%(约6370万亩),建制镇占比53.5%(约7329万亩)。[2]

由此可以推算,农村集体建设用地约为2943.2万公顷(4.42亿亩)。这意味着农村集体建设用地的规模至少在城镇建设用地面积的3倍左右。而在农村集体建设用地中,宅基地占比70%(约3亿亩),存量乡镇企业用地占比10%(约4415万亩),乡村公共设施和公益设施以及其他建设用地占比20%(约8830万亩)。[3] 从规模上来看,如果将现存的3亿亩农村宅基地加总在一起,比现有的城市建设用地规模要大5倍左右,然而根据我国现行法的规定,规模如此庞大的宅基地虽然属于受法律保护的用益物权,且现行《土地管理法》也规定“鼓励农村集体经

---

〔1〕 参见国土资源部:《2016中国国土资源公报》(2017年4月),第1页。

〔2〕 参见《全国城镇土地利用数据汇总成果》,载中央人民政府网,http://www.gov.cn/xinwen/2016-12/30/content_5154832.htm,最后访问日期:2017年6月25日。

〔3〕 本书所使用的“宅基地、存量乡镇企业用地和其他建设用地在全国集体建设用地中的占比情况”,参见蔡继明:《土地管理法修法建议之三农村土地入市范围应做动态调整》,载财新网,http://opinion.caixin.com/2017-06-15/101101905.html,最后访问日期:2017年6月28日。本书认为,蔡继明教授的这个估算是比较准确且符合现实的。因为1998年土地管理法修改之后,农村土地只能用于村民建设住宅、乡镇企业以及村内公共设施和公益设施。另外,即使蔡教授的这个估算比例与现实情况略有出入,那么农村宅基地的规模可能依然会保持在3亿亩左右,甚至更多。因为建制镇所占用的7329万亩建设用地中,也有大量属于农村宅基地。

济组织及其成员盘活利用闲置宅基地和闲置住宅”,但就目前而言,基本上既不能进入建设用地市场流通,也不能进入金融市场为其财产权人提供融资机会。

其次,浪费了大量的土地资源。在宅基地的取得领域,2004 年《土地管理法》实行的不是市场化的有偿取得制度,而是依然延续计划经济时代的“行政审批和集体分配”制度,该法第 62 条第 1 款和第 3 款分别规定“农村村民一户只能拥有一处宅基地”,“农村村民住宅用地,由乡(镇)人民政府审核批准;其中,涉及占用农用地的,依照本法第四十四条的规定办理审批手续”。这种制度实施的结果是,土地资源被大量不合理地利用乃至浪费。之所以这样说,是因为既然宅基地是可以无偿申请的,那么所有的农民都会积极去争取这项权利。这种制度设计的结果是,1996～2012 年,我国的农村人口减少了 1.33 亿人,农村居民点用地却增加了 3045 万亩。[1] 这种特殊的“逆城市化”现象全世界都是绝无仅有的,而且实际上这些新增的农村居民点利用率其实并不高,大多处于低效利用乃至闲置浪费的状态,因为几亿到城市工作的农民只有春节等重大节日的时候才会去居住在这些建设在宅基地上的房屋,大量“空心村”的存在就是最好的证明。

最后,宅基地领域的产权制度体系是复杂而不清晰的,亟须加强制度供给。比如,上文提到,现行《土地管理法》自 1998 年起建立了“一户一宅”制度。然而,何为“一户”呢?是指“家事法上的一个家庭”还是指“行政管理领域的一个户籍”呢?如果某个农村居民已经成年结婚但没有单立户口,那么这个家庭算是一户还是两户?答案并不清楚。再如,“一户只能拥有一处宅基地”,那么宅基地属于谁所

[1] 参见国务院:《国家新型城镇化规划(2014－2020 年)》,载中央人民政府网,http://www.gov.cn/zhengce/2014－03/16/content_2640075.htm,最后访问日期:2017 年 6 月 25 日。

有，属于户主个人所有，夫妻共同私有，还是家庭成员共有？答案也不清楚，由此也引发了一些社会矛盾。[1] 另外，何为“一宅”呢？全国人大常委会法工委编写的土地管理法权威释义称，“一处宅基地不等于一宗宅基地，宅基地是可以分开的，但面积应当累计计算”。[2] 但在实践中，各地的实际情况和对“一宅”的理解却并不相同，基本上处于各行其是的状态。

2019 年《土地管理法》并没有回避宅基地制度的改革问题，其提出的改革措施，首先，在人均土地少、不能保障一户拥有一处宅基地的地区，县级人民政府在充分尊重农村村民意愿的基础上，可以采取措施，按照省、自治区、直辖市规定的标准保障农村村民实现户有所居；其次，将不涉及占用农用地的宅基地批准权从县级人民政府下放到乡（镇）人民政府；最后，允许进城落户的农村村民依法自愿有偿退出宅基地，鼓励农村集体经济组织及其成员盘活利用闲置宅基地和闲置住宅。

平心而论，这种改革思路有其进步之处，比如，其对于农民“户有所居权”（住房权）的肯定以及对于“进城居住的农村村民依法自愿有偿退出宅基地”的鼓励，都是符合社会主义市场经济发展要求的。但也应当

---

〔1〕 2016 年下半年，河北省石家庄发生的“贾敬龙杀人案”曾轰动一时，社会各界就贾敬龙是否应因为报复强制拆迁的村长而判死刑进行了激烈的讨论。然而，这场凶杀案之所以发生，其制度根源之一就是宅基地使用权这项财产权在“户”内的财产关系是不清晰的。在该案中，最高人民法院确认的事实是，贾敬龙不同意拆迁，而且认为他们家宅基地上的房屋“一楼是父母的，二楼是自己的”，因此他有权利不进行搬迁，但村委会却认为户主贾同庆（贾敬龙的父亲）已经代表全体家庭成员签署了拆迁协议，并搬到新房居住了，因此他们有权力组织拆除贾家旧房。悲剧就由此开始了。

〔2〕 卞耀武：《中华人民共和国土地管理法释义》，法律出版社 1998 年版，第 175 页。事实上，在 1998 年《土地管理法》修改的过程中，对于“农村居民一户只能拥有一处宅基地”这一规定，社会各界就有很多不同意见。民建中央调研部副部长杨大壮认为，此一规定，有些简单化，不符合中国的传统，应当建立以人户相结合、合理的住宅占地标准。全国人大代表、温州市医学院附属医院章锦湘认为这个规定有以下几个问题，“一是什么是农村居民，住村的居民，住村的国家干部是否属于农村村民？二是一户的含义不大清楚，随意性太大”。浙江省土地管理局认为，“一户一处宅基地，是否包括其在城市的房产？”章锦湘和浙江省土地管理局均建议《土地管理法》将什么是农村村民、什么是农村居民、什么是一户、什么是一户一处作具体的规定。

看到，这种改革的本质是不对现有的“行政配置宅基地资源”制度框架进行调整，而只是对其中的一些细节问题进行修修补补。这样的改革既不系统也不完善，更没有真正落实现行宪法、民法典的相关规定以及党的十八届三中全会以来中央最新的改革精神。

之所以这样说，主要是因为党的十八届三中全会的改革决定以及中办、国办所下发的《深化农村改革综合性实施方案》明确提出，“宅基地制度改革的基本思路是：在保障农户依法取得的宅基地用益物权基础上，改革完善农村宅基地制度，探索农民住房保障新机制，对农民住房财产权作出明确界定，探索宅基地有偿使用制度和自愿有偿退出机制，探索农民住房财产权抵押、担保、转让的有效途径”。[1] 两相比较，2019 年《土地管理法》确实提到了“自愿有偿退出机制”的问题，但其只规定“其成员盘活利用闲置宅基地和闲置住宅”，却没有提及本集体经济组织之外的公民、法人或其他组织是否可以购买这些存量宅基地，而且其并没有对“农民住房财产权”作出明确界定，更没有规定“农民住房财产权抵押、担保、转让的有效途径”。

值得注意的是，在征求意见稿的说明中，国土资源部明确提到了宅基地用益物权尚未得到完整的落实属于“现行土地管理制度与社会主义市场经济体制不相适应、与进一步解放和发展生产力的要求不相匹配”的主要表现之一，[2] 但遗憾的是，2019 年《土地管理法》所设计的宅基地制度改革方案却并没有解决这个问题，依然没有尊重和完整落实宅基地的用益物权，依然将宅基地视为一种由集体提供的社会保障，其所作的改革只是允许宅基地在集体内部进行市场流通而已。这样的改革方式既无法实现其所提出的改革目标，也不能真正解决宅基地领域

〔1〕 中共中央办公厅、国务院办公厅《深化农村改革综合性实施方案》(2015 年 11 月 2 日)。
〔2〕 同上。

所存在的资源闲置浪费和宅基地权利体系的混乱问题。

如何进行改革呢？我们认为，首先，要真正尊重和保护农民个体所拥有的作为用益物权的“宅基地使用权”。其次，集体经济组织可以回购存量宅基地的使用权，但这种回购权应当作为一种优先购买权存在，不宜作为宅基地使用权有偿转让的唯一通道。换句话说，要允许城市居民和其他集体的成员也可以购买符合土地利用规划的宅基地。最后，集体回购得来的宅基地应主要用于复垦，而不宜进行有偿转让，否则就会刺激各集体经济组织将自身定位为“宅基地的批发商和零售商”。

为此，本书建议，应当将原《土地管理法》第62条以及相关条款作如下修改：(1)本修正案生效之前已经合法取得的宅基地使用权，权利人享有占有、使用和收益的权利。宅基地使用权可以依法继承和赠与，也可以有偿转让、互换、出资或者抵押。但进行有偿转让、互换、出资或者抵押的，本集体经济组织有优先购买权。(2)本修正案生效之后，需要使用宅基地建设住宅的，应当通过购买符合规划的存量宅基地使用权方式获得。无法获得存量宅基地使用权的，可以通过缴纳宅基地有偿使用费从集体经济组织购买获得。涉及占用农用地的，由县级人民政府依照土地利用总体规划办理农用地转用。(3)集体经济组织回购的宅基地，应根据国家有关规定整理利用。集体经济组织有偿出让的宅基地，应当符合土地利用总体规划和城乡规划，有偿出让所得价款除缴纳相关税费后，纳入本集体经济组织公积金进行管理和使用。(4)宅基地使用权的登记事宜，依照国家有关不动产统一登记的法律和行政法规办理。(5)县级人民政府应当通过建立公租房等措施，保障农村村民实现户有所居的权利。[1]

四、土地用途管制制度的改革

对于土地管理法的修改而言，土地用途管制制度的改革与完善同样是极为重要的。2019 年《土地管理法》显然也注意到了这一点，但其认为土地用途管制领域改革的重点在于明确“生态优先，绿色、可持续发展，科学有序统筹安排生态、农业、城镇等功能空间，优化国土空间结构和布局，提升国土空间开发、保护的质量和效率”。我们认为，这种规划编制理念的更新是非常重要的，但土地用途管制领域的其他问题同样重要且不容忽视。

其一，土地利用总体规划和城市总体规划的“规划打架”问题。对于我国的土地利用来说，最为重要的其实是土地利用总体规划和城市总体规划。前者是各级政权依法对辖区内全部土地的开发、利用、保护、整治所作的综合部署和统筹安排。后者则是城市人民政府为确定城市的定位、规模和发展方向，对一定时期内城市性质、发展目标、发展规模、土地利用、空间布局以及各项建设所进行的综合部署和统筹安排。在实践中，由于这两项规划分属国土资源管理部门和建设部门领衔制定，分类标准和技术参数各不相同，因此常常出现相互矛盾和抵触的情形。1998 年《土地管理法》修改时，立法者曾经试图解决这个问题。

---

〔1〕 在谈到宅基地制度的改革时，蔡继明教授建议应建立以下制度：其一，农村集体土地所有制初始成员的每户村民可以无偿获得 1 处宅基地，其宅基地的面积不得超过省、自治区、直辖市规定的标准；其二，集体建设用地中对于村民超过 1 处的宅基地，实行有偿使用，有偿使用费通过拍卖来确定，拍卖收入用于村庄公共设施建设和公共服务。参见蔡继明：《土地管理法修改建议之四：赋予农民宅基地完整的用益物权》，载财新网，http://opinion.caixin.com/2017-06-16/101102264.html，最后访问日期：2017 年 7 月 8 日。本书不同意这种改革意见。理由有三：首先，“农村集体土地所有制初始成员的每户村民”以及“1 处宅基地”的具体含义不明确，也很难明确；其次，即便是每户无偿分配一块宅基地，在农村人口不断向城市转移的当下中国，依然会造成大量的土地资源浪费；最后，蔡教授的研究和本书的梳理都已经表明，我国现有的存量宅基地规模已经极为庞大。在这种情况下，对于社会上关于宅基地的需求，应当本着高效利用存量宅基地的原则来处理，原则上不应再供应新增宅基地。

然而国土资源部门和建设部门分别持有不同的看法。建设部和一些地方建设厅认为，“在城市范围内城市规划是基础，土地利用总体规划也需要执行城市规划”，理由是“土地利用总体规划非常原则，而城市规划要更具体细致”。[1] 国土系统的意见却认为，土地利用总体规划是合理配置和有效利用土地资源的高层次规划，城市规划和各项专项规划在土地利用上，必须服从土地利用总体规划。土地利用总体规划和城市总体规划、村庄和集镇规划相矛盾时以土地利用总体规划为准。

相持不下之时，全国人大法律委员会最后只好居间协调说，“从土地利用的角度看，城市总体规划应当服从土地利用总体规划对城市建设用地规模的安排，至于城市规划区内的土地利用，则应当执行城市规划。国务院和省级人民政府在批准两个规定时应当使之衔接”。[2] 而在这一精神的指导下，《土地管理法》只作出了“城市总体规划、村庄和集镇规划，应当与土地利用总体规划相衔接，城市总体规划、村庄和集镇规划中建设用地规模不得超过土地利用总体规划确定的城市和村庄、集镇建设用地规模。在城市规划区内、村庄和集镇规划区内，城市和村庄、集镇建设用地应当符合城市规划、村庄和集镇规划”这一模糊、笼统却难以有效适用的规定，其实并没有从制度上解决这个问题。遗憾的是，2019 年《土地管理法》也没有提及和处理这个问题。

其二，土地用途管制制度的改革与完善不能仅仅局限在土地利用总体规划制度的改革领域。之所以这样说，是因为我国《土地管理法》虽然自 1998 年修改以来，确实建立了一套“以土地利用总体规划为基础的土地规划管制制度”。比如，原《土地管理法》第 4 条就规定“国家

---

〔1〕《中央有关部门、群众对土地管理法（修订草案）的意见》，参见卞耀武：《中华人民共和国土地管理法释义》，法律出版社 1998 年版，第 335～336 页。

〔2〕 全国人大法律委员会：《关于〈中华人民共和国土地管理法（修订草案）初步审议情况的汇报〉》（全国人大法律委员会副主任委员李伯勇 1998 年 6 月 24 日在第九届全国人民代表大会常务委员会第三次会议上的汇报）。

实行土地用途管制制度。国家编制土地利用总体规划，规定土地用途，将土地分为农用地、建设用地和未利用地”。但这套土地用途管制制度的特殊性在于，其除规定了土地利用总体规划制度外，还规定了各级人民政府要“加强土地利用计划管理，实行建设用地总量控制”，并借此建立“土地利用年度计划”制度。

根据1998年《土地管理法》和的土地利用年度计划管理办法的规定，土地利用年度计划制度，是指“中央有关部门对计划年度内新增建设用地量、土地整治补充耕地量和耕地保有量的具体安排”。[1] 具体来说，首先，国土资源部与国家发展改革委一起，以全国土地利用总体规划安排为基础，根据国民经济和社会发展计划、国家产业政策、土地利用总体规划以及建设用地和土地利用的实际状况，测算全国未来3年新增建设用地计划指标控制总规模，并结合省、自治区、直辖市和国务院有关部门提出的计划指标建议，编制全国土地利用年度计划草案，纳入国民经济和社会发展计划草案，报国务院批准，提交全国人民代表大会审议确定后，下达各地执行；[2] 其次，省级以下国土资源主管部门应当将上级下达的土地利用年度计划指标予以分解，确定预留省级的土地利用计划指标和市县的土地利用计划指标之后，经同级人民政府同意后下达市县政府；[3] 最后，经批准的建设项目需要使用国有建设用地的，建设单位应当持法律、行政法规规定的有关文件，向有批准权的县级以上人民政府土地行政主管部门提出建设用地申请，经土地行政主管部门审查，报本级人民政府批准。而土地行政主管部门在建设项目可行性研究论证时，可以根据土地利用总体规划、土地利用年度计划和建设用地标准，对建设用地有关事项进行审查，并提出意见。

---

〔1〕《土地利用年度计划管理办法》(国土资源部部令第66号,2016年5月12日)第2条第2款。

〔2〕参见现行《土地管理法》第24条;《土地利用年度计划管理办法》第9条。

〔3〕参见《土地利用年度计划管理办法》第12条。

也正是基于上述规定，土地利用总体规划在土地用途管制制度中，其实只起到框架性的宏观控制作用，而真正对具体地块的用途起到管制作用的，是年度建设用地指标以及其背后的“土地利用年度计划”制度，我们甚至可以说，我国当前的土地用途管制是以“土地利用年度计划”制度为基础的，因为在具体的土地开发项目建设过程中，开发者能否获得建设用地进行开发建设，不仅取决于其建设申请是否符合土地利用总体规划，而且还取决于本地政府是否可以提供相应的年度建设用地指标。如果本地政府的年度建设用地指标不够，则无法为其项目开工建设提供相应的建设用地。

这种以“土地利用年度计划”为核心的土地用途管制方式引发了一系列问题。首先，《土地管理法》第23条规定“土地利用年度计划，根据国民经济和社会发展计划、国家产业政策、土地利用总体规划以及建设用地和土地利用的实际状况编制”，因此，年度建设用地指标在不同的省份和城市之间并不是平均分配的，而会根据各地的经济速度、规模和产业结构的不同进行差异化处理。这种差异化处理的方式有其合理性，但也会导致不同的省份和城市，在发展机会和发展能力方面的不公开和不均衡。因为谈判能力较强的省或政治级别较高的大城市，通常会分到更多的建设用地指标，谈判能力小的省或政治级别较低的城市则只能分配到非常少的指标。在这种情况下，无法获得充足建设用地指标的地方政府，要么只能向上级政府要求增加建设用地指标，要么就突破建设用地指标限制，直接违法用地。[1]

其次，在现有的官员政绩考核体系下，GDP虽然已不是唯一的指

〔1〕 比如，2003～2006年，河南省郑州市就曾出现违反土地利用总体规划，违法批准征收集体土地14，877亩，用于龙子湖高校园区建设的问题。而国土部的数据显示，仅仅在2011年上半年，全国新发生违法用地2.3万件，涉及土地面积13.6万亩，其中违法占用耕地5.1万亩。参见《首次土地问责结果出炉河南两干部受处分》，载《经济视点报》2011年7月14日，第1版。

标,但依然极为重要。而能拉动地方 GDP 和税收增长的,主要是一些工矿仓储以及基础设施建设项目。在这种情况下,地方政府更倾向于将有限的年度建设用地指标配置到工业和基础设施建设领域,其他经济领域以及民生领域则只能分配到很少的建设用地指标。比如,在 2011 ~2015 年,全国工矿仓储和基础设施建设用地占国有建设用地总量的比例分别为 42.42%、54.57%、54.18%、49.33%以及 41.39%。而同一时期,住宅用地的数量从来没有超过 7%(见图 7 – 1)。[1]

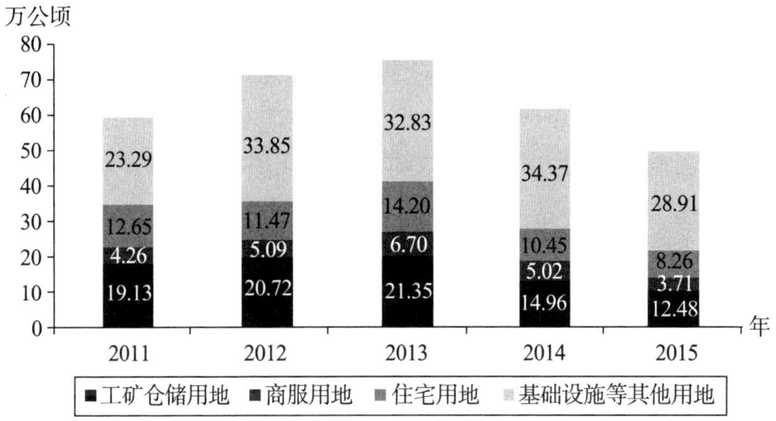

图 7 – 1　全国国有建设用地供应结构变化情况(2011 ~2015 年)

由此导致的结果是,在土地资源的配置领域,过多的土地被配置用于工业和基础设施,低效浪费使用甚至批而不用的现象大量存在;在民生领域,住宅用地限量供应,抬高了住宅用地的价格,进而导致房价不断攀升;而在经济发展模式上,又让中国经济过度依赖固定资产投资,抑制了居民的消费意愿。

还需要注意的是,当前鼓励大众创业,万众创新,但创新和创业并

---

〔1〕 具体数据来源为国土资源部 2016 年 4 月发布的《2015 中国国土资源公报》,第 6 页。另外,国土资源部 2017 年 4 月发布的《2016 中国国土资源公报》第 4 页显示,2016 年全国国有建设用地供应结构为:基础设施及其他用地为 55.9%,工矿仓储用地为 23.3%,商服用地为 6.7%,住宅用地为 14.1%。

非租几间办公室如此简单。很多创业项目往往都是小微企业在运营,也并不一定符合地方政府在特定时期所制定的产业政策,与大型企业及政府扶持的产业相比,他们很难在建设用地的供应上获得政府的支持。由此观之,这种通过政府层级下达建设用地指标的管理办法,对鼓励和支持民众创业和创新的积极性也是非常不利的。

另外,因为每年获得的建设用地指标是有限的,所以地方政府通常会将有限的建设用地指标用于城市主城区或特定开发区,农地地区和以农业生产为主的地区则很少被分配到建设用地指标。然而,在现代化的过程中,许多农村地区也需要开展现代工商业建设甚至"自主城市化",而这就需要大量的物流、仓储、农产品加工、客栈、厂房以及基础设施建设用地。但这些现实的用地需求却被"土地利用年度计划"制度人为地抑制了,由此也造成了土地资源的浪费以及农村地区的贫困和衰败。

面对这种情况,一些农村地区的经济精英和民众不甘心受制于这种计划管制制度,所以在政府的土地利用指标计划之外开展现代工商业建设,但这类建设项目却被认为是违法的,常常面临被处罚甚至被拆除的风险。吊诡的是,正是因为担心这些土地利用项目可能会被政府处罚或拆除,所以农民只好抱着"逮不着就搞,逮着就搬"的心态,低效甚至无效地开发和利用土地,而这种低效和无效开发和利用土地的行为,又会成为"加强计划指标管制"的理由,恶性循环由此展开。

另外,对于那些负责管理乡村地区的政府和干部来说,他们所管辖的区域只能获得很少的或者根本就无法获得合法的建设用地指标——目前普遍流行的"市管县"体制加剧了这一趋势。为了本地区获得发展的机会,也为了带领群众摆脱贫穷落后的困境,农村地区的政府和官员只好让农民上楼,然后把建设用地腾退出来用于现代工商业建设,但这样的做法又会侵犯农民的财产权,进而引发农民的极度不满和社会的强烈批评,然而,在建设用地指标制度之下,这些乡村干部其实并没有更好的选择。

最后,"土地利用年度计划"制度被纳入1998年《土地管理法》的最主要目的是保护耕地,即通过各级政府对于农业用地转化为建设用地的指标进行管制,来防止大规模的耕地和其他农业用地流失。然而,这种制度对于保护耕地所起的作用并不明显,因为突破年度建设用地指标的大规模违法占用耕地现象每年乃至每个月都在不断出现,耕地并没有得到有效的保护(见表7-3)。

表7-3　全国违法用地查处情况(2012~2016年)

年度	本期发现违法			本期立案			本期结案		
	件数	涉及土地面积总和/公顷	耕地面积/公顷	件数	涉及土地面积总和/公顷	耕地面积/公顷	件数	涉及土地面积总和/公顷	耕地面积/公顷
2012	61,821	32,026	10,765	36,928	27,419	9010	37,480	28,490	9875
2013	83,978	41,197	12,359	58,775	35,728	10,612	56,926	34,882	10,655
2014	81,420	40,916	13,378	58,834	36,295	11,719	54,777	34,413	10,631
2015	89,373	34,442	11,472	62,515	29,762	9852	54,417	25,405	8243
2016	74,055	26,942	8775	47,069	21,688	6882	49,438	24,529	8283

资料来源:国土资源部:《2016中国国土资源公报》(2017年4月),第15页。

由此观之,虽然自1998年开始,土地管理法就试图建立一套现代化的土地用途管制体制,但由于引入了"土地利用年度计划指标"这种非以市场为核心的土地资源配置制度,因此形成了"以规划管制为外壳,以计划管制为内核"的畸形土地用途管制制度,并引发了一系列的社会问题。如何改革这一畸形的制度呢？通过完善《土地管理法》第23条以及相关条款，从而加强“土地利用年度计划”的科学性、民主性和合理性是否可行？答案是否定的，因为“土地利用年度计划指标”制度的缺陷并不在于其是否科学、民主和合理，而在于没有任何一个政府或机构能够拥有全部的信息和知识进而充分合理地配置土地资源。就像很多专家指出的那样，假如富士康的工厂或华为的工厂搬迁需要一千亩土地和二三十万劳动力。它什么时候搬，搬到哪里，政府部门怎么能预测呢？”[1]“指标给多了，没有项目用不了地，造成土地闲置；给少了，有项目却上不了马，造成普遍性的违法用地。另外，计划供地还常因地征不下来，或规划变更，或冗长的审批程序，造成大量批而未供、供而未用的闲置地。”[2]

那么是否可以采取其他的用途管制方式呢？答案是肯定的。替代性解决方案的核心就在于，要建立真正的“依靠规划进行用途管制”来代替“依靠计划指标进行用途管制”的制度。所谓“真正的规划管制”，是指土地用途不再依靠各种指标来进行管制，而是（1）建立以功能分区为基础的土地用途管制框架；（2）在内容上对公共设施（交通、绿地、公园等）用地和公共服务（政府办公、教育、医疗、公租房等）用地作出明确规定；（3）对公共设施和公共服务之外的用地需求，规划的功能主要是基于环境、生态等公共利益的要求进行负面清单控制，具体的用地需求则由社会和市场根据功能分区来进行开发和建设。换句话说，具体的用地单位和个人只要符合规划所允许的用途来开发和利用土地，就可以获得开发和利用许可，并不需要符合其他额

〔1〕 蔡继明：《土地管理法修改建议之一：让市场在土地资源配置中起决定性作用》，载财新网，http://opinion.caixin.com/2017-06-13/101101116.html?sourceEntityId=101102264，最后访问日期：2017年7月8日。

〔2〕 郑振源：《〈土地管理法〉需要大改不是小改》，载财新网，http://opinion.caixin.com/2017-07-03/101109321.html，最后访问日期：2017年7月10日。

外的条件。地方政府如果想允许某个具体项目的开发建设,只要符合已经生效的土地利用总体规划即可,也不需要再每年向上级政府申请年度建设用地指标。

当然,要建立真正基于规划的用途管制制度,还需要更新对规划用途管制的认识。因为真正基于规划的土地用途管制,对于市场和社会的土地利用和开发行为,主要是进行框架式、负面清单式管制,而对于政府制定和修改规划的权力则会进行严格约束。然而,我国目前的规划管制制度却恰恰相反,其对于社会和市场开发土地的行为进行了严密管控,但对于政府(特别是一些地方政府)随意修改规划的行为却没有很强的约束力,以至于“规划规划,首长划划,墙上挂挂”的戏言在坊间广为流传。这种情况无疑亟待改变,否则不但社会和市场的活力难以释放,党的十八届三中全会所确定的“在市场在资源配置中起决定性作用的基础上,更好地发挥政府作用”的总原则和总方针也很难得到落实。

如果取消了“年度建设用地指标”制度,地方政府和具体的土地利用人会不会盲目大干快上,搞工业化、城市化“大跃进”?这种风险是存在的,但完全是可以通过真正的规划管制制度来加以解决的。具体来说,首先,在土地管理的过程中,中央政府和省级政府以及它们所属的土地管理部门首先应当将自身的工作重点放在土地利用总体规划以及基本农田的编制、批准和监督执行方面,严禁地方政府以及土地开发者突破规划搞建设。其次,应建立全国建设用地网络审批系统,地方各级政府应使用该系统在符合土地利用总体规划的基础上开展建设用地的审批工作。中央和省级政府可以实施监控相关审批结果,并通过财政、金融、信贷以及产业政策等工具来约束市县政府不合理的土地开发行为,而且还可以依照“集约节约利用土地”的原则和具体制度对市县政府进行问责,以防某一届政府滥用行政审批权。最后,应当承认在承认集体土地开发权的基础上，允许耕地（特别是基本农田）的权利人在全国范围内有偿转让其土地开发权，从而一方面提高经济发达区域的土地开发和利用的强度，另一方面也可以让耕地权利人可以分享经济发展的成果。当然，要实现这个目标，就需要建立全国范围的土地开发权交易市场和交易平台。

五、余论

在《关于〈中华人民共和国土地管理法（修正案）〉（征求意见稿）的说明》中，国土资源部曾经明确提到，“随着工业化、城镇化的推进和农村的改革发展，现行土地管理制度与社会主义市场经济体制不相适应、与进一步解放和发展生产力的要求不相匹配的问题日益显现：土地征收制度不完善，因征地引发的社会矛盾突出；农村集体经营性建设用地不能与国有建设用地同等入市、同权同价；宅基地用益物权尚未得到完整的落实；土地增值收益分配机制不健全；土地资源要素利用效率仍然较为低下”。[1] 这说明征求意见稿和征求意见稿的说明起草者，对于现行土地管理制度所存在的问题认识还是比较清晰的。遗憾的是，其所提出的改革方案却并不能解决其所总结出来的这些问题，而2019年《土地管理法》也未能对上述问题进行妥善处理。

之所以出现这种情况，有些是受传统观念的影响过深或认识上的偏差所致（如将宅基地依然视为是一种社会保障）；有些是立法技术的不完善所致（如征地制度改革与集体经营性建设用地入市改革的不协调）；还有一些是本部门利益的阻碍或者本部门的权限所致（如土地年度建设用地指标制度的改革，会削弱国土资源管理部门的权力，而土地利用总体规划和城市规划关系的合理建构则超出了国土资源管理部门

---

〔1〕 国土资源部《关于〈中华人民共和国土地管理法（修正案）〉（征求意见稿）的说明》，第1页。

的权限)。但无论如何,上述所有原因都共同指向一个问题,即这部法律的修改起草工作,不应当由作为行政主管部门的国土资源部,而应当由更能集思广益且能够超越部门利益的全国人大常委会及其工作部门来协调、领导和负责,并通过公共参与程序充分吸收社会各界的意见和建议。对此,党的十八届四中全会关于"健全有立法权的人大主导立法工作的体制机制,发挥人大及其常委会在立法工作中的主导作用。建立由全国人大相关专门委员会、全国人大常委会法制工作委员会组织有关部门参与起草综合性、全局性、基础性等重要法律草案制度"的规定,也是有明确要求的。[1]

〔1〕 参见中共中央《关于全面推进依法治国若干重大问题的决定》,2014年10月23日。

参考文献

一、中文著作

[1]澳门特区立法会:《土地法》,澳门特区政府印务局2016年版。

[2]毕宝德主编:《土地经济学》,中国人民大学出版社2011年版。

[3]卞耀武:《中华人民共和国土地管理法释义》,法律出版社1998年版。

[4]曹振良等编著:《房地产经济学通论》,北京大学出版社2003年版。

[5]陈立夫:《土地法研究》,台北,新学林出版股份有限公司2007年版。

[6]陈敏:《行政法总论》,自版2003年版。

[7]陈明:《农地产权制度创新与农民土地财产权利保护》,湖北人民出版社2006年版,第147页。

[8]陈新民:《宪法基本权利的基本理论》,元照出版有限公司1999年版。

[9]董保城、湛中乐:《国家责任法》,台北,元照出版有限公司2008年版,第9页。

[10]高富平:《土地法学》,高等教育出版社2016年版。

[11]何一民主编:《近代中国城市发展与社会变迁(1840—1949)》,科学出版社2004年版。

[12]河南省国土资源厅编:《河南省国土资源》,河南科学技术出版社2016年版。

[13]贺雪峰:《地权的逻辑》,中国政法大学出版社2010年版。

[14]华生:《城市化转型与土地陷阱》,东方出版社2014年版。

[15]环境科学大辞典编委会:《环境科学大辞典》,中国环境科学出版社1991年版。

[16]江平、巫昌祯主编:《现代实用民法词典》,北京出版社1988年版。

[17]江平:《中国物权法教程》,知识产权出版社2007年版。

[18]江平主编:《中国物权法教程》,知识产权出版社2008年版。

[19]李集合:《土地征收征用法律制度研究》,中国政法大学出版社2008年版。

[20]梁慧星、陈华彬:《物权法》(第5版),法律出版社2010年版。

[21]梁慧星:《民法总论》(第4版),法律出版社2011年版。

[22]梁慧星:《中国物权法草案建议稿:条文、说明、理由与参考立法例》,社会科学文献出版社2000年版。

[23]林森田:《土地经济理论与分析》,自版1996年版。

[24]林英彦:《不动产估价(十版)》,自版2003年版。

[25]刘家安:《物权法论》,中国政法大学出版社2009年版。

[26]刘连泰:《宪法文本中的征收规范解释——以中国宪法第十三条第三款为中心》,中国政法大学出版社2014年版。

[27]刘莘主编:《法治政府与行政决策、行政立法》,北京大学出版社2006年版。

[28]潘嘉玲:《土地征收法律问题研究》,人民出版社 2009 年版。

[29]潘善斌:《农地征收法律制度研究》,民族出版社 2008 年版。

[30]彭诚信:《现代权利理论研究》,法律出版社 2017 年版。

[31]孙宪忠:《中国物权法总论》,法律出版社 2014 年版。

[32]台湾行政法学会主编:《损失补偿行政程序法》,台北,元照出版有限公司 2005 年版。

[33]台湾行政法学会主编:《信息法制、土地规划与损失补偿新趋势》,台北,元照出版有限公司 2010 年版。

[34]汪洋:《罗马法上的土地制度》,中国法制出版社 2012 年版。

[35]王利明:《物权法研究》,中国人民大学出版社 2013 年版。

[36]王名扬:《法国行政法》,中国政法大学出版社 1988 年版。

[37]吴庚:《行政法的理论与实用》,台北,三民书局 2010 年版。

[38]谢在全:《民法物权论》,中国政法大学出版社 2011 年版。

[39]许崇德、胡锦光、王玉明主编:《中华法学大辞典·宪法学卷》,中国检察出版社 1995 年版。

[40]许崇德:《中华人民共和国宪法史》(下),福建人民出版社 2003 年版。

[41]姚昭杰、刘国臻:《我国土地权利法律制度发展趋向研究——以土地发展权为例》,中山大学出版社 2016 年版。

[42]尤重道:《土地征收补偿实务》,台北,永然文化出版社 2001 年版。

[43]于宗先、王金利:《台湾土地问题:社会问题的根源》,台北,联经出版事业公司 2003 年版。

[44]张文显:《法哲学范畴研究(修订版)》,中国政法大学出版社 2001 年版。

[45]张远索、张占录:《农村居民点整理模式研究》,中国农业出版社 2014 年版。

[46]郑冠宇:《民法物权》,台北,新学林出版社股份有限公司2014年版。

[47]郑振源:《土地利用文集》,中国大地出版社2007年版。

[48]中共山西省忻县地委:《西关于农村阶级分化情况的调查报告》,中国社会科学出版社1984年版。

[49]中共中央马克思恩格斯列宁斯大林著作编译局编:《马克思恩格斯全集》,人民出版社1972年版。

[50]周其仁:《城乡中国》,中信出版社2013年版。

二、中文译著

[1][德]杜能:《孤立国同农业和国民经济的关系》,吴衡康译,商务印书馆1986年版。

[2][德]哈特穆特·毛雷尔:《德国行政法总论》,高家伟译,法律出版社2000年版。

[3][德]马克思:《资本论》(第3卷),人民出版社1975年版。

[4][德]曼佛雷德·沃尔夫著译:《物权法》(第18版),吴越、李大雪译,法律出版社2002年版,第40页。

[5][法]萨伊:《政治经济学概论》,陈福生、陈振骅译,商务印书馆1997年版。

[6][荷]何·皮特:《谁是中国土地的拥有者——制度变迁、产权和社会冲突》,林韵然译,社会科学文献出版社2014年版,第96页。

[7][美]道格拉斯·C.诺斯:《经济史中的结构与变迁》,陈郁、罗华平译,上海人民出版社1994年版。

[8][美]科斯、阿尔钦、诺斯等:《财产权利与制度变迁——产权学派与新制度学派译文集》,刘守英等译,上海人民出版社1991年版。

[9][美]雷利·巴洛维:《土地资源经济学——不动产经济学》,谷

树忠译,北京农业大学出版社 1989 年版。

[10][美]理查德·波斯纳:《法律的经济分析》,蒋兆康译,中国大百科全书出版社 1997 年版。

[11][美]诺斯:《经济史中的结构与变迁》,陈郁等译,上海三联书店 1991 年版。

[12][美]威廉·阿朗索:《区位和土地利用——地租的一般理论》,梁进社、李平、王大伟译,商务印书馆 2007 年版。

[13][美]维托·坦茨:《政府与市场——变革中的政府职能》,王宇等译,商务印书馆 2015 年版。

[14][美]约翰·罗尔斯:《正义论》,李少军、杜丽燕、张虹译,中国社会科学出版社 2004 年版。

[15][美]詹姆斯·C. 斯科特:《弱者的武器》,郑广怀、张敏、何江穗译,译林出版社 2007 年版,第 3 页。

[16][日]矶村英一主编:《城市问题百科全书》,王君健、王勇坚、白津夫等译,黑龙江人民出版社 1988 年版,第 1299 页。

[17][日]我妻荣:《新订担保物权法》,申政武、封涛、郑芙蓉译,中国法制出版社 2008 年版。

[18][意]彼德罗·彭梵得:《罗马法教科书(修订版)》,黄风译,中国政法大学出版社 2005 年版。

[19][英]阿尔弗雷德·马歇尔:《经济学原理》,朱志泰、陈良璧译,商务印书馆 1964 年版。

[20][英]李嘉图:《政治经济学及赋税原理》,郭大力、王亚南译,商务印书馆 1962 年版。

[21][英]托马斯·罗伯特·马尔萨斯:《政治经济学概论》,商务印书馆 1963 年版。

[22][英]亚当·斯密:《国民财富的性质和原因的研究》,郭大力、

王亚南译,商务印书馆1972年版。

三、中文论文

[1]安虎森、邹璇:《失地农民补偿问题研究》,载《求索》2006年第6期。

[2]蔡吉源:《再论土地税制改革——兼论桃园经验》,载《财税研究》2001年第6期。

[3]蔡继明:《地价双向垄断与土地资源配置扭曲》,载《经济学动态》2011年第11期。

[4]蔡继明:《我国土地制度改革的顶层和系统设计》,载《经济纵横》2013年第7期。

[5]参见陈甦:《城市化过程中集体土地的概括国有化》,载《法学研究》2000年第3期。

[6]曹艳芝:《我国农村土地征收中存在的问题及其制度完善》,载《社会科学家》2006年第2期。

[7]陈柏峰:《土地发展权的理论基础与制度前景》,载《法学研究》2012年第4期。

[8]陈晨、陆铭等:《关注城市化进程中的弱势群体——对被征地农民经济补偿、社会保障与就业情况的考察》,载《经济体制改革》2004年第1期。

[9]陈龙高、陈龙乾、杨小艳:《土地征收后转用增值收益分配的若干问题探讨》,载《产权导刊》2007年第7期。

[10]陈龙高、陈龙乾、杨小艳:《土地征收后转用增值收益分配的若干问题探讨》,载《产权导刊》2007年第7期。

[11]陈明:《农地产权制度创新与农民土地财产权利保护》,湖北人民出版社2006年版,第140页。

[12]陈鹏:《论宪法上“宗教”概念——从美国最高法院判例法的发展切入》,载《环球法律评论》2012 年第 1 期。

[13]陈顺清:《城市增长和土地增值的综合理论研究》,载《地球信息科学》1999 年第 1 期。

[14]陈松造:《公共建设土地取得与补偿机制的研究》,台湾大学建筑与城乡研究所 1997 年硕士学位论文。

[15]陈甦:《城市化过程中集体土地的概括国有化》,载《法学研究》2000 年第 3 期。

[16]陈小琼:《土地征收法律问题研究》,中国政法大学 2007 年博士学位论文。

[17]陈悦:《重庆地票交易制度研究》,载《西部论坛》2010 年第 20 卷。

[18]陈志刚、张国林、彭志宏:《关于农地非农化中土地收益分配制度改革的思考》,载《国土资源情报》2013 年第 6 期。

[19]陈志刚:《试论土地增值与土地用途管制》,载《国土经济》2002 年第 4 期。

[20]成协中:《城市土地国家所有的实施效果与规范意义》,载《交大法学》2015 年第 2 期。

[21]程雪阳:《“城市的土地属于国家所有”的规范内涵》,载《政治与法律》2017 年第 3 期。

[22]程雪阳:《公法视角下的中国国有土地产权制度》,载《中国土地科学》2011 年第 3 期。

[23]程雪阳:《论“城市的土地属于国家所有”的宪法解释》,载《法制与社会发展》2014 年第 1 期。

[24]程雪阳:《墨西哥 20 世纪的土地改革及其对中国的启示》,载《北京社会科学》2013 年第 5 期。

[25]程雪阳:《土地发展权与土地增值收益的分配》,载《法学研

究》2014年第5期。

[26]程雪阳:《我国现行土地管理制度的反思与重构》,载《中国土地科学》2013年第7期。

[27]戴双兴:《土地财政与地方土地利用研究》,载《福建师范大学学报(哲学社会科学)》2009年第4期。

[28]底亚玲、郝晋珉、朱道林:《基于产权的土地征收增值收益分配探讨》,载《农村经济》2006年第12期。

[29]董国礼、李里、任纪萍:《产权代理分析下的土地流转模式及经济绩效》,载《社会学研究》2009年第1期。

[30]杜新波、孙习稳:《城市土地增值原理及收益分配分析》,载《中国房地产》2003年第8期。

[31]杜业明:《现行农村土地发展权制度的不均衡性及其变迁》,载《西北农林科技大学学报(社会科学版)》2004年第1期。

[32]范进学:《论"城市的土地属于国家所有"》,载《2016年"城市的土地属于国家所有"专题学术研讨会论文集》。

[33]方涧、沈开举:《美国城市土地区划中的美学规范及其对中国的启示》,载《郑州大学学报(哲学社会科学版)》2017年第4期。

[34]方新军:《权利客体的概念及层次》,载《法学研究》2010年第2期。

[35]高圣平、张尧:《中国担保物权制度的发展与非典型担保的命运》,载《中国人民大学学报》2010年第5期。

[36]高圣平:《民法典中担保物权的体系重构》,载《法学杂志》2015年第6期。

[37]耿卓:《农民土地财产权保护的观念转变及其立法回应——以农村集体经济有效实现为视角》,载《法学研究》2014年第5期。

[38]宫方强:《城乡结合部耕地保护与征地制度》,载《农村经济》

2003 年第 1 期。

[39]郭光磊:《北京市农村产权制度改革的回顾与思考》,载《北京人大》2013 年第 5 期。

[40]郭亮:《土地征收中的利益主体及其权利配置——对当前征地冲突的法社会学探析》,载《华中科技大学学报(社会科学版)》2012 年第 5 期。

[41]韩俊:《质疑行政强制土地国有化》,载《财经》2004 年第 18 期。

[42]韩松:《论农民集体土地所有权的管理权能》,载《中国法学》2016 年第 2 期。

[43]洪小翠、楼江:《我国土地发展权配置与流转制度设计》,载《上海国土资源》2014 年第 35 期。

[44]胡兰玲:《土地发展权论》,载《河北法学》2002 年第 3 期。

[45]黄爱东:《"城中村"的困惑与"金包银"工程的曙光——厦门"金包银"工程的创新实践对防范"城中村"问题的启示》,载《农业经济问题》2009 年第 10 期。

[46]黄建水、王星:《长垣县推进集体经营性建设用地入市试点工作研究》,载《河南工业大学学报(哲学社会科学版)》2016 年第 4 期。

[47]黄来纪:《试论我国〈信托法〉的特点》,载《政治与法律》2002 年第 3 期。

[48]黄宇骁:《日本土地征收法制实践及对我国的启示——以公共利益与损失补偿为中心》,载《环球法律评论》2015 年第 4 期。

[49]黄忠:《城市化与"入地"集体土地的归属》,载《法学研究》2014 年第 4 期。

[50]黄祖辉、汪晖:《非公共利益性质的征地行为与土地发展权补偿》,载《经济研究》2002 年第 5 期。

[51]姜开勤:《征用土地增值收益分配分析》,载《农业经济》2004年第10期。

[52]金可可:《预告登记之性质——从德国法的有关规定说起》,载《法学》2007年第7期。

[53]李秉濬:《土地经济理论的核心是地租理论》,载《中国土地科学》1995年第6期。

[54]李红波、谭术魁、游和远:《当代中国土地冲突问题及其根源探究》,载《天府新论》2006年第6期。

[55]李建良:《行政法上损失补偿制度的基本体系》,载《东吴法律学报》1999年第2期。

[56]李洁媚、邹谢华:《基于农地发展权对土地增值收益分配多元模式的构建》,载《湖北经济学院学报(人文社会科学版)》2016年第3期。

[57]李蒙、刘瑜汇编:《〈强拆之痛〉专题报道之二:唐福珍事件之后的典型拆迁恶性事件》,载《民主与法制》2011年第1期。

[58]李松锋:《美国宪法上"宗教"概念辨析》,载《环球法律评论》2012年第4期。

[59]李延荣:《集体土地使用权流转中几个值得注意的问题》,载《法学杂志》2007年第5期。

[60]李燕茹、胡兆量:《城市土地增值的动力机制与调控》,载《城市问题》2000年第3期。

[61]李玉:《中国近代市政府的产生及其研究刍议》,载《暨南学报(哲学社会科学版)》2014年第3期。

[62]李元珍:《新集体主义:土地增值收益分配的新机制——以成都市大英村调查为基础》,载《贵州社会科学》2013年第4期。

[63]李兆宜、贺明玉、李文倩:《关于安徽、福建省土地增值收益分

配情况的研究》，载《国土资源情报》2015 年第 8 期。

[64]李兆宜、贺明玉、李文倩：《关于安徽、福建省土地增值收益分配情况的研究》，载《国土资源情报》2015 年第 8 期。

[65]廖洪乐：《中国农村土地制度六十年——回顾与展望》，中国财政经济出版社 2008 年版。

[66]林瑞瑞、朱道林、刘晶：《土地增值产生环节及收益分配关系研究》，载《中国土地科学》2013 年第 2 期。

[67]林依标：《福建省被征地农民留地安置的实践探索及政策建议》，载《农业经济问题》2014 年第 8 期。

[68]林依标：《福建省被征地农民留地安置的实践探索及政策建议》，载《农业经济问题》2014 年第 8 期。

[69]林子雅：《不动产课税估价公平性之衡量》，台北大学不动产与城乡环境学系 2007 年硕士学位论文。

[70]刘爱军：《农地征收制度困境与路径选择》，载《毛泽东邓小平理论研究》2009 年第 1 期。

[71]刘国臻：《论美国的土地发展权制度及其对我国的启示》，载《法学评论》2007 年第 3 期。

[72]刘国臻：《论土地发展权在我国土地权利体系中的法律地位》，载《学术研究》2007 年第 4 期。

[73]刘国臻：《论我国地方土地权力配置体制创新——以土地发展权配置为视角》，载《学术研究》2011 年第 9 期。

[74]刘国臻：《论英国土地发展权制度及其对我国的启示》，载《法学评论》2008 年第 4 期。

[75]刘权：《目的正当性与比例原则的重构》，载《中国法学》2014 年第 4 期。

[76]刘守英：《城市化进程中的土地增值收益分配》，载《中国地产

市场》2011 年第 12 期。

[77]刘守英:《以地谋发展模式的风险与改革》,载《国际经济评论》2012 年第 2 期。

[78]刘守英:《中国城乡二元土地制度的特征、问题与改革》,载《国际经济评论》2014 年第 3 期。

[79]刘向民:《中美征收制度重要问题之比较》,载《中国法学》2007 年第 6 期。

[80]刘晓丽:《长垣县农村集体经营性建设用地入市路径研究》,载《安徽农业科学》2016 年第 17 期。

[81]刘禹涵:《我国土地征收制度改革的问题与走向》,载《河北法学》2017 年第 4 期。

[82]马韶青:《土地发展权的国际实践及其启示》,载《河北法学》2013 年第 7 期。

[83]马贤磊、曲福田:《经济转型时期土地征收增值收益形成机理及其分配》,载《中国土地科学》2006 年第 5 期。

[84]彭錞:《"征地悖论"成立吗? ——八二宪法城市土地国有条款再解释》,载《法制与社会发展》2016 年第 2 期。

[85]彭小霞:《农村土地征收增值收益分配失衡的制度性障碍分析》,载《四川行政学院学报》2014 年第 2 期。

[86]戚开静:《新时期耕地保护的基本点:统一思想、明确任务、政策落实、制度创新——2001 年全国耕地保护工作会议综述》,载《资源与产业》2001 年第 7 期。

[87]钱凤魁:《基于发展权理论的土地增值收益分配研究》,载《现代城市研究》2015 年第 6 期。

[88]曲福田、冯淑仪、诸培新:《制度安排、价格机制与农地非农化

研究》，载《经济学》2004 第 1 期。

[89]曲福田、冯淑仪、诸培新：《制度安排、价格机制与农地非农化研究》，载《经济学》2004 年第 1 期。

[90]任艳胜、张安录、邹秀清：《限制发展区农地发展权补偿标准探析：以湖北省宜昌、仙桃部分地区为例》，载《资源科学》2010 年第 32 期。

[91]沈开举、方涧：《由 Kelo 案谈土地征收中“公共使用”的界定主体及其对中国的启示》，载《公民与法》2015 年第 1 期。

[92]沈开举、胡光全：《美国行政征用补偿市场价值计算方法解读》，载《行政法学研究》2007 年第 3 期。

[93]沈守愚：《论设立农地发展权的理论基础和重要意义》，载《中国土地科学》1998 年第 1 期。

[94]施伟伟：《农地非农化进程中土地增值收益分配机制研究——以浙江省慈溪市为例》，浙江工商大学 2012 年博士学位论文。

[95]石小石、白中科：《集体经营性建设用地入市收益分配研究》，载《中国土地》2016 年第 3 期。

[96]帅海香：《我国农村土地征收补偿法律制度的问题与对策》，载《法学杂志》2011 年第 10 期。

[97]孙民：《温州市区留地安置政策的思考》，载《浙江国土资源》2007 年第 8 期。

[98]孙施文：《中国的城市化之路怎么走？》，载《城市规划学刊》2005 年第 3 期。

[99]孙陶生：《论企业土地资产的收益管理》，载《经济经纬》1997 年第 6 期。

[100]唐欣瑜、梁亚荣：《我国农民集体土地收益权权利演进之回顾与展望》，载《农业经济问题》2014 年第 5 期。

[101]汪晖、陶然:《论土地发展权移转与交易的“浙江模式”——制度起源、操作模式及其重要含义》,载《管理世界》2009年第8期。

[102]汪宇明:《中国的城市化与城市地区的行政区划体制创新》,载《城市规划》2002年第6期。

[103]王洪亮:《小产权房与集体土地利益归属论》,载《清华法学》2009年第5期。

[104]王静:《美国土地征收补偿的计算》,载《国家行政学院学报》2008年第6期。

[105]王利蕊:《完善农村土地增值收益分配机制的路径》,载《农业经济》2015年第7期。

[106]王权典、陈利根:《集体土地征收补偿制度变革的立法选择》,载《华南农业大学学报(社会科学版)》2014年第4期。

[107]王永莉:《国内土地发展权研究综述》,载《中国土地科学》2007年第3期。

[108]王佑辉、艾建国:《农地转用地价体系与增值收益分配》,载《华中师范大学学报(人文社会科学版)》2009年第4期。

[109]闻丽英:《集体土地增值收益分配失衡及法律制度重构》,载《学术界》2016年第7期。

[110]吴光荣:《征收制度在我国的异化与回归》,载《法学研究》2011年第3期。

[111]吴九兴、王秀兰:《土地产权与失地农民土地权益保护》,载《经济体制改革》2008年第6期。

[112]吴渭、刘永功:《产权视角下的农村土地征迁与利益博弈》,载《兰州学刊》2015年第2期。

[113]吴郁玲、曲福田、冯忠垒:《论我国农地发展权定位于农地增

值收益的合理分配》,载《农村经济》2006 年第 7 期。

[114]吴越、吴义茂:《农地赋权及其土地承包经营权入股范式》,载《改革》2011 年第 2 期。

[115]相蒙、于毅:《美国农地利用规划中农地发展权国家购买制度述评》,载《世界农业》2012 年第 2 期。

[116]肖爱清:《农地征用的增值收益分配》,载《重庆工学院学报》2009 年第 12 期。

[117]肖明新:《城市的土地属于国家所有的逻辑与实施——兼论什么是我国〈宪法〉上的城市》,载《政治与法律》2016 年第 8 期。

[118]徐伟:《城市农转非土地增值收益分配的探讨——以深圳市原集体土地“实际占有”为分析样本》,载《人民论坛》2013 年第 23 期。

[119]许中源:《论公共利益的程序控制——以法国不动产征收作为比较对象》,载《环球法律评论》2008 年第 3 期。

[120]杨俊峰:《行政诉讼还是民事诉讼:征收补偿数额争议之解决》,载《环球法律评论》2014 年第 1 期。

[121]杨萍:《论农民公平分享农村土地增值收益的产权基础》,载《开发研究》2015 年第 3 期。

[122]杨松龄:《财产权保障与公用征收补偿的研究》,载《经社法制论丛》1992 年第 9 期。

[123]杨昭雄:《公告土地现值制度之沿革与改进方向(二)》,载《现代地政》2003 年第 270 期。

[124]尹珂、肖轶:《农村土地“地票”交易制度绩效分析——以重庆城乡统筹试验区为例》,载《农村经济》2011 年第 2 期。

[125]尹玉梅、郝寿义:《土地增值收益的制度租金分析》,载《中国房地产》2008 年第 8 期。

[126]于建嵘:《新型城镇化:权力驱动还是权利主导》,载《探索与

争鸣》2013 年第 9 期。

[127]俞静琰:《土地增值收益及其分配问题探讨》,载《上海国土资源》2013 年第 3 期。

[128]袁志杰:《德国土地征收中的公共利益》,载《行政法学研究》2010 年第 2 期。

[129]苑韶峰、刘欣玫、杨丽霞、孙乐:《农地转用过程中土地增值收益分配研究综述》,载《上海国土资源》2012 年第 1 期。

[130]臧俊梅、王万茂、陈茵茵:《农地发展权的价格涵义与价值分析》,载《经济体制改革》2009 年第 5 期。

[131]张力:《论城市作为一个行政法概念》,载《行政法学研究》2014 年第 4 期。

[132]张鹏、刘春鑫:《基于土地发展权与制度变迁视角的城乡土地地票交易探索——以重庆模式分析》,载《经济体制改革》2010 年第 5 期。

[133]张千帆:《"公共利益"的困境与出路——美国公用征收条款的宪法解释及其对中国的启示》,载《中国法学》2005 年第 5 期。

[134]张千帆:《城市土地"国家所有"的困惑与消解》,载《中国法学》2012 年第 3 期。

[135]张翔:《财产权的社会义务》,载《中国社会科学》2012 年第 9 期。

[136]张雁、黄飞波:《对征地制度改革核心问题的一些思考》,载《国土资源》2016 年第 6 期。

[137]张泽梅:《重庆地票交易价格问题研究》,载《社会科学研究》2012 年第 6 期。

[138]赵燕菁:《土地财政:历史,逻辑与抉择》,载《城市发展研究》2014 年第 1 期。

[139]郑瑞琨:《信托法与物权法定原则的冲突及其解决》,载《政法论坛》2007年第4期。

[140]钟怀宇:《非私有化条件下农村征地中的权益均衡》,载《江西财经大学学报》2007年第1期。

[141]钟良:《土地增值收益分配变革》,载《农产品市场周刊》2010年第5期。

[142]周诚:《论土地增值及其政策取向》,载《经济研究》1994年第11期。

[143]周诚:《土地价值简论》,载《土地科学》1996年第10期。

[144]周建春:《中国耕地产权与价值研究——兼论征地补偿》,载《中国土地科学》2007年第1期。

[145]周其仁:《还权赋能——成都土地制度改革探索的调查研究》,载《国际经济评论》2010年第2期。

[146]周其仁:《农地产权与征地制度——中国城市化面临的重大选择》,载《经济学》2004年第1期。

[147]周其仁:《中国农村改革:国家与土地所有权关系的变化——一个经济制度变迁史的回顾》,载《管理世界》1995年第3期。

[148]周晓林:《征地工作中若干问题的思考》,载《中国土地科学》2001年第15期。

[149]周跃辉:《按权能分配农村集体土地增值收益论》,中共中央党校2014年博士学位论文。

[150]朱未易:《论物权法上土地发展权与人权法上发展权的制度性契合》,载《政治与法律》2009年第9期。

[151]朱一中、曹裕、严诗露:《我国现行的土地增值收益分配模式——基于土地组税费的土地增值收益分配研究》,载《经济地理》2013年第11期。

[152]朱一中、王哲:《土地增值收益管理研究综述》,载《华南理工大学学报(社会科学版)》2014 年第 2 期。

[153]朱勇:《我国农地转非自然增值收益分配的理论纷争》,载《中国发展观察》2007 年第 2 期。

[154]诸培新、曲福田:《从资源环境经济学角度考察土地征用补偿价格构成》,载《中国土地科学》2003 年第 3 期。

[155]诸培新、唐鹏:《农地征收与供应中的土地增值收益分配机制创新——基于江苏省的实证分析》,载《南京农业大学学报(社会科学版)》2013 年第 1 期。

[156]诸培新、余红亮、王敏:《江苏省土地增值收益分配现状与改革方向——基于东海等九县市的实证分析》,载《农业科学研究》2016 年第 6 期。

[157]邹卫中:《农地征用中利益分配零和博弈探析》,载《贵州社会科学》2005 年第 1 期。

四、中文报刊

[1]《留地安置——长沙局征地补偿安置的做法》,载国土资源部网,http://www.mlr.gov.cn/xwdt/dfdt/200406/t20040625_6610.htm,最后访问日期:2004 年 6 月 25 日。

[2]《全国城镇土地利用数据汇总成果》,载中央人民政府网,http://www.gov.cn/xinwen/2016-12/30/content_5154832.htm,最后访问日期:2017 年 6 月 25 日。

[3]《深圳首宗"农地"入市》,载《光明日报》2013 年 12 月 22 日,第 1 版。

[4]《首次土地问责结果出炉河南两干部受处分》,载《经济视点

报》2011 年 7 月 14 日,第 1 版。

[5]蔡继明:《土地管理法修法建议之三农村土地入市范围应作动态调整》,载财新网,http://opinion. caixin. com/2017 - 06 - 15/101101905. html,最后访问日期:2017 年 6 月 28 日。

[6]国土资源部:《关于〈中华人民共和国土地管理法(修正案)〉(征求意见稿)公开征求意见的公告》,载国土资源部网,http://www. mlr. gov. cn/zwgk/zytz/201705/t20170523_1508459. htm,最后访问日期:2017 年 6 月 14 日。

[7]黄奇帆:《地票制度实验与效果》,载学习时报网,http://www. studytimes. cn/zydx/TBZT/DIFFZ/2015 - 11 - 13/2942. html,最后访问日期:2015 年 11 月 13 日。

[8]李珍贵:《土地资源管理应注意借鉴国外土地用途管制经验》,载国土资源部网,http://www. mlr. gov. cn/zt/2004tudiyantao/8. htm,最后访问日期:2016 年 5 月 6 日。

[9]刘剑文:《税制改革应更加注重分配正义》,载《中国税务报》2013 年 11 月 6 日,第 B01 版。

[10]陶冶、徐旭忠:《重庆五年完成'地票'交易近 12 万亩》,载经济参考网,http://jjckb. xinhuanet. com/2013 - 11/22/content_477871. htm. ,最后访问日期:2013 年 11 月 22 日。

[11]薛江华、李宜航:《政府租地护广州"南肺"》,载新浪网,http://news. sina. com. cn/o/2007 - 01 - 04/1444109247035. shtmol,最后访问日期:2020 年 11 月 2 日。

[12]郑振源:《城市土地应不仅属国家所有》,载中国国土资源网,http://www. tudizy. com/news_show. php?news_id = 28719&page = 1,最后访问日期:2017 年 10 月 16 日。

[13]郑振源:《城乡一体化要保护集体土地的开发权益》,载郑振源微博,http://blog. sina. com. cn/s/blog_4b6b64980100cgp7. html,最后访问日期:2009 年 3 月 7 日。

[14]周其仁:《重庆开创“地票”是一个了不起的创造》,载财经网,http://opinion. hexun. com/2014 - 08 - 04/167239000. html,最后访问日期:2014 年 8 月 4 日。

五、外文著作

[1] Bourne I. S. & Simons J. W. eds. , *Systems of Cities.* , Oxford University Press,1978.

[2]Eaton,J. ,*Real Estate Valuation in Litigation* (Second Edition), Chicago,Appraisal Institute,1995.

[3]Eric T. Freyfogle,*Private Property:Finding Common Ground on the Ownership of Land*,Beacon Press,2007.

[4] G. C. Van Kooten, *Land Resources Economics and Sustainable Development*,UBC Press,1993.

[5]Gary C. Cornia and Jim Riddell,eds. ,*Toward a Vision of Land in* 2015,*Cambridge*,Lincoln Institute of Land Policy,2005.

[6]*The Dictionary of Real Estate Appraisa*(3rd),Appraisal Institute.

[7] The Office of the Deputy Prime Minister, *Compulsory and Compensation: Compulsory purchase procedure*, Communities and Local Government Publications,2004.

[8] VAN LANG Agathe, GONDOUIN Geneviève et INSERGUET-BRISSET Véronique,*Dictionnaire de droit administratif*(2*e éd.*),Armand Collin,1999.

六、外文论文

[1] Bell, A. and Parchomovsky, G., "Taking Compensation Private", *Stanford Law Review*, 59(4), 2007.

[2] D. Zachary Hudson, "Eminent Domain Due Process", *Yale Law Journal*, 2010.

[3] Fischel, Perry Shapiro, "Takings, Insurance, and Michel Man: Compensation on Economic Intrepretation of Just Compenastion Law", *Journal of Legal Studies*, 17, 1988.

[4] Fischel, W., "The Offer/Ask Disparity and Just Compensation for Takings: A Constitutional Choice Perspective", *International Review of Law and Economics*, 15, 1995.

[5] Gerald E. Frug, "The City as a Legal Concept", *Harvard Law Review*, 93, 1979.

[6] James M. Pedowitz, "Transfers of Air Rights and Development Rights", *Real Prop. Prob. &Tr. J*, 9, 1974.

[7] Jennifer Frankel, "Past, Present, and Future Constitutional Challenges to Transferable Development Rights", *Wash. L. Rev.*, 74, 1999.

[8] Joseph D. Stinson, "Comment, Transferring Development Rights: Purpose, Problems, and Prospects in New York", *Pacel. Rev.*, 17, 1996.

[9] Lery J. Hushak. "The Urban Demand for Urban-Rural Fringe Land", *Land Economics*, *May*, 1975.

[10] PL. Machemer & MD. Kaplowitz, "A Framework for Evaluating Transferable Development Rights Programs", *Journal of Environmental Planning and Management*, 5, 2002.

[11]Sax,J. L. ,"Takings and police power", *The Yale Law Journal*, 174(1),1964.

[12] William D. Signet, "Grading a Revolution: 100 Years of Mexican Land Reform",*Law &Business Review of the Americas*,16,2010.

[13]Wyman, K. , "The Measure of Just Compensation", *UC Davis Law Review*,41,2007.